PATENT

U0519474

专利代理实务考试
应试指南

———— 欧阳石文◎编著 ————

知识产权出版社
全国百佳图书出版单位
—北京—

图书在版编目（CIP）数据

专利代理实务考试应试指南/欧阳石文编著. —北京：知识产权出版社，2024.2
ISBN 978 - 7 - 5130 - 9200 - 5

Ⅰ.①专⋯　Ⅱ.①欧⋯　Ⅲ.①专利—代理（法律）—中国—资格考试—自学参考资料　Ⅳ.①D923.42

中国国家版本馆 CIP 数据核字（2024）第 011428 号

内容提要

本书为专利代理师资格考试考生和培训讲师的学习教材，共包括理论知识篇和考试应试篇。第一篇分为三部分，分别介绍了专利申请实务基础知识、实质审查意见答复相关知识及专利无效宣告程序相关知识，通过列举相关真题以加深考生对相关知识的理解。第二篇分为五部分，分别对专利代理实务考试概况、专利申请文件撰写、审查意见答复、提出无效宣告请求及答复无效宣告请求进行了详细的介绍，并结合实例为考生提供行之有效的应试技巧，以帮助考生顺利通过专利代理实务考试。

责任编辑：卢海鹰　王瑞璞　　　　　　　　　　责任校对：谷　洋
封面设计：杨杨工作室·张冀　　　　　　　　　责任印制：刘译文

专利代理实务考试应试指南

欧阳石文　编著

出版发行：**知识产权出版社** 有限责任公司	网　　址：http://www.ipph.cn
社　　址：北京市海淀区气象路 50 号院	邮　　编：100081
责编电话：010 - 82000860 转 8116	责编邮箱：wangruipu@cnipr.com
发行电话：010 - 82000860 转 8101/8102	发行传真：010 - 82000893/82005070/82000270
印　　刷：天津嘉恒印务有限公司	经　　销：新华书店、各大网上书店及相关专业书店
开　　本：889mm×1194mm　1/16	印　　张：18.5
版　　次：2024 年 2 月第 1 版	印　　次：2024 年 2 月第 1 次印刷
字　　数：590 千字	定　　价：99.00 元

ISBN 978 - 7 - 5130 - 9200 - 5

前　言

在全国专利代理师资格考试中，"专利代理实务"科目相对来说难度更大一些。为了更好地开展专利代理师资格考试有关专利代理实务科目的考前学习，便于考生在考前比较全面地掌握与专利代理实务密切相关的专利基础知识和提高实际运用能力，特别编写本书。

本书分为两篇，第一篇理论知识篇和第二篇考试应试篇。

第一篇共三部分。第一部分为专利申请实务相关的专利法知识，分别介绍专利权保护客体、专利授权实质条件和专利申请文件撰写相关规定。第二部分为实质审查意见答复相关的专利法知识，包括审查意见通知书及其答复相关的规定和实务操作知识。第三部分为专利无效宣告程序相关知识，包括无效宣告的程序、有关无效宣告理由和证据相关规定等。各部分列举了相关真题以加深对相关知识的理解和熟练掌握。

第二篇共五部分。第一部分为概述，对专利代理实务考试及历年演变情况以及历年实务考试结构作了简要介绍，在此基础上对专利代理实务考试所涉及的代理方面的主要工作以及考前的准备和应试总体技巧作了比较详细的介绍。第二部分为申请文件撰写实务专题，涉及申请文件（主要是权利要求书）的撰写思路和应试技巧，并对典型真题进行深入介绍和解析。因为权利要求书的撰写能力和水平是考试的重中之重，也是从事专利代理实务的基本素养，因此本部分对各种情形下的权利要求的撰写思路进行了剖析。第三部分为审查意见答复专题，介绍审查意见通知书答复试题涉及的应试思路和技巧，并对两类典型真题作出解析。第四、第五部分为无效实务专题，分别介绍提出无效宣告请求和答复无效宣告请求试题的应试思路和技巧，并对两类无效实务典型真题（包括四类试题方式）作出了解析。

本书的内容比较全面，但考前学习和培训往往时间有限，因而考前可根据自身情况而对其中比较重要的内容进行有针对性的学习。对于专利知识比较薄弱的学员，首先需要学习和掌握专利代理实务相关的专利法知识（即第一篇的内容），再进入第二篇内容的学习。

由于编者的能力和水平所限，书中错误在所难免，敬请读者批评指正。

目　录

第一篇　理论知识篇

第二篇　考试应试篇

第一篇　理论知识篇

第一部分
专利申请实务基础知识

本部分涉及专利代理实务考试涉及的专利申请实务相关的理论知识。

第一章　专利权保护的客体

在撰写专利申请文件前，需要根据客户提供的技术资料，理解有关发明创造的技术内容。通常，首先要考虑专利申请涉及的主题是否属于专利保护客体，包括判断是否属于《专利法》第5条、第25条规定的不授予专利权的客体，以及是否属于专利法意义上的产品或者方法。❶

一、《专利法》第5条规定的不授予专利权的客体

根据《专利法》第5条第1款的规定，发明创造的公开、使用、制造违反了法律、社会公德或者妨害了公共利益的，不能被授予专利权。凡是属于上述不授予专利权的主题，既不能写入说明书中，当然也不能作为权利要求请求保护的对象。

1. 违反法律的发明创造

法律仅指由全国人民代表大会或全国人民代表大会常务委员会制定和颁布的法律，不包括行政法规和规章。

发明创造本身与法律相违背的，不能被授予专利权，但并不包括那些由于被滥用才导致违反法律的发明创造。例如，用于赌博的设备、机器或工具；吸毒的器具；伪造国家货币、票据、公文、证件、印章、文物的设备等都属于违反法律的发明创造，不能被授予专利权。

发明创造并没有违反法律，但是由于其被滥用而违反法律的，则不属此列。例如，用于医疗的各种毒药、麻醉品、镇静剂、兴奋剂和用于娱乐的棋牌等。

《专利法实施细则》第10条规定，《专利法》第5条所称违反法律的发明创造，不包括仅其实施为法律所禁止的发明创造。其含义是，如果仅仅是发明创造的产品的生产、销售或使用受到法律的限制或约束，则该产品本身及其制造方法并不属于违反法律的发明创造。例如，用于国防的各种武器的生产、销售及使用虽然受到法律的限制，但这些武器本身及其制造方法仍然属于可给予专利保护的客体。

2. 违反社会公德的发明创造

《专利法》中所称的社会公德仅限于我国境内。发明创造与社会公德相违背的，不能被授予专利权。在这方面，需要理解《专利审查指南2023》中列举的例子。

发明创造与社会公德相违背的，不能被授予专利权，例如，带有暴力凶杀或者淫秽内容的产品或方法，非医疗目的的人造性器官或者其替代物，人与动物交配的方法，改变人生殖系遗传同一性的方法或改变了生殖系遗传同一性的人、克隆的人或克隆人的方法，人胚胎的工业或商业目的的应用，可能导致动物痛苦而对人或动物的医疗没有实质性益处的改变动物遗传同一性的方法等。

但如果发明创造是利用未经过体内发育的受精14天以内的人类胚胎分离或者获取干细胞的，则并

---

❶ 从历年考试来看，专利保护客体是科目一必考内容，但在实务考试中并非考试的重点，不过也经常存在需要判断主题是否属于不授予专利权客体，或者其主题不应被撰写成权利要求作为要求专利保护的对象等考点。

没有"违反社会公德"。

3. 妨害公共利益的发明创造

妨害公共利益,是指发明创造的实施或使用会给公众或社会造成危害,或者会使国家和社会的正常秩序受到影响。妨害公共利益的发明创造主要包括两种主要类型:

(1)发明创造以致人伤残或损害财物为手段的,或者发明创造的实施或使用会严重污染环境、严重浪费能源或资源、破坏生态平衡、危害公共健康的,不能被授予专利权。

(2)涉及政党的形象和标志、国家重大政治事件、伤害人民感情或民族感情、宣扬封建迷信的发明创造,不能被授予专利权;涉及国家重大经济事件、文化事件或宗教信仰,以致妨害公共利益的发明创造,不能被授予专利权。

但需要注意的是:

(1)如果仅仅是发明创造在被滥用而可能妨害公共利益的(如麻醉剂、放射性设备),或者发明创造在产生积极效果的同时存在某种缺点,则不属于妨害公共利益的发明创造性。但是,如果发明创造本身是为了达到有益目的,而其使用和实施必然会导致妨害公共利益,则仍然不能被授予专利权。

(2)如果一件专利申请中含有违反《专利法》第5条第1款规定的内容,而其他部分是合法的。此时申请人可以删除这部分违反《专利法》第5条第1款规定的内容,否则整个专利申请将不能被授予专利权。而在申请阶段(尤其实务考试中可能作为考点),如果技术交底书中存在部分内容违反上述规定的内容,则不应当写入专利申请文件中(可通过简答题等形式来作为考点)。

一份技术交底书中含有违反法律、社会公德或者妨害公共利益的内容,而其他部分是合法的,则存在部分违反《专利法》第5条第1款的情形。此时,需要删除违反法律的部分才能申请专利。对于已提交的存在这种情况的专利申请,则应当删除违反《专利法》第5条第1款的部分,否则就不能被授予专利权。

例如,一项"投币式弹子游戏机"的发明创造。游戏者如果达到一定的分数,机器则抛出一定数量的钱币。需要申请人将抛出钱币的部分删除或对其进行修改,使之成为一个单纯的投币式游戏机,才有可能被授予专利权。

4. 违法获取或利用遗传资源所完成的发明创造

根据《专利法》第5条第2款的规定,对违反法律、行政法规的规定获取或者利用遗传资源,并依赖该遗传资源完成的发明创造,不授予专利权。

(1)《专利法》所称遗传资源,是指取自人体、动物、植物或者微生物的含有遗传功能单位并具有实际或者潜在价值的材料和利用此类材料产生的遗传信息。而遗传功能单位是指生物体的基因或者具有遗传功能的 DNA 或者 RNA 片段。

(2)《专利法》所称依赖遗传资源完成的发明创造,是指利用了遗传资源的遗传功能完成的发明创造,即对遗传功能单位进行分离、分析、处理等,以完成发明创造,实现其遗传资源的价值。

(3)违反法律、行政法规的规定获取或者利用遗传资源,是指遗传资源的获取或者利用未按照我国有关法律、行政法规的规定事先获得有关行政管理部门的批准或者相关权利人的许可。

二、《专利法》第 25 条规定的不授予专利权的客体

根据《专利法》第 25 条第 1 款的规定,科学发现,智力活动的规则和方法,疾病的诊断和治疗方法,动物和植物品种,原子核变换方法以及用原子核变换方法获得的物质,对平面印刷品的图案、色彩或者二者的结合作出的主要起标识作用的设计,不授予专利权。鉴于第六种仅与外观设计专利申请有关,因此下面只对前五种作进一步展开说明。

1. 科学发现

通常,比较容易理解发明与发现之间的区别:前者是人们根据所认识的自然规律来解决客观世界所存在的技术问题的技术方案,而后者属于人们对客观世界自然规律的认识范畴,包括科学发现和科学理论。根据《专利法》第 25 条第 1 款第 1 项的规定,科学发现不能被授予专利权,但是,将科学发

现揭示的自然规律应用于解决客观世界存在的技术问题，就成为可以授予专利权的发明创造。

2. 智力活动的规则和方法

智力活动的规则和方法是指导人们进行思维、表述、判断和记忆的规则和方法。由于其没有采用技术手段和利用自然规律，也未解决技术问题、产生技术效果，因而不构成技术方案，不能被授予专利权。《专利审查指南2023》第二部分第一章第4.2节给出了不少具体的例子。由于专利代理实务考试受到专业上的限制，需要重点注意那些与某些产品相关的类型，例如发明涉及设备，注意设备的操作说明属于智力活动的规则和方法，不能被授予专利权；又如发明创造与交通设施相关的设备，则需要注意涉及交通行车规则属于智力活动的规则和方法，不能被授予专利权等。

【举例】

审查专利申请的方法；

组织、生产、商业实施和经济等方面的管理方法及制度；

交通行车规则、时间调度表、比赛规则；

演绎、推理和运筹的方法；

图书分类规则、字典的编排方法、情报检索的方法、专利分类法；

日历的编排规则和方法；

仪器和设备的操作说明；

各种语言的语法、汉字编码方法；

计算机的语言及计算规则；

速算法或口诀；

数学理论和换算方法；

心理测验方法；

教学、授课、训练和驯兽的方法；

各种游戏、娱乐的规则和方法；

统计、会计和记账的方法；

乐谱、食谱、棋谱；

锻炼身体的方法；

疾病普查的方法和人口统计的方法；

信息表述方法；

计算机程序本身。

3. 疾病的诊断和治疗方法

疾病的诊断和治疗方法，是指以有生命的人体或者动物体为直接实施对象，进行识别、确定或消除病因或病灶的过程。由此可知，以有生命的人体或动物体为对象，并以获得疾病诊断结果或健康状况为直接目的，则该方法属于疾病的诊断方法。

需要注意的是，如果一项发明从表述形式上看是以离体样品为对象的，但该发明是以获得同一主体疾病诊断结果或健康状况为直接目的，则该发明仍然不能被授予专利权。同样，如果请求专利保护的方法中包括了诊断步骤或者虽未包括诊断步骤但包括检测步骤，而根据现有技术中的医学知识和该专利申请公开的内容，只要知晓所说的诊断或检测信息，就能够直接获得疾病的诊断结果或健康状况，因而包括这种针对有生命的人体或动物体作出的诊断步骤或检测步骤的方法，也属于疾病诊断方法。但在已经死亡的人体或动物体上实施的病理解剖方法，直接目的不是获得诊断结果或健康状况，而只是从活的人体或动物体，或对已经脱离人体或动物体的组织、体液或排泄物获得中间结果信息的方法，则不属于疾病的诊断方法。

此外，疾病的诊断和治疗方法不能被授予专利权，但疾病诊断的仪器、治疗疾病的药物以及治疗疾病时使用的手术器械等均属于可授予专利权的保护客体。

在《专利审查指南2023》第二部分第一章第4.3.1.1节列举了很多属于疾病的诊断方法的例子：

诊脉法、足诊法、X光诊断法、超声诊断法、胃肠造影诊断法、内窥镜诊断法、同位素示踪影像诊断法、红外光无损诊断法、患病风险度评估方法、疾病治疗效果预测方法、基因筛查诊断法。

在《专利审查指南2023》第二部分第一章第4.3.2.1节列举了很多属于疾病的治疗方法的例子。

（1）外科手术治疗方法、药物治疗方法、心理疗法。

（2）以治疗为目的的针灸、麻醉、推拿、按摩、刮痧、气功、催眠、药浴、空气浴、阳光浴、森林浴和护理方法。

（3）以治疗为目的利用电、磁、声、光、热等种类的辐射刺激或照射人体或者动物体的方法。

（4）以治疗为目的采用涂覆、冷冻、透热等方式的治疗方法。

（5）为预防疾病而实施的各种免疫方法。

（6）为实施外科手术治疗方法和/或药物治疗方法采用的辅助方法，例如返回同一主体的细胞、组织或器官的处理方法、血液透析方法、麻醉深度监控方法、药物内服方法、药物注射方法、药物外敷方法等。

（7）以治疗为目的的受孕、避孕、增加精子数量、体外受精、胚胎转移等方法。

（8）以治疗为目的的整容、肢体拉伸、减肥、增高方法。

（9）处置人体或动物体伤口的方法，例如伤口消毒方法、包扎方法。

（10）以治疗为目的的其他方法，例如人工呼吸方法、输氧方法。

在《专利审查指南2023》第二部分第一章第4.3.2.2节列举了不少不属于疾病的治疗方法。

（1）制造假肢或者假体的方法，以及为制造该假肢或者假体而实施的测量方法。例如一种制造假牙的方法，该方法包括在病人口腔中制作牙齿模具，而在体外制造假牙。虽然其最终目的是治疗，但是该方法本身的目的是制造出合适的假牙。

（2）通过非外科手术方式处置动物体以改变其生长特性的畜牧业生产方法。例如，通过对活羊施加一定的电磁刺激促进其增长、提高羊肉质量或增加羊毛产量的方法。

（3）动物屠宰方法。

（4）对于已经死亡的人体或动物体采取的处置方法。例如解剖、整理遗容、尸体防腐、制作标本的方法。

（5）单纯的美容方法，即不介入人体或不产生创伤的美容方法，包括在皮肤、毛发、指甲、牙齿外部可为人们所视的部位局部实施的、非治疗目的的身体除臭、保护、装饰或者修饰方法。

（6）为使处于非病态的人或者动物感觉舒适、愉快或者在诸如潜水、防毒等特殊情况下输送氧气、负氧离子、水分的方法。

（7）杀灭人体或者动物体外部（皮肤或毛发上，但不包括伤口和感染部位）的细菌、病毒、虱子、跳蚤的方法。

总体来看，如果主题名称比较明显地体现出其属于疾病的诊断和治疗方法，则相对容易判断，因此需要特别注意那些从主题名称来看并没有直接体现出，但从实际内容来看仍可能属于疾病的诊断和治疗方法的专利申请。

4. 动物和植物品种

不能被授予专利权的动物和植物品种不仅包括完整的动物和植物个体，还包括可以生长为个体的动物和植物的组成部分，例如动物个体的各个形成和发育阶段如生殖细胞、受精卵、胚胎等；植物的可繁殖材料，如植物种子等，其中人类胚胎干细胞不属于处于各个形成和发育阶段的人体。相反，动物的体细胞以及动物组织和器官（除胚胎外）并不具有生长为个体的能力，不属于动物品种。

《专利审查指南2023》第二部分第一章第4.4节对《专利法》第25条第2款的规定作出了进一步说明，对动物和植物的非生物学的生产方法，属于可授权的范畴，在该生产方法中，人的技术介入对所达到的目的或效果起了主要的控制作用或决定性作用。

5. 原子核变换方法以及用该方法获得的物质

《专利法》第25条第1款规定，原子核变换方法及用该方法获得的物质不能被授予专利权，但是，

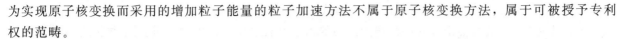

为实现原子核变换而采用的增加粒子能量的粒子加速方法不属于原子核变换方法，属于可被授予专利权的范畴。

需要说明的是，原子核变换方法不属于可被授予专利权的客体，但是为实现核变换方法的各种设备、仪器及其零部件等，均属于可被授予专利权的客体。同样，用原子核变换方法所获得的各种放射性同位素不能被授予发明专利权，但是这些同位素的用途以及使用的仪器、设备属于可被授予专利权的客体。

例1

下列哪些属于专利法意义上的疾病的诊断和治疗方法？（　　　）

A. 以离体样品为对象，以获得同一主体疾病诊断结果为直接目的的诊断方法

B. 在已经死亡的人体或动物体上实施的病理解剖方法

C. 伤口消毒方法

D. 杀灭人头发上的跳蚤的方法

三、发明或实用新型的定义❶

根据《专利法》第 2 条第 2 款的规定，发明是指对产品、方法或者其改进所提出的新的技术方案。由此可知，发明专利的保护客体既可以是产品，也可以是方法。根据《专利法》第 2 条第 3 款的规定，实用新型是指对产品的形状、构造或者其结合所提出的适于实用的新的技术方案。也就是说，实用新型专利的保护客体只能是产品，而且是有形状、有构造变化的产品，而对方法，或者无形状、无构造变化的产品不给予保护。

1. 确定是产品还是方法

请求保护的主题必须是专利法意义上的产品或者方法。在确定权利要求的主题时必须首先弄清是产品还是方法，这对于保护范围而言是至关重要的。通常而言，产品权利要求的效力优于方法权利要求，因此尽可能写成产品权利要求，除非发明的关键并不在于对物本身的创新或改进，而在于方法步骤或工艺参数等。例如，生产已知产品的新方法就只能撰写成方法权利要求。

2. 发明或者实用新型是一项技术方案

技术方案是对要解决的技术问题所采取的利用了自然规律的技术手段的集合，其中技术手段通常由技术特征来体现。

产品的形状以及表面的图案、色彩或者其结合的新方案，没有解决技术问题的，不属于发明和实用新型专利保护的客体。反之，解决了技术问题的，则属于专利保护的客体。

气味或者诸如声、光、电、磁、波等信号或者能量不属于专利法意义上的产品或者方法，因此也不属于《专利法》第 2 条第 2 款规定的客体。此外，应当注意实用新型专利保护对象的限制，将在下面作进一步说明。

3. 实用新型专利保护对象的限制

（1）实用新型专利仅保护产品，意味着一切方法都不属于实用新型专利的保护客体。

（2）实用新型专利仅保护形状和/或构造上作出改进的产品，包括以下三个方面的含义。

① 如果既包含形状、构造特征，又包含对方法本身提出改进的技术方案，则不属于实用新型专利的保护客体。其中，权利要求中可以使用已知方法的名称（如焊接）限定产品的形状、构造，但不得包含方法的步骤、工艺条件等。

② 产品的形状是指产品所具有的、可以从外部观察到的确定的空间形状。而无确定形状的产品（如气态、液态、粉末、颗粒等物质或材料）不属于实用新型专利的保护客体，如化合物、墨水、洗衣

---

❶　实用新型专利保护客体（即实用新型的定义）是专利代理实务中的高频考点。

粉等，但允许产品中的某个技术特征为无确定形状的物质，如酒精温度计中包含有酒精。

不能以生物的或者自然形成的形状作为产品的形状特征。不能以摆放、堆积等方法获得的非确定的形状作为产品的形状特征。产品的形状可以是在某种特定情况下所具有的确定的空间形状，例如，具有新颖形状的冰杯、降落伞等。

③ 产品的构造是指产品的各个组成部分的安排、组织和相互关系。注意，复合层可以认为是产品的构造，但物质的分子结构、组分、金相结构等不属于实用新型专利保护的产品构造。如果既包含形状、构造特征，又包含对材料本身提出的技术方案，则不属于实用新型专利保护的客体。但是，权利要求中可以包含已知材料的名称。

此外，产品表面的文字、符号、图表或者其结合的新方案，不属于实用新型专利保护的客体。例如：仅改变按键表面文字、符号的计算机或手机键盘；以十二生肖形状为装饰的开罐刀；仅以表面图案设计为区别特征的棋类、牌类，如古诗扑克等。

四、涉及不授予专利权的主题的历年实务考点

目前涉及《专利法》第2条第3款的规定要多一些。有下述两种可能的方式涉及不授权主题的考点，当然主要以第一种为主，第二种主要依赖于考生本身是否在不授权主题方面犯错。

1. 要求考生发现或判断权利要求是否存在不授权的主题

2014年考题中的权利要求如下：

5. 一种治疗呼吸道类疾病的方法，该方法使用权利要求1所述的光催化空气净化器。

审查意见指出："权利要求5不符合《专利法》第25条第1款的规定。"

分析：

权利要求5要求保护一种治疗呼吸道类疾病的方法，显然属于《专利法》第25条第1款第3项中的疾病的诊断和治疗方法这一类不授予专利权的客体。因此，指出权利要求5属于《专利法》第25条第1款的规定的审查意见是正确的。

2013年考题中，客户自行撰写的权利要求6如下：

6. 一种利用公用垃圾箱进行广告宣传的方法，所述垃圾箱具有箱体，其特征在于：在箱体的至少一个外侧面上印有商标、图形或文字。

分析：

权利要求6想要保护一种利用公用垃圾箱进行广告宣传的方法，该方法不涉及垃圾箱本身的构造，其中垃圾箱只作为信息表述的载体，仅仅涉及广告创意和广告内容的表达，其特征不是技术特征，解决的问题也不是技术问题，因而未构成技术方案，不符合《专利法》第2条第2款有关"发明是指对产品、方法或者其改进所提出的新的技术方案"的规定。

2009年考题中涉及修改后的实用新型专利权利要求，其中权利要求2和权利要求3如下：

2. 一种由枕套（1）、枕芯（2）构成的药枕，其特征在于包括头枕（4）和颈枕（5），头枕（4）上面，或者头枕（4）和颈枕（5）上面缝缀药垫（9），其中装有预防和治疗颈椎病的药物。

3. 根据权利要求2所述的药枕，其特征在于药垫（9）内装有重量配比为3:2的茶叶和荞麦皮的混合物。

现有技术对比文件1公开了一种颈椎乐枕头：由丝、棉等织物制成的枕套，由海绵、荞麦皮等制成的枕芯；枕头的中间部位有头形凹陷槽；颈垫，在其上面可通过缝纫或者粘钩等方式结合装有药物（例如能预防和治疗颈椎病的麝香、人参等）的药垫构成。

分析：

现有技术中已存在类似的缝缀药物的颈垫，因而权利要求2中限定"颈枕（5）上面缝缀药垫（9），其中装有预防和治疗颈椎病的药物"，其是涉及已知的材料即药物，即该权利要求是将已知材料应用于具有形状、构造的产品上，不属于对材料本身提出的改进。因而权利要求2属于实用新型专利保护的客体。

但权利要求3中对药物材料进行了具体限定，即"药垫（9）内装有重量配比为3：2的茶叶和荞麦皮的混合物"。现有技术并没有公开药垫中组是茶叶和荞麦皮的混合物，由此可知，权利要求3是对材料本身提出的改进，因而不属于实用新型专利保护的客体，不符合《专利法》第2条第3款的规定。

例5

2012年考题中涉及实用新型专利权利要求书中的权利要求4如下：

4. 如权利要求1所述的硬质冷藏箱，其特征在于：所述保温中间层（4）为泡沫材料。

试题中的请求人针对该权利要求提出如下无效宣告理由：

权利要求4的附加技术特征是对产品材料的限定，是对材料本身提出的改进。由此，权利要求4的技术方案不属于实用新型专利保护的客体，不符合《专利法》第2条第3款的规定。

考生需要判断该无效宣告理由是否成立？

分析：

权利要求4的附加技术特征是保温中间层为泡沫材料，而泡沫材料是公知的保温材料，且现有技术对比文件2中也公开了将泡沫材料作为保温层的技术内容。由此可知，权利要求4是将已知材料应用于具有形状、构造的产品上，不属于对材料本身提出的改进，符合《专利法》第2条第3款有关实用新型专利保护客体的规定，因此，请求人提出的有关权利要求4不符合《专利法》第2条第3款规定的无效宣告理由不成立。

2. 考生应避免将不授权的主题撰写成权利要求的主题

例6

2009年专利代理实务科目试卷中有关权利要求书撰写部分的试题涉及止鼾枕头和止鼾方法两项主题，但止鼾方法不属于专利保护客体，不能将其撰写为权利要求。

第二章　专利授权实质条件

按照《专利法》第22条的规定，新颖性、创造性和实用性是一项发明和实用新型专利授权的实质条件，在审批期间，尤其在发明实质审查期间，专利申请不符合《专利法》第22条有关新颖性、创造性和实用性的规定，该专利申请将被驳回而不能授予专利权。即便被不当授权，在无效程序中又会因其不具有新颖性、创造性和实用性而被宣告专利权无效。对于申请人和专利代理师来说，应当牢固掌握有关新颖性、创造性和实用性这三个授权实质条件的基本知识。

通常，专利代理师在上述对客户提供的技术资料进行分析和判断确定哪些属于专利保护的客体的基础上，准备撰写申请文件时，首先需要考虑所述主题是否具备《专利法》第22条第4款规定的实用性。在初步判断具备实用性的基础上，才需要进一步具体拟定符合《专利法》第22条第2款规定的新颖性和第3款规定的创造性的独立权利要求（及其从属权利要求）。下面按这种思路简述实用性、新颖性和创造性的相关规定。

一、实用性

《专利法》第22条第4款规定：实用性，是指该发明或者实用新型能够制造或者使用，并且能够产生积极效果。《专利审查指南2023》第二部分第五章第3.2节审查基准中给出了不具备实用性的六种主要情形。

（1）无再现性。无再现性的发明或实用新型专利申请主题不具备实用性。需要注意产品的成品率低与不具备再现性的区别，不能因为实施过程中未确保某些技术条件而导致成品率低而认为不具有再现性，只有在确保发明或实用新型专利申请所需全部技术条件仍不能重复实现该技术方案所要求达到的效果时才认定为无再现性。此外，对于手工艺品，只有在不能重复再现时，才不具备实用性。

（2）违背自然规律。违背自然规律的发明或实用新型专利申请是不能实施的，不具备实用性。例如，永动机违背自然规律而不具备实用性；用优良传热材料将太阳和地球连接起来以实现热量的非光线传导，由于该设想的方法根本不可能实施，因而不具备实用性（注意，这种缺陷是该方法本身的固有缺陷，与是否被充分公开无关）。

（3）利用独一无二的自然条件的产品。利用特定的自然条件建造的自始至终都是不可移动的唯一产品，不具备实用性。但需要注意：①针对特定自然条件设计的产品，只要不是针对独一无二的自然条件，那么该产品具备实用性；②即使该产品本身是应用于特定条件下的唯一产品，也不能以此为理由来否定该产品的部件或构件也不具备实用性，除非它们是该产品的特定专用部件或构件，且无任何其他实用前景的情况。

（4）人体或者动物体的非治疗目的的外科手术方法。非治疗目的的外科手术方法，由于是以有生命的人或动物为实施对象，无法在产业上使用，因而不具备实用性。

（5）测量人体或者动物体在极限情况下的生理参数的方法。测量人体或者动物体在极限情况下的生理参数需要将被测对象置于极限环境中，这会对人或者动物的生命构成威胁，不同的人或者动物个体可以耐受的极限条件是不同的，需要有经验的测试人员根据被测对象的情况来确定其耐受的极限条件，因此这类方法无法在产业上使用，不具备实用性。

（6）无积极效果。明显无益、脱离社会需要的发明或者实用新型专利申请的技术方案不具备实用性，但这种情况比较罕见。

例7

下列发明专利申请所涉及的技术方案哪些具备实用性？（　　　）

A. 一种为美容而实施的外科手术方法

B. 一种利用喜马拉雅山上的无污染水制造的饮料

C. 一种利用长江某段的独特地形建造水电站的方法

D. 一种在奶牛饲料中添加含硒物质得到富硒牛奶的方法

例8

某件专利申请的权利要求书如下：

1. 一次性植入双眼皮用具，包括缝合线及其端部装置的缝合针。

2. 权利要求1所述的一次性植入双眼皮用具，其特征在于所述的缝合针为弧形。

3. 用权利要求1所述一次性植入双眼皮用具植入双眼皮的方法，包括：用缝合针牵引缝合线从上眼睑用针。

4. 权利要求3所述的方法，其中所述用针方向是从上眼睑内眼角向外眼角方向。

上述权利要求请求保护的发明创造哪些具有实用性？（　　　）

A. 权利要求 1　　　　B. 权利要求 2　　　　C. 权利要求 3　　　　D. 权利要求 4

例 9

下列哪些申请专利的技术方案不具备实用性？（　　）

A. 一种屠宰方法，其特征在于向活牲畜施加 1 万伏特电压 3～7 秒

B. 一种提取黑熊胆汁的方法，其特征在于向活体黑熊体内植入联通胆囊的导管，定时提取

C. 一种美容方法，其特征在于向人脸部皱纹处注射肉毒素

D. 亚欧大运河，其特征在于运河经由北京—莫斯科—巴黎—伦敦，依照地形地貌特点分段分期建成

例 10

下列哪些发明创造符合《专利法》第 22 条规定的实用性要求？（　　）

A. 一种在真空条件下制作热敏电阻的方法

B. 一种采用外科手术从活熊身体上提取胆汁的方法

C. 一种通过逐渐降低小白鼠的体温，来检测其对寒冷耐受程度的方法

D. 一种将水轮倾斜地放置在游泳池中，通过水轮自身重力和水的浮力不断旋转以产生波浪的方法

二、新颖性

（一）新颖性的定义

《专利法》第 22 条第 2 款规定："新颖性，是指该发明或者实用新型不属于现有技术；也没有任何单位或者个人就同样的发明或者实用新型在申请日以前向国务院专利行政部门提出过申请，并记载在申请日以后公布的专利申请文件或者公告的专利文件中。"

就新颖性的定义而言，第三次修改之后的《专利法》相对于修改之前的《专利法》主要作了两方面的修改：其一，将现有技术中公开使用和其他方式公开的地域范围由"国内"变为"全世界"，即由"相对新颖性"变为"绝对新颖性"；其二，改变了构成抵触申请的条件，此前仅限于他人的申请在先、公布在后的专利申请文件，修改后的《专利法》，"他人"改为"任何单位或个人"，即本人申请在先、公布或公告在后的中国专利申请文件或专利文件也可以构成抵触申请。

在上述定义中，涉及三个基本概念：优先权、现有技术和同样的发明或者实用新型，其中第三个概念习惯上又称作抵触申请。

例 11

甲于 2020 年 5 月 12 日向国家知识产权局提交了一件请求保护产品的发明专利申请。下列哪些申请构成该申请的抵触申请？（　　）

A. 甲于 2019 年 8 月 12 日向国家知识产权局提交且于 2010 年 12 月 9 日公告授权的实用新型专利申请，该申请公开了该产品

B. 乙于 2020 年 5 月 12 日向国家知识产权局提交且于 2011 年 6 月 2 日公布的发明专利申请，该申请公开了该产品

C. 丙于 2019 年 1 月 22 日向国家知识产权局提交且于 2010 年 5 月 12 日公布的发明专利申请，该申请请求保护该产品的制备方法，说明书中公开了该产品

D. 丁于 2019 年 8 月 12 日提出一件 PCT 国际申请，该申请进入中国国家阶段后于 2011 年 10 月 26 日进行了中文公布，该申请公开了该产品

刘某分别于 2020 年 2 月 15 日和 2020 年 12 月 7 日提交了说明书相同的实用新型专利申请 S 和发明专利申请 F，说明书记载了一种产品和制造该产品的设备。S 申请要求保护该产品，F 申请要求保护该设备。F 申请未要求优先权。S 申请在 2021 年 1 月 15 日被公告授予了实用新型专利权。若 F 申请满足其他授权条件，则下列说法哪些是正确的？（   ）

A. 在刘某放弃上述实用新型专利权的情况下，F 申请可以被授权

B. 在刘某放弃上述实用新型专利权的情况下，若 F 申请修改为要求保护该产品，则可以被授权

C. 由于申请人相同，因此 S 申请不构成 F 申请的抵触申请

D. S 申请破坏 F 申请的新颖性，因此 F 申请不能被授权

（二）优先权

国际上，从方便和有利于申请人考虑，为了给申请人准备向国外提出申请足够的准备时间，建立了优先权制度。优先权的效力对于申请的新颖性和创造性至关重要，而且可否享有优先权的实体判断与新颖性有关相同内容的发明或实用新型的判断存在内在的关系，因而专利代理师在实际代理实务中，应当十分熟悉《专利法》、《专利法实施细则》和《专利审查指南 2023》中有关优先权方面的具体规定。

1. 优先权的概念

根据《专利法》第 29 条的规定，申请人就相同主题的发明或者实用新型在外国第一次提出专利申请之日起 12 个月内，又在中国提出申请的，依照该国同中国签订的协议或者共同参加的国际条约，或者依照相互承认优先权的原则，可以享有优先权，称为外国优先权。申请人就相同主题的发明或者实用新型在中国第一次提出专利申请之日起 12 个月内，又向国务院专利行政部门提出专利申请的，可以享有优先权，称为本国优先权（注：外观设计也有本国优先权和外国优先权制度）。

2. 享有优先权的条件

享有优先权的专利申请应当满足以下条件。

（1）申请人就相同主题的发明创造在外国或中国第一次提出专利申请（以下简称"首次申请"）后又在中国提出专利申请（以下简称"在后申请"）。换言之，在后申请中要求优先权的主题已在作为优先权基础的在先申请的申请文件中作了记载。

（2）就发明和实用新型而言，在后申请之日不得迟于首次申请之日起 12 个月；就外观设计而言，为 6 个月。

（3）对于外国优先权，申请人提出首次申请的国家或政府间组织应当是同中国签有协议或者共同参加国际条约，或者相互承认优先权原则的国家或政府间组织。

（4）作为优先权基础的在先申请是申请人第一次提出的专利申请，即申请人早于该在先申请的所有专利申请中均未记载过该后一申请要求享有优先权的技术方案。

（5）在后申请的申请人应当与在先申请的申请人一致。对于本国优先权，如果申请人不一致，应当有在先申请的申请人将优先权转让给在后申请的申请人的优先权转让证明，即在后申请的申请人应当在最早优先权日起 16 个月内提交由在先申请的全体申请人签字或者盖章的优先权转让证明文件。但是对于外国优先权，在后申请的申请人还可以是在先申请的申请人之一，仅仅在申请人完全不一致时，才需要提交优先权转让证明。

（6）提出在后申请的同时在请求书中声明，写明作为优先权基础的在先申请的申请日、申请号和原受理机构名称。要求发明、实用新型专利优先权的，应当在申请的时候提出书面声明，并且在第一次提出申请之日起 16 个月内，提交第一次提出的专利申请文件的副本。而对于本国优先权，只要在请求书中写明了在先申请的申请日和申请号，视为提交了在先申请文件副本（即不需要实际提交副本）。

（7）在缴纳在后申请的申请费的同时缴纳优先权要求费，即自提出在后申请之日起 2 个月内缴纳优先权要求费。

其中，对于本国优先权，被要求优先权的中国在先申请的主题有下列情形之一的，不得作为要求本国优先权的基础：

（1）已经要求外国优先权或者本国优先权的，但要求过外国优先权或者本国优先权而因其主题与在先申请不一致未享有优先权的除外；

（2）已经被授予专利权的；

（3）分案申请。

此外，按照《专利法实施细则》第35条第3款的规定，申请人要求本国优先权的，其在先申请自后一申请提出之日起即视为撤回，但外观设计专利申请人要求以发明或实用新型专利申请作为本国优先权基础的除外。

3. 相同主题的发明创造的判断

《专利法》第29条所述的相同主题的发明或者实用新型，是指技术领域、所解决的技术问题、技术方案和预期的效果相同的发明或者实用新型。也就是说，判断在后申请中各项权利要求所述的技术方案是否清楚地记载在上述在先申请的文件（说明书和权利要求书，不包括摘要）中。《专利审查指南2023》第二部分第八章第4.6.2节进一步指出，只要在先申请文件清楚地记载了在后申请权利要求所述的技术方案，就应当认定该在先申请与在后申请涉及相同的主题，不得以在先申请的权利要求书中没有包含该技术方案为理由而拒绝给予优先权。所谓清楚地记载，并不要求在叙述方式上完全一致，只要阐明了申请的权利要求所述的技术方案即可。但是，如果在先申请对上述技术方案中某一或者某些技术特征只作了笼统或者含糊的阐述，甚至仅仅只有暗示，而在后申请增加了对这一或者这些技术特征的详细叙述，以致所属技术领域的技术人员认为该技术方案不能从在先申请中直接和毫无疑义地得出，则该在先申请不能作为在后申请要求优先权的基础。

具体判断是否为相同主题的发明创造适用于新颖性审查基准中的"相同内容的发明或者实用新型"的情形。需要注意的是，新颖性审查基准中的其他几种情形不适用。

例 13

韩国人李某于2005年1月12日向美国提交首次申请F，该申请说明书中记载了技术方案a和b，要求保护技术方案a。2005年7月12日，李某向中国提交了专利申请F1，要求保护技术方案b。2005年12月18日，李某向中国提交了专利申请F2，要求保护技术方案a和b。若申请F1和申请F2满足其他享有优先权的条件，则下列说法哪些是正确的？（　　　）

A. 申请F1可以享有申请F的优先权

B. 申请F2中的技术方案a可以享有申请F的优先权

C. 申请F2可以享有申请F1的优先权

D. 申请F2中的技术方案b可以享有申请F的优先权

4. 优先权的效力

如果一件专利申请能够享有优先权，不会因为在优先权期间内（即优先权日与申请日之间）任何单位或个人提出了相同主题的申请或者公开、利用这种发明创造而失去效力，即这些申请、公开或使用不会影响本专利申请的新颖性或创造性。此外，对于在优先权期间内，任何单位或个人提出的相同主题的发明创造，不能被授予专利权。

例 14

刘某于2010年7月9日向国家知识产权局提交了一件实用新型专利申请。刘某的下列哪些具有相同主题的专利申请不能作为该申请要求本国优先权的基础？（　　　）

A. 2009年8月9日提出的某实用新型专利申请，刘某已于2009年10月9日在该申请的基础上提出了分案申请

B. 2009年9月8日被公告授予专利权的发明专利申请

C. 2009年12月5日提出的享有外国优先权的发明专利申请

D. 2010 年 2 月 1 日提出的享有本国优先权的实用新型专利申请

例 15

一件发明专利申请的优先权日为 2006 年 12 月 15 日。如果下列出版物上记载了与该申请中所请求保护的技术方案相同的技术内容，且没有其他证据能证明该出版物的实际公开日，则其中哪些会导致该发明专利申请丧失新颖性？（　　）

A. 印刷日为 2006 年的英文论文集

B. 印刷日为 2006 年 12 月的中文期刊

C. 印刷日为 2006 年 11 月的俄文书籍，2007 年 2 月被译为中文在我国出版

D. 印刷日为 2006 年 10 月的以某少数民族语言撰写的专业书籍，在 2007 年 1 月推向全国之前仅在某少数民族地区的书店销售

例 16

某公司于 2006 年 7 月 1 日向德国提交了发明专利申请，说明书中记载了技术方案 X，但未在权利要求书中要求保护该技术方案。该公司于 2007 年 2 月 6 日向法国提交了专利申请，说明书中记载了技术方案 X 和 Y，并在权利要求中要求保护技术方案 X 和 Y。法国专利申请享有德国专利申请的优先权。该公司于 2007 年 6 月 6 日向国家知识产权局提交了一件要求保护技术方案 X 和 Y 的发明专利申请。据此，下列关于该中国申请享有优先权的说法哪些是正确的？（　　）

A. 方案 X 可享有德国专利申请的优先权

B. 方案 Y 可享有法国专利申请的优先权

C. 方案 X 可享有德国专利申请的优先权，但方案 Y 不能享有法国专利申请的优先权

D. 方案 X 和方案 Y 均可享有法国专利申请的优先权

例 17

申请人刘某于 2008 年 6 月 18 日向国家知识产权局提交了一件发明专利申请。下列由刘某就相同主题提出的在先申请，哪些可以作为其要求本国优先权的基础？（　　）

A. 申请日为 2007 年 9 月 14 日的中国发明专利申请，刘某已在该申请的基础上提出分案申请

B. 申请日为 2007 年 6 月 20 日的中国实用新型专利申请，但该申请因为没有缴纳申请费已被视为撤回

C. 申请日为 2007 年 6 月 22 日的中国实用新型专利申请，该申请于 2008 年 6 月 13 日被公告授予专利权

D. 申请日为 2007 年 7 月 25 日的中国发明专利申请，该申请享有申请日为 2006 年 8 月 15 日的美国专利申请的优先权

（三）影响新颖性和创造性的技术

按照《专利法》第 22 条的规定，影响专利申请新颖性和创造性的文件包括两大类。一类是既可以影响专利申请新颖性，也可以影响其创造性的现有技术（专利局检索报告中标明为 X 类或 Y 类的文件），另一类是仅可以用作评价该专利申请是否具有新颖性而不能用作评价专利申请是否具有创造性的文件，即申请在先、公布或公告在后的中国专利申请文件或专利文件。如果这类文件披露了与专利申请同样的发明或实用新型，就构成了专利申请的抵触申请（专利局检索报告中为 E 类文件），该专利申请就不具备新颖性。而由于优先权制度，还存在中间文件（专利局检索报告中为 P 类文件），如果要求的优先权不成立，PX 类或 PY 类文件成为现有技术，PE 类文件则成为抵触申请文件。此外，还可能存在导致重复授权的专利或专利申请文件（专利局检索报告中为 R 类文件）。

1. 现有技术

按照《专利法》第 22 条第 5 款的规定，现有技术是指申请日以前在国内外为公众所知的技术。《专

利审查指南 2023》第二部分第三章第 2.1.2 节又明确指出，现有技术包括在申请日（有优先权日的，指优先权日）以前在国内外出版物上公开发表，在国内外公开使用或者以其他方式为公众所知的技术。这三种公开方式具体如下：

（1）出版物公开：专利法意义上的出版物是指记载有技术或设计内容的独立存在的传播载体。

（2）使用公开：由于使用而导致技术方案的公开，或者导致技术方案处于公众可以得知的状态。

（3）其他方式公开：为公众所知的其他方式，主要是指口头公开等。

例 18

出版物标注的印刷日是 2020 年 11 月，在专利审查中应如何认定该出版物的公开日？（　　　）

A. 无法认定其公开日　　　　　　　　　　　B. 2020 年 11 月 1 日

C. 2020 年 11 月 30 日　　　　　　　　　　D. 2020 年 12 月 31 日

例 19

下列哪些情况构成专利法所述的"公开发表"？（　　　）

A. 一件新产品已经在某省政府给国务院的报告中描述过

B. 一本描述某新产品的科技书已经在新华书店的橱窗中陈列，但尚未售出过

C. 一本描述某新产品的杂志陈列在大兴安岭林区某县文化馆的书架上

D. 某新产品的鉴定报告已在一本仅供内部使用且标有"内部发行"的刊物上发表

例 20

某专利申请的申请日是 2015 年 2 月 5 日，下列哪些技术相对于该申请而言属于现有技术？（　　　）

A. 2015 年 2 月 5 日前在美国公开使用的一项技术

B. 由他人于 2015 年 1 月在国际性学术会议上首次发表的技术

C. 在印刷日是 2015 年 2 月但无其他证据证明其公开的某科技杂志上记载的技术

D. 2015 年 2 月 5 日前在某印有"内部资料"字样，且确系在特定范围内发行并要求保密的出版物上记载的技术

2. 抵触申请❶

由任何单位或者个人就同样的发明或者实用新型在申请日以前向专利局提出并且在申请日以后（含申请日）公布的专利申请文件或者公告的专利文件损害该申请日提出的专利申请的新颖性，即构成抵触申请。判断是否构成使专利申请丧失新颖性的抵触申请时，以该申请在先、公布或公告在后的中国专利申请文件的全文内容为准，包括权利要求书和说明书（附图），但不包括摘要中的内容。另外，抵触申请仅指在申请日以前提出的，不包含在申请日提出的同样的发明或者实用新型专利申请。

归纳起来，构成一件专利申请的抵触申请，应当满足如下几个条件：

（1）向中国提出的专利申请；

（2）申请在本专利申请的申请日（本专利申请享有优先权的，为优先权日）前提出；

（3）该申请在本专利申请的申请日（本专利申请享有优先权的，为优先权日）或其后公布或授权公告；

（4）披露了与本专利申请同样的发明或实用新型。

抵触申请还包括满足以下条件的进入了中国国家阶段的国际专利申请：申请日前由任何单位或个人提出，并在申请日之后（含申请日）由专利局作出公布或公告的且为同样的发明或者实用新型的国际专利申请。

---

❶　抵触申请是专利代理实务考试中的高频考点，也是经常易于被考生忽略或出错的考点。

注意：抵触申请本身不能用来评价专利申请或专利的创造性，也不能与其他现有技术文件结合来评价其创造性，这是非常重要的考点之一。

林某的一件发明专利申请的申请日为2017年1月8日，有效的优先权日为2016年2月10日，国家知识产权局于2018年8月1日公布了该申请。下列内容相同的申请哪些构成该申请的抵触申请？（　　　）

A. 金某在2017年1月29日在我国提出发明专利申请，该申请的公布日为2018年8月22日，该申请享有韩国的优先权，优先权日为2016年1月30日

B. 梁某于2016年2月9日在我国提出的发明专利申请，2017年8月8日主动撤回，但该申请仍于2017年8月10日被公布

C. 林某于2016年2月5日在我国提出的实用新型专利申请，该申请于2018年1月25日被公告授予专利权

D. 李某于2016年2月8日在日本提出的发明专利申请，该申请的公布日为2017年10月6日

（四）新颖性的判断❶

1. 判断原则

（1）同样的发明或者实用新型。按照《专利审查指南2023》第二部分第三章第3.1节的规定，同样的发明或者实用新型是指，被审查的发明或者实用新型的技术方案与现有技术或者申请日（有优先权的，指优先权日）前由任何单位或者个人向专利局提出申请并在申请日（有优先权的，指优先权日）或其后公布或者授权公告的发明或者实用新型的相关内容相比，如果其技术领域、所解决的技术问题、技术方案和预期效果实质上相同，则认为两者为同样的发明或者实用新型。其中，首先应当判断发明或者实用新型的技术方案与对比文件的技术方案是否实质上相同，如果专利申请与对比文件公开的内容相比，所述技术方案与对比文件公开的技术方案实质上相同，所属技术领域的技术人员根据两者的技术方案可以确定两者能够适用于相同的技术领域，解决相同的技术问题，并具有相同的预期效果，则认为两者为同样的发明或者实用新型。

（2）单独对比。判断发明或者实用新型专利申请的新颖性适用单独对比原则。也就是说，在判断新颖性时，应当将客户提供的技术方案分别与现有技术或者申请在先公布或者公告在后的中国发明或者实用新型的相关技术内容的每一项技术方案单独地进行比较，不得将其与现有技术或者申请在先公布或者公告在后的中国发明或者实用新型内容的几项技术方案的组合，或者与一份对比文件中的多项技术方案的组合进行对比。

2. 判断基准

判断发明或者实用新型有无新颖性，《专利审查指南2023》第二部分第三章第3.2节给出了审查基准。

（1）相同内容的发明或者实用新型：如果要求保护的发明或者实用新型与对比文件所公开的技术内容完全相同，或者仅仅是简单的文字变换，则该发明或者实用新型不具备新颖性。其中，上述相同的内容应该理解为包括可以从对比文件中直接地、毫无疑义地确定的技术内容。

（2）具体（下位）概念与一般（上位）概念：如果要求保护的发明或者实用新型与对比文件相比，其区别仅在于前者采用一般（上位）概念，而后者采用具体（下位）概念限定同类性质的技术特征，则具体（下位）概念的公开使采用一般（上位）概念限定的发明或者实用新型丧失新颖性。反之，一般（上位）概念的公开并不影响采用具体（下位）概念限定的发明或者实用新型的新颖性。

（3）惯用手段的直接置换：如果要求保护的发明或者实用新型与对比文件的区别仅仅是所属技术领域的惯用手段的直接置换，则该发明或者实用新型不具备新颖性。根据实践，只有在极特殊情况，几乎只有在抵触申请评价发明或实用新型的新颖性时，才采用这一判断基准，对于对比文件是现有技

---

❶ 新颖性的判断是每年必考内容，也是整个专利代理实务考试最基础和最重要的内容，务必理解。

术的情况，通常以等效手段的替换来否定创造性，而不以惯用手段直接置换来否定新颖性。

（4）数值和数值范围：如果发明或者实用新型中存在以数值或者连续变化的数值范围限定的技术特征；对比文件公开的数值或者数值范围落在上述限定的技术特征的数值范围内，或者与上述限定的技术特征的数值范围部分重叠或者有一个共同的端点，将破坏要求保护的发明或者实用新型的新颖性。此外，对比文件公开的数值范围的两个端点将破坏上述限定的技术特征为离散数值并且具有该两端点中任一个的发明或者实用新型的新颖性，但不破坏上述限定的技术特征为该两端点之间任一数值的发明或者实用新型的新颖性。

此外，在撰写权利要求时，在产品权利要求中包含性能、参数、用途或制备方法等特征，此时需要考虑，产品权利要求中包含的性能、参数、用途或制备方法等特征是否隐含了所述产品具有某种特定结构和/或组成，而能区别于现有技术的产品，并以此来确定权利要求的撰写。

例 22

某发明专利申请的权利要求如下：

1. 一种复合材料的制备方法，其特征在于：……，混合时间为 10～75 分钟。

2. 根据权利要求 1 所述的复合材料制备方法，其特征在于混合时间为 30～45 分钟。

关于上述权利要求的新颖性，下列说法错误的是：（　　）

A. 对比文件公开的一种复合材料的制备方法，其中混合时间为 15～90 分钟（其余特征与权利要求 1 相同），则权利要求 1 相对于该对比文件不具备新颖性

B. 对比文件公开的一种复合材料的制备方法，其中混合时间为 20～60 分钟（其余特征与权利要求 1 相同），则权利要求 1 相对于该对比文件不具备新颖性

C. 对比文件公开的一种复合材料的制备方法，其中混合时间为 20～90 分钟（其余特征与权利要求 2 相同），则权利要求 2 相对于该对比文件不具备新颖性

D. 对比文件公开的一种复合材料的制备方法，其中混合时间为 45 分钟（其余特征与权利要求 2 相同），则权利要求 2 相对于该对比文件不具备新颖性

例 23

以下关于新颖性判断正确的是？（　　）

A. 一种抗拉强度为 530MPa 钢板相对于抗拉强度为 350MPa 的普通钢板具有新颖性

B. 一种用于抗病毒的化合物 X 与一种用作洗涤剂的化合物 X 相比具有新颖性

C. 一种使用 X 方法制作的玻璃杯与一种用 Y 方法制作的玻璃杯相比一定具有新颖性

D. 一种厚度为 25～30mm 的托板与一种厚度为 30mm 的托板相比不具有新颖性

例 24

某发明专利申请的权利要求如下：

"1. 一种铝钛合金的生产方法，其特征在于加热温度为 200～500℃。

"2. 一种根据权利要求 1 的铝钛合金生产方法，其特征在于加热温度为 350℃。"

下列说法哪些是正确的？（　　）

A. 对比文件 1 公开的铝钛合金的生产方法中加热温度为 400～700℃，则权利要求 1 相对于对比文件 1 不具备新颖性

B. 对比文件 2 公开的铝钛合金的生产方法中加热温度为 500～700℃，则权利要求 1 相对于对比文件 2 不具备新颖性

C. 对比文件 3 公开的铝钛合金的生产方法中加热温度为 200～500℃，则权利要求 2 相对于对比文件 3 不具备新颖性

D. 对比文件 4 公开的铝钛合金的生产方法中加热温度为 450℃，则权利要求 1 和权利要求 2 相对于对比文件 4 均不具备新颖性

例 25

判断实例（2014 年试题）
涉案专利

（19）中华人民共和国国家知识产权局

（12）发明专利

（45）授权公告日 2016.02.11

（21）申请号 201311234567. X
（22）申请日 2013.09.04
（73）专利权人 B 公司

（其余著录项目略）

权利要求 1：

1. 一种茶壶，包括壶身、壶嘴、壶盖及壶把，其特征在于：壶盖底面中央可拆卸地固定有一个向下延伸的搅拌棒，搅拌棒的端部可拆卸地固定有搅拌部。

对比文件 1

（19）中华人民共和国国家知识产权局

（12）实用新型专利

（45）授权公告日 2014.05.09

（21）申请号 201320123456.5
（22）申请日 2013.08.22
（73）专利权人 赵××

（其余著录项目略）

说 明 书

一种多功能杯子

……图 1 所示本实用新型的多功能杯子包括：杯盖 21A、搅拌棒 22A 和杯体 23A，搅拌棒 22A 位于杯盖 21A 的内侧，并与杯盖一体成型。搅拌棒 22A 的端部可插接一浆型搅拌部 24A。

图 2 所示本实用新型的多功能杯子的另一个实施例，包括杯盖 21B、搅拌棒 22B 和杯体 23B。所述搅拌棒 22B 的头部呈圆柱形。杯盖 21B 的内侧设有内径与搅拌棒 22B 的头部外径相同的插槽，搅拌棒 22B 的头部插入至杯盖 21B 的插槽内。搅拌棒 22B 采用可弯折的材料制成，其端部弯折出一个搅拌匙以形成搅拌部，从而方便搅拌。

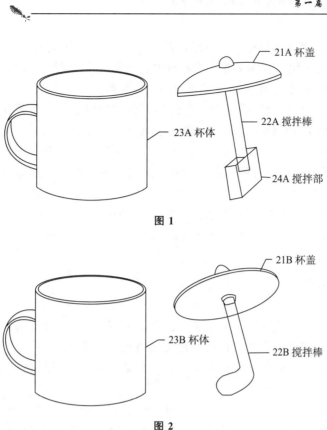

图 1

图 2

客户提出的无效宣告理由：

对比文件 1 与涉案专利涉及相近的技术领域，其说明书的附图 1 所示的实施例公开了一种多功能杯子包括：杯盖 21A、搅拌棒 22A 和杯体 23A，搅拌棒 22A 位于杯盖 21A 的内侧，并与杯盖一体成型。搅拌棒 22A 的端部可插接一桨型搅拌部 24A。附图 2 示出了另一个实施例，包括杯盖 21B、搅拌棒 22B 和杯体 23B，所述搅拌棒 22B 的头部呈圆柱形。杯盖 21B 的内侧设有内径与搅拌棒 22B 的头部外径相同的插槽，搅拌棒 22B 的头部插入至杯盖 21B 的插槽内。搅拌棒 22B 采用可弯折的材料制成，其端部弯折出一个搅拌匙以形成搅拌部。因此，实施例一公开了可拆卸的搅拌部，实施例二公开了可拆卸的搅拌棒，对比文件 1 公开了权利要求 1 的全部特征，权利要求 1 相对于对比文件 1 不具备新颖性。

分析：

经核查相关时间，对比文件 1 是申请在先、公开在后的中国专利文件，仅能用来评价权利要求 1 的新颖性。对比文件 1 公开了一种多功能杯子，并公开了两个实施例：第一个实施例中搅拌棒与壶盖一体成型，第二个实施例搅拌棒与搅拌部一体成型。因而，均没有披露搅拌棒既与壶盖，同时又与搅拌部可拆卸连接。因此，对比文件 1 与涉案专利所涉及的并不是相同的技术领域，对比文件 1 也没有公开权利要求 1 中的全部技术特征，即对比文件 1 并没有公开权利要求 1 的技术方案，因此对比文件 1 不构成权利要求 1 的抵触申请。

客户的无效宣告理由中指出对比文件 1 的两个实施例分别公开了权利要求 1 特征部分的特征，实际上是使用了对比文件 1 的两个实施例的结合来评述权利要求 1 的新颖性，违反了新颖性判断的单独对比原则。

（五）重复授权

重复授权在首次撰写申请文件时通常不会涉及，而主要发生在实质审查意见通知书和无效宣告程序中。根据《专利法》第 9 条规定，在两件申请或专利属于同日申请的情况下，如果一件专利申请或专利的一项权利要求与另一件专利申请或专利的某一项权利要求保护范围相同，则构成同样的发明创造。对于同一申请人同日就同样的发明创造提出两件专利申请，并且这两件申请符合授予专利权的其他条件的，申请

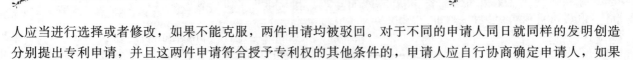

人应当进行选择或者修改，如果不能克服，两件申请均被驳回。对于不同的申请人同日就同样的发明创造分别提出专利申请，并且这两件申请符合授予专利权的其他条件的，申请人应自行协商确定申请人，如果不能克服（协商不成或修改仍然未克服等），两件申请均被驳回。

对于同一申请人同日就同样的发明创造提出的另一件专利申请已经被授予专利权，并且尚未授权的专利申请符合授予专利权的其他条件的，申请人应当修改来克服。此外，同一申请人同日对同样的发明创造既申请实用新型又申请发明专利的，在先获得的实用新型专利权尚未终止，并且申请人在申请时分别作出声明的，除通过修改发明专利申请外，还可以通过放弃实用新型专利权克服所述发明专利申请存在的重复授权问题。

注意：根据先申请原则，如果在先申请构成抵触申请或已公开构成现有技术的，专利局则根据《专利法》第22条第2款、第3款，而不是根据《专利法》第9条对在后专利申请（或专利）进行审查。

例 26

赵某于2010年5月7日完成一项发明创造，并于2010年5月11日下午到当地的代办处面交了专利申请。王某于2010年5月4日独立完成同样的发明创造，并于2010年5月10日通过速递公司提交申请文件，国家知识产权局受理处于次日上午收到该申请文件。如果两件申请均符合其他授权条件，则专利权应当授予谁？（　　）

A. 赵某　　　　　　　　　　　　　B. 王某

C. 赵某和王某　　　　　　　　　　D. 赵某和王某协商确定的申请人

例 27

甲和乙同日分别向国家知识产权局提交了一件专利申请。在下列哪些情形下甲和乙提交的申请所要求保护的技术方案不构成同样的发明创造？（　　）

A. 两者的说明书相同，甲申请要求保护催化剂M，乙申请要求保护催化剂M的制备方法

B. 甲申请要求保护催化剂N，乙申请要求保护催化剂N'，区别仅在于N中活性成分的含量为1%～5%，N'中活性成分的含量为1%～10%

C. 甲申请要求保护托盘P，乙申请要求保护托盘P'，区别仅在于P由钢或铝合金制成，P'由金属制成

D. 甲申请要求保护玻璃杯Q，乙申请要求保护玻璃杯Q'，区别在于二者结构不同

例 28

王某同日提出了X、Y、Z三件发明专利申请：

X申请要求保护一种墨水，该墨水由水和10%～50%的组分a组成；

Y申请要求保护一种喷墨打印机，说明书描述了所使用的墨水由水和10%～50%的组分a组成；

Z申请要求保护一种墨水，该墨水由水和5%～40%的组分a组成。

下列说法哪些是正确的？（　　）

A. X、Y申请的技术方案属于同样的发明创造

B. Y、Z申请的技术方案属于同样的发明创造

C. X、Z申请的技术方案不属于同样的发明创造

D. X、Y和Z申请的技术方案皆属于同样的发明创造

例 29

申请的权利要求为："一种治疗心脏病的药物，其特征在于，包括：（1）活性成分X；（2）活性成

分 Y；（3）着色剂 M；和（4）调味剂 N。"

在其申请日前公开的下列哪些治疗心脏病的药物破坏该权利要求的新颖性？（　　）

A. 由活性成分 X 和 Y 组成的药物

B. 由活性成分 X、活性成分 Y 和着色剂 M 组成的药物

C. 由活性成分 X、活性成分 Z、着色剂 M 和调味剂 N 组成的药物

D. 由活性成分 X、活性成分 Y、着色剂 M、调味剂 N 和崩解剂 O 组成的药物

（六）不丧失新颖性的公开

不丧失新颖性的公开本身其实已构成现有技术，但公开属于特殊情形，因此不构成影响本申请的新颖性和创造性的现有技术。

《专利法》第 24 条规定，一项申请专利的发明创造在其申请日以前 6 个月内，有下列情形之一的，不丧失新颖性：①在国家出现紧急状态或者非常情况时，为公共利益目的首次公开的；②在中国政府主办或者承认的国际展览会上首次展出的；③在规定的学术会议或者技术会议上首次发表的；④他人未经申请人同意而泄露其内容的以及国务院有关主管部门认可的由国际组织召开的学术会议或者技术会议。

发生《专利法》第 24 条规定的任何一种情形之日起 6 个月内，申请人提出申请之前，发明创造再次被公开的，只要该公开不属于上述四种情况，则该申请将由于此在后公开而丧失新颖性。再次公开属于上述四种情况的，该申请不因此而丧失新颖性，但是，宽限期自发明创造的第一次公开之日起计算。在国家出现紧急状态或者非常情况时，为公共利益目的首次公开的发明创造，他人得知后将其再次公开的，视为《专利法》第 24 条第 1 项所述情形。他人未经申请人同意泄露发明创造的内容，第三人得知该方式公开的发明创造后将其再次公开的，视为《专利法》第 24 条第 4 项所述情形。

《专利法》第 24 条所述四种情形的适用范围及应办理的手续如下。

1. 在国家出现紧急状态或者非常情况时，为公共利益目的首次公开

申请专利的发明创造在申请日以前 6 个月内，在国家出现紧急状态或者非常情况时，为公共利益目的首次公开过，申请人在申请日前已获知的，应当在提出专利申请时在请求书中声明，并自申请日起 2 个月内提交证明材料。申请人在申请日以后自行得知的，应当在得知情况后 2 个月内提出要求不丧失新颖性宽限期的声明，并附具证明材料。审查员认为必要时，可以要求申请人在指定期限内提交证明材料。申请人在收到专利局的通知书后才得知的，应当在该通知书指定的答复期限内，提出不丧失新颖性宽限期的答复意见并附具证明文件。

在国家出现紧急状态或者非常情况时，为公共利益目的公开的证明材料，应当由省级以上人民政府有关部门出具。证明材料中应当注明为公共利益目的公开的事由、日期以及该发明创造公开的日期、形式和内容，并加盖公章。

2. 在中国政府主办或者承认的国际展览会上首次展出

（1）中国政府主办的国际展览会，包括国务院、各部委主办或者国务院批准由其他机关或者地方政府举办的国际展览会。中国政府承认的国际展览会，是指国际展览会公约规定的由国际展览局注册或者认可的国际展览会。所谓国际展览会，即展出的展品除了举办国的产品，还应当有来自外国的展品。

（2）申请专利的发明创造在申请日以前 6 个月内在中国政府主办或者承认的国际展览会上首次展出过，申请人要求不丧失新颖性宽限期的，应当在提出申请时在请求书中声明，并在自申请日起 2 个月内提交证明材料。

（3）国际展览会的证明材料，应当由展览会主办单位或者展览会组委会出具。证明材料中应当注明展览会展出日期、地点、展览会的名称以及该发明创造展出的日期、形式和内容，并加盖公章。

3. 在规定的学术会议或者技术会议上首次发表

（1）规定的学术会议或者技术会议，是指国务院有关主管部门或者全国性学术团体组织召开的学术会议或者技术会议，以及国务院有关主管部门认可的国际组织召开的学术会议或者技术会议。不包括省以下或者受国务院各部委或者全国性学术团体委托或者以其名义组织召开的学术会议或者技术会议。在后者所述的会议上的公开导致丧失新颖性，除非这些会议本身有保密约定。

（2）申请专利的发明创造在申请日以前 6 个月内在规定的学术会议或者技术会议上首次发表过，申请人要求不丧失新颖性宽限期的，应当在提出申请时在请求书中声明，并在自申请日起 2 个月内提交证明材料。

（3）学术会议或者技术会议的证明材料，应当由国务院有关主管部门或者组织会议的全国性学术团体出具。证明材料中应当注明会议召开的日期、地点、会议的名称以及该发明创造发表的日期、形式和内容，并加盖公章。

4. 他人未经申请人同意而泄露其内容

（1）他人未经申请人同意而泄露其内容所造成的公开，包括他人未遵守明示或者默示的保密信约而将发明创造的内容公开，也包括他人用威胁、欺诈或者间谍活动等手段从发明人或者申请人那里得知发明创造的内容而后造成的公开。

（2）申请专利的发明创造在申请日以前 6 个月内他人未经申请人同意而泄露了其内容，若申请人在申请日前已获知，应当在提出专利申请时在请求书中声明，并在自申请日起 2 个月内提交证明材料。若申请人在申请日以后自行得知的，应当在得知情况后 2 个月内提出要求不丧失新颖性宽限期的声明，并附具证明材料。审查员认为必要时，可以要求申请人在指定期限内提交证明材料。申请人在收到专利局的通知书后才得知的，应当在该通知书指定的答复期限内，提出不丧失新颖性宽限期的答复意见并附具证明文件。

（3）申请人提交的关于他人泄露申请内容的证明材料，应当注明泄露日期、泄露方式、泄露的内容，并由证明人签字或者盖章。

例 30

王教授于 2010 年 3 月 1 日在卫生部召开的学术会议上首次公开并演示了一种新医疗器械。丁某独立开发出相同产品并在 2010 年 6 月 5 日出版的某期刊上详细介绍了该医疗器械的结构。丁某和王教授分别于 2010 年 6 月 20 日和 2010 年 7 月 1 日就该医疗器械申请专利。

下列说法哪些是正确的？（　　　）

A. 丁某独立完成发明并且在王教授之前提出了专利申请，故应当由丁某获得专利权

B. 王教授和丁某的上述专利申请都不具备新颖性

C. 王教授在该学术会议上公开其发明后，任何人就该发明提出的任何专利申请都丧失了新颖性

D. 王教授的专利申请享受 6 个月的宽限期，因此其专利申请具备新颖性

例 31

王某于 2008 年 8 月 12 日向国家知识产权局提交了一件发明专利申请。在王某履行了相关手续的前提下，下列哪些情形不会使该申请丧失新颖性？（　　　）

A. 王某于 2008 年 1 月 7 日在我国政府主办的国际展览会上首次展出了其发明创造

B. 王某于 2008 年 3 月 1 日在全国性学术团体组织召开的学术会议上首次介绍了其发明创造

C. 王某的好友陈某未经王某同意于 2008 年 5 月 10 日在某刊物上发表了一篇介绍王某所作发明创造的文章

D. 刘某自行研究出了与王某相同的发明创造，并于 2008 年 4 月 26 日在我国政府承认的国际展览会上展出了该发明创造

例 32

甲公司指派员工李某利用本公司资源研发了 EVD 技术，并于 2007 年 12 月 20 日在中国政府主办的某国际展览会上首次展出该技术，而后该公司于 2008 年 3 月 6 日提出 EVD 专利申请，并在规定的期限内提交了享有不丧失新颖性宽限期的证明材料。李某针对该技术于 2008 年 3 月 5 日提出了发明专利申请。王某和乙公司分别独立研发了同样的技术，王某于 2007 年 12 月 20 日提出了实用新型专利申请，

乙公司于 2008 年 3 月 4 日提出了发明专利申请。如果上述专利申请均符合其他授予专利权的条件，且保护范围相同，则专利权应当授予何人？（　　　）

A．李某　　　　　B．甲公司　　　　　C．王某　　　　　D．乙公司

（七）历年试题中与新颖性相关的简答题

新颖性是每年必考的考点，包括是否具备新颖性的论述。

例 33

2010 年试题中涉及优先权是否成立的咨询题

附件 4（客户来函）

专利代理机构：

　　我公司经实验发现，食品料理机中电热器的合金材料，其组分和含量（重量百分比）为 0.1%～0.3% 的 C，0.5%～1% 的 Mn，P≤0.03%，S≤0.03%，余量为 Fe 时，加热效果较好。特别是组分和含量（重量百分比）为 0.18%～0.27% 的 C，0.5%～1% 的 Mn，P≤0.03%，S≤0.03%，余量为 Fe 时，既能保证力学性能，又有利于加工工艺、同时限制有害元素 P 和 S 的含量，防止 MnS 夹杂物的析出，提高电热器的纯净度，可以获得更好的加热效果。

　　我公司于 2010 年 5 月 6 日向国家知识产权局提交过一份有关豆浆机的实用新型专利申请，该申请尚未公开，但在其说明书中，明确记载了豆浆机中电热器的合金材料的组分和含量（重量百分比）为：C 含量为 0.18%～0.27%，Mn 含量为 0.5%～1% 的，P 含量为 ≤0.03%，S 含量为 ≤0.03%，余量为 Fe 的内容。

　　此外，我们还检索到一份由其他公司申请并已授权的对比文件（参见附件 5）。

　　现在我们希望就"电热器的合金材料"单独提出专利申请，获得保护。请予以办理。

××公司

2010 年 11 月 6 日

附件 5（随客户来函提交的对比文件）

(19) 中华人民共和国国家知识产权局

(12) 实用新型专利

(10) 授权公告号　CN 201431234Y

(45) 授权公告日　2010.06.08

(21) 申请号　200920123456.7

(22) 申请日　2009.11.08

（其余著录项目略）

说 明 书

一种防尘防烫伤热得快

　　本实用新型涉及一种放在热水瓶内使用的 U 形热得快。该热得快由导线及插头、瓶塞体、U 形电热管和防尘防烫伤外壳组成，其中用来制造 U 形电热管的合金材料，其组分和含量（重量百分比）为：

0.15％的 C，0.7％的 Mn，0.01％的 P，0.01％的 S，其余为 Fe。

试题要求：

请你根据客户提交的附件 4、附件 5，撰写专利申请的权利要求书，并说明该申请能否要求享有优先权以及能否获得保护的理由。

分析：

客户在来函中要求就"电热器的合金材料"提出专利申请，就此主题而言，不属于实用新型的保护主题，因此只能以发明专利申请的方式提出。

根据《专利法》第 29 条的规定，申请人自发明或者实用新型在中国第一次提出专利申请之日起 12 个月内，又向国务院专利行政部门就相同主题提出专利申请的，可以享有优先权。根据考试的说明，其应当是假设在考试当天（即 2010 年 11 月 7 日）提出在后发明专利申请，由于在先申请的申请日是 2010 年 5 月 6 日，距 2010 年 11 月 7 日未到 12 个月，因此如果此时就合金材料的技术方案提出发明专利申请，符合要求发明和实用新型在先申请优先权有关时间期限的规定。此外，在客户来函中明确指出，在先实用新型专利申请尚未公开，也就是说，在先申请尚未授权，因此也符合《专利法实施细则》第 35 条有关国内优先权应当满足在先申请尚未被授予专利权的规定。

客户来函中给出的食品料理机中电热器的合金材料的组分和含量（重量百分比）为"0.1％～0.3％的 C，0.5％～1％的 Mn，P≤0.03％，S≤0.03％，余量为 Fe"，其优选方案为"0.18％～0.27％的 C，0.5％～1％的 Mn，P≤0.03％，S≤0.03％，余量为 Fe"。而在其在先实用新型专利申请中，其记载的豆浆机中电热器的合金材料的组分和含量（重量百分比）为"0.18％～0.27％的 C，0.5％～1％的 Mn，P≤0.03％，S≤0.03％，余量为 Fe"。由此可知，食品料理机中电热器的合金材料的组分和含量的优选方案"0.18％～0.27％的 C，0.5％～1％的 Mn，P≤0.03％，S≤0.03％，余量为 Fe"已记载于在先实用新型专利申请中，因此可以享有在先实用新型专利申请的优先权。但是，组分和含量（重量百分比）为"0.1％～0.3％的 C，0.5％～1％的 Mn，P≤0.03％，S≤0.03％，余量为 Fe"的电热器合金材料未记载于在先实用新型专利申请中，因而不能享有在先实用新型专利申请的优先权。

附件 5 是一件申请日（2009 年 11 月 8 日）在本专利申请的优先权日（2010 年 5 月 6 日）之前、授权公告日（2010 年 6 月 8 日）在本专利申请的优先权日之后、申请日之前的中国实用新型专利文件，其中公开了 U 形电热管的合金材料，其组分和含量（重量百分比）为：0.15％的 C，0.7％的 Mn，0.01％的 P，0.01％的 S，其余为 Fe。其各组分的含量均落于客户要求保护的合金材料不能享受优先权的技术方案（即"组分和含量为 0.1％～0.3％的 C，0.5％～1％的 Mn，P≤0.03％，S≤0.03％，余量为 Fe 的合金材料"）的范围之内，对于这一不能享受优先权的技术方案，附件 5 为该技术方案的现有技术，致使该技术方案不具备新颖性，也就是说该技术方案不可能被授权，因而不可能得到保护。

但是对于客户要求保护的电热器的合金材料的优选技术方案来说，由于该优选技术方案能享受优先权，则附件 5 为申请在先、公开在后的中国实用新型专利文件，只能用作其判断该技术方案是否具备新颖性的对比文件，而不能用作判断该技术方案是否具备创造性的对比文件。在此优选技术方案中，合金材料的组分和含量（重量百分比）为"0.18％～0.27％的 C，0.5％～1％的 Mn，P≤0.03％，S≤0.03％，余量为 Fe"，附件 5 中的合金材料的 C 含量为 0.15％（重量百分比），未落在该优选技术方案中 C 含量的范围之内，因而不能否定该优选技术方案的新颖性。正如前面指出的该附件 5 不能作为判断该优选技术方案的创造性，因而该优选技术方案相对于现有技术也具备创造性。由此可知，该优选技术方案可以通过要求享有在先实用新型专利申请优先权的方式来获得保护。

通过上述分析可知，可享有优先权的合金材料优选技术方案本身具有新颖性和创造性，因此可针对其撰写一项独立权利要求。鉴于试题材料中写明本发明合金材料的优选技术方案是为了在得到较好加热效果的基础上进一步提高电热器的纯净度而作出的改进发明，因此应当对该合金材料以用途限定的组合物方式加以撰写，即该项独立权利要求的主题名称应当写成"用于制备电热器的合金材料"。但考虑到这种合金材料还可用于制成热得快这样的电热器，因此不应当将其限定成食品料理机中的电热

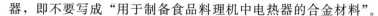

器，即不要写成"用于制备食品料理机中电热器的合金材料"。

通过上述分析，在针对电热器合金材料单独提出的专利申请中，可针对试题中给出的合金材料的优选技术方案撰写独立权利要求：

1. 一种用于制备电热器的合金材料，其组分和含量（重量百分比）为：0.18％～0.27％的C，0.5％～1％的Mn，P≤0.03％，S≤0.03％，余量为Fe。❶

鉴于该项独立权利要求的主题名称已写成用于制备电热器的合金材料，似乎就没有必要再针对电热器撰写另一项主题名称为电热器独立权利要求。但就应试而言，鉴于此题属于化学领域的试题，还可以针对电热器再撰写一项独立权利要求，即可写成：

2. 一种电热器，由权利要求1所述的合金材料制成。❷

参考答案：

1. 为客户撰写的权利要求书

1. 一种合金材料，其组分和含量（重量百分比）为：0.18％～0.27％的C，0.5％～1％的Mn，P≤0.03％，S≤0.03％，余量为Fe。❸

2. 一种电热器，由权利要求1所述的合金材料制成。

2. 说明能要求享有优先权以及能够获得保护的理由

（1）附件5公开的技术方案影响大范围数值的新颖性

客户要求保护的合金材料有大、小两个范围，其中"0.1％～0.3％的C，0.5％～1％的Mn，P≤0.03％，S≤0.03％，余量为Fe"的大范围的技术方案中C的含量，被附件5中"0.15％的C（余略）"的技术方案所公开，从而不具备新颖性，因此"0.1％～0.3％的C（余略）"的技术方案不能被保护。而"0.18％～0.27％的C，0.5％～1％的Mn，P≤0.03％，S≤0.03％，余量为Fe"的小范围的技术方案已经在客户自己的在先申请的说明书中记载，因此，可以以要求享有优先权的方式来获得保护。

（2）小范围的技术方案可以享有在先申请的优先权的理由

根据《专利法》第29条的规定，申请人自发明或者实用新型在中国第一次提出专利申请之日起12个月内，又向国务院专利行政部门就相同主题提出专利申请的，可以享有优先权。相同主题的发明或者实用新型，是指技术领域、所解决的技术问题、技术方案和预期的效果相同的发明或者实用新型。具体到本题中：

①在先申请的申请日是2010年5月6日，距现在（即当年考试当天2010年11月7日）未到12个月，因此如果此时就合金材料的技术方案提出申请，符合优先权有关时间期限的规定。

②"0.18％～0.27％的C（余略）"的小范围方案，与在先申请为相同主题的发明。

因此，有关"电热器的合金材料"的技术方案满足《专利法》第29条的规定，可以要求享有在先申请的优先权。❹

（3）享有优先权的小范围方案相对于对比文件3能够获得保护的理由

---

❶ 从应试角度看，由试题内容中"说明该申请能否要求享有优先权以及能否获得保护的理由"可知，其主要考核考生是否掌握享有优先权的条件，因此只需要考生判断试题中给出的两种含量范围的合金材料中哪一种能享有优先权、哪一种不能享有优先权，在此基础上进一步确定这两种含量范围的合金材料中哪一种有可能被授权、哪一种不能被授权。因此答题时只要针对能享有优先权的优选技术方案撰写独立权利要求。

❷ 但是需要说明的是，对于机械领域，当另一项独立权利要求与现有技术的区别仅在于其中的部件为前一项独立权利要求技术方案的话，并不提倡再撰写另一项独立权利要求。

❸ 当组合物（包括合金）具有两种或多种使用性能和应用领域时，可以允许用非限定型权利要求，如果仅公开了组合物的一种性能或者用途，则应写成性能限定型或者用途限定型。鉴于试题材料中仅给出一种用作电热器的合金材料，因此编者认为对该项独立权利要求表述成用途限定型更为恰当。

❹ 为了更充分地论述该发明专利申请可享有其在先实用新型专利申请的优先权，还应当补充说明另两个可享有优先权的条件：作为其优先权基础的实用新型专利申请是首次申请；该实用新型专利申请尚未被授权。在此基础上再说明其满足《专利法》第29条第2款关于优先权的要求以及满足《专利法实施细则》第35条第2款有关国内优先权的要求。

从时间上判断，对比文件 3 的申请日为 2009 年 11 月 8 日，公开日为 2010 年 6 月 8 日，相对于享有优先权（优先权日为 2010 年 5 月 6 日）的小范围的技术方案而言属于申请在先公开在后的申请，因此，只能用来评述享有优先权的方案的新颖性，而不能用来评价创造性。

由于对比文件 3 中公开的"0.15％的 C（余略）"的技术方案，没有落在拟要求享有优先权的方案"0.18％～0.27％的 C（余略）"的数值范围内，因此，附件 5 也不能影响享有优先权的方案的新颖性。

综上，享有优先权的"0.18％～0.27％的 C，0.5％～1％的 Mn，P≤0.03％，S≤0.03％，余量为 Fe"的电热器的合金材料的技术方案相对于附件 5 能够获得保护。

例 34

2011 年试题中涉及优先权是否成立的判断

优先权日为 2010 年 1 月 25 日，优先权文本（译文）如下：

权 利 要 求 书

1. 一种即配式饮料瓶盖，包括顶壁（1）和侧壁（2），侧壁（2）下部具有与瓶口外螺纹配合的内螺纹（3），其特征在于，侧壁（2）内侧在内螺纹（3）上方具有环状凸缘（4），隔挡片（5）固定于环状凸缘（4）上，所述顶壁（1）、侧壁（2）和隔挡片（5）共同形成容纳调味材料的容置腔室（6）。

说 明 书

即配式饮料瓶盖

加味饮料中大都使用添加剂，不利于人体健康。

针对上述问题，发明人提出一种即配式饮料瓶盖。所述饮料瓶盖内部盛装有调味材料，该瓶盖与盛装有矿泉水或纯净水的瓶身配合，构成完整的饮料瓶。饮用时将瓶盖内的调味材料释放到瓶身内与水混合，从而即时配制成加味饮料。由于调味材料与水在饮用前处于隔离状态，因此无须使用添加剂。

图 1 是本发明的剖视图。

如图 1 所示，即配式饮料瓶盖具有顶壁 1 和侧壁 2，侧壁 2 下部具有与瓶口外螺纹配合的内螺纹 3，侧壁 2 内侧在内螺纹 3 上方具有环状凸缘 4，隔挡片 5 通过粘接的方式固定于环状凸缘 4 上，隔挡片 5 由易溶于水且对人体安全的材料制成。顶壁 1、侧壁 2 和隔挡片 5 共同形成容置腔室 6，容置腔室 6 内放置有固体调味材料。

瓶口处设置密封薄膜 7 用于密封瓶身内的水，即配式饮料瓶盖旋转连接在瓶身上。饮用时，首先打开瓶盖，除去瓶口的密封薄膜 7，然后再盖上瓶盖摇晃瓶身，隔挡片 5 溶解于水，容置腔室 6 内的调味材料进入瓶身。

说 明 书 附 图

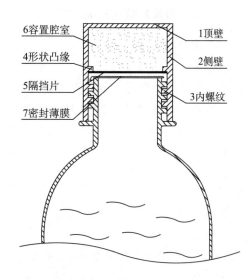

6容置腔室　1顶壁

4形状凸缘　2侧壁

5隔挡片　3内螺纹

7密封薄膜

(19) 中华人民共和国国家知识产权局

(12) 实用新型专利

(45) 授权公告日　2011.03.22

(21) 申请号　201020123456.7

(22) 申请日　2010.09.23

(30) 优先权数据

10/111，222　2010.01.25　US

(73) 专利权人　B公司

（其余著录项目略）

权 利 要 求 书

1. 一种即配式饮料瓶盖，包括顶壁（1）和侧壁（2），侧壁（2）下部具有与瓶口外螺纹配合的内螺纹（3），其特征在于，侧壁（2）内侧在内螺纹（3）上方具有环状凸缘（4），隔挡片（5）固定于环状凸缘（4）上，所述顶壁（1）、侧壁（2）和隔挡片（5）共同形成容纳调味材料的容置腔室（6）。

2. 如权利要求1所述的即配式饮料瓶盖，其特征在于，所述隔挡片（5）为一层热压在环状凸缘（4）上的气密性薄膜。

3. 如权利要求1或2所述的即配式饮料瓶盖，其特征在于，所述瓶盖带有一个用于刺破隔挡片（5）的尖刺部（7），所述尖刺部（7）位于顶壁（1）内侧且向隔挡片（5）的方向延伸。

4. 如权利要求1至3中任意一项所述的即配式饮料瓶盖，其特征在于，所述顶壁（1）具有弹性易于变形，常态下，尖刺部（7）与隔挡片（5）不接触，按压顶壁（1）时，尖刺部（7）向隔挡片（5）方向运动并刺破隔挡片（5）。

说 明 书

即配式饮料瓶盖

本实用新型涉及一种内部容纳有调味材料的饮料瓶盖。

市售的各种加味饮料（如茶饮料、果味饮料等）多通过在纯净水中加入调味材料制成。为保证饮料品质、延长保存时间，加味饮料中大都使用各种添加剂，不利于人体健康。

针对加味饮料存在的上述问题，本实用新型提出一种即配式饮料瓶盖。所述饮料瓶盖内部盛装有调味材料（如茶粉、果珍粉等），该瓶盖与盛装矿泉水或纯净水的瓶身配合，构成完整的饮料瓶。饮用时将瓶盖内的调味材料释放到瓶身内与水混合，即可即时配制成加味饮料。由于调味材料与水在饮用前处于隔离状态，因此无须使用添加剂。

图1是本实用新型的立体分解图；

图2是本实用新型在常态下的组合剖视图；

图3是本实用新型在使用状态下的组合剖视图。

如图1至图3所示，即配式饮料瓶盖具有顶壁1和侧壁2，侧壁2下部具有与瓶口外螺纹配合的内螺纹3，侧壁2内侧在内螺纹3上方具有环状凸缘4，隔挡片5固定于环状凸缘4上，隔挡片5优选为一层热压在环状凸缘4上的气密性薄膜。顶壁1、侧壁2和隔挡片5围合成密闭的容置腔室6，容置腔室6内放置调味材料。上述结构即构成完整的即配式饮料瓶盖，该瓶盖可以与盛装矿泉水或纯净水的瓶身相配合使用。直接拧开瓶盖，可以饮用瓶中所装矿泉水或纯净水；撕除或破坏隔挡片5，则可即时配制成加味饮料饮用。为了能够方便、卫生地破坏隔挡片5，本实用新型进一步提出一种改进的方案。顶壁1由易于变形的弹性材料制成，尖刺部7位于顶壁1内侧且向隔挡片5的方向延伸。如图2所示，常态下尖刺部7与隔挡片5不接触，从而使隔挡片5保持完整和密封。如图3所示，饮用加味饮料时，按压顶壁1，顶壁1向隔挡片5方向变形，尖刺部7刺破隔挡片5，调味材料进入瓶中与水混合，形成所需口味的饮料。采用弹性顶壁配合尖刺部的结构，使得本实用新型瓶盖的使用更加方便、卫生。

说 明 书 附 图

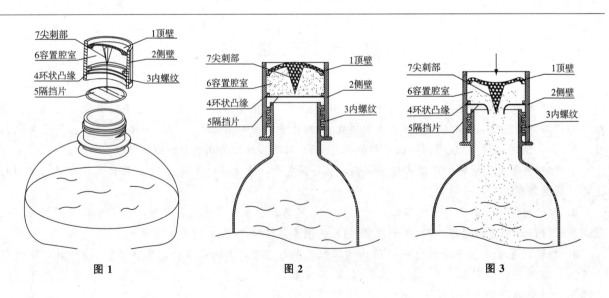

图1　　　　　　　图2　　　　　　　图3

分析：

本专利的申请日为2010年9月23日，优先权日为2010年1月25日，而客户提供作为证据的附件2（中国实用新型专利说明书）的申请日（2009年12月25日）早于本专利的优先权日，其授权公告日

（2010 年 8 月 6 日）在本专利的优先权日和申请日之间，且在试题中还给出了客户提供的欲宣告无效的本专利的优先权文件译文（附件 4），因此需要分析本专利的各项权利要求能否享受优先权，以此考查应试者对优先权概念的掌握程度。

就核实本专利的优先权能否成立而言，应当从期限和主题两方面加以考虑。

首先，本专利的申请日为 2010 年 9 月 23 日，其要求的优先权日为 2010 年 1 月 25 日，在允许提出优先权要求的 12 个月内，显然从期限来看本专利满足享有优先权的条件。

其次，就各权利要求所要求保护的主题分析能否享有优先权。本专利的权利要求 1 的技术方案与优先权文件（附件 4）的权利要求 1 记载的内容完全相同，且其所有的技术特征均已体现在说明书第 [04] 段中，因此，可以认为本专利的权利要求 1 可以享有优先权。而对于权利要求 2 来说，由于优先权文件中说明书第 [04] 段中写明隔挡片以粘接方式固定在环状凸缘上，且写明该隔挡片由易溶于水的材料制成，由此可知其不可能是密封薄膜，此外在该说明书中的其他部分也未记载该隔挡片是热压在环状凸缘上的密封薄膜的有关内容，因此本专利权利要求 2 的技术方案未记载在优先权文件的权利要求书和说明书中，不能享有优先权。对于权利要求 3 和权利要求 4 来说，由于优先权文件权利要求书和说明书中均未记载有关瓶盖顶壁内侧的下方设有向着隔挡片方向延伸的尖刺部的内容，也未记载该顶壁具有弹性易于变形的内容，即该权利要求 3 和权利要求 4 限定部分进一步限定的内容均未记载在优先权文件的说明书和权利要求书中，因此这两项权利要求的技术方案均未记载在其优先权文件中，也不能享有优先权。通过上述分析可知，本专利权利要求 1 的技术方案能享有优先权，而权利要求 2 至权利要求 4 的技术方案均不能享有优先权。

例 35

2012 年试题中新颖性的判断

实用新型专利

(45) 授权公告日　2011.01.21

(21) 申请号　201020123456.7
(22) 申请日　2010.02.23

权　利　要　求　书

1. 一种硬质冷藏箱，包括箱本体（1）和盖体（2），所述箱本体（1）的内部形成一个上部开口的容纳空间，所述盖体（2）设置于所述箱本体（1）的上方，用于打开、关闭所述容纳空间的开口，其特征在于：所述箱本体（1）包括防水外层（3）、保温中间层（4）及防水内层（5），所述箱本体（1）的容纳空间内固设有若干个装有蓄冷剂的密封的蓄冷剂包（6）。

2. 如权利要求 1 所述的硬质冷藏箱，其特征在于：所述箱本体（1）和所述盖体（2）的连接处设置有拉链（7）。

对比文件1

实用新型专利

（45）授权公告日 2010.12.09

（21）申请号 201020012345.6

（22）申请日 2010.01.25

说 明 书

冷藏箱

本实用新型公开了一种硬质冷藏箱。

（背景技术、实用新型内容部分略）

图1是本实用新型冷藏箱盖体打开状态的立体图；

图2是本实用新型冷藏箱盖体关闭状态的立体图。

如图1、图2所示，硬质冷藏箱包括箱本体1和盖体2。箱本体1包括内外两层防水尼龙面料层及保温中间层。箱本体1的内部形成放置物品的容纳空间，容纳空间上部为开口。用于盖合容纳空间开口的盖体2设于箱本体1的上方。箱本体1和盖体2上设有相互配合的连接件3。容纳空间内固定设置有若干个装有蓄冷剂的密封的蓄冷剂包（图中未示出）。

平时须将冷藏箱放置于冰箱内以冷冻蓄冷剂包。使用时打开盖体2，把需要冷藏的物品放置于箱本体1的容纳空间内，然后盖上盖体2，以减少容纳空间内的冷空气散失。本实用新型的冷藏箱特别适用于旅行中对食品、饮料的冷藏。

（图1略去）

无效宣告理由

1. 对比文件1公开了一种硬质冷藏箱，包括箱本体1和盖体2；箱本体1包括内外两层防水尼龙面料层及保温中间层；箱本体1的内部形成容纳空间，其上部为开口；用于盖合容纳空间开口的盖体2设于箱本体1的上方；容纳空间内固定设置有若干个装有蓄冷剂的密封的蓄冷剂包。因此，权利要求1不具备新颖性，不符合《专利法》第22条第2款的规定。

2. 对比文件1公开了箱本体1和盖体2上设有相互配合的连接件3，而拉链是生活中公知的连接件，因此，权利要求2相对于对比文件1也不具备新颖性，不符合《专利法》第22条第2款的规定。

无效宣告理由是否成立的分析：

对比文件1著录项目中的申请日为2010年1月25日，早于本专利的申请日，授权公告日为2010年12月9日，晚于本专利的申请日，专利权人为甲公司，与本专利的专利权人为同一人。由此可见，对比文件1与本专利相比属于申请在先、公开在后的中国专利文件，不属于本专利的现有技术；但是，按照新修改的《专利法》第22条第2款的规定，同一申请人的在先申请、在后公开的中国专利文件也可以用于评价新颖性，由于对本专利的无效宣告请求适用修改后的《专利法》，因而对比文件1也可以用于评价本专利是否具备新颖性。鉴于此，对比文件1只能用来评述本专利的新颖性，不能用于评述创造性。

1. 权利要求1相对于对比文件1是否具备新颖性

本专利的权利要求1涉及一种硬质冷藏箱，包括箱本体和盖体，箱本体的内部形成一个上部开口的容纳空间，盖体设置于所述箱本体的上方，用于打开、关闭所述容纳空间的开口，箱本体包括防水外层、保温中间层及防水内层，箱本体的容纳空间内固设有若干个装有蓄冷剂的密封的蓄冷剂包。对比文件1也公开一种硬质冷藏箱，包括箱本体和盖体，箱本体包括内外两层防水尼龙面料层（相当于本专利权利要求1中所述的防水外层和防水内层）及保温中间层，箱本体的内部形成放置物品的容纳空间，容纳空间上部为开口，盖体设于箱本体的上方，其内固定设置有若干个装有蓄冷剂的密封的蓄冷剂包。由此可知，对比文件1公开了权利要求1的全部技术特征，即公开了权利要求1的技术方案，并且两者属于相同的技术领域、解决的技术问题和取得的技术效果也相同，因此权利要求1不具备《专利法》第22条第2款规定的新颖性，即无效宣告请求书中提出的权利要求1相对于对比文件1不具备新颖性的无效宣告理由成立。

2. 权利要求2相对于对比文件1是否具备新颖性

在无效宣告请求书的无效宣告理由中提出权利要求2相对于对比文件1不具备新颖性。其认为对比文件1公开了箱本体和盖体上设有相互配合的连接件，而拉链是生活中公知的连接件，因此，权利要求2相对于对比文件1不具备新颖性。

本专利的权利要求2是权利要求1的从属权利要求，进一步限定箱本体和所述盖体的连接处设置有拉链。由于对比文件1的文字部分仅提及箱本体和盖体上设有连接件，而没有明确提及拉链。鉴于拉链属于连接件的下位概念，不能以对比文件1公开的设置有连接件的冷藏箱来破坏权利要求2中采用连接件下位概念拉链的冷藏箱的新颖性。在无效宣告理由中以拉链是生活中公知的连接件来主张权利要求2不具有新颖性，这显然是将公知常识与对比文件1结合来评述权利要求2的新颖性，违反了新颖性评述中的单独对比原则，因此无效宣告请求书中所论述的权利要求2相对于对比文件1不具备新颖性的具体分析是不正确的。

例36

2016年试题中新颖性的判断

附件1（涉案专利）

（19）中华人民共和国国家知识产权局

（12）发明专利

（45）授权公告日　2016.02.11

（21）申请号　201310234567.X
（22）申请日　2013.09.04
（73）专利权人　B公司

（其余著录项目略）

权　利　要　求　书

1. 一种茶壶，包括壶身、壶嘴、壶盖及壶把，其特征在于：壶盖底面中央可拆卸地固定有一个向下延伸的搅拌棒，搅拌棒的端部可拆卸地固定有搅拌部。
2. 根据权利要求1所述的茶壶，其特征在于：所述搅拌部为一叶轮，所述叶轮的底部沿径向方向设有齿板。
3. 根据权利要求1或2所述的茶壶，其特征在于：所述齿板上设有多个三角形凸齿。
4. 一种茶壶，包括壶身、壶嘴、壶盖及壶把，其特征在于：壶身上设有弦月形护盖板。

说 明 书

茶 壶

[01] 本发明涉及品茗茶壶的改良。

[02] 一般茶叶在冲泡过程中，茶叶经常聚集在茶壶底部，需要长时间浸泡才能伸展出味。当需要迅速冲泡茶叶的时候，有人会使用搅拌棒或者筷子对茶壶里面的茶叶进行搅拌，这样既不方便也不卫生。

[03] 再者，茶壶在倾倒过程中，壶盖往往向前滑动，容易使茶水溢出，甚至烫伤他人。

[04] 本发明的主要目的是提供一种具有搅拌工具的茶壶，所述搅拌工具可拆卸地固定在壶盖底面中央，并向壶身内部延伸。

[05] 本发明的另一个目的是提供一种具有护盖板的茶壶，所述护盖板呈弦月形，位于壶身靠近壶嘴的前沿开口部分，并覆盖部分壶盖。

[06] 图1为本发明的茶壶的立体外观图。

[07] 图2为本发明的茶壶的立体分解图。

[08] 如图1、图2所示，本发明的茶壶包括有壶身1、壶嘴2、带有抓手的壶盖3、壶把4及搅拌工具5。搅拌工具5包括搅拌棒11和作为搅拌部的叶轮12。壶身1内可放入茶叶，并供茶叶在冲泡后具有伸展空间。壶盖3的底面中央安装有一个六角螺母。搅拌棒11的两端具有螺纹，其一端旋进六角螺母，从而实现与壶盖3的可拆卸安装，另一端与叶轮12螺纹连接。由于搅拌工具为可拆卸结构，因此易于安装和更换。

[09] 壶身1上设置有一弦月形护盖板13，该护盖板13从壶身1近壶嘴2的前缘开口部位沿壶盖3的周向延伸，并覆盖部分壶盖3，护盖板13可以防止壶盖在茶水倾倒过程中向前滑动，从而防止茶水溢出。

[010] 使用时，先在壶身1内置入茶叶等冲泡物，倾斜壶盖3，使搅拌工具5置于壶身1内，然后向下将壶盖3置于护盖板13的下方。旋转壶盖3，搅拌工具5随着壶盖3的转动而转动，实现对壶身1内的茶叶及茶水搅拌。

[011] 为了更好地对茶叶进行搅拌，可在叶轮12的底部设置齿板。如图1、图2所示，在叶轮12的底部，沿径向向外延伸设有若干个齿板14，每个齿板14上至少设有两个三角形凸齿，配合搅拌工具在茶壶内的旋转，三角形的尖锐凸齿可以进一步搅拌壶身内的茶叶。

说 明 书 附 图

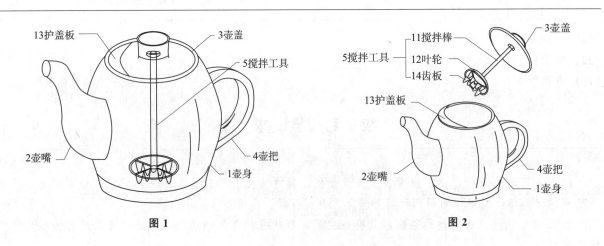

图1   图2

对比文件1

（19）中华人民共和国国家知识产权局

（12）实用新型专利

（45）授权公告日　2014.05.09

（21）申请号　201320123456.5
（22）申请日　2013.08.22
（73）专利权人　赵××

（其余著录项目略）

说　明　书

一种多功能杯子

[01]　本实用新型涉及一种盛装饮用液体的容器，具体地说是一种多功能杯子。

[02]　人们在冲泡奶粉、咖啡等饮品时，由于水温及其他各种因素的影响，固体饮品不能迅速溶解，容易形成结块，影响口感。

[03]　本实用新型的目的在于提供一种多功能杯子，该杯子具有使固体物迅速溶解、打散结块的功能。

[04]　图1为本实用新型的多功能杯子的第一实施例的结构示意图。

[05]　图2为本实用新型的多功能杯子的第二实施例的结构示意图。

[06]　如图1所示，本实用新型的多功能杯子包括：杯盖21A、搅拌棒22A和杯体23A，搅拌棒22A位于杯盖21A的内侧，并与杯盖一体成型。搅拌棒22A的端部可插接一桨形搅拌部24A。

[07]　图2示出了本实用新型的多功能杯子的另一个实施例，包括杯盖21B、搅拌棒22B和杯体23B。所述搅拌棒22B的头部呈圆柱形。杯盖21B的内侧设有内径与搅拌棒22B的头部外径相同的插槽，搅拌棒22B的头部插入至杯盖21B的插槽内。搅拌棒22B采用可弯折的材料制成，其端部弯折出一个搅拌匙以形成搅拌部，从而方便搅拌。

[08]　使用时，取下杯盖，向杯内放入奶粉、咖啡等固态饮料并注入适宜温度的水，盖上杯盖，握住杯体，转动杯盖，此时搅拌棒也随杯盖的旋转而在杯体内转动，从而使固态饮料迅速溶解，防止结块产生，搅拌均匀后取下杯盖，直接饮用饮品即可。

说　明　书　附　图

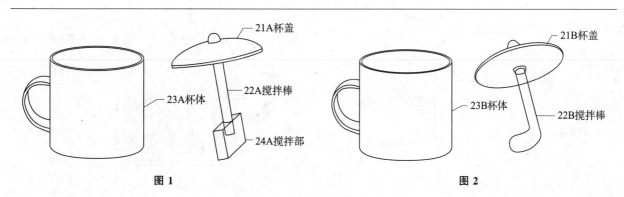

图1　　　　　　　　　　　　　　　　　　　图2

对比文件 2

（19）中华人民共和国国家知识产权局

（12）实用新型专利

（45）授权公告日　2011.03.23

（21）申请号　201020789117.7
（22）申请日　2010.04.04
（73）专利权人　孙××

（其余著录项目略）

说　明　书

[01]　本实用新型涉及一种新型泡茶用茶壶。

[02]　泡茶时，经常发生部分茶叶上下空间展开不均匀不能充分浸泡出味的情况，影响茶水的口感。

[03]　本实用新型的目的是提供一种具有搅拌匙的茶壶。

[04]　图 1 为本实用新型的茶壶的立体外观图。

[05]　图 2 为本实用新型的茶壶的剖视图。

[06]　如图 1 所示，本实用新型的茶壶包括有壶身 30、壶嘴 31、壶盖 32 及壶把 33。壶盖 32 的底面中央一体成型有一向下延伸的搅拌匙 34，此搅拌匙 34 呈偏心弯曲状，在壶盖 32 盖合在壶身 30 时，可伸置在壶身 30 内部。

[07]　如图 2 所示，在壶身 30 内置茶叶等冲泡物时，搅拌匙 34 随壶盖 32 转动，由于搅拌匙 34 呈偏心弯曲状，弯曲部分可以加速茶壶内的茶叶在上下方向上运动，从而对壶身 30 内的茶叶及茶水搅拌，使冲泡过程不致有茶叶长时间聚集在茶壶的底部，从而提高冲泡茶水的口感。

说　明　书　附　图

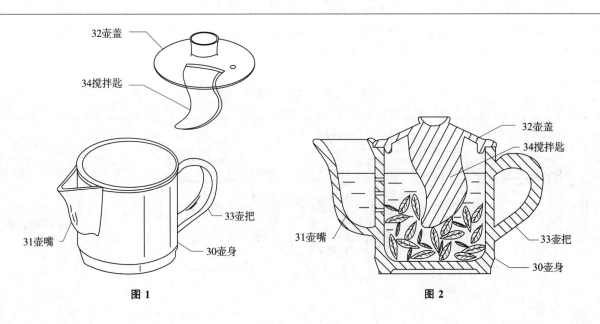

图 1　　　　　　　　　图 2

无效宣告理由

1. 对比文件1与涉案专利涉及相近的技术领域，其说明书的附图1所示的实施例公开了一种多功能杯子包括：杯盖21A、搅拌棒22A和杯体23A，搅拌棒22A位于杯盖21A的内侧，并与杯盖一体成型。搅拌棒22A的端部可插接一桨形搅拌部24A。附图2示出了另一个实施例，包括杯盖21B、搅拌棒22B和杯体23B，所述搅拌棒22B的头部呈圆柱形。杯盖21B的内侧设有内径与搅拌棒22B的头部外径相同的插槽，搅拌棒22B的头部插入至杯盖21B的插槽内。搅拌棒22B采用可弯折的材料制成，其端部弯折出一个搅拌匙以形成搅拌部。因此，实施例一公开了可拆卸的搅拌部，实施例二公开了可拆卸的搅拌棒，对比文件1公开了权利要求1的全部特征，权利要求1相对于对比文件1不具备新颖性。

2. 对比文件2公开了一种茶壶，并具体公开了本实用新型的茶壶包括有壶身30、壶嘴31、壶盖32及壶把33。壶盖32的底面中央一体成型有一向下延伸的搅拌匙34，此搅拌匙34呈偏心弯曲状，在壶盖32盖合在壶身30时，可伸置在壶身30内部。因此其公开了权利要求1的全部技术特征，二者属于相同的技术领域，解决了同样的技术问题，并且达到了同样的技术效果，因此权利要求1相对于对比文件2不具备新颖性。

对无效宣告理由的分析：

1. 关于权利要求1相对于对比文件1不具备新颖性的无效宣告理由

对比文件1是一件申请在先、公开在后的中国专利文件，可以用于（且仅能用于）评价涉案专利的权利要求的新颖性。

对比文件1公开了一种多功能杯子，包括杯盖、搅拌棒和杯体，并公开了两个实施例：实施例一中，搅拌棒一体成型于杯盖内侧，其端部可插接一桨形搅拌部；实施例二中，搅拌棒的圆柱形头部可插入杯盖的插槽内，搅拌棒的端部弯折出一个搅拌匙以形成搅拌部，即搅拌棒与搅拌部是一体成型的。由此可见，这两个实施例中任何一个均没有披露搅拌棒既与壶盖，同时又与搅拌部可拆卸连接。因此，不仅对比文件1与涉案专利所涉及的不是相同的技术领域，也没有公开在壶盖底面中央可拆卸地固定有一个向下延伸的搅拌棒且搅拌棒的端部可拆卸地固定有搅拌部，即对比文件1并没有公开权利要求1中的技术方案，因此对比文件1未构成权利要求1的抵触申请，不能否定权利要求1的新颖性。

其中，无效宣告理由中指出对比文件1的两个实施例分别公开了权利要求1特征部分的特征，进而认为对比文件1公开了权利要求1的全部技术特征，实际上是使用了对比文件1的两个实施例的结合来评述权利要求1的新颖性，违反了新颖性判断的单独对比原则。

2. 权利要求1相对于对比文件2不具备新颖性的理由不能成立

对比文件2的公开日早于涉案专利的申请日，构成了现有技术。其公开了一种带有搅拌匙的茶壶，但是其中的搅拌匙与壶盖是一体成型的，未公开权利要求1中有关"搅拌棒与壶盖是可拆卸的"和"搅拌部与搅拌棒是可拆卸的"这两个技术特征，因此对比文件2并未公开权利要求1的全部技术特征，两者的技术方案实质上不同，因此对比文件2不能否定权利要求1的新颖性，相应的无效宣告理由不能成立。

三、创造性

（一）创造性的定义

撰写的权利要求必须满足创造性的要求。根据《专利法》第22条第3款的规定：创造性，是指与现有技术相比，该发明具有突出的实质性特点和显著的进步，该实用新型具有实质性特点和进步。其中，这里所述的现有技术与新颖性评价的现有技术相同，是指申请日（有优先权的，指优先权日）以前在国内外为公众所知的技术。

由此可知，抵触申请影响用于评价本申请的新颖性，但并不能影响创造性；不丧失新颖性的公开不仅不影响本申请的新颖性，也不影响本申请的创造性。即上述两类文件不能用作评价创造性的对比文件。

下面的介绍，先述及发明专利创造性要求，然后再述及实用新型创造性的要求。

（二）关于本领域技术人员

根据《专利审查指南2023》第二部分第四章第2.4节规定：发明是否具备创造性，应当基于所属技术领域的技术人员的知识和能力进行评价。所属技术领域的技术人员，也可称为本领域的技术人员，是指一种假设的"人"，假定他知晓申请日或者优先权日之前发明所属技术领域所有的普通技术知识，能够获知该领域中所有的现有技术，并且具有应用该日期之前常规实验手段的能力，但他不具有创造能力。如果所要解决的技术问题能够促使本领域的技术人员在其他技术领域寻找技术手段，他也应具有从该其他技术领域中获知该申请日或者优先权日之前的相关现有技术、普通技术知识和常规实验手段的能力。

注意：在专利代理实务考试中，对本领域技术人员的水平有所限制，即通常仅需要根据试题给出的信息，以及必要的基本常识来判断，不应当引入考生自身所掌握的专门知识，或者对试题的技术内容作扩展的理解等。

（三）突出的实质性特点

满足发明专利创造性要求的第一个方面是具备突出的实质性特点。判断要求保护的发明相对于现有技术是否具有突出的实质性特点（即非显而易见），通常可按照以下三个步骤进行（简称"三步法"）。这是考试的重点，属于每年必考项目，需要理解透彻，熟练掌握。

1. 确定最接近的现有技术

最接近的现有技术，是指现有技术中与要求保护的发明最密切相关的一个技术方案，它是判断发明是否具有突出的实质性特点的基础。最接近的现有技术，例如可以是，与要求保护的发明技术领域相同，所要解决的技术问题、技术效果或者用途最接近和/或公开了发明的技术特征最多的现有技术，或者虽然与要求保护的发明技术领域不同，但能够实现发明的功能，并且公开发明的技术特征最多的现有技术。

需要指出的是，在确定最接近的现有技术时，应首先考虑技术领域相同的现有技术，如果没有则从相近技术领域的现有技术文件中选择。只有不存在相同或者相近技术领域的现有技术时，才考虑选择不同技术领域而能实现发明功能且公开发明技术特征最多的现有技术作为最接近的现有技术。其中，优先考虑与发明解决的技术问题相关联的现有技术。

对于专利代理实务考试，最接近的现有技术文件通常是相同技术领域的文件。

2. 确定发明的区别特征和发明实际解决的技术问题

在审查中应当客观分析并确定发明实际解决的技术问题。为此，首先应当分析要求保护的发明与最接近的现有技术相比有哪些区别特征，然后根据该区别特征在要求保护的发明中所能达到的技术效果确定发明实际解决的技术问题。从这个意义上说，发明实际解决的技术问题，是指为获得更好的技术效果而需要对最接近的现有技术进行改进的技术任务。

在审查过程中，由于审查员所认定的最接近的现有技术可能不同于申请人在说明书中所描述的现有技术，因此，基于最接近的现有技术重新确定的该发明实际解决的技术问题，可能不同于说明书中所描述的技术问题；在这种情况下，应当根据审查员所认定的最接近的现有技术重新确定发明实际解决的技术问题。

重新确定的技术问题可能要依据每项发明的具体情况而定。作为一个原则，发明的任何技术效果都可以作为重新确定技术问题的基础，只要本领域的技术人员从该申请说明书中所记载的内容能够得知该技术效果即可。对于功能上彼此相互支持、存在相互作用关系的技术特征，应整体上考虑所述技术特征和它们之间的关系在要求保护的发明中所达到的技术效果。特殊情况下，当发明的所有技术效果与最接近的现有技术均相当时，重新确定的技术问题是提供一种不同于最接近的现有技术的可供选择的技术方案。

重新确定的技术问题应当与区别特征在发明中所能达到的技术效果相匹配，不应当被确定为区别特征本身，也不应当包含对区别特征的指引或者暗示。

3. 判断要求保护的发明对本领域的技术人员来说是否显而易见

在该步骤中，要从最接近的现有技术和发明实际解决的技术问题出发，判断要求保护的发明对本领域的技术人员来说是否显而易见。判断过程中，要确定的是现有技术整体上是否存在某种技术启示，即现有技术中是否给出将上述区别特征应用到该最接近的现有技术以解决其存在的技术问题（即发明实际解决的技术问题）的启示，这种启示会使本领域的技术人员在面对所述技术问题时，有动机改进该最接近的现有技术并获得要求保护的发明。如果现有技术存在这种技术启示，则发明是显而易见的，不具有突出的实质性特点。

属于下述情况，通常认为现有技术中存在上述技术启示。

（1）所述区别特征为公知常识，例如，本领域中解决该重新确定的技术问题的惯用手段，或教科书或者技术词典、技术手册等工具书中披露的解决该重新确定的技术问题的技术手段。

（2）所述区别特征为与最接近的现有技术相关的技术手段，例如，同一份对比文件其他部分披露的技术手段，该技术手段在该其他部分所起的作用与该区别特征在要求保护的发明中为解决该重新确定的技术问题所起的作用相同。

（3）所述区别特征为另一份对比文件中披露的相关技术手段，该技术手段在该对比文件中所起的作用与该区别特征在要求保护的发明中为解决该重新确定的技术问题所起的作用相同。

（四）显著的进步

显著的进步是发明创造性要求的第二个方面。发明具备显著的进步需要在申请文件中予以体现。而显著的进步通常是由发明所具有的有益技术效果来体现，例如下述情形即可以作为发明具有有益技术效果的理由：（1）发明与现有技术相比具有更好的技术效果；（2）发明提供了一种技术构思不同的技术方案，其技术效果能够基本上达到现有技术的水平；（3）发明代表某种新技术发展趋势；（4）尽管发明在某些方面有负面效果，但在其他方面具有明显积极的技术效果。

可见从目前来看，对于显著的进步的重要性不及突出的实质性特点，但仍然需要在申请文件中予以体现和说明，论述创造性也需要考虑。

（五）几种不同类型发明的创造性判断

1. 开拓性发明

开拓性发明是指一种全新的技术方案，在技术史上未曾有过先例，它为人类科学技术在某个时期的发展开创了新纪元。开拓性发明同现有技术相比，具有突出的实质性特点和显著的进步，具备创造性。

2. 组合发明

如果发明仅仅是将某些已知产品或者方法组合或者连接在一起，各自以其常规的方式工作，而且总的技术效果是各组合部分效果之总和，组合后的各技术特征之间在功能上无相互作用关系，仅仅是一种简单的叠加，则这种组合发明不具备创造性。如果组合的各技术特征在功能上彼此支持，并取得了新的技术效果，或者说组合后的技术效果比每个技术特征效果的总和更优越，则这种组合具有突出的实质性特点和显著的进步，发明具备创造性。

3. 选择发明

如果发明仅是从一些已知的可能性中进行选择，或者发明仅仅是从一些具有相同可能性的技术方案中选出一种，而选出的方案未能取得预料不到的技术效果，或者是在可能的、有限的范围内选择具体的尺寸、温度范围或者其他参数，而这些选择可以由本领域的技术人员通过常规手段得到并且没有产生预料不到的技术效果，或者是可以从现有技术中直接推导出来的选择，则该发明不具备创造性。但如果选择使得发明取得了预料不到的技术效果，则该发明具有突出的实质性特点和显著的进步，具备创造性。

4. 转用发明

如果转用是在类似的或者相近的技术领域之间进行的，并且未产生预料不到的技术效果，则这种转用发明不具备创造性。如果这种转用能够产生预料不到的技术效果，或者克服了原技术领域中未曾遇到的困难，则这种转用发明具有突出的实质性特点和显著的进步，具备创造性。

5. 已知产品的新用途发明

如果新的用途仅仅是使用了已知材料的已知的性质，则该用途发明不具备创造性。如果新的用途是利用了已知产品新发现的性质，并且产生了预料不到的技术效果，则这种用途发明具有突出的实质性特点和显著的进步，具备创造性。

6. 要素变更的发明

包括：（1）要素关系改变的发明：如果没有导致发明效果、功能及用途的变化，或者发明效果、功能及用途的变化是可预料到的，则发明不具备创造性。相反，如果导致发明产生了预料不到的技术效果，则发明具有突出的实质性特点和显著的进步，具备创造性。（2）要素替代的发明：如果发明是相同功能的已知手段的等效替代，或者是为解决同一技术问题，用已知最新研制出的具有相同功能的材料替代公知产品中的相应材料，或者是用某一公知材料替代公知产品中的某材料，而这种公知材料的类似应用是已知的，且没有产生预料不到的技术效果，则该发明不具备创造性。相反，如果要素的替代能使发明产生预料不到的技术效果，则该发明具有突出的实质性特点和显著的进步，具备创造性。（3）要素省略的发明：如果发明省去一项或者多项要素后其功能也相应地消失，则该发明不具备创造性。如果发明与现有技术相比，发明省去一项或者多项要素后，依然保持原有的全部功能，或者带来预料不到的技术效果，则具有突出的实质性特点和显著的进步，该发明具备创造性。

（六）创造性判断中需要考虑的几种因素

（1）发明解决了人们一直渴望解决但始终未能获得成功的技术难题，则具备创造性。

（2）发明克服了技术偏见，则具备创造性。技术偏见是指在某段时间内、某个技术领域中，技术人员对某个技术问题普遍存在的、偏离客观事实的认识，它引导人们不去考虑其他方面的可能性，阻碍人们对该技术领域的研究和开发。这种情况下，需要在权利要求中记载克服技术偏见的技术特征，才能支持权利要求的创造性。

（3）发明取得了预料不到的技术效果，则具备创造性。但需要注意取得了预料不到的技术效果，是指对所属技术领域的技术人员来说，事先无法预测或者推理出来的技术效果。这种情况下，需要在申请文件中对取得的预料不到的技术效果进行描述或反映。

（4）发明的技术特征直接导致了商业上获得成功，则具备创造性。注意，发明获得商业成功通常发生在申请专利之后（答复审查意见通知书或无效程序中作为申请人提出发明具备创造性一种理由），撰写申请文件时申请人一般没有获得商业成功的证据。

（七）实用新型创造性的判断

对于实用新型，要求具备实质性特点而不是突出的实质性特点，其判断的思路与发明的创造性基本相同，其区别主要体现在现有技术中是否存在"技术启示"。另外，实用新型专利只要求具备进步而不是显著的进步，但是在这一方面上实用新型和发明之间实际上不存在区别。

在判断现有技术中是否存在技术启示时，发明专利与实用新型专利存在区别，这种区别体现在下述两个方面。

（1）现有技术的领域：对于实用新型专利而言，一般着重于考虑该实用新型专利所属的技术领域。但是现有技术中给出明确的启示，例如现有技术中有明确的记载，促使本领域的技术人员到相近或者相关的技术领域寻找有关技术手段的，可以考虑其相近或者相关的技术领域。

（2）现有技术的数量：对于实用新型专利而言，一般情况下可以引用一项或者两项现有技术评价其创造性，对于由现有技术通过"简单地叠加"而成的实用新型专利，可以根据情况引用多项现有技术评价其创造性。

但需要注意的是，在专利代理实务考试中，如果涉及实用新型的创造性，要注意采用"实质性特点"而不是"突出的实质性特点"，采用"进步"而不是"显著的进步"。但考试中通常不会体现出发明和实用新型在创造性高度的差异，因为实质性特点和突出的实质性特点之间，进步和显著的进步之间在实际中是非常难以区分的，在考试中几乎也没有区别。

（八）创造性判断正反实例❶

下面提供具备创造性和不具备创造性的两个具体真题实例。

例 37（2014 年试题）

该例的要点在于，如区别技术特征被对比文件所公开，并且所起作用和功能相同，则具有结合启示。需要注意的是，通常而言，所述对比文件应与本发明创造性属于相同或相近的技术领域才行，而技术领域相差太远则不能认为具有结合启示。同时，在判断区别技术特征是否公开同样需要从技术实质角度来进行，而不是仅仅看术语是否一致。

涉案专利、对比文件 2（具体见前述新颖性部分）

对比文件 3

（19）中华人民共和国国家知识产权局

（12）实用新型专利

（45）授权公告日 2000.10.19

（21）申请号 99265446.9
（22）申请日 1999.11.10
（73）专利权人 钱××

（其余著录项目略）

说 明 书

茶 杯

[01] 本实用新型有关一种具有改良结构的新型茶杯。

[02] 传统茶杯在冲泡茶叶时需要耗费较多的冲泡时间才能将茶叶冲开饮用。

[03] 本实用新型的目的是提供一种新型茶杯，其能够通过对冲泡中的茶叶的搅拌来加速茶叶的冲泡。

[04] 图 1 是本实用新型的茶杯的剖视图；

[05] 如图 1 所示，本实用新型改良结构的茶杯，具有一杯体 40，杯盖 41，塞杆 42，以及塞部 43。塞杆 42 可拆卸地固定安装在杯盖 41 的下表面上。塞杆 42 的下端部插接有一个塞部 43，塞部 43 表面包覆有滤网，底部沿径向方向上设有两片微弧状的压片 2B。塞部 43 可与圆柱形杯体 40 配合，借以供作茶叶的搅拌及过滤的结构装置。

[06] 该茶杯在实际应用时，配合杯盖 41 的旋转操作，塞部 43 底部设有的压片 2B 搅拌、搅松置放于杯体 40 底部的茶叶，方便地完成茶叶的冲泡工作。

[07] 由于塞杆 42、塞部 43 与杯盖 41 之间均采用可拆卸连接，一方面，当茶杯没有浸泡茶叶时，可以将用于搅拌的塞杆 42、塞部 43 取下；另一方面，如果出现了零件损坏的情况，可以进行更换。

---

❶ 创造性的判断是每年必考内容，也是整个专利代理实务考试最重要、分值最多的考点，务必弄懂。

说 明 书 附 图

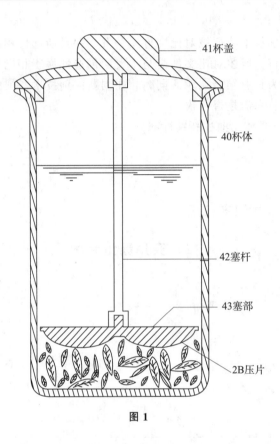

41杯盖

40杯体

42塞杆

43塞部

2B压片

图1

问题：请判断权利要求 2 相对于对比文件 2 和对比文件 3 是否具备创造性？

分析：

对比文件 2 与涉案专利属于相同的技术领域，因此以其作为最接近的现有技术。通过分析可以确定，权利要求 2 与最接近的现有技术对比文件 2 的区别在于：（1）壶盖底面中央可拆卸地固定有一个向下延伸的搅拌棒，搅拌棒的端部可拆卸地固定有搅拌部，而对比文件 2 中的搅拌匙与壶盖一体成型（搅拌匙本身也作为搅拌部的功能）；（2）所述搅拌部为一底部沿径向方向设有齿板的叶轮，而对比文件 2 中的搅拌部为呈偏心弯曲状的匙。

基于该区别，根据涉案专利的描述可知，权利要求 2 相对于对比文件 2 而言，相应地实际解决两个技术问题：使搅拌工具易于安装和更换，以及提高搅拌效果。

对于区别特征（1）而言，对比文件 3 涉及的是茶杯，但与茶壶属于相近的技术领域，其中公开了塞杆（相当于涉案专利的搅拌棒）与杯盖、塞杆与塞部（相当于涉案专利的搅拌部）之间均采用可拆卸连接。采用这样的连接方式，当茶杯没有浸泡茶叶时，可以将用于搅拌的塞杆、塞部取下，或者在出现了零件损坏的情况，可以进行更换。对于区别特征（2）而言，由于对比文件 3 还公开了塞部的底部沿径向方向上设有两片微弧状的压片，此类似于权利要求 2 中限定的搅拌部的结构，起到提高搅拌效果的作用。因此，对本领域技术人员来说，为了解决对比文件 2 存在的技术问题，在对比文件 3 公开的技术方案的启示下，很容易想到将对比文件 2 中一体成型的搅拌结构替换为如对比文件 3 公开的可拆卸结构，且搅拌部采用对比文件 3 中公开的底部沿径向设有微弧状压片的塞部，即采用底部沿径向设有齿板的叶轮，从而得到权利要求 2 的技术方案。综上，可以认为现有技术在整体上存在相应的技术启示，权利要求 2 相对于对比文件 2 和对比文件 3 的结合是显而易见的，没有突出的实质性特点和显著的进步，不具备创造性。

例38

该例的要点在于，如区别技术特征表面上被对比文件所公开，但作用和功能不相同，则没有给出结合启示。在实际考试过程，尤其需要注意本发明中采用的术语与对比文件的术语即使相同，也并不代表具有相同的作用和功能。

客户撰写的相关权利要求如下：

1. 一种大型公用垃圾箱，其特征在于：主要包括箱盖（1）、上箱体（2）和下箱体（3），箱盖（1）上设有垃圾投入口（4），上箱体（2）和下箱体（3）均为顶部开口结构，箱盖（1）盖合在上箱体（2）的顶部开口处，上箱体（2）可分离地安装在下箱体（3）上，上箱体（2）的底部为水平设置的滤水板（5）。

2. 根据权利要求1所述的箱体，其特征在于：所述下箱体（3）的侧壁上部开设有通风孔（6）。

对比文件2

如图1所示，本实用新型的垃圾桶由桶罩1、桶壁2和桶底3组成。桶底3上设有多个通气孔4；桶壁2和桶底3一次性注塑而成。桶口上设有可分离的桶罩1，用于固定住垃圾袋。使用时，将垃圾袋套在垃圾桶上，通气孔4的设计方便排出垃圾袋与桶壁2、桶底3之间的空气，使垃圾袋在桶内服帖地充分展开；取垃圾袋的时候，空气经通气孔4从底部进入，避免塑料垃圾袋与桶壁2、桶底3之间产生负压，从而可以轻松地取出垃圾袋，不会摩擦弄破垃圾袋。

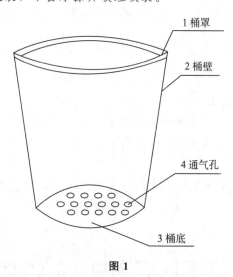

图1

分析：

以权利要求2为例，权利要求2的附加技术特征"下箱体的侧壁上部设有通风孔"，其作用是使垃圾箱内产生由下而上的对流和内外循环以便于通风排出湿气。该特征没有被最接近的现有技术对比文件1公开而构成区别特征。但是对比文件2公开的家用垃圾桶的桶底设置有通气孔，其作用是方便排出垃圾袋与桶壁、桶底之间的空气，使垃圾袋在桶内服帖地充分展开，而在取垃圾袋时，空气经通气孔从底部进入，避免塑料垃圾袋与桶壁、桶底之间产生负压，从而可轻松地取出垃圾袋。可见，对比文件2中的通气孔设置的位置与权利要求2中通气孔的设置位置（在下箱体侧壁上部）不同；而且对比文件2的通气孔的作用与权利要求2中通气孔的作用也完全不同，因此对比文件2的家用垃圾桶中虽然公开了通气孔，但由于上述两方面原因，其没有给出将该通气孔应用到对比文件1中而得到权利要求1限定的技术方案的技术启示。由此可知，对比文件1和对比文件2不能影响权利要求2的创造性。

（九）历年试题中有关创造性的简答题

创造性是每年必考的考点，后续章节均有涉及。在此仅将相关简答题介绍如下。

1. 有关确定最接近的现有技术需要考虑的因素的简答题

该简答题取自 2010 年专利代理实务试卷第二题中第一小题。原题为："简述审查指南中关于确定最接近的现有技术需要考虑的因素。"

这道简答题考核考生是否掌握如何确定最接近的现有技术，以考查撰写权利要求的思路。有关这方面内容在《专利审查指南 2023》第二部分第四章第 3.2.1.1 节作出了明确规定。因此该道简答题的答案为：

最接近的现有技术，是指现有技术中与要求保护的发明最密切相关的一个技术方案，它是判断发明是否具有突出的实质性特点的基础。最接近的现有技术，例如可以是，与要求保护的发明技术领域相同，所要解决的技术问题、技术效果或者用途最接近和/或公开了发明的技术特征最多的现有技术，或者虽然与要求保护的发明技术领域不同，但能够实现发明的功能，并且公开发明的技术特征最多的现有技术。应当注意的是，在确定最接近的现有技术时，应首先考虑技术领域相同或者相近的现有技术，其中，要优先考虑与发明要解决的技术问题相关联的现有技术。

2. 关于商业上成功与创造性关系的简答题❶

请求人通过与专利权人的接触，估计对方会以商业上的成功作为其争辩专利有创造性的依据，对方若以销售额近几年的增长作为证据能否取得成功？

按照《专利审查指南 2023》第二部分第四章第 5.4 节的规定，商业上的成功可以作为创造性判断时需要考虑的一个因素，但是仅仅以销售额近几年的增长作为证据是不够的，这种商业上的成功必须是由发明的技术特征直接导致的，才能证明其具有突出的实质性特点和显著的进步（对实用新型而言，为实质性特点和进步），具备创造性。如果商业上的成功是由于销售技术的改进或者广告宣传等其他原因所致，则不能作为其具备创造性的依据。

例 39

下列关于创造性的说法哪些是正确的？（　　　）

A. 评价发明是否具备创造性，只需要考虑其技术方案和要解决的技术问题

B. 对于新的化学产品，如果其用途不能从结构或者组成相似的已知产品预见到，可以认为这种用途具备创造性

C. 一项发明是否具备创造性，只有在该发明具备新颖性的条件下才进行判断

D. 独立权利要求限定的发明具备创造性，其从属权利要求限定的发明不一定具备创造性

第三章　发明和实用新型申请文件撰写规定

发明和实用新型专利申请的申请文件包括请求书、权利要求书、说明书（及其附图）和说明书摘要。专利代理实务考试中不涉及请求书表格的填写，因此本章仅对权利要求书和说明书的撰写要求和撰写规定进行介绍。

第一节　权利要求书

《专利法》第 26 条第 4 款以及《专利法实施细则》第 22 条至第 25 条对权利要求书的要求作出了明确规定。

一、权利要求书简介

权利要求书由记载发明或者实用新型的技术特征的权利要求组成，一份权利要求书中应当至少包括一项独立权利要求，还可以包括从属权利要求。

（一）产品权利要求和方法权利要求

权利要求按性质可分成两种基本类型：产品权利要求和方法权利要求。产品权利要求包括通过人类技术生产得到的任何具体的实体，此处的产品是广义的产品（产品、设备），与常规概念之下的产品不完全相同。方法权利要求包括有时间过程要素的活动，也是广义概念上的方法，包括任何方法和用途。方法权利要求中的方法步骤的执行必然涉及材料、设备、工具等物，但其核心并不在于对物本身的创新或改进，而是通过方法步骤的组合和执行顺序来实现方法发明所要解决的技术问题。

发明专利给予保护的客体可以是产品，也可以是方法，因此发明专利申请的权利要求书中既可以包括产品权利要求，也可以有方法权利要求。而实用新型专利给予保护的客体只能是产品，而不包括任何方法，因此实用新型专利申请的权利要求书仅包括产品权利要求，不得有方法权利要求。

（二）独立权利要求和从属权利要求

权利要求书从撰写形式来看，首先包括独立权利要求，其次还可以有从属权利要求。从整体上反映发明或者实用新型的技术方案、记载解决其技术问题所需的必要技术特征的权利要求为独立权利要求，因此撰写独立权利要求就需要确定发明或者实用新型的必要技术特征。用附加技术特征对独立权利要求作进一步限定（当然，还可以对从属权利要求作进一步限定）则构成从属权利要求，因此通过确定附加技术特征来撰写从属权利要求。

1. 必要技术特征

《专利法实施细则》第 23 条第 2 款规定："独立权利要求应当从整体上反映发明或者实用新型的技术方案，记载解决技术问题的必要技术特征。"

根据该条款的规定，一方面独立权利要求中应当写入所有必要的技术特征；另一方面不要写入非必要技术特征，以免保护范围过窄，使发明创造得不到充分保护。从撰写的角度来看，确定了发明必要技术特征的过程，自然也就明确了不属于必要技术特征的技术特征为非必要技术特征（主要包括两类，即附加技术特征和与解决技术问题无关的技术特征）。

所谓必要技术特征是指，发明或者实用新型为解决其技术问题所不可缺少的技术特征，其总和足以构成发明或者实用新型的技术方案，使之区别于所掌握的现有技术中的技术方案（注意，在审查时，审查员判断权利要求的技术方案是否区别于申请文件的背景技术以及审查过程检索到的现有技术）。在实际撰写时，主要根据发明或实用新型所要解决的技术问题来确定哪些技术特征是必要技术特征，即具体分析在独立权利要求中不写入某技术特征后，是否导致技术方案不能解决发明或实用新型所要解决的技术问题。

对于分成前序部分和特征部分撰写的独立权利要求而言，必要技术特征既包括独立权利要求前序部分中写入的发明或者实用新型主题与最接近的现有技术共有的必要技术特征，也包括其特征部分写入的发明或者实用新型与最接近的现有技术不同的必要技术特征。

独立权利要求应当包含尽可能少的技术特征，除必要技术特征之外，其他技术特征不要放在独立权利要求中，以尽可能地扩大独立权利要求的保护范围。

例 40

下列关于必要技术特征的说法哪些是正确的？（ ）

A. 必要技术特征是发明或者实用新型为解决其技术问题所不可缺少的技术特征

B. 实施例中的技术特征通常可以直接认定为必要技术特征

C. 必要技术特征的总和足以构成发明或者实用新型的技术方案

D. 任何一个必要技术特征均可使发明或者实用新型的技术方案区别于背景技术的其他技术方案

2. 附加技术特征

未写入独立权利要求中，但需要写入从属权利要求中的特征称为附加技术特征。附加技术特征可以是对所引用的权利要求的技术特征作进一步限定的技术特征，也可以是增加的技术特征；既可以进一步限定独立权利要求特征部分的特征，也可以进一步限定其前序部分中的特征。

用附加技术特征对其引用的权利要求作进一步限定而构成的从属权利要求，包括两种情况。

（1）附加技术特征本身有助于使技术方案具有新颖性和创造性。在这种情况下，应当将这些附加技术特征作为限定部分的附加技术特征撰写一项从属权利要求。这种从属权利要求，在发明专利申请审批过程中，尤其在无效程序中起着重要作用，此时若其引用的权利要求不具备新颖性或创造性时或者不能得到说明书支持时，能够为其取得专利保护或维持专利权提供足够的退路。

（2）附加技术特征虽然本身并不能为技术方案带来新颖性和创造性，但其能够为技术方案带来较好的技术效果（如获得了附带的技术效果，解决了附带的技术问题），或者能够适用于特定情况。这种从属权利要求主要的作用在于提供合理保护梯度，同时在解释前面的权利要求的保护范围时，可能会起到有利的作用，这将有助于专利侵权诉讼中对是否构成侵权作出正确的判断。

对于上述第（2）种情况，可以从附加技术特征在技术方案中的作用和重要性来考虑，需要注意的是，过于细微的技术细节、明显公知的技术特征、不会产生任何特别效果的技术特征，或者与解决的技术问题无关的技术特征等不宜作为附加技术特征。当然，从专利代理实务考试的角度，在不超过合理数量的从属权利要求的情况下，多写一些不是特别必要的从属权利要求，通常不会因此而扣分，但容易导致撰写的其他问题，如引用关系不清楚、描述不清楚等，并浪费考试的时间。

此外，还需要区分技术特征与非技术特征，诸如效果本身、技术问题本身，以及原因和理由等通常属于非技术特征，除非通过达到的目的或效果作为类似于功能性限定的情况除外。

二、权利要求应当满足的要求

《专利法》第26条第4款规定：权利要求书应当以说明书为依据，清楚、简要地限定要求专利保护的范围。由此可知，权利要求书应当满足两个方面的要求：以说明书为依据；清楚、简要地限定要求专利保护的范围。现针对这两个方面的要求作具体说明。

（一）以说明书为依据

为满足权利要求书应当以说明书为依据的要求，在撰写权利要求书时，尤其在撰写独立权利要求时，除了要让独立权利要求的全部技术特征在说明书中至少一个具体实施方式中得到体现，还应当对权利要求进行合理的概括，而不要局限于发明的具体实施方式或实施例，也就是说，在能够得到说明书或技术资料支持的情况下，对权利要求中的技术特征采用合理的概括方式，从而使其保护范围尽可能宽。当然，对于从属权利要求同样需要以说明书为依据，附加技术特征也应当尽可能地进行概括上升或者采用中位概念，以获得合理的保护梯度，这样当独立权利要求不符合《专利法》及其实施细则有关规定而不能成立时，还能够为专利申请人或专利权人尽可能争取较宽的保护范围，而不至于直接缩小到具体实施方式而使保护范围过窄。

权利要求的概括主要包括两种方式：上位概括和并列概括。概括是否适当的判断标准基本上可按下述方式来确定：如果本领域技术人员可以合理预测说明书或技术资料中给出的实施方式或明显变型方式都具备相同的性能或用途，则可以概括至覆盖其所有的等同替代或明显变型方式，反之如果权利要求的概括包含了推测的、其效果难以预选确定和评价的内容，则概括范围过宽。

需要特别说明的是，产品权利要求通常应当避免使用功能或效果特征来限定发明或实用新型，尤其是应当避免纯功能性限定。只有在某一技术特征用结构特征限定不如用功能或效果特征来限定更为恰当，该功能限定的技术特征对本领域技术人员能够明了，该功能还可以用其他已知方式来完成，而且除说明书中记载的实施方式外其他能实现该功能的替代方式也能解决技术问题，达到相同的技术效果，才可以采用功能限定的技术特征以争取尽量宽的保护范围。

（二）清楚和简要

对于权利要求书应当清楚、简要地限定要求专利保护的范围的规定而言，既要清楚地限定要求专利保护的范围，又要简要地限定要求专利保护的范围。

1. 清楚

就权利要求书清楚而言包括两个方面。

（1）每一项权利要求应当清楚。首先，每项权利要求的类型必须清楚。一方面，权利要求的主题名称必须清楚表明是产品权利要求还是方法权利要求。既不能采用不能清楚界定是产品还是方法的主题名称，也不能采用同时包含产品和方法的主题名称。下述名称被认为未清楚反映权利要求的类型，不应当作为权利要求的主题名称：技术、产品及其制造方法、产品及其使用方法、产品及其用途、改进、改良、配方、设计、逻辑等。另一方面，权利要求的主题名称应当与权利要求的技术内容相适应。通常产品权利要求应当用产品的结构特征来描述，而方法权利要求应当采用工艺过程、操作条件、步骤或流程等技术特征来描述。

其次，每项权利要求所确定的保护范围应当清楚。要求通过权利要求的文字正确地描述发明或者实用新型的技术方案。其至少包括三个层次：术语清楚、用词严谨；每个技术特征表述清楚；各技术特征之间的关系清楚。

从专利代理实务考试的角度，通常涉及机械产品，要求写明必要的部件名称，再加上必要的连接关系来表述（简称"部件＋连接关系"），其中非必要部件和明显公知的连接关系不要写入独立权利要求中。

此外，特别注意的是：①权利要求中不要写入《专利审查指南2023》第二部分第二章第3.2.2节中述及的模糊术语："厚""薄""强""弱""高温""高压""很宽范围"；"例如""最好是""尤其是""必要时"；"约""接近""等"（表示列举时）、"或类似物"；② 除附图标记或者化学式和数学式可以采用括号外，权利要求中通常不会存在使用括号的情形；③ 权利要求中不得有插图或引用附图，通常也不应使用表格；④ 不得包含不产生技术效果的特征。

（2）所有权利要求作为一个整体也应当清楚。构成权利要求书的所有权利要求作为整体也应当清楚，是指权利要求之间的引用关系应当清楚，这实际是由从属权利要求的引用关系来体现的。

例 41

权利要求中的下列哪些表述存在不清楚的缺陷？（　　　）

A. 一种多挡变速器，包括多个行星齿轮组尤其是三个行星齿轮组……。

B. 一种用于接收机变换器的放大器，其特征在于该放大器是高频放大器……。

C. 一种往复活塞发动机，其特征在于泵油凸轮机构包括泵油（点火）触轮……。

D. 一种等离子喷涂方法，高温喷涂时的喷枪功率为 $90\sim120kW$……。

2. 简要

对权利要求书简要的要求也包括两个方面：每一项权利要求应当简要；所有权利要求作为一个整体也应当简要。（1）每一项权利要求应当简要是指权利要求的表述应当简要，除记载技术特征外，不得对原因或理由作不必要的描述，也不得使用商业宣传性用语。（2）权利要求作为整体应当简要，即不得撰写两项或两项以上保护范围实质上相同的同类权利要求，权利要求的数目合理，尽量采取引用在前权利要求的方式来撰写，以避免相同内容的不必要重复。

三、权利要求的撰写要求和撰写规定

（1）独立权利要求按照规定撰写，即尽可能采用两部分格式，包括前序部分和特征部分。但是，那些不适合采用两部分格式撰写的情况除外，例如：开拓性发明、化学物质发明和某些用途发明、已知方法的改进发明等。

（2）不同类型的并列独立权利要求，通常采用引用在前的独立权利要求的形式来撰写。

（3）发明或者实用新型的从属权利要求按照规定撰写，即包括引用部分和限定部分，前者要求写明引用的权利要求编号及其主题名称，后者写明附加技术特征。

（4）权利要求应当用阿拉伯数字编号，包括几项权利要求的，应按顺序编号。

（5）从属权利要求只能引用在前的权利要求，不能引用在后的权利要求及其本身。直接或间接从属于某一项独立权利要求的所有从属权利要求应当写在该独立权利要求之后，另一项独立权利要求之前。一项从属权利要求因而不能同时直接或间接引用在前的两项或两项以上不同发明或者实用新型的独立权利要求。

（6）引用两项以上权利要求的多项从属权利要求只能以择一的方式引用在前的权利要求，并不得作为另一项多项从属权利要求的引用基础。

（7）引用某独立权利要求的从属权利要求有多项的，其引用应当有先后层次，有顺序地引用。

（8）每一项权利要求只允许在其结尾使用句号，中间根据情况可通过分段、分号等区分不同技术特征。

（9）权利要求中不得有插图。

（10）权利要求中通常也不得使用"如说明书……部分所述"或"如图……所示"。

（11）权利要求中通常不允许使用表格。

（12）权利要求中的技术特征可以引用附图中的附图标记，并置于相应部件后的括号内。

（13）除附图标记或其他必要情形外，权利要求中尽量避免使用括号。

（14）权利要求中，一般情形下不得使用人名、地名、商标名称、商品名。

（15）权利要求中采用并列选择时，被并列选择概括的具体内容应当是等效的，不得将上位概念概括的内容，用"或者"并列在下位概念之后；并列选择的含义应当清楚。

例42

某发明专利申请的权利要求1如下："权利要求1：一种半导体器件，包括部件a、b、c。"下列哪些权利要求的撰写存在缺陷？（　　　）

A. 权利要求2：如权利要求1所述的制造半导体器件的方法，其特征在于d。

B. 权利要求2：制造如权利要求1所述的半导体器件的方法，其特征在于e。

C. 权利要求2：如权利要求1所述的半导体器件，其特征在于所述部件f由铜制成。

D. 权利要求2：如权利要求1所述的半导体器件，其特征在于还包括部件g。

四、单一性（合案申请与分案申请）

按照《专利法》第31条的规定，一件发明或实用新型应当限于一项发明或实用新型，属于一个总的发明构思的两项以上发明或者实用新型，可以作为一件专利申请提出。按照《专利法实施细则》第39条规定，可以作为一件专利申请提出的属于一个总的发明构思的两项以上的发明或者实用新型，应当在技术上相互关联，包含一个或者多个相同或者相应的特定技术特征，其中特定技术特征是体现发明对现有技术作出贡献的技术特征，也就是使发明相对于现有技术具有新颖性和创造性的技术特征。

为符合上述规定，在撰写权利要求书时，对于有多项发明或实用新型时，需要确定是合案申请还是分案申请。即有多个独立权利要求的情况下，需要考虑它们之间是否具有单一性以确定写入一份申请或写入多份申请。属于一个总的发明构思的两项以上发明或者实用新型，具有单一性，可以作为一件申请提出。在这方面，实际操作时应当从两个层面加以考虑：其一，从撰写角度来看，具备单一性的多项发明或者实用新型应当写入一份申请；其二，与一份申请独立权利要求1不具备单一性的其他

发明或者实用新型应当以另一份申请提出。❶

（一）单一性判断的方法

分析一组发明是否具有单一性的方法通常包括下述几个步骤。

（1）确定第一项主题的特定技术特征：将第一项发明的主题与相关的现有技术进行比较，确定在发明对现有技术作出的贡献中起实质性作用的"特定技术特征"。

（2）确定第二项主题的特定技术特征：按类似的方式确定第二项主题的特定技术特征；如果有更多项主题则依次分别确定。

（3）判断各项主题的特定技术特征是否存在一个或者多个相同或者相应的特定技术特征，从而确定这两项发明是否在技术上相关联。

（4）得出结论：如果在发明之间存在一个或者多个相同或者相应的特定技术特征，即存在技术上的关联，则可以得出它们属于一个总的发明构思的结论。相反，则可以各项发明之间不存在技术上的关联，不属于一个总的发明构思的结论，进而确定它们不具有单一性。

重点解析：

对于第一步和第二步中的特定技术特征的概念，虽然定义为"发明对现有技术作出的贡献中起实质性作用"，理解起来不太容易，但从撰写和实际操作来看，可以简化（虽然不能绝对等同）所谓特定技术特征就是能为权利要求带来创造性的技术特征（后续也称为"发明点"）。这样就容易理解和把握，即有相同发明点的多项发明（独立权利要求）之间具备单一性，不存在相同发明点的多项发明（独立权利要求）之间不具备单一性。

在第三步中，有三点需要说明：（1）对于判断相同的特定技术特征很好理解，就是不同主题所确定的特定技术特征相同；（2）对于相应的特定技术特征的判断，主要看不同主题的特定技术特征之间是否相互关联，存在配合关系，如使用时是否需要配合完成工作等，如三孔插头与三孔插座之间需要配合的关系，可以认定两者是相应的；（3）两个主题之间仅需要存在一个相同或相应的特定技术特征，就可以认定具备单一性，至于还存在其他特定技术特征并不影响具备单一性的结论。

撰写时，考虑单一性仍然只需要考虑独立权利要求之间的单一性。一项主题的独立权利要求与另一项主题的从属权利要求之间不考虑单一性的问题，而是如果独立权利要求之间不具备单一性，则应当得出分案申请的结论。

（二）选择题实例

例 43

权利要求 1：一种传送带 X，特征为 A。

权利要求 2：一种传送带 Y，特征为 B。

权利要求 3：一种传送带 Z，特征为 A 和 B。

现有技术中没有公开具有特征 A 或 B 的传送带，从现有技术来看，具有特征 A 或 B 的传送带不是显而易见的，且 A 与 B 不相关。

各权利要求之间的单一性的分析：权利要求 1 和权利要求 2 没有记载相同或相应的技术特征，也就不可能存在相同或者相应的特定技术特征，因此，它们在技术上没有相互关联，不具有单一性。权利要求 1 中的特征 A 是在发明对现有技术作出的贡献中起实质性作用的特定技术特征，权利要求 3 中包括了该特定技术特征 A，两者之间存在相同的特定技术特征，具有单一性。类似地，权利要求 2 和权利要求 3 之间存在相同的特定技术特征 B，具有单一性。

---

❶　在实际代理实务工作中，由于单一性并非无效宣告理由，在不能确定多项独立权利要求是否具备单一性的情况下，通常可以合案申请，待审查员指出专利申请不符合单一性规定的审查意见时再决定是否将为满足单一性而删去的另几项发明或者实用新型提出分案申请。但在专利代理实务考试中，则需要准确把握单一性，对于不符合单一性的发明或实用新型，应当建议申请人另行提出一件专利申请。

例 44

某发明专利申请权利要求如下：

"1. 一种复合材料，由树脂 a、填料 b、抗氧剂 c、阻燃剂 d 组成。

"2. 权利要求 1 所述的复合材料，其特征在于由树脂 a、填料 b、抗氧剂 c、发泡剂 e 组成。

"3. 权利要求 1 所述的复合材料，其特征在于由树脂 a、填料 b、发泡剂 e、稳定剂 g 组成。

"4. 权利要求 1 所述的复合材料制成的薄膜，其特征在于薄膜为圆形。

"5. 权利要求 1 所述的复合材料制成的薄膜，其特征在于薄膜的厚度为 0.1～0.5mm。"

对比文件 1 公开了由树脂 a、填料 b、抗氧剂 c 组成的复合材料，对比文件 2 公开了由树脂 a、填料 b、发泡剂 e 组成的复合材料。权利要求 1 相对于对比文件 1 和 2 具备创造性。下列说法哪些是正确的？（　　）

A. 权利要求 1、2 之间具有单一性　　　B. 权利要求 1、3 之间不具有单一性

C. 权利要求 4、5 之间具有单一性　　　D. 权利要求 2、3 之间不具有单一性

例 45

一件实用新型专利申请要求保护 X 和 Y 两个技术方案，X、Y 之间缺乏单一性。对于审查员要求分案的通知，申请人的下列哪些做法符合相关规定？（　　）

A. 在原申请的说明书中保留 X、Y 的内容，权利要求书只要求保护 Y

B. 在原申请的说明书中删除有关 X 的内容，权利要求书要求保护 X 和 Y

C. 提交分案申请，在其说明书中删除有关 X 的内容，权利要求书只要求保护 Y

D. 提交分案申请，在其说明书中保留 X、Y 的内容，权利要求书只要求保护 X

例 46

某发明专利申请的权利要求书如下：

"1. 一种汽车，其特征在于包括底盘 L、车身 M 和发动机 N。

"2. 根据权利要求 1 所述的汽车，其特征在于底盘 L 由合金材料 K 制成。

"3. 根据权利要求 2 所述的汽车，其特征在于轮胎上的花纹为 X。

"4. 根据权利要求 2 所述的汽车，其特征在于轮胎由橡胶材料 Y 制成。

"5. 根据权利要求 1 所述的汽车，其特征在于还包括后视镜 Z。"

已知现有技术中已经公开了包括底盘 L、车身 M 和发动机 N 的汽车，K、X、Y、Z 均为特定技术特征且互不相关。下列哪些权利要求之间具有单一性？（　　）

A. 权利要求 2 与 3　　B. 权利要求 2 与 5　　C. 权利要求 3 与 4　　D. 权利要求 3 与 5

五、撰写规定的历年考点

例 47

2004 年专利申请文件撰写化学专业的试题中一道简答题："一种观点认为，如果一件申请的权利要求书仅包含一项独立权利要求，则不存在单一性问题，即使该申请还有一些从属权利要求，也不会存在单一性问题。请分析上述观点是否正确。"

该简答题考核考生是否掌握单一性的审查原则，《专利审查指南 2023》第二部分第六章第 2.2.1 节有关单一性审查原则之（4）（5）中对于一项独立权利要求是否存在单一性问题以及从属权利要求之间是否存在单一性问题作出了明确说明。

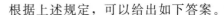

根据上述规定，可以给出如下答案。

上述观点不正确，具体理由如下。

通常，如果一件申请的权利要求书仅包含一项独立权利要求，且该独立权利要求只包括一个技术方案，则该专利申请不存在单一性问题；但是，当一项独立权利要求包含有并列选择的技术方案，如果这些并列的技术方案没有相同或相应的特定技术特征，它们之间就不属于一个总的发明构思，从而缺少单一性，例如马库什权利要求，一项独立权利要求中可能包括结构和功能完全不同的物质，从而导致独立权利要求本身包含的多个技术方案之间没有单一性。由此可知，上述观点中有关"如果一件申请的权利要求书仅包含一项独立权利要求，则不存在单一性问题"的论断是不正确的。

当一项独立权利要求包含一些从属权利要求，且该独立权利要求仅包括一个技术方案，那么当该独立权利要求相对于现有技术具有新颖性和创造性时，这些从属权利要求与其所从属的独立权利要求之间不存在单一性问题，这些从属权利要求之间也不存在单一性问题。但是，如果通过检索，认定该独立权利要求相对于现有技术不具有新颖性和创造性，则就需要分析这些从属权利要求之间是否具有相同或者相应的特定技术特征，如果没有相同或相应的特定技术特征，则这些从属权利要求之间就缺乏单一性。此外，在遇有形式上为从属权利要求而实质上是独立权利要求的情况，这种形式上的从属权利要求与独立权利要求之间也有可能存在单一性问题。由此可知，上述观点中有关"如果一件申请的权利要求书仅包含一项独立权利要求和一些从属权利要求，也不会存在单一性问题"的论断也是不正确的。

例48

2016年试题中，撰写的权利要求有两项独立权利要求：

1. 一种用于挂在横杆上的挂钩，具有挂钩本体和突起物，所述挂钩本体（11；21）具有两个夹持部以及连接所述夹持部上部的弯曲部，其中一个夹持部具有自由端，另一个夹持部具有与衣架本体相连接的连接端，在所述夹持部的相向内侧设有突起物，该挂钩挂在横杆上时，所述突起物与横杆的外圆周表面相接触，其特征在于，所述突起物具有在所述横杆轴向方向上比所述挂钩本体宽的宽度。

....

8. 一种衣架，由挂钩与衣架本体组装形成，其特征在于：该挂钩为权利要求1所述的用于挂在横杆上的挂钩。

两项权利要求的单一性分析：

上述独立权利要求8由于引用了独立权利要求1，其中必然包含了权利要求1之中所有技术特征。因此，权利要求8中也就必然包括了权利要求1中的特定技术特征，因而两者属于一个总的发明构思，具备单一性，可以合案申请。（当年有些考生认为上述两项独立权利要求不具备单一性而应分别提交申请，显然没有按照是否具有相同或相应的特定技术特征来进行判断，而仅仅基于权利要求的主题不同而认为不具备单一性，显然是错误的。）

例49

2007年试题撰写部分答案中，权利要求包括四项独立权利要求：

1. 一种用于封装可产生或吸收气体的物质的包装体，包括透气性包装层，置于所述透气性包装层外部的不透气性包装层，该包装体整体不透气，其特征在于，该包装体还包括用于撕开不透气性包装层的撕开部件。

....

13. 一种包装体长带，由多个权利要求1至4中任一项所述的包装体通过各连接部连接而成，各包装体上的撕开部件形成一连续的撕开部件，所述连续的撕开部件具有一空余端头。

14. 一种供给用于封装可产生或吸收气体的物质的包装体的方法，包括下述步骤：

（1）将权利要求 13 所述包装体长带中的所述空余端头缠绕在牵拉装置上；

（2）沿与所述不透气性包装层外表面成一定角度的方向牵拉所述连续撕开部件，使透气性包装层暴露出来；

（3）沿所述连接部将包装体长带依次切断成各包装体；

（4）将各包装体逐个供给到规定场所。

15. 一种供给用于封装可产生或吸收气体的物质的包装体的系统，包括：用于将权利要求 13 所述包装体长带中的连续撕开部件从包装体上剥离下来的旋转辊组；用于将所述包装体长带拉入其内并沿各连接部将包装体长带切断成多个包装体的牵拉剪切机；用于将切断后的各包装体依次投放到相应场所的滑槽，其中，所述旋转辊组设置在牵拉剪切机的斜上方。

各项权利要求之间的单一性分析：

基于当年试题的参考答案，这些权利要求之间都具备单一性，可以合案申请。具体论述独立权利要求 1、13 至 15 合案申请的理由时可以采用下述方式：

独立权利要求 1、13、14、15 中均包含有"用于撕开不透气性包装层的撕开部件"技术特征，而已有的现有技术中既没有公开也没有暗示在本领域中采用"用于撕开不透气性包装层的撕开部件"这一技术手段，即该特征是体现发明对现有技术作出贡献的特定技术特征。因此，这四项独立权利要求在技术上相互关联，它们属于一个总的发明构思，符合《专利法》第 31 条第 1 款的规定，可以将它们合案申请。

例 50

在 2008 年试题撰写的权利要求答案中，同时涉及具备单一性和不具备单一性的多项发明的情形。

第一项独立权利要求：

一种制作油炸食品的方法，该方法包括：

将所述食品原料进行油炸的步骤，所述油炸步骤在真空条件下进行；对所述经过油炸的食品进行离心处理的步骤；将所述油炸食品排出的步骤，其特征在于：所述离心处理步骤也是在真空条件下进行的。

第二项独立权利要求：

1. 一种用于制作油炸食品的设备，包括原料供应装置、进料阀、油炸装置、抽真空装置、出料阀、离心装置、产品排出装置，油炸装置的一侧设有输入口，通过进料阀与原料供应装置的出料口密封固定连接，油炸装置的另一侧设有输出口，其特征在于：油炸装置输出口直接与离心装置输入口密封固定连接，出料阀密封设置在离心装置输出口处。

第三项独立权利要求：

1. 一种用于添加到油炸食品的油脂中的组合物，其特征在于：该组合物由防黏剂、消泡剂和风味保持剂组成。

合案或者分案申请的理由：

第一项独立权利要求请求保护的油炸食品制造方法与油炸食品制造设备属于同一发明构思，并具有相应的特定技术特征，具体为："制造油炸食品的方法是在真空条件下进行离心处理"；制造油炸食品的设备具有确保实现在真空条件下进行离心的结构特征（即，"油炸装置的输出口与离心装置的输入口密封连接，出料阀密封设置在离心装置输出口处"）。❶ 因此，制作油炸食品的方法和设备之间技术上相互关联，属于一个总的发明构思，具有单一性，可以合案申请。

---

❶ 虽然试题说明中并无明确要求，但论述分案申请的理由时，顺便论述合案申请的理由则更为完善。由于前面已论述过新颖性和创造性，此处可相对简单提及即可合案申请的理由，即首先指出写入权利要求书中的各独立权利要求具备单一性，其中需要指出它们之间存在的相同或相应的特定技术特征。

　　对于组合物的相关技术方案，其关键在于组合物的组分，❶ 其与制作油炸食品的方法和设备的特定技术特征没有任何关联，因此组合物的技术方案与制作油炸食品的方法和设备之间不存在相同或相应的特定技术特征，技术上不相互关联，不属于一个总的发明构思，不具备单一性，❷ 因此不能以独立权利要求的方式出现在本申请中。如果针对组合物的技术方案撰写独立权利要求，则需要以另案申请的方式提出。❸

第二节　说　明　书

　　《专利法》第 26 条第 3 款和《专利法实施细则》第 20 条、第 21 条和第 26 条对说明书的要求作了明确规定，但对于专利代理人和专利申请人来说，应考虑《专利法》第 26 条第 4 款规定所反映出来的说明书应当支持权利要求书的这一要求。

一、对说明书的总体要求

　　对发明和实用新型专利申请说明书总体上有三个方面的要求：充分公开发明或实用新型；支持权利要求书的保护范围；用词规范、语句清楚。下面对这三个方面要求给予具体说明。

　　其中需要说明的是，对于属于《专利法》第 5 条规定不授予专利权的范围既不能作为权利要求请求保护的主题，相关的内容当然也不应当写入说明书和说明书摘要中。而对于《专利法》第 25 条中列举的不授权主题，虽然不能作为权利要求请求保护的对象，但许多情况下，其相关内容还应当在说明书中予以描述以满足充分公开的要求。

　　（一）说明书应当充分公开请求保护的主题

　　《专利法》第 26 条第 3 款规定："说明书应当对发明或者实用新型作出清楚、完整的说明，以所属技术领域的技术人员能够实现为准。"从该条款文字来看，是针对说明书作出的规定，但实际上也相应于权利要求而言的，即应当基于该条款的判断标准来确定是否可以将相关技术主题作为权利要求请求保护的对象，即假设撰写了相关的技术主题，那么需要判断哪些内容可以让本领域技术人员能够实现。

　　1. 说明书应当清楚

　　说明书的内容应当清楚，是指说明书的内容应当满足主题明确、表述准确两方面的要求。

　　（1）主题明确：说明书应当从现有技术出发，清楚写明发明或者实用新型要求保护的主题，即说明书应当写明发明或实用新型所要解决的技术问题以及解决其技术问题采用的技术方案，并对照现有技术写明发明或者实用新型的有益效果。上述技术问题、技术方案和有益效果应当相互适应，不得出现相互矛盾或不相关联的情形。

　　（2）表述准确：说明书应当使用发明或者实用新型所属技术领域的技术术语，准确地表达发明或者实用新型的技术内容，使技术领域的技术人员能够清楚、正确地理解该发明或者实用新型。

　　2. 说明书应当完整

　　说明书的完整要求说明书中描述或记载有关理解、实现发明或者实用新型所需的全部技术内容。具体包含：帮助理解发明或者实用新型不可缺少的内容；确定发明或者实用新型具有新颖性、创造性和实用性所需的内容；实现发明或者实用新型所需的内容。

　　需要指出的是，凡是本领域技术人员不能从现有技术中直接、唯一地得出的有关内容，均应当在说明书中进行描述。

　　此外，对于克服了技术偏见的发明或者实用新型，说明书中还应当解释为什么说该发明或者实用

---

❶　以合理的方式指出被分案的权利要求的特定技术特征。

❷　明确上述两者之间不属于相同或相应的特定技术特征而不具备单一性。

❸　进而得出不能合案申请而需要分案申请的结论。

新型克服了技术偏见，新的技术方案与技术偏见之间的差别以及为克服技术偏见所采用的技术手段。

3. 说明书应当达到能够实现发明或者实用新型的程度

说明书应当清楚地记载发明或者实用新型的技术方案，详细地描述实现发明或者实用新型的具体实施方式，完整地公开对于理解和实现发明或者实用新型必不可少的技术内容，达到使所属技术领域的技术人员按照说明书记载的内容，就能够实现该发明或者实用新型的技术方案，解决其技术问题，并且产生预期的技术效果。

以下各种情形由于缺乏解决技术问题的技术手段而被认为无法实现，从撰写的角度看，需要申请人补充相关的内容以避免这些情形：

（1）说明书中只给出任务和/或设想，或者只表明一种愿望和/或结果，而未给出任何能够实施的技术手段；

（2）说明书中给出了技术手段，但是含糊不清，根据说明书记载的内容无法具体实施；

（3）说明书中给出了技术手段，但采用该手段并不能解决发明或者实用新型所要解决的技术问题；

（4）由多个技术手段构成的技术方案，对于其中一个或某些技术手段，按照说明书记载的内容并不能实现；

（5）说明书中给出了具体的技术方案，但未给出实验证据，而该方案又必须依赖实验结果加以证实才能成立。

例 51

下列哪些情形将导致说明书不能满足充分公开发明的要求？（　　　）

A. 一项设备发明，说明书中记载了该设备的结构及三种组装方法，其中两种方法都不能够组装出所述设备

B. 一项组合物发明，其中一种组分是公知产品，但使用效果不佳，不及采用发明人制的该组分，说明书中未记载发明人制备该组分的方法

C. 一项生产方法发明，其中一项工艺参数对于产品性能较为重要，但说明书中未提及该参数，不掌握该参数就不能使用该方法

D. 一项新化合物发明，说明书摘要中记载了该产品的用途及效果，但说明书中未记载该产品的用途及效果

（二）说明书应当足以支持权利要求

根据《专利法》第26条第4款的规定，权利要求书应当以说明书为依据。但是，从撰写申请文件角度来看，确定了权利要求书要求专利保护的范围后，就应该要求所撰写的说明书支持权利要求书。为了满足这一要求，在撰写说明书时应当注意下述五点。

（1）针对权利要求的保护范围，提供足够多的实施例。当独立权利要求进行了概括，而不能从一个实施例中找到依据时，则应当根据情况提供两个或更多个实施例。例如，对于权利要求相对背景技术的改进涉及数值范围时，通常应当给出两端值附近（最好是两端值）的实施例，而数值范围较宽时，则还应提供至少一个中间值的实施例。

（2）在说明书中对权利要求书中的每个技术特征作出说明，对于进行了上位概括的技术特征，除给出足够数量的实施例外，必要时说明本发明或者实用新型的技术方案利用了上位概括所涉及的所有下位概念的共性，作为支持上位概括的理由。

（3）对权利要求书中的每个权利要求来说，至少在说明书中的一个具体实施方式或一个实施例中得到体现。

（4）至少在说明书中的一个具体实施方式中包含了独立权利要求中的全部必要技术特征。

（5）说明书中记载的内容与权利要求相适应，术语一致，没有矛盾。

（三）说明书应当用词规范、语句清楚

撰写的说明书，其内容应当明确，无含糊不清或者前后矛盾之处，使所属技术领域的技术人员容

易理解。

说明书应当使用发明或者实用新型所属技术领域的技术术语。对于自然科学名词，国家有规定的，应当采用统一的术语，国家没有规定的，可以采用约定俗成的术语。如果采用自定义词，应当给出明确的定义或者说明，并且不应当使用在本技术领域中具有基本含义的词汇来表示其本意之外的其他含义。

二、说明书的撰写要求和各组成部分的撰写

《专利法实施细则》第20条规定了说明书各部分的撰写方式和顺序。

发明或者实用新型专利申请的说明书应当写明发明或者实用新型的名称，该名称应当与请求书中的名称一致。说明书应当包括以下组成部分：

（1）技术领域：写明要求保护的技术方案所属的技术领域；

（2）背景技术：写明对发明或者实用新型的理解、检索、审查有用的背景技术；有可能的，并引证反映这些背景技术的文件；

（3）发明或者实用新型内容：写明发明或者实用新型所要解决的技术问题以及解决其技术问题采用的技术方案，并对照现有技术写明发明或者实用新型的有益效果；

（4）附图说明：说明书有附图的，对各幅附图作简略说明；

（5）具体实施方式：详细写明申请人认为实现发明或者实用新型的优选方式；必要时，举例说明；有附图的，对照附图说明。

发明或者实用新型的说明书应当按照上述方式和顺序撰写，并在每一部分前面写明标题，除非其发明或者实用新型的性质用其他方式或者顺序撰写能够节约说明书的篇幅并使他人能够准确理解其发明或者实用新型。

发明或者实用新型说明书应当用词规范、语句清楚，并且不得使用"如权利要求……所述的……"一类的引用语，也不得使用商业性宣传用语。

以下就上述方式和顺序逐项详细说明。

1. 发明或者实用新型的名称

发明或者实用新型的名称应当清楚、简要、全面地反映出要求保护的主题和类型，即应当与请求保护的主题相适应，例如发明主题涉及产品及其制备方法，则名称中不应只涉及产品，或只涉及方法，应当包括产品和制备方法。

此外，名称应当采用所属技术领域通用的技术术语，不得使用人名、地名、商标、型号或商品名称，也不得使用商业性宣传用语。

2. 技术领域

技术领域应当是发明或者实用新型直接所属或者直接应用的具体技术领域，既不是其上位或者相邻的技术领域，也不是发明或者实用新型本身。其撰写原则基本类似于发明名称的概括，即应当体现发明或者实用新型要求保护的技术方案的主题名称和发明的类型，但是不应当写入发明或者实用新型相对于最接近的现有技术作出改进的区别技术特征。

3. 背景技术

发明或者实用新型说明书的背景技术部分应当写明对发明或者实用新型的理解、检索、审查有用的背景技术，并且尽可能引证反映这些背景技术的文件。尤其要引证与发明或者实用新型专利申请最接近的现有技术文件。此外，还要客观地指出背景技术中存在的问题和缺点，但是，仅限于涉及由发明或者实用新型的技术方案所解决的问题和缺点。

在撰写背景技术时，注意避免出现贬低他人或现有技术水平的语言、描述与本申请关系不大或者无关的背景技术。

4. 发明或者实用新型内容

包括以下三个方面的内容：

（1）要解决的技术问题：发明或者实用新型所要解决的技术问题，是指发明或者实用新型要解决的现有技术中存在的技术问题，其不是笼统的技术问题而是具体的技术问题。发明或者实用新型专利申请记载的技术方案应当能够解决这些技术问题，即所撰写的技术问题应当与请求保护的主题相适应。不能将技术方案本身，或其中的某些特征本身写成所要解决的技术问题。对于多个要解决的技术问题时，如果不是必须要同时解决的，应当分别描述。

（2）技术方案：一件发明或者实用新型专利申请的核心是其在说明书中记载的技术方案，需要清楚、完整地描述发明或者实用新型解决其技术问题所采取的技术方案的技术特征。在技术方案这一部分，至少应反映包含全部必要技术特征的独立权利要求的技术方案，还可以给出包含其他附加技术特征的进一步改进的技术方案。

对于有多个独立权利要求的技术方案，可以首先描述这些独立权利要求的共同发明构思。然后，用不同的自然段分别描述各独立权利要求的技术方案。

（3）有益效果：清楚、客观地写明发明或者实用新型与现有技术相比所具有的有益效果。其中，有益效果是指由构成发明或者实用新型的技术特征直接带来的，或者是由所述的技术特征必然产生的技术效果。它是确定发明是否具有"显著的进步"，实用新型是否具有"进步"的重要依据。撰写时不能只给出断言，而应具体分析得出有益效果，且不能随意扩大，或采用广告宣传式用语。

5. 附图说明

有附图的，说明书中应当有附图说明，即写明各幅附图的图名，并且对图示的内容作简要说明。

6. 具体实施方式

实现发明或者实用新型的优选的具体实施方式对于充分公开、理解和实现发明或者实用新型，支持和解释权利要求都是极为重要的。其中，需要将每一实施方式或实施例进行清楚描述；为支持权利要求，应当提供合适数量的实施例。但在实际代理过程中，这部分是极其重要的，从某种角度来讲，它是请求保护主题的基石。

7. 说明书附图

对于说明书附图，应当按规定的格式绘制，其具体要求可参见《专利审查指南2023》相关部分。附图中除必需的词语外，不应当含有其他的注释；但对于流程图、框图，应当在其框内给出必要的文字或符号。其中，实用新型专利申请必须有说明书附图，而且应当有表示要求保护的产品的形状、构造或者其结合的附图，不得仅有表示现有技术的附图，也不得仅有表示产品效果、性能的附图。

8. 说明书摘要和摘要附图

说明书摘要应当写明发明或者实用新型的名称和所属技术领域，并清楚地反映所要解决的技术问题、解决该问题的技术方案的要点以及主要用途，其中以技术方案为主；摘要可以包含最能说明发明的化学式。摘要文字部分不得使用商业性宣传用语。此外，摘要文字部分中的部件应采用对应的附图标记，并加括号。摘要附图应当仅有一幅且是说明书附图中的一幅。

三、历年考点分析

例52

在2011年试题中，客户提出："此外，虽然现有的隔挡片也能适用于本发明，但我们研制出了具有更好效果的隔挡片材料，并希望以商业秘密的方式加以保护。请问：如果所撰写的该申请的说明书中不记载改进后的隔挡片材料，能否满足说明书应当充分公开发明的要求？"

分析：

鉴于客户在提出咨询问题时已经说明，现有的隔挡片也能适用于本发明，因此本领域技术人员可以采用现有技术中已有的隔挡片应用于三种实施方式中的瓶盖组件中，就能够实现本发明。由此可知，

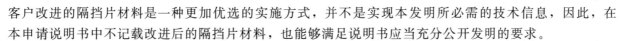

客户改进的隔挡片材料是一种更加优选的实施方式，并不是实现本发明所必需的技术信息，因此，在本申请说明书中不记载改进后的隔挡片材料，也能够满足说明书应当充分公开发明的要求。

需要说明的是，本发明是一项针对瓶盖组件的结构作出改进的发明，并不是针对隔挡片材料本身作出改进的发明；对于前者，显然改进的隔挡片材料并不是必要的技术信息，而对于针对隔挡片材料本身作出改进的发明，改进后的隔挡片材料是必须记载的，有极少数的考生因理解偏差而认为客户所提出的问题涉及后者，因而得出必须记载改进的隔挡片材料才满足充分公开发明的要求。因此考生在应试时要保持清醒的头脑，不要在非常简单的问题上丢分。

例 53

2017 年度试题涉及说明书挑错，具体参见本书第二篇第二部分第六章第四节（四）。

第二部分
实质审查意见答复相关知识

第一章　实质审查意见通知书简介

实质审查意见通知书分为第一次审查意见通知书和再次审查意见通知书两种，都包括标准表格和审查意见通知书正文两部分，必要时还包括附件。除极个别案件可直接授权的发明专利申请等特殊情形外，专利局都应当发出第一次审查意见通知书。再次审查意见通知书是针对申请人的意见陈述和/或新修改的专利申请文件继续进行审查后发出。虽然第一次审查意见通知书和再次审查意见通知书的作用有所区别，但对于申请人答复来说具有共同之处，因此，后面提及的审查意见通知书均以第一次审查意见通知书为例进行说明。

按照审查意见通知书对专利申请文件的倾向性意见来看，可分为三大类。第一类是专利申请文件仅存在形式缺陷，只要按照审查意见通知书正文提出的要求对申请文件进行修改即可授予专利权。目前，审查实践中这类通知书比较少见。第二类是专利申请整体没有授权前景，审查员认为申请存在不可克服的实质性缺陷。如果申请人在意见陈述书中没有足够的理由来改变审查员的观点，将被驳回。第三类审查意见通知书，一方面指出专利申请存在着实质性缺陷，另一方面指出存在的其他次要缺陷，申请人需要克服这些缺陷才能被授权。当然上述分类主要根据审查意见来确定，现实中往往会出现由于各种原因对专利申请的授权前景发生转变的现象。

作为专利代理实务考试，如果涉及答复审查意见通知书的内容，通常是第三类审查意见通知书，但作为考试往往在审查意见通知书中仅仅指出实质性缺陷，而不指出形式缺陷。

第二章　实质审查意见通知书的答复

对专利局发出的实质审查意见通知书，应当在审查意见通知书指定的期限内作出答复。答复第一次审查意见通知书的期限通常为 4 个月，答复再次审查意见通知书的期限通常为 2 个月，申请人可以请求专利局延长指定的答复期限。但是，延长期限的请求应当在期限届满前提出。

申请人的答复可以仅仅是意见陈述书，也可以进一步包括经修改的申请文件（替换页和/或补正书）。申请人在其答复中对审查意见通知书中的审查意见提出反对意见或者对申请文件进行修改时，应当在其意见陈述书中详细陈述其具体理由，或者对修改内容是否符合相关规定以及如何克服原申请文件存在的缺陷予以说明。例如当申请人在修改后的权利要求中引入新的技术特征以克服审查意见通知书中指出的该权利要求不具有创造性的缺陷时，应当在其意见陈述书中具体指出该技术特征可以从说明书的哪些部分得到，并说明修改后的权利要求具有创造性的理由。

除认定审查意见完全不正确以外，就需要修改专利申请文件，最重要的是修改权利要求书，然后针对修改后的专利申请文件拟定意见陈述书。但在专利代理实务考试中，则仅需要根据试题给出的事实直接分析确定如何修改专利申请文件（通常只涉及权利要求书），并在此基础上起草意见陈述书。

1. 申请文件修改思路

在对审查意见认真分析的基础上，确定是否修改专利申请文件。在修改专利申请文件时，既要消除专利申请文件中确实存在的缺陷，又要为申请人争取尽可能充分的保护。

2. 答复中的其他处理方式

在答复审查意见通知书时，最通常的处理办法是以提交意见陈述书的方式进行答复。但也存在其他的处理方式，主要包括：请求延期、电话讨论、会晤和确定提交分案申请。另外，还可能存在需要放弃申请（不答复或主动撤回）、放弃专利权（涉及重复授权）等情况。在专利代理实务考试中，可能涉及单一性而需要考虑是否提交分案申请的问题。

（1）提交分案的几种情形

对于涉及单一性的审查意见，或分案通知书，应当考虑单一性的审查意见是否成立，如果不能成立则应当明确指出本发明具备单一性的理由；如果能够成立，则需要考虑如何修改或删除相关权利要求，同时需要考虑针对删除的发明是否另行提交分案申请。理论上，在规定期限终止前，申请人可以基于任何考虑因素而主动提出分案申请，但通常分案主要有以下两种情形。

① 被动分案的情形：在审查意见通知书中指出申请存在不具备单一性的多项发明，申请人认可的情况下，可以将从该申请中删除的发明提出一项或多项分案申请。审查意见指出单一性缺陷有多种情况，如认为申请中多项发明明显不具备单一性，或经检索和审查后在独立权利要求中不具备新颖性或创造性，其从属权利要求之间不具备单一性或其余独立权利要求之间不具备单一性。

② 主动分案的情形：说明书中记载有与原权利要求请求保护的发明之间不具有单一性的发明，而且已错过主动修改的时机时，那么在后续审查过程中难以通过修改增加到权利要求当中。此时，可以考虑针对说明书中记载的该发明提出分案申请。

（2）分案申请的相关规定

分案申请的相关规定主要包括下述几点。

① 分案申请的递交时间：申请人最迟应当在收到专利局对原申请作出授予专利权通知书之日起 2 个月期限（即办理登记手续的期限）届满之前提出分案申请。即申请人可以在收到授权通知书之前提出分案申请，也可以在办理登记手续的期限之前提出分案申请。

此外，申请已被驳回，或者原申请已撤回，或者原申请被视为撤回且未被恢复权利的，就不能提出分案申请了。需要说明的是，撤回或视撤的申请在恢复后，也可以提出分案申请。如果申请被驳回，但自申请人收到驳回决定之日起 3 个月内，不论是否提出了复审请求，均可以提出分案申请；在提出复审请求以后以及对复审决定不服提起行政诉讼期间，也可以提出分案申请。也就是说，如果申请被驳回，没有提出复审请求，则在收到驳回决定之日起 3 个月后，不能再提出分案申请了。

对于已提出过分案申请，申请人需要针对该分案申请再次提出分案申请的，再次提出的分案申请的递交时间仍应当根据原申请审核。但是，因审查员发出分案通知书或审查意见通知书中指出分案申请存在单一性的缺陷，申请人按照审查员的审查意见再次提出分案申请的，再次提出分案申请的递交时间应当以该存在单一性缺陷的分案申请为基础审核。不符合规定的，不得以该分案申请为基础进行分案。

② 分案申请提交的条件和要求如下：

分案申请的文本：分案申请应当在其说明书的起始部分，即发明所属技术领域之前，说明本申请是哪一件申请的分案申请，并写明原申请的申请日、申请号和发明创造名称。

对于已提出过分案申请，申请人需要针对该分案申请再次提出分案申请的，还应当在原申请的申请号后的括号内填写该分案申请的申请号。

分案申请的内容：分案申请的内容不得超出原申请记载的范围，其判断原则就是《专利法》第 33 条的规定。

分案申请的说明书和权利要求书：分案以后的原申请与分案申请的权利要求书应当分别要求保护不同的发明；而它们的说明书可以允许有不同的情况。例如，分案前原申请有 A、B 两项发明；分案之后，原申请的权利要求书若要求保护 A，其说明书可以仍然是 A 和 B，也可以只保留 A；分案申请的权利要求书若要求保护 B，其说明书可以仍然是 A 和 B，也可以只是 B。

分案申请的类别：分案申请的类别应当与原申请的类别一致，即发明专利申请的分案申请只能是发明专利申请，而不能将其作为实用新型来提出分案申请。

分案申请的申请人和发明人：分案申请的申请人应当与原申请的申请人相同；针对分案申请提出再次分案申请的申请人应当与该分案申请的申请人相同。不符合规定的，审查员应当发出分案申请视为未提出通知书。

分案申请的发明人应当是原申请的发明人或者是其中的部分成员。针对分案申请提出的再次分案申请的发明人应当是该分案申请的发明人或者是其中的部分成员。对于不符合规定的，审查员应当发出补正通知书，通知申请人补正。期满未补正的，审查员应当发出视为撤回通知书。

分案申请提交的文件：分案申请除应当提交申请文件外，还应当提交原申请的申请文件副本以及原申请中与本分案申请有关的其他文件副本（如优先权文件副本）。原申请中已提交的各种证明材料，可以使用复印件。原申请国际公布使用外文的，除提交原申请的中文副本外，还应当同时提交原申请国际公布文本的副本。

分案申请的期限和费用：分案申请适用的各种法定期限，例如提出实质审查请求的期限，应当从原申请日起算。对于已经届满或者自分案申请递交日起至期限届满日不足 2 个月的各种期限，申请人可以自分案申请递交日起 2 个月内或者自收到受理通知书之日起 15 日内补办各种手续。

对于分案申请，应当视为一件新申请缴纳各种费用。对于已经届满或者自分案申请递交日起至期限届满日不足 2 个月的各种费用，申请人可以在自分案申请递交日起 2 个月内或者自收到受理通知书之日起 15 日内补缴。

例 54

专利代理人杨某受专利代理机构指派代理姜某向国家知识产权局提出一件发明专利申请。下列关于审查程序中会晤的说法哪些是正确的？（　　　　）

A. 只有在发出第一次审查意见通知书之后，才能提出与审查员进行会晤的要求

B. 在答复第二次审查意见通知书的同时，可以提出与审查员进行会晤的要求

C. 杨某必须参加会晤

D. 姜某必须参加会晤

第三章　专利申请文件的修改

1. 申请文件修改原则

在修改专利申请文件时，既要消除专利申请文件中确实存在的缺陷，又要为申请人争取尽可能充分的保护。具体说来，要考虑以下因素。

（1）通过修改克服申请文件中确实存在的缺陷。对此应当根据不同情况采用不同方式处理：有关申请文件存在某一或某些缺陷的审查意见结论正确，则需要考虑通过合适的修改来克服这些缺陷；有关申请文件存在某一缺陷的审查意见的结论错误而不能认同，则不需要针对该缺陷修改申请文件；申请文件中存在某些形式缺陷或明显错误，审查意见通知书中虽然没有指出，也应通过修改予以克服。

（2）在消除申请文件存在的实质性缺陷的同时，应当考虑为申请人争取最有利的保护。不应当以尽快取得专利权为理由而将保护范围限得过窄，以致影响申请人的权益，尤其要注意不要为后续专利权诉讼程序因禁止反悔原则而带来不利影响。

（3）符合《专利法》、《专利法实施细则》以及《专利审查指南 2023》中对修改申请文件的规定：确保修改的内容符合《专利法》第 33 条的规定，即不得超出原申请记载的范围；修改的方式符合《专

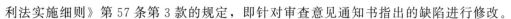

利法实施细则》第 57 条第 3 款的规定，即针对审查意见通知书指出的缺陷进行修改。

（4）修改专利申请文件时不要出现新的不符合《专利法》、《专利法实施细则》以及《专利审查指南 2023》规定的缺陷。例如，为消除不具备创造性的缺陷而权利要求中增加技术特征导致未清楚限定要求专利保护的范围而不符合《专利法》第 26 条第 4 款的规定。

2. 专利申请文件的修改规定

提交专利申请后，申请人可以对申请文件进行修改以克服相关缺陷或者获得更有利的保护范围。对专利申请文件的修改包括主动修改和被动修改，前者是由申请人自行决定提出修改，而后者是应审查员的审查意见通知书和电话会晤等所提的要求而进行的修改。修改申请文件不仅要符合申请文件的撰写规定，还要符合关于修改的限制和修改的方式。

3. 修改的内容和范围

《专利法》第 33 条对修改的内容与范围作了规定：对发明和实用新型专利申请文件的修改不得超出原说明书和权利要求书记载的范围。这是对发明和实用新型专利申请文件进行修改的最基本要求。不论申请人对申请文件的修改属于自行作出的主动修改还是针对通知书指出的缺陷进行的被动修改，都不得超出原说明书和权利要求书记载的范围。原说明书和权利要求书记载的范围包括原说明书和权利要求书文字记载的内容和根据原说明书和权利要求书文字记载的内容以及说明书附图（不包括摘要和摘要附图）能直接地、毫无疑义地确定的内容。注意，申请人向专利局提交的申请文件的外文文本和优先权文件的内容，不能作为判断申请文件的修改是否符合《专利法》第 33 条规定的依据。但是对于进入国家阶段的国际申请来说，原始提交的国际申请的权利要求书、说明书及其附图（不论是外文还是中文）都具有法律效力，作为申请文件修改的依据。

4. 主动修改的时机和要求

对于发明专利申请而言，申请人有两次对其发明专利申请文件进行主动修改的时机：

（1）在提出实质审查请求时；（2）在收到专利局发出的发明专利申请进入实质审查阶段通知书之日起的 3 个月内。

对于实用新型专利申请和外观设计专利申请而言，在自申请日起 2 个月内可以提出主动修改，其修改应当符合《专利法》第 33 条的规定。

申请人在上述允许进行主动修改的时机提出的修改，该修改文本就会被专利局接受，所作修改只要符合《专利法》第 33 条的规定，即修改未超出原说明书和权利要求书记载的范围，就会被允许。

此外，发明或者实用新型专利申请缺少或错误提交权利要求书，说明书或其部分内容，但申请人在递交日要求了优先权的，可以自递交日起 2 个月内或者指定期限内以援引在先申请文件方式补充，以首次提交文件的递交日为申请日。

5. 被动修改的要求和方式

根据《专利法实施细则》第 57 条第 3 款的规定，在答复审查意见通知书时，对申请文件进行的修改，应当针对通知书指出的缺陷进行。如果修改的方式不符合《专利法实施细则》第 57 条第 3 款的规定，则这样的修改文本一般不被接受。

然而，对于虽然修改方式不符合《专利法实施细则》第 57 条第 3 款规定，但其内容与范围满足《专利法》第 33 条要求的修改，只要经修改的文件消除了原申请文件存在的缺陷，并且具有被授权的前景，这种修改被视为是针对通知书指出的缺陷进行的修改，因而经此修改的申请文件可以被接受。但是，需要注意的是，当出现下列情况时，即使修改的内容没有超出原说明书和权利要求书记载的范围，也不能被视为是针对通知书指出的缺陷进行的修改，因而不予接受。也就是说，需要避免下述修改情形：

（1）主动删除独立权利要求中的技术特征，扩大了该权利要求请求保护的范围；

（2）主动改变独立权利要求中的技术特征，导致扩大了请求保护的范围；

（3）主动将仅在说明书中记载的与原来要求保护的主题缺乏单一性的技术内容作为修改后权利要求的主题；

（4）主动增加新的独立权利要求，该独立权利要求限定的技术方案在原权利要求书中未出现过；

（5）主动增加新的从属权利要求，该从属权利要求限定的技术方案在原权利要求书中未出现过。

6. 关于修改是否超范围的判断

《专利审查指南2023》第二部分第八章第5.2.2节分别针对权利要求书、说明书及摘要的修改，列出了"允许的修改"的情形。但在实际代理过程中，经常需要进行判断的是不允许的修改。

《专利审查指南2023》第二部分第八章第5.2.3节规定："如果申请的内容通过增加、改变和/或删除其中的一部分，致使所属技术领域的技术人员看到的信息与原申请记载的信息不同，而且又不能从原申请记载的信息中直接地、毫无疑义地确定，那么，这种修改就是不允许的。"对此，可以通俗地理解这里所说的申请内容，即指原说明书（及其附图）和权利要求书记载的内容，以及基于申请日当时的技术水平根据原说明书和权利要求书以及说明书附图对本领域技术人员来说隐含公开的信息。其中，所说的申请内容不包括优先权文件的内容，也不包括说明书摘要及其附图的内容。

《专利审查指南2023》第二部分第八章第5.2.3.1至5.2.3.3节分别列出不允许的增加、不允许的改变和不允许的删除。在现实申请过程中，经常需要修改申请文件，而且有时争议也非常大，因此在本书第四部分对答复修改范围的审查意见给出了一些实例。此外，在实际代理过程中，可以通过起草较完备的申请文件，以及在修改过程中合理考虑，以尽量避免审查员以修改超范围为由驳回专利申请。因此，对于上述规定本书不再重复，可以参见《专利审查指南2023》的相关内容。

例 55

下列在专利申请程序中对权利要求书和说明书的修改，哪些是不允许的？（　　）

A. 原权利要求限定了一种在一边开口的唱片套，原说明书中仅记载了三边胶结在一起、一边开口的唱片套，申请人将权利要求修改成"至少在一边开口的唱片套"

B. 原申请文件仅记载了在"较高的温度"下进行聚合反应，申请人将原说明书中记载的"较高的温度"修改为"高于40℃的温度"

C. 原申请文件中限定温度范围为10～300℃，并公开了100℃时的实施例，申请人将原权利要求中记载的10～300℃的温度范围修改为100～300℃

D. 原申请文件中记载了"螺旋弹簧支持物"，申请人在说明书中将其修改为"弹性支持物"

例 56

下列对专利申请说明书的修改哪些符合相关规定？（　　）

A. 将发明名称的字数缩减到45个字

B. 补充实验数据以说明发明的有益效果

C. 补入实施方式和实施例以说明在权利要求请求保护的范围内发明能够实施

D. 申请文件中有附图但缺少附图说明，将所缺附图说明补入说明书中

例 57

在答复审查意见通知书时，下列哪些修改即使没有超出原说明书和权利要求书记载的范围，也不符合相关规定？（　　）

A. 主动将独立权利要求中的"一种用于汽车的供油装置"修改为"一种供油装置"

B. 主动将独立权利要求中的技术特征"螺栓连接"修改为"固定连接"

C. 主动将独立权利要求中的技术特征"弹性部件"修改为"弹簧件"

D. 主动删除一项从属权利要求

第四章　撰写意见陈述书

1. 意见陈述书的撰写要求

（1）在进行意见陈述时，措辞等应慎重，不要对保护范围作出不必要的限制性解释（以免在专利侵权诉讼中被适用禁止反悔原则）。

（2）意见陈述时应以修改后的专利申请文件尤其是权利要求书为基础。

（3）意见陈述书中所论述的理由应当主次分明，层次清楚，有条有理，全面考虑，避免前后矛盾。

（4）意见陈述应从专利法及其实施细则的条款出发进行有力的争辩，对每一条理由的陈述都应当按照规范的格式进行，确保有理有节。

（5）意见陈述书中应当对通知书中指出的所有问题作出答复。对于主动克服申请文件的明显错误的修改，也应当进行简要说明。

2. 意见陈述书正文撰写格式

意见陈述书正文通常包括下述几个部分。

起始语段，可以套用通常的格式，例如表明针对哪次审查意见通知书所作的答复，是否修改了申请文件等。

修改说明，具体指出对申请文件作了哪些修改及其修改依据，并指出符合《专利法》第33条及《专利法实施细则》第57条第3款的规定。

修改后的申请文件已克服审查意见所指出的和/或原专利申请文件不存在审查意见通知书中所指出的缺陷的具体说明，这是意见陈述书正文的主要部分。在这部分应针对审查意见逐条分析，具体说明修改后的申请文件已克服相关实质性缺陷的理由和/或原专利申请文件不存在审查意见通知书中所指出的实质性缺陷的理由。尤其需要注意对有关新颖性和创造性、权利要求未以说明书为依据、独立权利要求缺少必要技术特征、权利要求未清楚限定要求专利保护的范围等审查意见进行争辩的规范和格式。

结束语段，对意见陈述进行总结，视情况提出会晤请求，并可以写明联系电话或电子邮件地址，方便审查员联系。

第三部分
专利无效宣告程序相关知识

无效宣告请求程序包括很多方面，在此按实际代理过程的顺序有重点地将无效宣告程序代理实务的有关环节进行说明。

第一章　无效宣告程序的启动条件

（1）专利无效宣告请求只能在专利权被授予之后提出。此外，对于专利权终止后（如专利权已被放弃或视为放弃）仍然可以对其提出无效宣告请求，而对于已被生效的无效宣告请求审查决定宣告的，或者专利权人自始放弃专利权的，则不能再对其提出无效宣告请求。

（2）根据《专利法》第45条和《专利审查指南2023》第四部分第三章第3.2节的规定，任何具备民事诉讼主体资格的单位或个人可以对一项已授权的专利提出无效宣告请求。

对于专利权人提出的无效宣告请求，要求是全体专利权人，其证据要求只能是公开出版物，并且只能请求宣告专利权部分无效（例如部分权利要求不符合《专利法》第22条第2款、第3款，或依据《专利法》第9条规定不能取得专利权）。注意，除全体专利权人外，多个请求人共同提出一件无效宣告请求的，国家知识产权局不予受理。

（3）无效宣告请求应当结合提交的所有证据，具体说明无效宣告请求的理由，并指明每项理由所依据的证据。请求人未具体说明无效宣告理由的，或者提交有证据但未结合提交的所有证据具体说明无效宣告理由的，或者未指明每项理由所依据的证据的，其无效宣告请求不予受理。

（4）对已作出审查决定的无效宣告案件涉及的专利权，以同样的理由和证据再次提出无效宣告请求的，不予受理，称为"一事不再理"原则。如果再次提出的无效宣告请求理由或者证据因时限等原因未被在先的无效宣告请求审查决定所考虑，则不属于一事不再理的情形。

（5）提出无效宣告请求之日起1个月内缴纳无效宣告请求费。

例58

张某以某专利的权利要求1缺乏创造性为由请求宣告该专利权无效，并提交了证据1和2。国家知识产权局经审查作出下述决定：权利要求1相对于证据1具备创造性，维持权利要求1有效。证据2因未提供原件而不予采信。张某在上述决定作出后针对该专利再次提出无效宣告请求，在下列哪些情形下国家知识产权局应当不予受理？（　　　）

A. 张某不同意该无效决定，再次以权利要求1相对于证据1不具备创造性为由提出无效宣告请求

B. 张某提供证据2的原件，以权利要求1相对于证据2不具备新颖性为由提出无效宣告请求

C. 张某提交证据3，以权利要求1相对于证据1和证据3的结合不具备创造性为由提出无效宣告请求

D. 张某以权利要求1未得到说明书支持为由提出无效宣告请求

第二章　无效宣告请求的理由

无效宣告请求的无效宣告理由仅限于《专利法实施细则》第69条第2款规定的理由，并且应当以

专利法及其实施细则中有关的条、款、项作为独立的理由提出。无效宣告理由不属于《专利法实施细则》第69条第2款规定的理由的，不予受理。根据《专利法实施细则》第69条第2款的规定，对发明和实用新型专利而言，无效宣告理由包括：

（1）不符合《专利法》第2条关于发明创造的定义。

（2）属于《专利法》第5条规定的违反法律、社会公德或者妨害公共利益的发明创造，或者违反法律、行政法规的规定获取或利用遗传资源并依赖于它完成的发明创造。

（3）依照《专利法》第9条不能取得专利权。

（4）违反《专利法》第19条第1款关于保密审查的规定而向外国申请专利。

（5）不符合《专利法》第22条第2款、第3款和第4款关于新颖性、创造性和实用性的规定。

（6）属于《专利法》第25条规定的不授予专利权的范围。

（7）不符合《专利法》第26条第3款的规定，即没有对发明或者实用新型进行充分公开。

（8）不符合《专利法》第26条第4款的规定，即权利要求保护范围不清楚，或者没有以说明书为依据。

（9）不符合《专利法》第33条，即修改超出原申请记载的范围；或者不符合《专利法实施细则》第49条第1款的规定，即分案申请超出原申请记载的范围。

（10）不符合《专利法实施细则》第23条第2款的规定，即独立权利要求缺少必要技术特征。

（11）不符合《专利法实施细则》第11条的规定，即违背诚实信用原则。

注意，以下情形不属于无效宣告理由：

（1）《专利法》第31条第1款关于单一性的规定。

（2）《专利法》第26条第5款关于遗传资源来源说明的规定。

（3）不能享有优先权（《专利法》第29条）和答复审查意见通知书时未针对其指出的缺陷所进行的修改（《专利法实施细则》第57条第3款）也不是无效宣告理由。

（4）权利要求的形式规定，如《专利法实施细则》第25条关于从属权利要求的撰写。

（5）说明书撰写的相关规定，如《专利法实施细则》第20条关于说明书的撰写。

（6）说明书摘要的撰写规定，即《专利法实施细则》第26条。

例 59

下列哪些可以作为宣告实用新型专利权无效的理由？（　　）

A. 被授予专利权的实用新型不具备实用性

B. 与现有技术相比，被授予专利权的实用新型不具有实质性特点和进步

C. 实用新型专利说明书对现有技术的描述不准确

D. 实用新型专利说明书没有满足充分公开实用新型的要求

例 60

张某于2008年3月1日向国家知识产权局提交了一件发明专利申请。上述申请于2010年3月1日被公告授予专利权，授权公告文本的权利要求如下：

"1. 一种摄影机，其特征为a和b。

"2. 如权利要求1所述的摄影机，还包括特征c。

"3. 如权利要求2所述的摄影机，还包括特征d。

"4. 如权利要求1所述的摄影机，还包括特征e。

"5. 一种照相机，其特征为a和f。"

胡某于2011年3月1日提出宣告上述发明专利权无效的请求，国家知识产权局受理了该请求，并决定于2011年7月10日举行口头审理。下列哪些理由可以作为胡某提出无效宣告请求的理由？（　　）

A. 张某未足额缴纳年费 　　　B. 胡某认为该专利权应当属于自己

C. 权利要求5没有得到说明书的支持 　　D. 独立权利要求1和5之间不具备单一性

第三章　关于证据的特别规定

1. 外文证据的提交

当事人提交外文证据的，应当提交书面的中文译文，未在举证期限内提交中文译文的，该外文证据视为未提交。

当事人可以仅提交外文证据的部分中文译文。该外文证据中没有提交中文译文的部分，不作为证据使用。但当事人应国家知识产权局的要求补充提交该外文证据其他部分的中文译文的除外。

对方当事人对中文译文内容有异议的，应当在指定的期限内对有异议的部分提交中文译文。没有提交中文译文的，视为无异议。

对中文译文出现异议时，双方当事人就异议部分达成一致意见的，以双方最终认可的中文译文为准。双方当事人未能就异议部分达成一致意见的，必要时，国家知识产权局可以委托翻译。双方当事人就委托翻译达成协议的，国家知识产权局可以委托双方当事人认可的翻译单位进行全文、所使用部分或者有异议部分的翻译。双方当事人就委托翻译达不成协议的，国家知识产权局可以指定专业翻译单位进行翻译，所需翻译费用由双方当事人各承担50％；拒绝指定或者支付翻译费用的，视为其承认对方当事人提交的中文译文正确。

2. 域外证据及香港、澳门、台湾地区形成的证据的证明手续

域外证据是指在中华人民共和国领域外形成的证据，该证据应当经所在国公证机关予以证明，或者履行中华人民共和国与该所在国订立的有关条约中规定的证明手续。当事人提供的证据是在香港、澳门、台湾地区形成的，应当履行相关的证明手续。

但是在以下几种情况下，对上述两类证据，当事人可以在无效宣告程序中不办理相关的证明手续：

（1）该证据是能够从除香港、澳门、台湾地区外的国内公共渠道获得的，如从专利局获得的国外专利文件，或者从公共图书馆获得的国外文献资料；

（2）对方当事人认可该证据的真实性的；

（3）该证据已为生效的人民法院裁判、行政机关决定或仲裁机构裁决所确认的；

（4）有其他证据足以证明该证据真实性的。

3. 某些证据的相关规定

在以使用公开，或其他方式公开专利的权利要求主题时，应当提供真实有效的证据，并构成完整的证据链。提供的证据应当：符合法定形式；证据的取得符合法律、法规的规定。

（1）证人应当陈述其亲历的具体事实。国家知识产权局认定证人证言，可以通过对证人与案件的利害关系以及证人的智力状况、品德、知识、经验、法律意识和专业技能等的综合分析作出判断。证人应当出席口头审理作证，接受质询。未能出席口头审理作证的证人所出具的书面证言不能单独作为认定案件事实的依据，但证人确有困难不能出席口头审理作证的除外。

（2）认可和承认。在无效宣告程序中，一方当事人明确认可的另一方当事人提交的证据，国家知识产权局应当予以确认。但其与事实明显不符，或者有损国家利益、社会公共利益，或者当事人反悔并有相反证据足以推翻的除外。当事人委托代理人参加无效宣告程序的，代理人的承认视为当事人的承认。但是，未经特别授权的代理人对事实的承认直接导致承认对方无效宣告请求的除外；当事人在场但对其代理人的承认不作否认表示的，视为当事人的承认。

进行口头审理的案件当事人在口头审理辩论终结前，没有进行口头审理的案件当事人在无效宣告决定作出前撤回承认并经对方当事人同意，或者有充分证据证明其承认行为是在受胁迫或者重大误解情况下作出且与事实不符的，国家知识产权局不予确认该承认的法律效力。

在无效宣告程序中，当事人为达成调解协议或者和解的目的作出妥协所涉及的对案件事实的认可，不得在其后的无效宣告程序中作为对其不利的证据。

（3）主张某技术手段是本领域公知常识的当事人，对其主张承担举证责任。该当事人未能举证证明或者未能充分说明该技术手段是本领域公知常识，并且对方当事人不予认可的，合议组对该技术手段是本领域公知常识的主张不予支持。

当事人可以通过教科书或者技术词典、技术手册等工具书记载的技术内容来证明某项技术手段是本领域的公知常识。

（4）一方当事人将公证文书作为证据提交时，有效公证文书所证明的事实，应当作为认定事实的依据，但有相反证据足以推翻公证证明的除外。如果公证文书在形式上存在严重缺陷，例如缺少公证人员签章，则该公证文书不能作为认定案件事实的依据。

第四章　无效宣告理由的增加和证据的补充

1. 无效宣告理由的增加

（1）请求人在提出无效宣告请求之日起1个月内增加无效宣告理由的，应当在该期限内对所增加的无效宣告理由具体说明；否则，国家知识产权局不予考虑。

（2）请求人在提出无效宣告请求之日起1个月后增加无效宣告理由的，国家知识产权局一般不予考虑，但下列情形除外：

① 针对专利权人以删除以外的方式修改的权利要求，在国家知识产权局指定期限内针对修改内容增加无效宣告理由，并在该期限内对所增加的无效宣告理由具体说明的；

② 对明显与提交的证据不相对应的无效宣告理由进行变更的。

2. 请求人举证

（1）请求人在提出无效宣告请求之日起1个月内补充证据的，应当在该期限内结合该证据具体说明相关的无效宣告理由，否则，国家知识产权局不予考虑。

（2）请求人在提出无效宣告请求之日起1个月后补充证据的，国家知识产权局一般不予考虑，但下列情形除外：

① 针对专利权人提交的反证，请求人在国家知识产权局指定的期限内补充证据，并在该期限内结合该证据具体说明相关无效宣告理由的；

② 在口头审理辩论终结前提交技术词典、技术手册和教科书等所属技术领域中的公知常识性证据或者用于完善证据法定形式的公证文书、原件等证据，并在该期限内结合该证据具体说明相关无效宣告理由的。

例 61

胡某于2011年3月1日提出宣告上述发明专利权无效的请求，国家知识产权局受理了该请求，并决定于2011年7月10日举行口头审理。如果张某通过修改删除权利要求1和2，并针对胡某提交的证据提交了反证。则胡某在其提出无效宣告请求之日起1个月后采取下列哪些应对措施符合相关规定？（　　）

A. 针对修改后的文本增加新的无效宣告理由

B. 在指定期限内提交公知常识性证据并结合该证据具体说明相关无效宣告理由

C. 在指定期限内针对反证提交新证据并结合该证据具体说明相关无效宣告理由

D. 撤回其无效宣告请求

（三）专利权人举证

专利权人应当在国家知识产权局指定的答复期限内提交证据，但对于技术词典、技术手册和教科书等所属技术领域中的公知常识性证据或者用于完善证据法定形式的公证文书、原件等证据，可以在口头审理辩论终结前补充。

专利权人提交或者补充证据的，应当在上述期限内对提交或者补充的证据具体说明。

专利权人提交的证据是外文的，提交其中文译文的期限适用该证据的举证期限。

专利权人提交或者补充证据不符合上述期限规定或者未在上述期限内对所提交或者补充的证据具体说明的，国家知识产权局不予考虑。

例62

郭某就李某的发明专利于2011年3月5日提出无效宣告请求。国家知识产权局受理该请求后将有关文件转送给李某。2011年7月8日国家知识产权局举行并完成了口头审理。国家知识产权局对下列哪些证据应当予以接受？（　　　）

A. 郭某于2011年4月2日提交的一份外文证据，并于2011年6月2日提交了该证据的中文译文

B. 郭某于2011年7月9日提交的一本用作公知常识性证据的期刊

C. 李某在口头审理辩论终结前当庭提交的用于完善证据法定形式的公证文书

D. 李某在指定的答复期限内提交的某证据的复印件，并于2011年7月7日提交了该证据的原件

第五章　无效宣告程序中专利文件的修改

1. 修改原则

发明或者实用新型专利文件的修改仅限于权利要求书，且应当针对无效宣告理由或国家知识产权局指出的缺陷进行修改，其原则是：

（1）不得改变原权利要求的主题名称；

（2）与授权的权利要求相比，不得扩大原专利的保护范围；

（3）不得超出原说明书和权利要求书记载的范围；

（4）一般不得增加未包含在授权的权利要求书中的技术特征。

外观设计专利的专利权人不得修改其专利文件（即图片、照片和简要说明）。

2. 修改方式

在满足上述修改原则的前提下，修改权利要求书的具体方式一般限于权利要求的删除、技术方案的删除、权利要求的进一步限定、明显错误的改正。

权利要求的删除是指从权利要求书中去掉某项或者某些项权利要求，例如独立权利要求或者从属权利要求。

技术方案的删除是指从同一权利要求中并列的两种以上技术方案中删除一种或者一种以上技术方案。

权利要求的进一步限定是指在权利要求中补入其他权利要求中记载的一个或者多个技术特征，以缩小保护范围。（原《专利审查指南》规定的合并式修改属于权利要求的进一步限定的一种较极端情形。）

例63

原授权的权利要求书：

1. 一种灯，包括灯座（11）、支撑杆（12）、发白光的光源（13），其特征在于，还包括滤光部（14），所述滤光部（14）套设在所述光源（13）外，所述滤光部（14）由多个滤光区（14a，14b，14c，14d）组成，所述滤光区（14a，14b，14c，14d）与所述光源（13）的相对位置是可以改变的，从而提供不同的光照模式。

2. 根据权利要求1所述的灯，其特征在于，所述滤光部（14）可旋转地连接在所述支撑杆（12）上，通过旋转所述滤光部（14）提供不同的光照模式。

3. 根据权利要求 2 所述的灯，其特征在于，所述滤光部（14）是圆柱状，所述滤光区（14a，14b，14c，14d）的分界线与所述滤光部（14）的旋转轴平行。

4. 根据权利要求 2 所述的灯，其特征在于，所述滤光部（14）是多棱柱状，所述多棱柱的每个侧面为一个滤光区，所述多棱柱的棱边与所述滤光部（14）的旋转轴平行。

5. 根据权利要求 3 或 4 所述的灯，其特征在于，还包括反射罩（15），所述反射罩（15）固定设置在所述滤光部（14）所包围空间内的光源承载座（121）上、并部分包围所述光源（13），所述反射罩（15）的边缘延伸到所述滤光部（14）以使所述光源（13）发出的光完全限制在单一的滤光区内，所述反射罩（15）优选为铝。

6. 根据权利要求 2 所述的灯，其特征在于，所述灯座（11）的材料为塑料。

假设无效宣告请求人请求宣告该专利权利要求 1 不符合《专利法》第 22 条第 2 款的规定，权利要求 2 和权利要求 6 不符合《专利法》第 22 条第 3 款的规定、权利要求 5 不符合《专利法》第 26 条第 4 款的规定。

上述无效宣告理由经判断是成立的。对此修改可能方式有如下几种。

第一种方式：删除权利要求 1 和权利要求 2，将权利要求 3 上升为独立权利要求，即将权利要求 2 和权利要求 3 的附加技术特征增加到独立权利要求 1 中。其关键是滤光部是圆柱状，所述滤光区的分界线与滤光部的旋转轴平行。

第二种方式：删除权利要求 1 和权利要求 2，将权利要求 4 上升为独立权利要求，即将权利要求 2 和权利要求 4 的附加技术特征增加到独立权利要求 1 中。其关键是滤光部是多棱柱状，所述多棱柱的每个侧面为一个滤光区，所述多棱柱的棱边与滤光部的旋转轴平行。

第三种方式：权利要求 3 和权利要求 4 中有共同的特征即滤光区的分界线与滤光部的旋转轴平行（其也是权利要求 3 的附加技术特征的部分特征），该特征并不要求滤光部的具体形状，因为虽然权利要求 3 还限定了滤光部为圆柱状，权利要求 4 还限定了滤光部为多棱柱状，而在涉案专利说明书中既记载了圆柱状滤光部的方案，但也记载了滤光部也可以是其他形状的方案，因此涉案专利说明书中公开了滤光部可为不限于圆柱状或多棱柱状的多种形状的技术方案。

虽然权利要求 3 还限定了滤光部（14）为圆柱状，但由于涉案专利说明书中既记载了圆柱状滤光部（14）的方案，也记载了"滤光部 14 也可以是其他形状"且列举了"当为多棱柱状时；多棱柱的每个侧面为一个滤光区，多棱柱的棱边也是各滤光区的分界线"，即涉案专利说明书中公开了滤光部 14 可为不限于圆柱状或多棱柱状的多种形状的技术方案。同时涉案专利权利要求 1 中已经限定了"所述滤光部由多个滤光区组成"，故其实际上只要在涉案专利权利要求 1 基础上再补入权利要求 2 的"所述滤光部（14）可旋转地连接在所述支撑杆（12）上""通过旋转所述滤光部（14）提供不同的光照模式"和权利要求 3 的"所述滤光区（14a，14b，14c，14d）的分界线与所述滤光部（14）的旋转轴平行"，就可以达到"通过旋转所述滤光部（14）提供不同的光照模式"，而不必将权利要求 3 的"所述滤光部是圆柱状"补入，这种修改方式也不会超出原说明书和权利要求书记载的范围。

基于这种考虑，如果仅将该特征增加到独立权利要求 1 中将获得更宽的保护范围，但由于该特征需要在权利要求 2 的附加技术特征（即滤光部可旋转地连接在所述支撑杆上，通过旋转所述滤光部提供不同的光照模式）的基础上才能实现。因此，这种修改方式中删除权利要求 1 和权利要求 2，将权利要求 3 的附加技术特征中的该部分特征（即滤光区的分界线与滤光部的旋转轴平行）增加到权利要求 1 作进一步限定而形成。如此修改后的权利要求书如下。

1. 一种灯，包括灯座（11）、支撑杆（12）、发白光的光源（13），其特征在于：还包括滤光部（14），所述滤光部（14）套设在所述光源（13）外，所述滤光部（14）由多个滤光区（14a，14b，14c，14d）组成，所述滤光区（14a，14b，14c，14d）的分界线与所述滤光部（14）的旋转轴平行，所述滤光部（14）可旋转地连接在所述支撑杆（12）上，所述滤光区（14a，14b，14c，14d）与所述光源（13）的相对位置是可以通过旋转所述滤光部（14）改变的，从而提供不同的光照模式。

2. 根据权利要求 1 所述的灯，其特征在于：所述滤光部（14）是圆柱状。

3. 根据权利要求 1 所述的灯，其特征在于：所述滤光部（14）是多棱柱状，所述多棱柱的每个侧面为一个滤光区。

4. 根据权利要求 2 所述的灯，其特征在于：还包括反射罩（15），所述反射罩（15）固定设置在所述滤光部（14）所包围空间内的光源承载座（121）上、并部分包围所述光源（13），所述反射罩（15）的边缘延伸到所述滤光部（14）以使所述光源（13）发出的光完全限制在单一的滤光区内。

5. 根据权利要求 3 所述的灯，其特征在于：所述反射罩（15）为铝。

6. 根据权利要求 1 所述的灯，其特征在于：所述灯座（11）的材料为塑料。

3. 修改方式的限制

在国家知识产权局作出审查决定之前，专利权人可以删除权利要求或者权利要求中包括的技术方案。

仅在下列三种情形的答复期限内，专利权人可以以删除以外的方式修改权利要求书：

（1）针对无效宣告请求书；

（2）针对请求人增加的无效宣告理由或者补充的证据；

（3）针对国家知识产权局引入的请求人未提及的无效宣告理由或证据。

例 64

张某于 2008 年 3 月 1 日向国家知识产权局提交了一件发明专利申请。上述申请于 2010 年 3 月 1 日被公告授予专利权，授权公告文本的权利要求如下：

"1. 一种摄影机，其特征为 a 和 b。

"2. 如权利要求 1 所述的摄影机，还包括特征 c。

"3. 如权利要求 2 所述的摄影机，还包括特征 d。

"4. 如权利要求 1 所述的摄影机，还包括特征 e。

"5. 一种照相机，其特征为 a 和 f。"

胡某于 2011 年 3 月 1 日提出宣告上述发明专利权无效的请求，国家知识产权局受理了该请求，并决定于 2011 年 7 月 10 日举行口头审理。张某在国家知识产权局发出的受理通知书指定的答复期限内提交了答复意见并对权利要求书进行了修改。下列哪些修改是不被允许的？（　　　）

A. 将权利要求 1 修改为"一种摄像机，其特征为 a、b 和 d"

B. 在权利要求 1 不作修改的情况下，将权利要求 2 修改为"如权利要求 1 所述的摄像机，还包括特征 c 和 e"

C. 权利要求 1 修改为"一种摄像机，其特征为 a、b、c 和 e"，删除权利要求 2 至 4

D. 将权利要求 1 修改为"一种照相机，其特征为 a、b 和 f"

第六章　关于无效宣告程序中的代理

（1）请求人或者专利权人在无效宣告程序中委托专利代理机构的，应当提交无效宣告程序授权委托书并写明委托权限仅限于办理无效宣告程序有关事务。在无效宣告程序中，即使专利权人此前已就其专利委托了在专利权有效期内的全程代理并继续委托该全程代理的机构的，也应当提交无效宣告程序授权委托书。

（2）在无效宣告程序中，请求人委托专利代理机构的，或者专利权人委托专利代理机构且委托书中写明其委托权限仅限于办理无效宣告程序有关事务的，其委托手续或者解除、辞去委托的手续应当在复审和无效审理部办理，无需办理著录项目变更手续。

（3）请求人和专利权人委托了相同的专利代理机构的，复审和无效审理部应当通知双方当事人在指定期限内变更委托；未在指定期限内变更委托的，后委托的视为未委托，同一日委托的，视为双方均未委托。

（4）对于根据《专利法》第 18 条第 1 款规定，在中国没有经常居所或者营业所的外国人、外国企业或者外国其他组织应当委托专利代理机构的请求人，应按规定委托。

（5）同一当事人与多个专利代理机构同时存在委托关系的，当事人应当以书面方式指定其中一个专利代理机构作为收件人。

（6）当事人委托其近亲属或者工作人员或者有关社会团体推荐的公民代理的，参照有关委托专利代理机构的规定办理。近亲属或者工作人员或者有关社会团体推荐的公民的代理的权限仅限于在口头审理中陈述意见和接收当庭转送的文件。

代理人为当事人的近亲属的，应当提交户口簿、结婚证、出生证明、收养证明、公安机关证明、居（村）委会证明、生效裁判文书或人事档案等与委托人身份关系的证明。

代理人为当事人的工作人员的，应当提交劳动合同、社保缴费记录、工资支付记录等足以证明与委托人有合法人事关系的证明材料；当事人为机关事业单位的，应当提交单位出具的载明该工作人员的职务、工作期限的书面证明。

代理人为有关社会团体推荐的公民的，参照人民法院民事诉讼中的相关规定办理。

（7）对于下列事项，代理人需要具有特别授权的委托书：

① 专利权人的代理人代为承认请求人的无效宣告请求；

② 专利权人的代理人代为修改权利要求书；

③ 代理人代为和解；

④ 请求人的代理人代为撤回无效宣告请求。

（8）专利权人在申请阶段委托的专利代理机构，在无效宣告程序中不能作为请求人的专利代理机构。

例 65

专利代理人董某接受其所在代理机构的指派，代理专利权人参加无效宣告请求的口头审理。在没有特别授权委托书的情况下，董某的下列哪些做法不符合相关规定？（　　　）

A. 当庭放弃了部分权利要求

B. 当庭承认了请求人的无效宣告请求

C. 针对无效宣告请求的理由和证据当庭陈述了意见

D. 接收了合议组当庭转送的文件

例 66

下列关于专利代理的说法哪些是正确的？（　　　）

A. 代理人承办专利代理业务，应当与委托人签订委托合同，写明委托事项和委托权限

B. 接受委托的专利代理机构应当以委托人的名义，在代理权限范围内办理专利申请或者办理其他专利事务

C. 代理机构接受委托后，不得就同一内容的专利事务接受有利害关系的其他委托人的委托

D. 代理人在从事专利代理业务期间，不得申请专利

例 67

胡某于 2011 年 3 月 1 日提出宣告某发明专利权无效的请求，国家知识产权局受理了该请求，并决定于 2011 年 7 月 10 日举行口头审理。在口头审理中，胡某享有下列哪些权利？（　　　）

A. 请求审案人员回避　　　　　　　　B. 请求撤回无效宣告请求

C. 缩小无效宣告请求的范围　　　　　D. 放弃无效宣告请求的部分理由及相应证据

林某为某专利代理有限责任公司的五名股东之一，现计划离开该公司与他人合伙成立新的专利代理事务所。在林某离开该公司后，该公司的下列哪些行为符合相关规定？（　　　　）

A. 指定该公司的专利代理人黄某完成林某尚未办结的专利申请

B. 将在该公司工作多年的不具有专利代理人资格的王某作为新的股东

C. 将仍在另一专利代理有限责任公司执业的专利代理人李某作为新的股东

D. 接受某企业的委托，就林某在该公司执业时代理并获得授权的某专利向国家知识产权局提出无效宣告请求

第七章　关于无效宣告程序中的依职权审查情形

国家知识产权局在下列情形下可以依职权进行审查。

（1）专利权的取得明显违背诚实信用原则，国家知识产权局可以引入《专利法实施细则》第11条无效宣告理由进行审查。

（2）请求人提出的无效宣告理由明显与其提交的证据不相对应的，国家知识产权局可以告知其有关法律规定的含义，允许其变更或依职权变更为相对应的无效宣告理由。例如，请求人提交的证据为同一专利权人在专利申请日前申请并在专利申请日后公开的中国发明专利文件，而无效宣告理由为不符合《专利法》第9条第1款的，国家知识产权局允许其将无效宣告理由变更为该专利不符合《专利法》第22条第2款，或者依职权将无效宣告理由变更为该专利不符合《专利法》第22条第2款。

（3）专利权存在请求人未提及的明显不属于专利保护客体的缺陷，国家知识产权局可以引入相关的无效宣告理由并进行审查。

（4）专利权存在请求人未提及的缺陷而导致无法针对请求人提出的无效宣告理由进行审查的，国家知识产权局可以依职权针对专利权的上述缺陷引入相关无效宣告理由并进行审查。例如，无效宣告理由为独立权利要求1不具备创造性，但该权利要求因不清楚而无法确定其保护范围，从而不存在审查创造性的基础的情形下，国家知识产权局可以引入涉及《专利法》第26条第4款的无效宣告理由并进行审查。

（5）请求人请求宣告权利要求之间存在引用关系的某些权利要求无效，而未以同样的理由请求宣告其他权利要求无效，不引入该无效宣告理由将会得出不合理的审查结论的，国家知识产权局可以依职权引入该无效宣告理由对其他权利要求进行审查。例如，请求人以权利要求1不具备新颖性、从属权利要求2不具备创造性为由请求宣告专利权无效，如果国家知识产权局认定权利要求1具备新颖性，而从属权利要求2不具备创造性，则可以依职权对权利要求1的创造性进行审查。

（6）请求人以权利要求之间存在引用关系的某些权利要求存在缺陷为由请求宣告其无效，而未指出其他权利要求也存在相同性质的缺陷，国家知识产权局可以引入与该缺陷相对应的无效宣告理由对其他权利要求进行审查。例如，请求人以权利要求1增加了技术特征而修改超出原申请文件记载的范围为由请求宣告权利要求1无效，而未指出从属权利要求2也存在同样的缺陷，如果国家知识产权局认定该修改超出原申请文件记载的范围的无效宣告理由成立，则可以引入该无效宣告理由对从属权利要求2进行审查。

（7）请求人以不符合《专利法》第33条或者《专利法实施细则》第49条第1款的规定为由请求宣告专利权无效，且对修改超出原申请文件记载范围的事实进行了具体的分析和说明，但未提交原申请文件的，国家知识产权局可以引入该专利的原申请文件作为证据。

（8）国家知识产权局可以依职权认定技术手段是否为公知常识，并可以引入技术词典、技术手册、教科书等所属技术领域中的公知常识性证据。

此外，国家知识产权局还存在一种主动处理的方式，与依职权审查虽有不同，但具有相似性：请求人在国家知识产权局对无效宣告请求作出审查决定之前，撤回其无效宣告请求，而国家知识产权局认为在已有证据和已进行的审查工作基础上能够作出宣告专利权无效或者部分无效的决定的，将仍然作出无效宣告请求审查决定。

第八章　无效宣告程序中的口头审理

无效宣告程序的双方当事人可以依据下列理由请求进行口头审理：

（1）当事人一方要求同对方口头质证和辩论；

（2）需要向合议组口头说明事实；

（3）需要实物演示；

（4）需要请出具过证言的证人出庭作证。

需要注意的是：①当事人应当在口头审理通知指定的答复期限内提交口头审理通知书回执，并明确是否参加口头审理，无效宣告请求人期满未提交回执，并且不参加口头审理的，其无效宣告请求视为撤回，无效宣告请求审查程序将终止；②参加口头审理的每方当事人及其代理人的数量不得超过 4 人；③口头审理可以聘请公民代理，但公民代理的权限仅限于在口头审理中陈述意见和接收当庭转送的文件；④在中国没有经常居所或者营业所的外国人、外国企业或者外国其他组织作为当事人，由其委托的专利代理机构指派专利代理师参加口头审理。

例 69

胡某于 2011 年 3 月 1 日提出宣告张某拥有的一项发明专利权无效的请求，国家知识产权局受理了该请求，并决定于 2011 年 7 月 10 日举行口头审理。关于本无效宣告请求的口头审理，下列说法哪些是正确的？（　　）

A. 张某未到庭但委托了专利代理师出庭，胡某出庭符合规定，则合议组应当正常进行口头审理

B. 胡某未经合议组许可而中途退庭的，其无效宣告请求被视为撤回

C. 出具过证言并在口头审理通知书回执中写明的证人可以就其证言出庭作证

D. 代理张某出庭的代理人发现口头审理笔录中出现了差错，可以请求记录人更正

第九章　无效宣告程序历年考点分析

1. 有关无效宣告审查期间专利文件修改规定的简答题

该简答题取自 2007 年专利代理实务试卷中无效宣告程序实务试题。原题为："简述专利法及其实施细则以及专利审查指南中关于无效期间专利文件修改的有关规定。"

这道简答题考核考生是否掌握无效宣告审查期间专利文件修改的规定，有关这方面内容在《专利审查指南 2023》第四部分第三章第 4.6 节作出了明确规定。因此该道简答题的答案为（按《专利审查指南 2023》的规定，而没有按 2007 年当年的规定给出答案）：

首先，专利文件的修改应当符合《专利法》第 33 条的规定：对发明和实用新型专利申请文件的修改不得超出原说明书和权利要求书记载的范围，对外观设计专利申请文件的修改不得超出原图片或者照片表示的范围；

其次，按照《专利法实施细则》第 73 条的规定，在无效宣告请求审查期间，对于发明或者实用新型专利，仅可以修改其权利要求书，不得修改专利说明书和附图，且在修改权利要求书时不得扩大原专利的保护范围；对外观设计专利，不得修改图片、照片和简要说明。

此外，专利申请文件的修改还应当符合《专利审查指南 2023》第四部分第三章第 4.6 节有关专利文件修改的规定。

（1）发明或实用新型专利文件的修改仅限于权利要求书，且应当针对无效宣告理由或者国家知识产权局指出的缺陷进行修改，其原则是：①不得改变原权利要求的主题名称；②与授权的权利要求相比，不得扩大原专利的保护范围；③不得超出原说明书和权利要求书记载的范围；④一般不得增加未包含在授权的权利要求书中的技术特征。

（2）在满足上述修改原则的前提下，修改权利要求书的具体方式一般限于权利要求的删除、技术方案的删除、权利要求的进一步限定、明显错误的修正。

其中，权利要求的进一步限定是指在权利要求中补入其他权利要求中记载的一个或者多个技术特征，以缩小保护范围。

（3）在国家知识产权局作出审查决定之前，可以采用删除权利要求或者删除技术方案的方式修改权利要求书；而对于以删除以外的方式修改权利要求书，仅允许在答复无效宣告请求书时，或者针对请求人增加的无效宣告理由或者补充的证据进行意见陈述时，或者在答复国家知识产权局引入请求人未提及的理由或证据的无效宣告审查通知书时采用，在这些答复期限届满后只允许以删除方式修改权利要求。

2. 关于无效宣告理由的简答题

问题举例：国家知识产权局专利局在专利申请审批期间出现程序错误可否作为无效宣告理由？授权专利权利要求书中的一项从属权利要求是在审批期间加入的，可否以此为事实作为无效宣告理由提出？

参考答案：国家知识产权局专利局在审批期间出现程序错误而驳回专利申请，专利申请人不服，可以以此为理由向国家知识产权局提出复审请求。但是，对于无效宣告程序而言，国家知识产权局专利局在授予专利权的审批期间出现程序错误，该专利申请被授权后，不能以此为理由针对该授权专利向国家知识产权局提出无效宣告请求，因为该理由不属于《专利法实施细则》第 69 条第 2 款规定的范围。

授权专利权利要求书中的一项从属权利要求是在审批期间加入的，即使其不符合《专利法实施细则》第 57 条第 3 款的规定，是专利申请人在答复审查意见通知书时主动加入的，即不是针对通知书指出的缺陷进行的修改，但由于不符合《专利法实施细则》第 57 条第 3 款的规定不属于《专利法实施细则》第 69 条第 2 款规定的范围，因此请求人以该从属权利要求是在审批期间加入为无效宣告理由提出无效宣告请求时，国家知识产权局不会考虑这一无效宣告理由。

3. 关于合议组成员是否回避的简答题

问题举例：合议组中有一成员是专利权人的前雇员，请求人可否请求该合议组成员回避？

参考答案：按照我国《专利法实施细则》第 42 条规定，在初步审查、实质审查、复审和无效宣告程序中，实施审查和审理的人员有下列情形之一的，应当自行回避，当事人或者其他利害关系人可以要求其回避：（1）是当事人或者其代理人的近亲属的；（2）与专利申请或者专利权有利害关系的；（3）与当事人或者其代理人有其他关系，可能影响公正审查和审理的；（4）合议组成员曾参与原申请的审查的。显然，那位专利权人前雇员的合议组成员是《专利法实施细则》第 42 条中规定的与当事人有其他关系而可能影响公正审查和审理的情况，因此可以请求该合议组成员回避。

4. 关于是否可以不参加口头审理的简答题

问题举例：请求人对口头审理不感兴趣，不参加口头审理会带来什么后果？

参考答案：按照《专利法实施细则》第 74 条第 3 款规定，无效宣告请求人对国家知识产权局发出的口头审理通知书在指定的期限内未作答复，并且不参加口头审理的，其无效宣告请求视为撤回。由上述规定可知，请求人对国家知识产权局发出的口头审理通知书在指定期限内既未答复又不参加口头审理，该无效宣告请求视为撤回；如果请求人对国家知识产权局发出的口头审理通知书在指定期限内作出答复表示不参加口头审理，并不会导致无效宣告请求视为撤回。不过，需要提请请求人注意的是，尽管在口头审理时出现不利于己方的新事实、理由和证据，国家知识产权局应当提供一次陈述意见的机会，但是作为请求人来说，最好还是参加口头审理，因为不参加的话，丧失了一次当面向国家知识产权局陈述意见的机会。

5. 关于可否扩大无效宣告请求范围的简答题

问题举例：在提出无效宣告请求之日起 1 个月后，可否对一项在上述期间未曾提出过无效宣告请求的独立权利要求提出无效宣告请求？合议组是否主动对该独立权利要求进行依职权审查？

参考答案：按照《专利审查指南 2023》第四部分第三章第 4.1 节和第 4.2 节的规定，并不允许请求人在提出无效宣告请求之日起 1 个月后对一项未曾提出过无效宣告请求的独立权利要求补充提出无效宣告请求，而且这也不属于允许国家知识产权局依职权审查的情况。因此，对于一项在提出无效宣告请求之日起 1 个月内未曾提出过无效宣告请求的独立权利要求，就不能再针对这项独立权利要求提出无效宣告请求，除非另行提出一件新的无效宣告请求案；当然，国家知识产权局也不应当针对这项独立权利要求进行依职权审查。

6. 关于举证期限的简答题

问题举例：专利权人在无效宣告程序中答复无效宣告请求书时，如果需要提供反证的，对于举证期限有哪些规定？❶

参考答案：专利权人在答复无效宣告请求书时需要提供反证的，应当在国家知识产权局指定的 1 个月答复期限内提交证据。但是，对于技术词典、技术手册和教科书等所属技术领域中的公知常识性证据或者用于完善证据法定形式的公证文书、原件等证据，可以在口头审理辩论终结前补充。如果提交的证据是外文的，也应当在相应的期限内提交其中文译文。

专利权人提交或者补充证据的，还应当在上述期限内对提交或者补充的证据作出具体说明。

专利权人提交或者补充证据不符合上述期限规定或者未在上述期限内对所提交或者补充的证据具体说明的，国家知识产权局不予考虑。

7. 关于回避的简答题

问题：复审和无效宣告程序中涉及哪几种审案人员回避的情形？

参考答案：复审和无效宣告程序中有三种涉及审案人员回避的情形，其中最主要的一种是《专利法实施细则》第 42 条明确规定的情形。按照《专利法实施细则》第 42 条的规定，在复审和无效宣告程序中，实施审查和审理的人员有下列情形之一的，应当自行回避，当事人或者其他利害关系人可以要求其回避：

（1）是当事人或者其代理人的近亲属的；

（2）与专利申请或者专利权有利害关系的；

（3）与当事人或者其代理人有其他关系，可能影响公正审查和审理的；

（4）合议组成员曾参与原申请的审查的。

当事人请求合议组成员回避的，应当以书面方式提出，并且说明理由，必要时附具有关证据。

此外，《专利审查指南 2023》第四部分第一章第 3.1 节还规定了两种审案人员应当回避的情形：国家知识产权局作出维持专利权有效或宣告专利权部分无效的审查决定以后，同一请求人针对该审查决定涉及的专利权以不同理由或者证据提出新的无效宣告请求的，作出原审查决定的主审员不再参加该无效宣告案件的审查工作；对于审查决定被人民法院的判决撤销后重新审查的案件，一般应当重新成立合议组。

8. 简答题可能涉及的有关专利代理纪律的内容

2009 年试题将与专利代理纪律有关的内容设计成考点，由于针对不同的具体案情会涉及不同的与专利代理纪律相关的条款，为帮助考生做好应试准备，现将《专利代理条例》、《专利代理管理办法》

---

❶ 《专利审查指南 2023》第四部分第三章第 4.3.1 节、第 4.3.2 节和第 4.3.3 节分别针对请求人的举证期限、专利权人的举证期限以及延期举证的内容给出了比较详细的规定，考生若要全面掌握有关举证期限的内容，请参阅这三节内容。

以及《专利审查指南2023》中涉及这方面的内容主要归纳如下。

（1）专利代理机构接受委托后，不得就同一专利申请或专利权的事务接受有利益冲突的其他当事人的委托。例如，在2009年代理实务试题中，请求人在口头审理时聘请的专利代理机构系被请求无效的专利在申请时的专利代理机构而违反相关规定，考生应当对其代理人资格提出异议。

（2）专利代理师应当受专利代理机构指派承办专利代理业务，不得自行接受委托。

（3）专利代理师应当根据专利代理机构的指派承办专利代理机构委派的专利代理工作，不得自行接受委托。专利代理机构指派的专利代理师本人及其近亲属不得与其承办的专利代理业务有利益冲突。

（4）专利代理师不得同时在两个以上专利代理机构从事专利代理业务。

（5）任何单位、个人未经许可，不得代理专利申请和宣告专利权无效等业务。

（6）无效宣告程序中，审理人员是当事人或者其代理人的近亲属，或与专利权有利害关系，或者曾参与原申请的审查，则应当回避；当事人或者其他利害关系人可以要求其回避。

（7）国家知识产权局及地方人民政府管理专利工作的部门的相关工作人员离职或退休等需要要遵守的从业禁止的规定。

（8）当事人委托公民代理的，也应当提交授权委托书，且公民代理的权限仅限于在口头审理中陈述意见和接收当庭转送的文件。

选择题例题答案

例1	AC	例7	BD	例8	AB	例9	BCD
例10	A	例11	ACD	例12	D	例13	ABD
例14	BCD	例15	CD	例16	AB	例17	AB
例18	C	例19	BC	例20	AB	例21	ABC
例22	C	例23	AD	例24	AB	例26	D
例27	ABCD	例28	C	例29	D	例30	B
例31	BC	例32	C	例39	BC	例40	AC
例41	ACD	例42	AC	例44	BCD	例45	ACD
例46	AC	例51	CD	例54	ABC	例55	ABD
例56	D	例57	AB	例58	A	例59	ABD
例60	C	例61	BCD	例62	CD	例64	ABCD
例65	AB	例66	BCD	例67	ABCD	例68	A
例69	ACD						

第二篇　考试应试篇

第一部分 概　述

第一章　专利代理实务考试简介

本章对历年专利代理师资格考试的沿革情况作一简单介绍，以便考生了解我国专利代理师资格考试，尤其是专利代理实务考试的发展趋势，从而使考生在准备考试时从历年考题中选择与当前专利代理实务考试方式更相近的试题作为练习重点。

我国的专利代理业是伴随着 1985 年《专利法》的实施而产生的。1984 年下半年，原中国专利局为了配合《专利法》的实施，为申请人提供相应的法律服务，特别是申请专利权方面的专业性服务，对来自全国的近万名科技人员就《专利法》及其实施细则、专利申请文件撰写、专利审批程序等科目进行了专门培训，6000 余人通过结业考试，取得了原中国专利局颁发的为期 2 年的专利代理人临时证书，形成了我国最初阶段的专利代理人队伍。❶

1985 年 9 月 12 日，经国务院批准，原中国专利局颁布了《专利代理暂行规定》。《专利代理暂行规定》对专利代理人的考试进行了明确的规定。1986 年 6 月 10 日，由原中国专利局、教育部、司法部和专利代理机构的代表共同组建成立了专利代理人考核委员会，并在 1988 年举行的专利代理行业培训结业时进行了专利代理行业考试，颁发专利代理人资格证书。但是，这次考试是探索性的，很不正规。正规的全国专利代理人资格考试从 1990 年开始，每两年举行一次，每次考试四门科目。1991 年 3 月 4 日，我国第一部专利代理法规《专利代理条例》发布，《专利代理暂行规定》同时废止。《专利代理条例》的颁布完善了专利代理的法制建设，使专利代理行业及专利代理人资格考试的发展变得更加科学、规范。

从 2006 年开始，全国专利代理人资格考试进行了一次较大的变革，由两年一考改为每年进行一次全国专利代理人资格考试，考试科目也由四门改为三门。因此，对于全国专利代理人资格考试而言，可以 2006 年为界将其分为两个阶段；但在每个阶段内，每次的考试科目和考试内容也在不断进行调整。

从 1990 年到 1996 年，全国专利代理人资格考试的四门科目分别为："与专利有关的法律、法规"、"专利申请文件的撰写"、"专利申请手续、审批程序及文献检索的基本知识"（但 1996 年改为"专利申请手续、审批程序、实用新型、外观设计及文献检索的基本知识"）及"专利复审与无效"。其中，对于与专利代理实务有关的"专利申请文件的撰写"这门科目，除涉及少量的发明专利申请实质审查的基本知识外，对于专利代理实务部分的内容主要采用对专利申请文件改错方式进行，并按照机械、电学、化学三个专业分别出题，但从 1994 年起该卷中有关专利代理实务部分的内容又开始增加了与发明专利申请文件实质审查阶段有关的审查意见通知书答复和专利申请文件修改方面的考试内容；而在"专利复审与无效"这门科目中，1990 年的试卷中，仅涉及专利复审和无效宣告程序中的专利基本知识，1992 年的试卷中增加了一部分专利复审和无效的实务内容，但在 1994 年和 1996 年的试卷中无效宣告审查期间专利代理实务的考试内容占有较大比例。这四门科目试题满分均为 100 分，资格考试通过的标准是除四门科目的总分达到合格分数线外，"专利申请文件的撰写"这门科目也必须达到合格分数线。

---

❶ 刘颖. 前进中的我国专利代理人资格考试制度 [J]. 中国发明与专利，2008（5）：19—20.

1998 年的全国专利代理人资格考试对各科目的考试内容进行调整，减少了专利复审与无效的比重，不仅不再包括无效宣告审查期间专利代理实务的考试内容，而且将"专利申请文件的撰写"科目中有关发明专利申请实质审查的基本知识考试内容，"专利申请手续、审批程序、实用新型、外观设计及文献检索的基本知识"科目中有关实用新型和外观设计初步审查的基本知识考试内容与"专利复审与无效"科目中有关专利复审和无效程序基本知识考试内容合成一份试卷，从而考试的四门科目变成"与专利有关的法律、法规"（卷一），"专利申请文件的撰写"（卷二），"专利申请手续、审批程序及文献检索的基本知识"（卷三）和"三种专利的审批要求及复审与无效"（卷四）。其中卷一、卷三和卷四这三门科目全部采用多项选择题的考试方式（客观题），仅仅卷二这门科目的考试仍采用文字答题方式。这四门科目试题满分仍然分别为 100 分，且资格考试通过的标准不变，仍然是四门科目的总分达到合格分数线以及"专利申请文件的撰写"科目的考试成绩达到该科目的合格分数线。

从 2000 年起，全国专利代理师资格考试又进行了一次调整，即将"专利申请文件的撰写"科目的考试内容由专利申请文件的改错改为专利申请文件的撰写，但仍包含与答复审查意见通知书能力有关的考试内容，从而使试题内容更接近专利代理人的实际工作，以体现考核考生的专利代理实务能力。其他方面与 1998 年的全国专利代理人资格考试相同。

2006 年，全国专利代理人资格考试进行了较大变革，除由两年举行一次考试改为每年进行一次考试外，将考试科目由四门改为三门："专利法律知识"、"相关法律知识"和"专利代理实务"。这次科目调整在考试内容方面主要有三个大的变化：其一，增多了相关法律的考试内容，即将原来卷一中除专利法律、法规以外的考试内容分出来，单独成为一门考试科目"相关法律知识"（卷二）；其二，将卷一中有关专利法律、法规的考试内容与卷三和卷四的考试内容合并成一门考试科目"专利法律知识"（卷一）；其三，专利代理实务科目的考试不再分专业，即机械、电学和化学专业采用同样的试题，考试内容不仅包括发明和实用新型专利申请文件的撰写能力以及发明专利申请实质审查期间的答复审查意见通知书的能力，还包括了无效程序中无效宣告请求书和答复请求书的专利代理实务能力。从考试科目来看，相关法律知识的考试内容单独成为一门科目，但考虑到全国专利代理人资格考试的重点应当放在专利法律知识的掌握和专利代理实务能力上，因此增加了另两门科目的分值权重，即卷一"专利法律知识"和卷三"专利代理实务"两门科目的满分均为 150 分，而卷二"相关法律知识"满分为100 分。资格考试通过的标准不变，仍然是"专利代理实务"这门科目必须达到合格分数线以及三门科目的总分达到合格分数线。

2009 年的全国专利代理人资格考试在考试科目和考试内容上并未进行调整，但从方便考生出发，对通过分数线的确定进行了调整：不再设置总分合格分数线，而是针对法律知识两门科目总成绩和专利代理实务考试成绩分别确定其合格分数线。如果考生的考试成绩同时达到这两个合格分数线，则资格考试通过，可获得专利代理人资格证书；如果考生的法律知识部分（包括专利法律知识和相关法律知识两门科目）和专利代理实务部分的考试成绩中只有其中之一达到当年的合格分数线，而另一部分的考试成绩未通过，则通过的这一部分考试成绩的合格记录自当年起 3 年内有效，考生只需要在接下来的两年内补考另一部分的考试科目，若补考合格，即可获得专利代理人资格证书。

从 2015 年开始，实务考试主要通过计算机答题，但也保留纸质答题方式。而从 2007 年开始，全国专利代理人资格考试在专利代理实务科目阅卷方式上进行了重大改革。新引入的无纸化阅卷方式，采用扫描技术将答卷变成了电子形式，考生的信息在电子形式中将无从获悉。在评阅时，每个考生的答卷都被随机分给了两位阅卷人评阅，当两位阅卷人所评分数差大于一定数值，该试卷将交由阅卷领导小组成员进行仲裁。无纸化阅卷方式的引入，使得全国专利代理人资格考试的阅卷工作变得更加公正、公平、科学，切实有效地保障了广大考生的利益。

根据 2018 年修订的《专利代理条例》，自 2019 年 3 月起，"专利代理人"更名为"专利代理师"，相应地，"全国专利代理人资格考试"更名为"专利代理师资格考试"。

第二章　专利代理实务考试涉及的内容工作简介

一、基本要求

能够准确掌握并综合运用《专利法》、《专利法实施细则》、《专利审查指南 2023》以及其他有关规定，撰写能有效而又合理地保护发明创造的说明书和权利要求书，撰写能够依法充分维护委托人利益的答复审查意见的意见陈述书、无效宣告请求书以及针对无效宣告请求的意见陈述书。

二、专利代理实务考试内容

根据《专利代理师资格考试大纲》，结合历年考题，总的归类来说，专利代理实务考试试题主要包括三种类型：第一类，撰写专利申请文件，作为考试试题，主要撰写一份权利要求书（多数是发明专利申请，2016 年试题要求撰写实用新型专利申请），或者对客户撰写的权利要求书给出咨询意见，后者相当于撰写无效宣告请求书并指出其所存在的形式缺陷的试题（通俗来说就是"挑错题"），此外还可能以简答题的方式包括说明书的部分撰写内容以及撰写说明书或指出说明书的缺陷及如何克服等；第二类，答复审查意见通知书，这类试题的答题内容通常包括针对审查意见通知书修改权利要求书以及撰写意见陈述书或向客户给出咨询意见两个部分；第三类，无效宣告程序的实务试题，包括作为请求人的专利代理师撰写提交给国家知识产权局的无效宣告请求书和/或向客户给出咨询意见，或者作为专利权人的专利代理师针对无效宣告请求撰写提交给国家知识产权局的意见陈述书或向客户给出咨询意见。

三、专利申请文件撰写试题的主要工作内容

按照《专利代理师资格考试大纲》的规定，对于专利申请文件的撰写需要专利代理师能够准确掌握并综合运用《专利法》及其实施细则、《专利审查指南 2023》以及其他有关规定，撰写能有效而又合理地保护发明创造的说明书和权利要求书。具体来说，专利代理师应当具有为客户撰写权利要求书和说明书（包括其摘要）这两个专利申请文件的能力，即根据客户所提供的介绍发明创造内容的资料以及所提供的现有技术（必要时包括受客户委托进一步检索找到的现有技术）为客户撰写权利要求书和说明书。但是，由于受到考试时间的局限，加上试题中客户对发明创造内容的介绍基本上应当视为说明书具体实施方式的内容，因此专利申请文件撰写试题主要涉及权利要求书的撰写，至多涉及说明书中的部分内容，例如 2000 年至 2004 年的申请文件撰写试题中以简答题的方式涉及说明书中发明名称、发明内容中要解决的技术问题和有益效果、说明书摘要这几部分内容的撰写，或者让考生以请客户补充资料的方式考核与说明书具体实施方式部分有关的内容，但从 2006 年以来因试题中还涉及与实质审查和无效程序的试题内容，有关说明书部分的内容有所减少，例如在 2012 年和 2014 年的申请文件撰写试题中以简答题的方式仅涉及发明内容中要解决的技术问题和有益效果，2011 年的申请文件撰写试题中涉及说明书具体实施方式部分有关充分公开与保留技术秘密之间的关系。2013 年试题要求针对客户撰写的权利要求书草稿指出其所存在的缺陷（即咨询意见），并重新撰写一份权利要求书；2017 年试题要求针对客户撰写的权利要求书所存在的缺陷并说明理由，根据《专利法实施细则》（2010 年修订）第 17 条的规定和检索到的对比文件，针对客户自行撰写的说明书中哪些部分需要修改并对修改之处予以说明（即咨询意见）。

因此，根据近年专利代理实务考试中有关专利申请文件撰写的试题，考生在应试时完成的主要工

作可能包括以下四个方面。

（1）为客户撰写能有效而合理保护发明创造的权利要求书，还可能要求考生对客户撰写的权利要求书指出其所存在的缺陷（即咨询意见，简称"挑错题"）。

（2）必要时在向客户建议另行提出专利申请的基础上为另行提出的专利申请撰写权利要求书或仅撰写独立权利要求。

（3）以简答题的方式考核考生有关专利代理实务的水平和能力，根据历年试题，简答题可能涉及与权利要求书撰写思路有关的简答题，与客户进行必要沟通的简答题，与撰写说明书或其部分内容有关的简答题，反映考生答复审查意见通知书能力的简答题，以及与专利实质审查基本知识有关的简答题。从近年的试题来看，有关多项发明合案申请还是分案申请（单一性判断）几乎是每年必考的简答题，其次是论述所撰写的各项独立权利要求具备新颖性和创造性，再次是说明独立权利要求相对于现有技术所解决的技术问题和有益效果。

（4）说明书的撰写相关内容，包括指出说明书草稿中存在的缺陷（即咨询意见，简称"挑错题"），或者直接要求撰写一份完整的说明书。

四、答复审查意见通知书试题的主要工作内容

按照《专利代理师资格考试大纲》的规定，对于实质审查意见通知书的答复，需要专利代理师能够依照《专利法》、《专利法实施细则》以及《专利审查指南2023》的有关规定，通过陈述意见和修改专利申请文件，为客户谋求尽可能有利的审查结果，充分维护客户的利益。具体来说，专利代理师应当具有为客户修改专利申请文件和撰写意见陈述书的能力，即通过对审查意见通知书和所引用的对比文件的分析研究，作出正确的前景判断，在此基础上向客户给出咨询意见、向客户给出专利申请文件的修改建议和针对客户认可的专利申请文件修改意见撰写意见陈述书。由此可知，答复审查意见通知书的试题主要涉及三方面的工作内容：向客户给出咨询意见，修改专利申请文件和撰写意见陈述书。

但是，由于专利代理实务科目的考试内容涉及专利申请文件撰写、审查意见通知书的答复以及无效宣告程序中无效宣告请求书和意见陈述书的撰写三个部分，考虑到专利申请文件的撰写是专利代理师最基本而又最重要的能力，而审查意见通知书的答复与无效程序中无效宣告请求书和意见陈述书的撰写都是反映专利代理师的争辩能力，两者具有一定的相似性，因此2006年和2008年答复审查意见通知书的试题在对专利申请文件修改这一工作内容中都糅入了新申请权利要求书撰写的内容，在2006年答复审查意见通知书试题有关权利要求书修改部分给出的推荐范文中，既主动增加了新的、原权利要求书中未出现过的从属权利要求，又主动增加了新的、原权利要求书中未出现过的独立权利要求。在2008年答复审查意见通知书试题有关权利要求书修改部分给出的推荐范文中，主动增加了不少新的且在原权利要求书中未出现过的从属权利要求。与此同时，鉴于受到考试时间的限制，明确告知考生不要求对说明书作出适应性修改。也就是说，按照这两年答复审查意见通知书的试题，考试内容包括两个部分，其一是针对审查意见和所附的对比文件修改权利要求书，但是其中糅入了新申请权利要求书撰写的内容；其二是针对修改的权利要求书撰写意见陈述书。

需要说明的是，从2010年开始专利审查指南已明确规定，答复审查意见通知书时权利要求书的修改不得主动增加新的、原权利要求书中未出现过的独立权利要求，也不得主动增加新的、原权利要求书中未出现过的从属权利要求，因此今后不能出现在答复审查意见通知书的试题中糅入新申请的权利要求书撰写的考核内容（如2014年答复试题）。当然，试题中仍有可能像2007年专利代理实务科目试卷（包括无效实务试题和申请文件撰写试题两部分）那样在答复审查意见通知书的试题之后再增加一部分新申请权利要求书的撰写内容，告知考生，即原题中的权利要求书是客户自行撰写的，现假定客户以本试题中的说明书作为其提供的发明创造内容的技术资料，要求考生撰写一份新的专利申请，通常以此技术资料为基础以及审查通知书中所引用的对比文件作为现有技术为客户撰写一份权利要求书；或者类似2009年专利代理实务科目试卷（包括无效实务试题和申请文件撰写试题两部分）那样在答复

审查意见通知书试题的基础上要求针对客户进一步改进的发明内容撰写一份专利申请的权利要求书。2014 年的专利代理实务科目试卷中涉及审查意见通知书和专利申请文件撰写两部分内容试题的组合方式，先针对客户自行撰写的专利申请文件和收到的审查意见通知书向客户给出咨询意见（向客户逐一解释该发明专利申请的权利要求书和说明书是否符合专利法及其实施细则的相关规定并说明理由，以及撰写答复第一次审查意见通知书时提交的修改后的权利要求书），在此基础上又针对客户进一步的发明内容撰写专利申请的权利要求书。由此可知，今后专利代理实务科目涉及审查意见通知书答复试题的试卷中还会包括申请文件的撰写试题。

综上所述，在答复审查意见通知书的试题中，考生在应试时需要完成的主要工作可能会涉及三方面内容：① 在全面、准确理解审查意见通知书的内容及其引用的对比文件技术内容的基础上，向客户给出咨询意见，分析审查意见是否成立；② 为客户修改专利申请文件，主要是修改权利要求书；③ 针对修改的权利要求书为客户撰写一份意见陈述书。

由于受到考试时间的限制，对于审查意见通知书答复的试题中除要求考生给出修改后的权利要求书外，很可能从上述第①方面和第③方面的内容中选定一项要求考生给出答案。

五、无效实务试题涉及的主要工作内容

按照《专利代理师资格考试大纲》要求，涉及无效宣告程序的专利代理实务包括两个方面：其一，针对请求人准备提出无效宣告请求的发明或实用新型专利撰写无效宣告请求书；其二，针对请求人提出的无效宣告请求为专利权人撰写意见陈述书，必要时对专利文件进行修改。作为考试而言，这两个部分通常不会要求在同一份试卷中同时完成。

1994 年和 1996 年的复审与无效科目试卷中的无效实务试题以及 2011 年专利代理实务科目试卷中的无效实务试题都是为无效宣告请求人撰写无效宣告请求书。但是，考虑到为请求人正确选择无效宣告请求的理由（以下简称"无效宣告理由"）和选用合适的证据能反映专利代理人的水平和能力，为了更好地了解考生舍弃掉部分无效宣告理由或证据的出发点是否正确，因而 1994 年和 1996 年复审和无效科目中的无效实务试题以及 2016 年专利代理实务科目试卷中的无效实务试题除要求考生撰写无效宣告请求书外，还要求考生向客户给出咨询意见：对请求书中舍弃的证据说明未采用的理由，对无效宣告请求的前景作出分析和/或向客户提出必要的建议；2015 年的专利代理实务科目试卷中，无效实务试题为对拟提出的无效宣告请求向客户给出咨询意见，即根据客户所提供的多件拟作为证据使用的对比文件和拟提出无效宣告请求的专利文件说明可提出无效宣告请求的范围、理由和证据，并给出在提出本次无效宣告请求之后进一步工作的建议。

2007 年、2009 年和 2012 年专利代理实务科目试卷中的无效实务试题都涉及专利权人一方的专利代理实务，其中 2007 年和 2009 年的无效实务试题中要求考生针对无效宣告请求书为专利权人撰写意见陈述书，并对专利文件（即权利要求书）进行修改，而在 2012 年的无效实务试题中仅要求考生向客户给出咨询意见，即分析无效宣告请求书中提出的各个无效宣告理由是否成立，并根据分析结果对权利要求书的修改给出具体建议；此外，2007 年和 2009 年的无效实务试题中还包括与无效宣告程序有关的简答题（2007 年涉及无效程序中专利文件修改的相关规定、2009 年涉及对出席口头审理的对方代理师资格的异议等）。但是，正如前一章所指出的，由于从 2006 年起，专利代理实务科目的试题涉及专利申请文件撰写、审查意见通知书的答复以及无效程序中无效宣告请求书和意见陈述书的撰写三个部分，考虑到专利申请文件的撰写是专利代理人最基本而又最重要的能力，而无效宣告程序中无效宣告请求书和意见陈述书的撰写与审查意见通知书的答复都是反映专利代理人的争辩能力，具有一定的相似性，因此在 2007 年、2009 年、2011 年、2012 年、2015 年和 2016 年的专利代理实务科目的试卷中除涉及无效实务试题外，还包含了撰写专利申请权利要求书的试题（对于后者，属于专利申请文件撰写的试题）。

由上述分析可知，无论根据《专利代理师资格考试大纲》，还是历年专利代理实务科目试卷中涉及的无效实务试题，考生在应试时主要完成的工作为下述两方面工作之一：①为请求人撰写无效宣告请

求书和/或向请求人给出咨询意见；②向专利权人给出咨询意见（即分析无效宣告请求书中的无效宣告理由能否成立）和/或针对无效宣告请求撰写意见陈述书，并对专利文件进行修改。

此外，可能还会出现少量与无效程序基本知识相关的简答题。

第三章　历年实务考试结构总览

本章通过 2006 年以来历年试题总体结构总览，以便考生对历年考试形式有总体了解（参见表 1-3-1）。

表 1-3-1　历年实务考试试题结构总览

年度	试题类型	试题总体结构和应试需要完成的内容
2006	审查意见答复	1. 修改权利要求书 2. 撰写意见陈述书 3. 必要时给出分案申请的独立权利要求并说明分案的理由（当年不必分案）
2007	无效实务＋申请实务	无效实务题： 1. 针对无效宣告请求撰写意见陈述书 2. 修改专利权利要求书 3. 简述无效程序中专利文件修改的有关规定 申请实务题： 1. 撰写权利要求书 2. 必要时给出合案申请的理由，和/或给出另行提出申请的独立权利要求并说明另行提出申请的理由（当年无须另行提出申请）
2008	审查意见答复	1. 修改权利要求书 2. 撰写意见陈述书 3. 必要时给出分案申请的权利要求书并说明分案的理由（当年需要分案）
2009	无效实务＋申请实务	无效实务题： 1. 针对无效宣告请求撰写意见陈述书 2. 修改专利权利要求书 3. 针对请求方对己方的意见陈述书和修改后的权利要求书补充的无效宣告理由和证据再次陈述意见 4. 针对请求方出席口头审理人员的身份和资格发表意见 申请实务题： 1. 撰写权利要求书 2. 必要时给出合案申请的理由，和/或给出另行提出申请的独立权利要求并说明需要另行提出申请的理由（当年是否需要另行提出申请存在争议）
2010	申请实务	1. 撰写权利要求书 2. 必要时说明合案申请的理由，和/或给出另行提出申请的独立权利要求并说明另行提出申请的理由（答案中既有合案又有分案申请） 3. 简述关于确定最接近的现有技术需要考虑的因素，并从两篇对比文件中确定本申请最接近的现有技术 4. 说明所撰写的权利要求书相对于现有技术具备新颖性和创造性的理由 5. 针对另一项发明创造撰写权利要求书并说明能否享有优先权和能否获得保护的理由

年度	试题类型	试题总体结构和应试需要完成的内容
2011	无效实务＋申请实务	无效实务题： 撰写无效宣告请求书 申请实务题： 1. 撰写权利要求书 2. 必要时说明合案申请的理由，和/或给出另行提出申请的权利要求书并说明另行提出申请的理由（答案中有合案申请） 3. 解答客户有关商业秘密和充分公开之间关系的咨询问题
2012	无效实务＋申请实务	无效实务题： 1. 分析说明无效宣告请求书中各无效宣告理由能否成立，向客户给出修改权利要求书的建议并说明理由（即撰写咨询意见） 2. 修改专利权利要求书 申请实务题： 1. 撰写权利要求书 2. 必要时说明合案申请的理由，和/或另行提出申请的独立权利要求并说明另行提出申请的理由（答案中有分案申请） 3. 简述撰写的独立权利要求相对于现有技术所解决的技术问题及取得的技术效果
2013	申请实务	1. 针对客户撰写的权利要求书草稿指出其所存在的缺陷（即咨询意见） 2. 重新撰写一份权利要求书 3. 论述所撰写的独立权利要求具备新颖性和创造性的理由 4. 必要时说明合案申请的理由，和/或给出另行提出申请的独立权利要求并说明另行提出申请的理由（答案中有分案申请）
2014	答复咨询＋申请实务	答复咨询题： 1. 针对第一次审查意见通知书给客户撰写咨询意见 2. 撰写答复第一次审查意见通知书时提交的修改的权利要求书 申请实务题： 1. 针对技术交底书，撰写发明专利申请的权利要求书 2. 论述所撰写的独立权利要求具备新颖性和创造性的理由 3. 必要时说明合案申请的理由，和/或给出另行提出申请的独立权利要求并说明另行提出申请的理由（答案中有分案申请）
2015	无效实务＋申请实务	无效实务题： 1. 根据客户提供的涉案专利和对比文件为客户撰写有关无效请求的咨询意见 2. 无效请求后的进一步工作建议 申请实务题： 1. 针对技术交底书，撰写发明专利申请的权利要求书 2. 论述所撰写的独立权利要求具备新颖性和创造性的理由 3. 必要时说明合案申请的理由，和/或给出另行提出申请的独立权利要求并说明另行提出申请的理由（答案中有分案申请）
2016	无效实务＋申请实务	无效实务题： 1. 根据客户自行撰写的无效宣告请求，分析其各项无效宣告理由是否成立并以信函方式告知客户 2. 根据客户提供的涉案专利和对比文件为客户给撰写无效宣告请求书 申请实务题： 1. 针对技术交底书，撰写实用新型专利申请的权利要求书 2. 说明所撰写的独立权利要求相对于现有技术解决的技术问题及取得的技术效果

年度	试题类型	试题总体结构和应试需要完成的内容
2017	申请文件挑错＋申请实务	申请文件挑错： 1. 为客户逐一解释其自行撰写的权利要求书是否符合专利法及其实施细则的规定并说明理由 2. 根据《专利法实施细则》（2010 年修改）第 17 条的规定，依据检索到的对比文件，说明客户自行撰写的说明书中哪些部分需要修改并对需要修改之处予以说明 申请实务题： 1. 针对技术交底书，撰写发明专利申请的权利要求书 2. 根据"三步法"陈述所撰写的独立权利要求相对于现有技术具备创造性的理由
2018	无效实务＋申请实务	无效实务题： 1. 具体分析客户所撰写的无效宣告请求书中的各项无效宣告理由是否成立，并将结论和具体理由以信函的形式提交给客户 2. 根据客户提供的材料为客户撰写一份无效宣告请求书 3. 针对所提出的无效宣告请求，思考专利权人可能应对和预期的无效宣告结果，并思考在这些应对中，是否存在某种应对会使得客户的产品仍存在侵犯本涉案专利的风险，并说明理由 申请实务题： 1. 根据技术交底书，综合考虑现有技术，为客户撰写一份发明专利申请的权利要求书；必要时说明合案申请的理由，和/或给出另行提出申请的独立权利要求并说明另行提出申请的理由 2. 简述撰写的独立权利要求所解决的技术问题和取得的技术效果以及所采用的技术手段
2019	无效实务＋申请实务	无效实务题： 1. 具体分析客户所撰写的无效宣告请求书中的各项无效宣告理由是否成立，并将结论和具体理由以信函的形式提交给客户 2. 根据客户提供的材料为客户撰写一份无效宣告请求书 申请实务题： 1. 根据技术交底书，综合考虑现有技术，为客户撰写一份发明专利申请的权利要求书 2. 简述撰写的独立权利要求相对于现有技术具备新颖性和创造性的理由 3. 如果所撰写的权利要求书中包含两项或两项以上的独立权利要求，请简述这些独立权利要求能够合案申请的理由；如果客户提供的技术内容涉及多项发明，应当以多份申请的方式提出，则请说明理由，并撰写另案申请的独立权利要求
2020	无效实务＋申请实务	无效实务题： 1. 具体分析客户所撰写的无效宣告请求书中的各项无效宣告理由是否成立，并将结论和具体理由以信函的形式提交给客户 2. 根据客户提供的材料为客户撰写一份无效宣告请求书，在无效宣告请求书中要明确无效宣告请求的范围、理由和证据 申请实务题： 1. 根据技术交底书，综合考虑客户提供的涉案专利和两份对比文件所反映的现有技术，为客户撰写一份发明专利申请的权利要求书 2. 如果所撰写的权利要求书中包含两项或两项以上的独立权利要求，请简述这些独立权利要求能够合案申请的理由；如果客户提供的技术内容涉及多项发明，应当以多份申请的方式提出，则请说明理由，另案申请仅须写独立权利要求 3. 说明所撰写的独立权利要求具有新颖性和创造性的理由，如果撰写了多件申请，只陈述第一独立权利要求

续表

年度	试题类型	试题总体结构和应试需要完成的内容
2021	无效实务＋申请实务	无效实务题： 根据客户提供的涉案专利和三份对比文件为客户撰写有关无效请求的咨询意见 申请实务题： 1. 根据技术交底书，综合考虑客户提供的涉案专利和三份对比文件所反映的现有技术，为客户撰写一份发明专利申请的权要求书。如果所撰写的权利要求书中包含两项或两项以上的独立权利要求，请简述这些独立权利要求能够合案申请的理由；如果客户提供的技术内容涉及多项发明，应当以多份申请的方式提出，则请说明理由，另案申请仅须写独立权利要求 2. 说明所撰写的独立权利要求具有新颖性和创造性的理由。若有多项独立权利要求，分别说明 3. 以技术交底材料为基础，综合考虑客户提供的涉案专利和三份对比文件所反映的现有技术，撰写发明专利申请的说明书（在技术交底材料的基础上进行补充和修改的，并简要说明）

第四章　考前准备及应试技巧总论

一、概述

专利代理实务考试试题主要包括三种类型：第一类，撰写专利申请文件，作为考试试题，主要撰写一份权利要求书（多数是发明专利申请），或者对客户撰写的权利要求书给出咨询意见，后者相当于撰写无效宣告请求书并指出其所存在的形式缺陷的试题，此外还可能涉及说明书的撰写，或者以简答题的方式涉及说明书的部分撰写内容；第二类，答复审查意见通知书，这类试题的答题内容通常包括针对审查意见通知书修改权利要求书以及撰写意见陈述书或向客户给出咨询意见两个部分；第三类，无效宣告程序的实务试题，作为请求人的专利代理师针对客户拟提出无效宣告请求的专利文件和提供的相关证据撰写提交给国家知识产权局的无效宣告请求书和/或向客户给出咨询意见，或者作为专利权人的专利代理师针对无效宣告请求和所附证据为客户撰写提交给国家知识产权局的意见陈述书或向客户给出咨询意见。❶

专利代理实务科目试卷常常对上述三种类型❷试题内容进行组合，但不管如何组合，上述三类专利代理实务试题是考试中最基本的内容，它们既具有共同的特点，也具有不同之处。本部分先就考生考前准备及考试过程中应当注意的事项作一总体介绍。针对三类试题在考试过程中的应试思路分别在后续介绍。

二、考前准备

本章首先结合这一考试特点对考生考前准备工作给出建议；在此基础上，参考历年考试试题情况并结合专利代理实务试题的特点提醒考生在考试过程中应当予以注意的地方。专利代理实务考试要求

---

❶　以往作为专利权人一方专利代理师的试题中，撰写意见陈述书和咨询意见两者之中仅要求完成指定的一项，但不排除今后试题中既要求撰写咨询意见，又要求撰写意见陈述书。

❷　更确切地说为四种类型，因为涉及无效宣告程序的这类试题还包括作为请求人一方的专利代理师和作为专利权人一方的专利代理师两种类型。

考生具备扎实的专利法律法规知识，并且能够理论联系实际，解决专利代理实务问题。考生在备考时需要做好下述准备工作。

1. 准确理解和牢固掌握专利法律法规基本知识

考生在应试准备时，一定要牢固掌握专利法律法规的基本知识，尤其重点掌握实体方面的基本知识。但也还需要对专利法律法规中有关程序方面的基本知识给予一定的重视。考试甚至直接考查某些基本知识，例如2009年的考题中涉及无效宣告程序中口头审理的代理人身份和资格的简答题、2007年专利代理实务科目试卷的无效实务试题中的简答题涉及无效宣告程序中专利文件修改的有关规定、2004年化学专业试题中涉及单一性审查原则的规定、2010年专利代理实务试题第三题中涉及享有本国优先权的条件、2011年专利代理实务科目试卷的申请实务试题中的简答题涉及充分公开与保留技术秘密之间的关系。

2. 通过多做模拟练习提高理论联系实际的应用能力

多做模拟练习，以提高实战能力。练习时不要先看其答案，而是先自己动手做练习，做完后再与参考答案进行对比分析，看看自己所做的答案在哪些方面存在不足，以便在下一个模拟练习中加以改进。在临考前，至少有一部分模拟练习按照考试的方式来完成。

3. 熟练掌握反映专利代理师水平和能力的论述和答辩技巧

反映专利代理师论述和答辩能力的内容的考点是每年必考内容，在备考时需要注意这方面应试能力的提高。

从历年考题来看，对专利代理师论述和答辩能力的考核主要集中在如下几个方面：新颖性和创造性、单一性、权利要求以说明书为依据、权利要求清楚地限定要求专利保护的范围、独立权利要求缺乏必要技术特征等。

针对上述各个重点方面进行准备时，需要注意采用规范的专利术语，规范的论述（参见后续相关内容）。例如，在创造性论述时对于发明应当使用"突出的实质性特点和显著的进步"；而对于实用新型专利，则应当使用"实质性特点和进步"。又如，针对独立权利要求，可以出现"特征部分"和"区别技术特征"这样的专利术语；但是对于从属权利要求，与之相应的是"限定部分"和"附加技术特征"。在考试中出现错误的专利术语，也可能会导致扣分。

4. 通过模拟练习熟练掌握权利要求书撰写的思路

除通过模拟练习熟练掌握权利要求书撰写的思路外，还应当重点掌握独立权利要求撰写的步骤和技巧，尤其要体会如何通过概括方式撰写独立权利要求以取得更充分的保护而又相对于现有技术具备新颖性和创造性。

在这方面需要注意应试与实际专利代理工作的实践有所区别，实际专利代理实践中为取得更宽保护范围，可以允许撰写的独立权利要求存在一些缺陷，然后在审批阶段按照审查意见通知书的意见修改权利要求书。但是在应试时，出现任何不符合《专利法》及其实施细则、《专利审查指南2023》相关规定的情况都会丢分，因此所撰写的独立权利要求（包括从属权利要求）都必须符合规定。

5. 通过模拟练习熟练掌握意见陈述书或咨询意见撰写内容和格式

在专利代理实务考试中，对于实质审查阶段答复审查意见通知书的意见陈述书、无效宣告程序的无效宣告请求书和意见陈述书应当包括哪些内容和格式规范有一定要求，答题时应当包括应有的各个部分，以及合适的撰写顺序。咨询意见通常会在试题中明确需要写明哪几部分内容，但在考前备考练习时应当将有可能在咨询意见中出现的内容都熟练掌握，熟知相应部分的内容如何作答。通过考前备考的模拟练习达到熟练掌握这方面的内容，从而在考试时应用自如而不致有遗漏。尤其要注意应试与实际专利代理实务的不同，例如实际代理中答复审查意见通知书时，修改权利要求书后，只要所作修改符合《专利法》第33条和《专利法实施细则》第57条第3款的规定，可以在意见陈述书中仅仅针对修改后的权利要求书说明已消除审查意见通知书指出的实质性缺陷即可，即使在意见陈述书中未具体指明所作修改符合《专利法》及其实施细则上述条款的规定，也是允许的；但在考试时意见陈述书中缺少这部分内容就会导致丢分。

三、考场技巧

1. 答题前认真仔细通读试题说明

试题说明部分反映了考试的主要内容和答题要求，因此考生在应试时不要急于去阅读试题的具体内容，而应当首先认真仔细地通读试题说明，注意如下几点。

(1) 对试题涉及内容有一个总体了解，以便合理地分配时间。例如，在 2007 年考题中，其考试内容包括无效实务和撰写实务两个部分，当年相当多的考生由于对第一题（无效实务试题）花费过多时间，而留给第二题（撰写实务试题）的时间过少，因而撰写实务试题部分未完成，从而影响总体得分；如 2010 年的试题，由于试题的第二题要求论述所有独立权利要求具备新颖性和创造性的理由，当年的答案涉及四项独立权利要求，有些考生论述这四项独立权利要求具备新颖性和创造性均十分详细全面，结果没有时间去完成最后一道 20 分的题。

(2) 试题说明中，通常会写明应试者需要完成的工作，阅读试题说明时应当记住答题包括哪些内容，从而在具体答题时及时给予注意，不要有遗漏。为方便最后检查是否完成了答题的所有内容，必要时对试题说明中以分散方式写明的需要考生完成的工作作出标记。以 2007 年专利代理实务科目试卷为例，两部分试题共涉及六方面的答题内容，前一部分无效实务试题中明确写明三项答题内容，对于这种集中写明的答题内容在阅读试题说明中记住即可，而后一部分撰写实务试题中三项答题内容分散在多个段落中，因此在阅读试题说明时应当对这些答题内容给予足够注意，不要将其遗漏，且在阅读时作出标记，从而在阅读了试题说明后就能明确后一部分涉及哪些答题内容，所作出的标记也便于在答题结束时检查是否完成了所有答题内容。

(3) 试题说明中如果包含简答题，需要注意这些简答题是否与具体实务试题相关。对于与具体实务试题无直接关系的内容（例如 2007 年有关无效期间专利文件修改的规定），则只需要依据专利法律法规的规定作答即可；而对于与具体实务试题有关的内容（例如 2000 年至 2004 年撰写申请文件中的简答题、2010 年专利代理实务试卷第三题中的简答题、2007 年至 2015 年试卷中有关多项发明创造合案申请还是分案申请的简答题，以及 2011 年专利代理实务试卷中申请文件试题部分有关说明书充分公开方面的简答题），则应当结合具体案件情况加以分析再给出具体答案。

(4) 在阅读试题说明时应当对影响具体答题的条件作出标记。在试题说明中往往会涉及具体试题内容的答题条件，在阅读到这些内容时应当将其标注出来，以便在正式答题时能找到这些条件，从而能正确地答题。以 2007 年的试题为例，试题说明在第一题中给出了提出无效宣告请求的日期，并给出了补充意见和补充证据的时间，有一些考生未注意到这一条件，从而在答题时需要确定补充意见和证据是否超过期限时，在后面的具体试题中反复寻找甚至仍未发现，从而既花费了不少答题时间也丢掉了该考点的分数。

(5) 注意和领会答题须知。从历年试题来看，答题须知可能涉及两个方面。其一，提醒应试者局限在该试题提供的内容中答题，例如，在撰写实务试题中告知考生，仅依据客户提供的发明内容进行撰写，不要补充其他有关该发明主题的任何专业知识；在撰写实务试题中要求考生接受并限于该试卷所提供的事实；在无效实务试题中告知考生不必考虑所提供对比文件的真实性，即这些对比文件均视为真实、公开的；因此，考生在考试过程中应当接受试题所提供的信息，不必过多深究试题中涉及的技术原理或其他与考题考点无关的其他内容，以免考虑过多陷入思考误区从而影响考试。其二，对考生答题提出的一些具体要求，例如，可能要求撰写的权利要求书中给出必要的附图标记，将答案写在正式答题纸的答题区域内，如不按照此要求去做就会影响最后的得分。

2. 阅读试题具体内容应当认真仔细，并作出必要的归纳整理

在阅读试题内容时应当作出必要的归纳整理，以便在具体答题时给予查阅和核对。

(1) 阅读试题具体内容时，根据不同的试题类型，重点关注不同的内容，并进行必要的归纳整理。例如，对于撰写专利申请文件的试题，重点关注其涉及哪些技术主题，并且这些技术主题相对于现有技术解决了什么样的技术问题以及通过什么技术手段解决了这些技术问题；对于答复审查意见通知书的试题，应当关注其权利要求书的技术方案，对比文件与该发明专利申请的相关性（对比文件的公开日或申请日与该发明专利申请的申请日或优先权日之间的关系，这些对比文件披露了权利要求中的哪些技术特征）。从应试角度看，更要注意说明书中还包含哪些未被对比文件披露的技术内容；对于无效宣告程序的试题，重点关注无效宣告请求涉及哪些无效宣告理由，各个证据与该专利的相关性，各个无效宣告理由分别涉及哪些权利要求，增加无效宣告理由和补充证据是否超出期限等。

（2）阅读试题具体内容时，将直接影响正式答题的内容加以标识。例如，对于撰写专利申请文件的试题，对客户提供的发明创造内容介绍可以标识涉及的技术主题、关键技术特征、附加技术特征，以及材料中的其他重要信息；对于答复审查意见通知书的试题，可以对各对比文件所披露的与权利要求书中各技术特征相关的内容作出标记，还可以将说明书中那些未记载在权利要求书中的技术特征，尤其是能产生进一步技术效果的技术特征作出标记；对于无效实务试题，可以将无效宣告请求书中无效宣告请求理由、各无效宣告请求理由所涉及的权利要求，以及各对比文件涉及的权利要求中的技术特征作出标记。作出标记后，有利于在答题时查找以节约时间。

3. 具体答题时应当条理清晰地完成所有答题内容

对三类试题在具体答题工作中应当予以注意的共同之处作一说明。

（1）答题时应当抓住整个试题的重点和各类型试题的重点。抓住重要得分点，对于合理分配考试时间非常重要，在重要问题上花费充分必要的时间，仔细推敲，而对于次要问题不应花费过多的时间，在时间不够用的情况，不要因小失大。

（2）答题时针对试题每一个考点，应当条理清晰地作出说明，既要结合具体案情作出说明，又要以相关规定为依据。既要清楚地按照《专利审查指南2023》的规定说明理由，又应当注意表述简洁，写入重要的关键话语，而不要写入过多的套话或无关紧要的话语。例如在2008年答复审查意见通知书的意见陈述书中，对于权利要求书得到说明书支持的论述，仅需要依据《专利审查指南2023》中的规定，指出"在判断权利要求是否得到说明书支持时，应当考虑说明书的全部内容，而不是仅限于具体实施方式部分的内容"，然后具体指出说明书中哪几段写明了相关内容，在此基础上进一步说明本领域的技术人员根据说明书中记载的内容能够得知其适用权利要求所涉及的保护范围，以表明修改后的权利要求书能够得到说明书的支持，文字不多，但写明了这一考点所要求的所有内容。

（3）完成每一部分试题后，应当检查一下所作的答案是否有遗漏。这种检查包括两个方面。其一，检查是否针对这一部分考题的所有内容给出答案。其二，针对其中一项答题内容检查是否有内容遗漏，例如2008年审查意见通知书中既涉及新颖性和创造性，又涉及权利要求书以说明书为依据，则在意见陈述书中既要说明修改后的权利要求书具备新颖性、创造性，又要说明修改后的权利要求书能够得到说明书的支持。

（4）对于采用纸件试卷的考生，答题时应当注意卷面整洁。对于纸件试卷，由于考试时用笔书写，进行修改就比较困难，容易造成卷面上答题内容的交叉，致使判分时出现得分点遗漏，因此采用纸件试卷的考生在答题时应当保持卷面整洁。鉴于在应试时修改答案是经常会发生的，为了便于修改，建议考生书写的字尽可能稍小一些，使两行之间留有足够的行距，这样修改就比较方便，可以在两行之间的空白处进行，对卷面整洁的影响较小。

第二部分
专利申请文件撰写专题

对于发明或实用新型而言，申请文件的撰写，尤其是权利要求书的撰写是专利代理师在专利代理实务工作中应当具备的最基础的能力，因而权利要求书的撰写是专利代理实务考试每年必考的重点内容。本部分对如何撰写出能对发明创造给予充分保护的权利要求书进行详细介绍。

第一章　权利要求书撰写的大致过程

作为专利代理师，在为申请人起草权利要求书和说明书过程中，通常包括下述三个环节：理解发明创造的内容；对客户提供的发明创造内容与现有技术进行分析对比；具体撰写申请文件。下面对这三个环节作出进一步说明。

一、理解发明创造的内容

首先，认真阅读和研究客户提供的技术资料（实践中，客户通常以技术交底书的形式提供），结合客户所提供的现有技术状况，理解发明创造的实质内容，把握其主要构思，即准确把握发明所要解决的技术问题，采用的技术手段以及所达到的技术效果。在这个过程中，确定客户的发明创造有可能涉及哪几个主题。

其次，分析这些主题是否属于专利保护的客体，即判断这些主题是否符合发明创造的定义，是否属于《专利法》第5条、第25条规定所排除的不授予专利权的客体。对于《专利法》不给予保护的主题，应当建议客户放弃申请专利。对于《专利法》给予保护的客体，针对其中的技术主题，❶判断其是否具有实用性。对于不具备实用性的主题，由于其不能获得授权，应当建议客户放弃。

在此基础上，对这些具备实用性且属于《专利法》给予保护的技术主题作进一步分析。确定其实质内容是产品发明还是方法发明，从而与客户沟通哪些主题可以申请发明专利，哪些主题可以申请实用新型专利，哪些主题可以既申请发明专利又申请实用新型专利（此时，两件申请应同一天向国家知识产权局提出）。

在上述初步分析的基础上，对于确定申请发明和/或实用新型专利的技术主题，需要作进一步研究分析，例如所提供的资料是否充分公开了发明创造，客户针对该技术主题所要求专利保护的范围是否得到其提供交底材料的支持，因此在实践中，往往需要与申请人进行必要的沟通。不过在专利代理实务考试中，不可能与客户（发明人或申请人）进行沟通，在考试时，应当按照试题的要求进行。从历年试题来看，仅限于试题提供的内容撰写权利要求书，不允许考生随意扩展发明构思；对于提供材料缺少充分公开所需内容，提供材料不足以支持要求专利保护范围，或提供材料存在不清楚之处，是通过向客户给出建议的简答题的方式进行的。

然后着手下一环节工作，即将发明创造与现有技术进行对比分析。但有时还要考虑申请是否要求优先权，是否存在不丧失新颖性的公开等情况。

---

❶　由于专利代理实务科目中有关专利申请文件撰写部分的内容只涉及发明和实用新型专利，因此仅针对其中的技术主题作进一步说明。

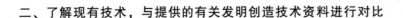

二、了解现有技术，与提供的有关发明创造技术资料进行对比

为了撰写出高质量的权利要求书和说明书，应当对发明创造的现有技术作充分了解。为此，除仔细分析客户提供的背景技术外，必要时还应当对现有技术进行检索和调研，以得到相关的现有技术，尤其是最接近的现有技术。这一环节是确定技术内容中是否存在满足新颖性和创造性的技术主题的重要环节。通过这一环节可以了解现有技术中存在的问题，确定发明创造所解决的技术问题及获得的技术效果。

在将客户的发明创造与现有技术进行对比分析中，首先应当将客户发明创造的各个技术主题分别与现有技术相应的技术主题进行技术特征对比分析。对于那些明显不具备新颖性或创造性的技术主题，应当建议客户放弃相关技术主题。

对于提供的技术资料中存在多个技术主题，且这几个技术主题均可以申请专利的情况，应当确定哪一个技术主题作为专利申请最主要的技术主题，并以此主题作为本专利申请发明创造性的核心，为申请人获取最有利的保护范围。然后，通过与现有技术的进一步对比分析，判断其他几项技术主题与所确定的最主要技术主题之间是否属于一个总的发明构思而具备单一性。对于那些与最主要技术主题具备单一性的技术主题，与最主要的技术主题一起合案提出申请。而那些与最主要技术主题不具备单一性的技术主题，建议客户另行提出一件专利申请。

三、撰写权利要求书和说明书

在做好上述撰写准备之后，就可以开始着手撰写权利要求书和说明书。这两部分专利申请文件的撰写并没有严格的先后顺序，并且相互之间在撰写过程中还需要调整。通常对于技术内容比较简单的情况，多半先撰写权利要求书。

首先，撰写独立权利要求。在撰写独立权利要求时，应当使其相对于所了解的现有技术具备新颖性、创造性（符合《专利法》第22条第2款、第3款的规定），清楚、简要地限定要求专利保护的范围，并且所提供的资料足以支持该保护范围（符合《专利法》第26条第4款的规定），包括解决技术问题的必要技术特征（符合《专利法实施细则》第23条第1款的规定），但不应当写入非必要技术特征，以为客户争取尽可能宽的保护范围。

其次，选择优选的附加技术特征来撰写合适数量的从属权利要求。这些从属权利要求同样需要符合清楚简要，且得到说明书支持的要求，同时还应当注意其引用部分的撰写，确保引用关系清楚。

权利要求书撰写的主要步骤如下：

（1）在理解发明或实用新型的基础上，找出其主要技术特征，弄清各技术特征之间的关系。

（2）根据已知的现有技术，确定发明或实用新型最接近的现有技术，并找到发明与现有技术的区别（不仅相对于最接近现有技术的区别，还要考虑其他现有技术是否给了启示后确定）。

（3）根据最接近的现有技术，确定发明或者实用新型相对于最接近的现有技术所解决的技术问题，在此基础上进一步确定为解决此技术问题所必须包括的全部必要技术特征，对于其中涉及多种结构或实施方式的必要技术特征，尽可能采用概括表述方式（上位概括或并列概括）加以表征，以获得尽可能宽的保护范围。

（4）对于独立权利要求可分成两部分格式撰写的情形，将与最接近现有技术共有的必要技术特征写入前序部分，区别于最接近现有技术的必要技术特征写入特征部分，从而完成独立权利要求的撰写。

（5）找出其他可能的附加技术特征并进行分析，将那些有可能对申请的创造性起作用的技术特征、优选的技术特征、带来附加技术效果的技术特征或解决附带的技术问题的技术特征作为对独立权利要求的进一步限定，完成从属权利要求的撰写。为了形成保护梯度，应当考虑在上位概念之下的某些中位概念作为附加技术特征，写成从属权利要求。

（6）对于有多个技术主题准备合案申请的情况，在针对最主要技术主题完成独立权利要求和从属权利要求后，针对其他与上述技术主题具备单一性的技术主题，可类似于上述步骤撰写并列独立权利要求以及相应的从属权利要求。

撰写说明书，应对发明创造名称、技术领域、背景技术以及发明或者实用新型内容这几个组成部分，根据所撰写的权利要求书以及撰写权利要求书过程中所考虑的问题作出相应的撰写。至于具体实施方式，既要充分公开发明创造，又要包括支持权利要求书的所有必要内容，以使专利申请文件符合《专利法》第 26 条第 3 款和第 4 款的规定。此外，整个说明书撰写应当符合《专利法实施细则》第 20 条以及《专利审查指南 2023》第二部分第二章第 2.2 节和第 2.3 节有关说明书及其附图的格式要求。

最后，按照《专利法实施细则》第 26 条以及《专利审查指南 2023》第二部分第二章第 2.4 节的规定撰写说明书摘要。

四、基于技术交底材料撰写权利要求书的几种情形

如前所述，撰写权利要求书时最重要的一项工作就是从技术交底材料中找到发明点，确定区别技术特征和必要技术特征，完成独立权利要求的撰写。基于技术交底材料所记载的发明创造的内容有各种情况，需要根据是否给出多个实施方式或实施例以及多个发明点之间的关系等不同情形决定不同权利要求的布局和撰写方式。

具体可分为以下几类情况。

（1）技术交底材料中针对仅作出一方面主要改进（或称作仅存在一个主要发明点）的发明创造提供了一个实施方式或实施例。在这种情况下撰写权利要求书时通常无须考虑对实施方式或实施例进行概括；这类权利要求书的撰写是其他各种类型权利要求书撰写的基础（但在考试试题中今后通常不会再出现这类权利要求书撰写的试题，仅针对次要发明的权利要求的撰写有可能属于这种情况）。

（2）技术交底材料中针对仅作出一方面主要改进的发明创造提供了多个并列实施方式或实施例。对于这种技术交底材料，通常需要考虑是否能够进行概括，这是近年来专利代理实务试题中经常遇到的考点之一。对于这类试题，在判断能否进行概括时可能会有多种不同的情况。

其一，经过考虑无法对这些并列实施方式进行概括或者概括后无法体现出与现有技术的区别，则撰写权利要求书时不进行概括，针对这些并列实施方式分别撰写独立权利要求。

其二，经过考虑可对这些并列实施方式进行概括且概括后能体现出与现有技术，尤其是与最接近现有技术的区别，即相对于现有技术具备新颖性和创造性，则应当撰写一项将这几种实施方式都概括在内的独立权利要求，然后针对这几种实施方式分别撰写相应的从属权利要求。例如 2004 年机械领域撰写试题中有关摩擦轮打火机的撰写就属于这种情况。

其三，介于上述两种情况之间，虽然无法对多种并列实施方式进行概括，但可以对其中一部分并列实施方式进行概括的情况，则针对能概括的并列实施方式撰写一项独立权利要求，而针对其他并列实施方式另撰写独立权利要求。例如 2011 年有关内置调味材料的瓶盖组件的撰写试题就属于这种情况。

（3）技术交底材料中的发明创造涉及多方面改进，即涉及多个发明点，该多方面改进多半是针对不同的技术问题提出的。这类试题也是近年来专利代理实务试题中出现最多的情况，如 2009 年、2012年、2014 年、2015 年和 2016 年的撰写试题。但也可能是针对同一技术问题作出了两方面彼此并不直接相关的改进，如 2011 年有关食品料理机的撰写试题。对于涉及多方面改进的发明创造，也可能会出现以下多种情况。

其一，多方面的改进是并列的改进，即它们之间并不直接相关，可以相对于最接近的现有技术分别作出的改进，但不排除在一种改进的基础上再将另一方面的改进作为前一种改进的进一步改进措施。例如 2012 年、2014 年、2015 年的撰写试题均属于这种情形。可以针对两方面的改进分别撰写独立权

利要求，这两项独立权利要求之间多半不符合单一性要求，应当作为两件申请提出。但其中第二方面的改进还可以作为第一方面改进的进一步改进，撰写成该第一项独立权利要求的从属权利要求。

其二，多方面的改进中以其中一方面的改进为主，其他方面的改进必须以这一方面改进为基础，即其他方面的改进是在这一方面改进的基础上作出的进一步改进。例如2002年机械领域有关轴密封装置的撰写试题就属于这种情况。针对主要方面的改进撰写独立权利要求，而针对第二方面改进作为第一方面改进的进一步改进措施撰写从属权利要求。

其三，多方面改进中存在着并列关系的两方面改进，例如2013年有关垃圾箱的撰写试题就属于这种情况。该技术交底书所说明的三方面改进中，第二方面改进是第一方面改进的进一步改进，而第三方面改进与第一方面改进是并列的改进关系，在这种情况下应当针对第一方面改进撰写独立权利要求，针对第二方面改进撰写成该项独立权利要求的从属权利要求。对于第三方面改进，既可针对其撰写一项需要另行提出申请的独立权利要求，也可以将其作为前两方面改进的进一步改进撰写成第一项独立权利要求的从属权利要求。

（4）技术交底材料中对发明创造内容的介绍涉及多个并列技术主题，例如产品、制备方法、用途、配套设备的情况，则很可能会出现针对各个并列技术主题撰写独立权利要求的情形，此时有可能需要分析这些权利要求是否符合单一性要求，以确定在一件申请中要求保护还是提出多件专利申请。例如，2007年有关包装体的撰写试题中，涉及包装体、包装体长带、包装体的供给方法和包装体的供给装置四项技术主题，需要撰写成四项独立权利要求，此四项独立权利要求符合单一性要求，可以在一件申请中提出。又如，类似于2008年有关油炸食品的试题，如果作为一道撰写试题，其涉及四项技术主题，油炸食品制作方法、油炸食品制作设备、油炸食品和用于油炸食品制作方法中的添加剂。由于油炸食品相对于现有技术不具有新颖性，因此针对前两项主题至少可各撰写一项独立权利要求（若考虑其分别作出了两方面改进，则可分别撰写两项独立权利要求），针对油炸食品制作方法中的添加剂也撰写一项独立权利要求，对前两项主题中满足单一性要求的独立权利要求在一项专利申请中提出，而有关添加剂的独立权利要求由于与前两项独立权利要求之间不具有单一性，应当另行提出一件申请。❶

通常来说，在考试中，作为主要技术主题撰写的独立权利要求或者针对主要改进撰写独立权利要求时需要考虑如何概括的问题，而对次要技术主题或者对次要的并列改进撰写的独立权利要求需要概括的情形较少，但也不排除要考虑是否能够概括。例如2014年有关光催化空气净化器的撰写试题中对于两方面并列改进分别撰写独立权利要求时都需要考虑是否能够进行概括。

对于涉及多处改进的申请主题应当关注其相对于现有技术作出的几方面改进之间是并列关系还是主从关系。对于并列关系的多方面改进，多半可分别撰写独立权利要求；而对于为主从关系的多方面改进，则针对主要改进撰写独立权利要求，并将次要改进撰写成反映主要改进的独立权利要求的从属权利要求。对于涉及多个实施方式的申请主题或其某一方面改进，需要分析这几种实施方式之间是并列关系还是主从关系，对于为并列关系的实施方式，需进一步分析哪些技术特征是这几种实施方式的共同技术特征，彼此不同的那些技术特征可否采用概括性技术特征来描述。

为了帮助考生掌握各类撰写试题的应试技巧，下面将分几章具体说明。由于前面列出的第一类情况是其他三类情况的撰写基础，因此将其作为权利要求基本撰写方法在第二章中作出说明，为帮助理解，给出一个实例。接着在第三章中针对仅作出一方面主要改进的发明创造提供了多个并列实施方式或实施例的技术交底书（即前面第二类情况）说明如何撰写权利要求书，考虑到它也是下面两类情况撰写的基础，因而针对这些并列实施方式能否概括的三种考虑结果分别作出说明，鉴于不能概括而针对多个实施方式分别撰写独立权利要求的撰写步骤与第二章中写明的撰写步骤基本相同，仅需要在撰写成多项独立权利要求之后判断是否具有单一性以确定是在一件申请中要求保护还是提出多件申请，因此在第三章中仅分成可以对多种并列实施方式进行概括，以及部分并列实施方式可

---

❶ 针对油炸食品制作方法的另一方面改进所撰写的独立权利要求与添加剂的独立权利要求之间具有单一性，可以在另一件提出的专利申请中包括这两项独立权利要求。

以概括而另一些不能概括的两种情形结合实例或历年试题加以说明。第四章针对目前试题中出现最多的发明创造涉及多方面改进的情况（即上述第三类情况）说明如何撰写权利要求书，由于目前这类试题出现得较多，因此分成多方面改进为并列关系改进、主从关系改进以及既有并列关系又有主从关系改进三种情形分别结合历年试题案例加以说明。第五章针对上述第四类情况（即技术交底书中涉及多个技术主题）结合由 2008 年答复试题改编的撰写案例加以说明。在对各类情况权利要求书的撰写方式分别作出说明的基础上，第六章归纳给出专利申请文件撰写试题的应试思路。

第二章　权利要求书基本撰写方法及实例

通常而言以下几种情况，不需要进行概括。

（1）技术交底材料中如果仅提供一个实施例，一般情况下撰写权利要求书时，无须考虑对实施例进行概括。

（2）如果提供了多个并列实施例，但经过考虑不能进行概括，即不能撰写一项将这些实施例都涵盖的独立权利要求，则也不需要进行概括，而需要分别撰写独立权利要求。在这种情况下，尤其是如果不同实施例是并列改进，但技术方案之间不具备单一性，则也不可能进行概括。

（3）虽然针对同一技术主题提供多个实施例，但这多个实施例之间为递进或主从关系，其中一个是最基本的实施例，此时也不需要进行概括，而是先针对最基本的实施例撰写独立权利要求，其余的实施例则需要撰写从属权利要求。

（4）虽然提供了多个实施例，但不同的实施例分别针对不同的技术主题，则一般也不需要考虑概括的问题。

（5）如果技术交底书中直接给出了明确的上位概念或功能性概括的方式，在判断能够得到支持或具备新颖性/创造性情况下，则可能直接采用该上位概念或功能性概括。

因而，本章主要针对发明创造相对于最接近的现有技术仅作出一方面主要改进的一种实施方式或实施例说明权利要求书的基本撰写方法。在这种情况下，对独立权利要求无需进行概括，这是撰写权利要求书的最基础最基本的方法，也是下面三章所涉及的三类情况（针对仅作出一方面改进的发明创造给出多个并列实施方式的情况、发明创造涉及多个发明点的情况，以及发明创造涉及多个并列技术主题）撰写权利要求书的基础，需要十分熟练地掌握。

一、权利要求书撰写的具体步骤

在理解了技术内容包括技术交底书中记载的发明创造以及相关的现有技术后，权利要求书的撰写可以按照以下过程来进行，其中也蕴含着对发明创造的理解。

第一步，确定有可能写入权利要求书的技术主题。

首先需要排除明确不能获得授权的主题，包括不被授权的主题、不具备实用性等主题，以及明显属于现有技术的主题等。

第二步，针对可能的技术主题，全面找出涉及的技术特征并进行分析。

1. 认真阅读技术交底材料，确认相关技术主题的所有可能写入权利要求书中（独立权利要求或是从属权利要求）的技术特征

对于产品权利要求而言，可能写入权利要求书的技术特征包括：部件名称、部件的形状、部件之间的连接关系、部件作用以及材料等。

对于方法权利要求而言，则主要是各个步骤过程，步骤中的参数和操作，其中步骤中也可能用到相关的产品或其部件名称、连接关系等。

需要说明的是，撰写权利要求的前提是首先要能够正确区分技术特征和非技术特征。技术特征体现的技术手段，能够解决技术问题并利用了自然规律。通常而言，不能解决技术问题的特征不是技术手段，例如在垃圾箱上张贴广告。同时，对于采取技术手段的原因、理由、原理本身，以及产生的结果如技术效果等通常也不是技术特征。但在化学领域，有些技术效果可转换成功能性描述而成为技术特征，不过作为专利代理实务考试，通常涉及的是日常机械领域，这种情况通常不太可能发生。因此，上述提及的情形通常不作为技术特征写入权利要求书当中。

2. 重点分析技术特征之间的逻辑关系

对第一步找出的技术特征进行归类整理，重点是找出它们之间的逻辑关系，比如某产品各部件基础特征构成一级特征，各部件进一步特征构成二级特征等。可以通过列表和画结构图来理解，考试中由于时间紧张不一定画出来，但要采用这种思路。

特征分析表示例（参见表 2-2-1），虽然给出四级特征，但考试中通常到二级特征，最多到三级特征。

表 2-2-1 特征分析

主题名称	一级特征	二级特征	三级特征	四级特征
产品 A	部件 B 特征	进一步特征 B1		
	部件 C 特征			
	部件 D 特征	进一步特征 D1	更进一步特征 D11	
			更进一步特征 D12	
			更进一步特征 D13	
		进一步特征 D2	更进一步特征 D21	
			更进一步特征 D22	
		进一步特征 D3	更进一步特征 D31	再进一步特征 D311
				再进一步特征 D312
				再进一步特征 D313

第三步，找出相对于现有技术的区别所在（即区别技术特征）。

找到相对于现有技术的区别所在，是撰写出具备新颖性和创造性的权利要求技术方案的基础。

该步骤，通常要求相对于各现有技术分别找全其存在的区别技术特征，通常可以列表的形式进行比较，找出相对于各现有技术的区别所在。

第四步，确定发明点（即最关键的技术特征）。

确定发明点是撰写申请文件所要求的最基本最重要的能力之一。这个要求在找出区别所在的情况下，进一步寻找并确定为发明带来新颖性和创造性的区别技术特征。

在仅有一篇现有技术对比文件的情况下，则只需要针对该对比文件进行比较，看发明的技术特征是否在对比文件中公开，找出没有被公开的技术特征（即构成区别技术特征），再判断所述未被公开的技术特征是否是公知常识，或者是否解决了某个技术问题和/或获得某种技术效果。对于解决了某个技术问题并获得技术效果的区别技术特征即有可能为发明带来创造性的技术特征。

在有多篇对比文件的情况下，通常需要确定一份最接近的现有技术，并根据第三步明其未被该最接近对比文件公开的技术特征构成区别技术特征。需要说明的是，在撰写阶段，只需要考虑以技术领域相同的现有技术对比文件作为最接近的现有技术。对于其中的区别技术特征，需要排除明显是公知常识的区别技术特征，以及没有提及有何种技术效果的区别技术特征。剩余的就是那些获得有技术效果的区别技术特征，此时需要考虑其他现有技术对比文件中是否公开了该特征，并且所起作用相同。如果没有被公开，或者虽然被公开但所起作用不同，则可以认定所述区别技术特征就是能为发明带来创造性的区别技术特征。

第二篇

上述找出的区别技术特征还需要进一步确定如何作为发明点。通常而言，若找到能为发明带来创造性的多个区别技术特征，此时要判断多个区别技术特征之间的关系，如果它们之间具有主从或递进关系，则找出最基础、最根本的区别技术特征作为发明点。如果能带来创造性的多个区别技术特征之间是并列关系，则出现并列发明点，此时权利要求书的撰写见后续章节。本章重点关注一个区别技术特征的情况。

第五步，确定所要解决的技术问题和所要达到的技术效果。

在确定发明点的过程中，其实已经考虑过所要解决的技术问题和所要达到的技术效果，但从撰写的角度，这一步需要重新核实和确认，以确保所确定的发明点能够说得通因而是正确的，同时考虑这一点也有利于确定所有的必要技术特征，尤其是有利于后续论述权利要求的创造性。

从撰写角度，这一步根据上一步确定的发明点确定所要解决的技术问题，如前所述在考试中，只有在技术交底材料中能够确定区别技术特征所解决的技术问题并达到技术效果的情况下，才可能为发明带来创造性；如果完全不能确定其解决了什么技术问题和达到什么技术效果，则不能确定为发明点。在确定技术问题时通常有以下几种情形。

（1）技术交底材料中明确记载了所要解决的技术问题和所达到的技术效果，而发明点的效果与其相应（比如交代了区别技术特征所起的作用与其对应），则技术交底材料中声称的技术问题即为发明所要解决的技术问题。

（2）技术交底材料中没有明确记载所要解决的技术问题，但对现有技术的描述中指出了现有技术的缺陷或不足，由此能够判断出发明所要解决的技术问题，此时应将发明点所获得的效果与该技术问题进行比较确认，如果二者对应，则将其作为发明要解决的技术问题。

（3）如果技术交底材料中没有明确记载所要解决的技术问题，或者声称的技术问题被现有技术所解决，则需要根据所确定的发明点所起的作用和达到的技术效果来确定所要解决的技术问题。但所起的作用和达到的技术效果必须是从技术交底材料中能够得出，否则就表明发明点确定得不正确。

第六步，确定必要技术特征并撰写独立权利要求。

确定写入独立权利要求的必要技术特征是获得最合理的宽保护范围的基础，反过来说就是要排除非必要技术特征（不应当写入独立权利要求当中）。这一步主要围绕所要解决的技术问题来确定必要技术特征。所谓必要技术特征就是解决该技术问题所不可缺少的技术特征。其包括发明与最接近的现有技术共有的必要技术特征（写入前序部分）和发明区别于最接近的现有技术的技术特征（写入特征部分，也就是第三步中确定的区别技术特征），独立权利要求的撰写通常按上述两类特征划界。

在此需要提醒以下几点。

（1）实际产品必不可少的技术特征不一定是必要技术特征，主要是指那些产品必然具备的技术特征，或与发明点（所要解决的技术问题）无关的技术特征。

例如，《专利审查指南2023》中照相机的案例，一项涉及照相机的发明，发明的实质在于布帘式快门的改进，其权利要求前序部分只要写出"一种照相机，包括布帘式快门"就可以了，不需要将其他共有特征，如透镜和取景窗等照相机部件写在前序部分，因为这些与发明点无关。

（2）判断是否是必要技术特征，将某一特征排除后，看技术方案是否仍可构成完整的技术方案并解决发明技术问题，满足清楚、完整并具备新颖性和创造性的要求。

（3）在考试中，如果不能判断是明显的必要技术特征，则先按非必要技术特征对待。

在确定所有必要技术特征之后，就基本能够写出独立权利要求了。对比需要注意以下两点。

（1）确定权利要求的主题名称：一般限于技术交底材料中给出的产品或者方法的名称，通常不需要进行概括，但应当找准技术交底书中更合理的代表宽范围的主题名称。主题名称不要写入区别技术特征的内容。

（2）按前序部分和特征部分撰写方式，必须注意前后顺序和逻辑关系，以及文字表述的调整等。

第七步，撰写从属权利要求。

在撰写独立权利要求的基础上，需要进一步分析申请的其他技术特征。对于比较重要的特征，尤其是可能对申请的创造性起作用的技术特征，以及带来更优效果的技术特征，或者解决了附带技术问题而带来进一步技术效果的技术特征等，可以作为对本发明进一步限定的附加技术特征，写成相应的从属权利要求。这些附加技术特征往往在说明书或技术资料中还会以不同的实施方式或实施例呈现，也可能通过下述描述如"本发明优选地""本发明还可以采用""采用……会得到更好的效果""……同样适用""均可采用……"等引出，当然不局限于这些引出方式，需要考生对技术交底书进行分析确定。

二、撰写实例

根据下述技术交底材料撰写一份发明专利申请的权利要求书；如果认为发明一部分内容应当通过多份申请分别提出，则应当针对主要发明撰写一份完整的权利要求书，针对次要发明仅需要撰写独立权利要求。

技术交底书

人们到外地工作、旅行，日常洗漱用品是随身之物。为了携带方便和保持刷毛卫生，出现了便携式旅行漱具。目前在市场上最常见的便携式漱具由漱具盒、牙刷、牙膏袋组成，携带时，将牙刷、牙膏袋装在漱具盒中，使用时要从盒中取。但这样的漱具盒一方面体积太大，不便于携带；另一方面，使用时也还是不够方便。

发明人发明一种改进的便携式牙刷，如图1所示，其由牙刷头4和牙刷柄组成，牙刷头4上设置刷毛。与现有技术不同的是，牙刷柄分为折叠柄3、手握柄1两个部分，两者之间通过旋转连接装置6连接起来，使得折叠柄3可围绕旋转连接装置6转动，在不使用牙刷时，折叠柄3折叠起来，携带方便也不会弄脏刷毛；使用牙刷时，则可将折叠柄3打开。其中，旋转连接装置6可以采用枢轴或铰链轴。

如图2所示，本发明的手握柄1为细长形盒体，内部形成中空腔体2，用于放置牙膏袋5。该盒体顶壁具有与中空腔体连通的开口7，开口7的大小与牙刷刷毛相对应，当牙刷折叠放置时，牙刷的刷毛正好置入中空腔体的开口7内。

在使用牙刷时，旋开折叠柄3，取出牙膏袋5，将牙膏挤到刷毛上。用完后，将牙膏袋5放回手握柄1的中空腔体2中，将折叠柄3旋至如图2所示状态，因而便于携带。

附图

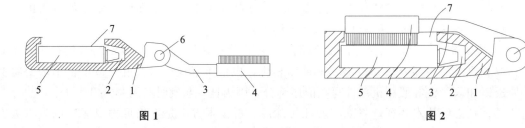

图1   图2

对比文件

本实用新型公开一种由牙刷、牙膏袋在携带时可合为一体的旅行用牙刷，如图3所示，该牙刷有一个可兼作刷柄的盒体31，该盒体31的侧壁设有开口，盖体35可盖住开口。盒体31内放置有牙膏袋34，牙刷头32为分体式设置，具有插销，可插在与盖体35相对的侧壁的开孔33上。不用时，将牙刷头从盒体一侧的开口插入盒体内，防止刷毛在携带时弄脏。使用时，将牙刷头取出，倒过来插装在盒体上，盒体31当作刷柄即可用于刷牙。

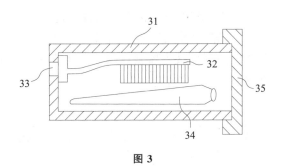

图 3

撰写分析

　　阅读理解技术交底材料后，即按下述步骤完成权利要求书的撰写。

　　第一步，确定可能写入权利要求书的技术主题。

　　从技术交底材料来看，其仅涉及便携式牙刷一个技术主题。

　　第二步，针对便携式牙刷技术主题，全面找出涉及的技术特征并进行分析。

　　1. 技术特征清单，列出相关的全部技术特征

　　便携式牙刷；

　　牙刷头 4；

　　牙刷柄；

　　刷毛，设置于牙刷头 4 上；

　　折叠柄 3；

　　握柄 1；

　　旋转连接装置 6；

　　旋转连接装置 6 是铰链轴或枢轴；

　　握柄 1 为细长形盒体；

　　牙膏袋 5；

　　中空腔体 2，握柄内部形成中空腔体用于放置牙膏袋；

　　盒体顶壁具有开口 7；

　　开口 7 与中空腔体 2 连通。

　　2. 理顺各技术特征之间的逻辑关系

　　将部件组成关系，连接关系，部件及进一步限定的特征分门别类理清，同时将相关表述予以明确（参见表 2 - 2 - 2）。

表 2 - 2 - 2　特征分析

主题名称	一级特征	二级特征	三级特征
便携式牙刷	牙刷头	刷毛	
	牙刷柄	折叠柄	
		握柄	盒体顶壁具有开口
			中空腔体
			开口与中空腔体连通
			细长盒体
		旋转连接装置	枢轴
			铰链轴

第三步，找出相对于现有技术的区别所在（即区别技术特征）。

通过与现有技术进行特征对比，确定区别技术特征（参见表 2-2-3）。在实际考试中如果来不及列表对比，也需要按照类似的思路找到区别技术特征。这一步也有利于了解所针对的发明相对于现有技术有可能具备新颖性和创造性的内容。

表 2-2-3　特征对比

序号	发明的技术特征	对比文件 1 公开的技术特征	对比结果
1	0 便携式牙刷	便携式牙刷	
2	1 牙刷头	牙刷头	
3	2 刷毛	刷毛	
4	1 牙刷柄	牙刷柄	
5	2 折叠柄	牙刷头的一部分（相当于）	
6	2 握柄	盒体（相当于）	
7	3 中空腔体	握柄内的中空腔体（相当于）	
8	3 握柄为细长形盒体	细长形盒体	
9	3 盒体顶壁具有开口	×	区别特征
10	3 开口与中空腔体连通	×	区别特征
11	2 旋转连接装置	插拔连接	区别特征
12	3 旋转连接装置是铰链轴或枢轴	×	区别特征

注：发明技术特征前的数字是代表技术特征等级，其中 0 代表主题名称。

通过对比，可以确定的技术特征 9 至 12 为区别技术特征。

第四步，确定发明关键技术特征。

分析这 4 个区别技术特征可知，该 4 个技术特征具有依从和附属关系。其中技术特征 11 是最基本的技术特征，技术特征 12 仅仅是技术特征 11 的进一步细化。同时，从技术交底材料的描述来看，技术特征 9 和 10 要依赖于技术特征 11 才能存在，才具有意义。而且在技术交底材料中也能够读出该第 11 技术特征所能达到的技术效果（下一步进一步明确），因此，可以确定本发明的发明点就是折叠柄和握柄之间通过旋转连接装置连接，折叠柄可围绕旋转连接装置转动。

第五步，确定发明要解决的技术问题和达到的技术效果。

根据技术交底材料的描述，牙刷柄分为折叠柄 3、手握柄 1 两个部分，两者之间通过旋转连接装置 6 连接起来，使得折叠柄 3 可围绕旋转连接装置 6 转动，在不使用牙刷时，折叠柄 3 折叠起来，携带方便也不会弄脏刷毛；使用牙刷时，则可将折叠柄 3 打开。因而，折叠柄和握柄之间通过旋转连接装置连接，折叠柄可围绕旋转连接装置转动这一发明点所能达到的技术效果是：不使用牙刷时，折叠柄可以折叠起来，因而方便携带。进而，确定本发明所要解决的技术问题是：提供一种牙刷柄能够折叠且携带方便的牙刷。

第六步，确定必要技术特征并撰写独立权利要求。

首先，围绕所确定发明所要解决的技术问题，区分必要技术特征和非必要技术特征，将确定的必要技术特征写入独立权利要求。通常对于机械产品，要求写明必要的部件名称，再加上必要的连接关系来表述（简称"部件＋连接"），其中非必要部件和非常公知的连接关系不要写入独立权利要求中。这一步可以利用第二步和第三步的列表信息。

主题名称可直接采用技术交底材料中的名称，即一种便携式牙刷。不要将区别技术特征写入主题，既不要写成一种折叠（式）牙刷，也不要主动写成一种牙刷（实际代理中这种写法是可以的，从考试的角度，如果这样写，估计问题也不太大）。

第二篇

其次，确定必要技术特征，以技术特征 11 为核心，根据要解决的技术问题来确定。牙刷的整体结构，刷毛是必须具备的部件，为了实现技术特征 11，则必须要求牙刷柄由折叠柄和握柄构成。由此，必要技术特征包括下述：

1. 主题名称：一种便携式牙刷；

2. 牙刷头；

3. 刷毛；

4. 牙刷柄；

5. 折叠柄；

6. 握柄；

11. 旋转连接装置。

最后，根据技术方案整体的要求，将必要技术特征按逻辑关系进行清楚描述，有些语言直接采用技术交底材料中的描述即可。其中基于前面的分析可知，技术特征 1 至 6 为与现有技术共有的必要技术特征，而技术特征 11 属于区别技术特征应写入特征部分。因而，形成如下独立权利要求：

1. 一种便携式牙刷，包括牙刷头和牙刷柄，牙刷头上设置有刷毛，牙刷柄由握柄和折叠柄构成，其特征在于，握柄通过旋转连接装置与折叠柄连接，使得折叠柄可围绕旋转连接装置转动。

第七步，撰写从属权利要求。

撰写从属权利要求时可以按重要性来进行排序或者按引用合理性来布局，同时对于构成区别技术特征的那些特征要尽量写成从属权利要求。

其中对本发明的牙刷来说，重要顺序如下：技术特征 9 用于折叠时刷毛放置，因此相对重要一些；其次是技术特征 7 用于放置牙膏袋，引申的特征是技术特征 10；最后就是技术特征 8 和 12。因而，形成如下从属权利要求：

2. 根据权利要求 1 所述的便携式牙刷，其特征在于：握柄顶壁具有开口，开口的大小与刷毛相应，当折叠柄折叠时，刷毛正好落入顶壁的开口内。

3. 根据权利要求 2 所述的便携式牙刷，其特征在于：握柄内部形成有放置牙膏袋的中空腔体。

4. 根据权利要求 3 所述的便携式牙刷，其特征在于：所述开口与中空腔体连通。

5. 根据权利要求 1 至 4 任一项所述的便携式牙刷，其特征在于：旋转连接装置是铰链轴或枢轴。

6. 根据权利要求 1 至 4 任一项所述的便携式牙刷，其特征在于：握柄为细长形盒体。

第三章 多个并列实施方式的权利要求书的撰写及实例

一、概述

从某种角度来说，通过概括获得应有的更宽保护范围是专利代理师为申请人谋取专利权保护的基本功，因此在考试中，技术交底材料中大多数会就发明创造涉及的某一技术主题或者该发明创造作出某一方面改进的内容提供多个实施方式或实施例，以考查考生撰写权利要求时的概括能力。所谓概括就是不直接采用具体的实施方式或实施例的具体结构，而是要找到多个实施方式或实施例之间的共性，采用上位化的表述或者采用功能限定的方式来表达更宽的保护范围。

权利要求通常由公开的一个或者多个实施方式或实施例概括而成。权利要求的概括应当适当，使其保护范围正好适应说明书所公开的内容。对于权利要求概括得是否恰当，审查员应当参照与之相关的现有技术进行判断。概括过宽可能导致权利要求不能得到说明书的支持，而在判断权利要求是否得到说明书的支持时，应当考虑说明书的全部内容，而不是仅限于具体实施方式部分的内容。如果说明书的其他部分也记载了有关具体实施方式或实施例的内容，从说明书的全部内容来看，能说明权利要求的概括是适当的，则应当认为权利要求得到了说明书的支持。

通常，概括的方式有以下两种。

（1）用上位概念概括。例如，用"气体激光器"概括氦氖激光器、氩离子激光器、一氧化碳激光器、二氧化碳激光器等。又如用"$C_1 - C_4$ 烷基"概括甲基、乙基、丙基和丁基。再如，用"皮带传动"概括平皮带、三角皮带和齿形皮带传动等。上位概括中比较特殊的是功能性概括，这在考试中较少见。

（2）用并列选择法概括，即用"或者"或者"和"并列几个必择其一的具体特征。例如"特征 A、B、C 或者 D"。又如"由 A、B、C 和 D 组成的物质组中选择的一种物质"等。采用并列选择法概括时，被并列选择概括的具体内容应当是等效的，不得将上位概念概括的内容，用"或者"并列在下位概念之后。另外，被并列选择概括的概念，应含义清楚。例如在"A、B、C、D 或者类似物（设备、方法、物质）"这一描述中"类似物"这一概念含义是不清楚的，因而不能与具体的物或者方法（A、B、C、D）并列。

如前面所指出的那样，专利代理实务有关申请文件撰写的试题中所给出的技术交底材料针对发明创造所解决的技术问题或者最主要的发明通常会给出多种实施方式或实施例。对于具有多种实施方式或实施例的产品技术主题，在撰写独立权利要求时，需要分析不同实施方式或实施例之间的关系。如果这些实施方式之间为并列的关系，应当尽可能对这些实施方式进行合理概括，即针对不同实施方式之间起相同作用的技术特征进行概括，将多个实施方式或实施例所反映的技术方案都纳入到独立权利要求中，而针对被概括在内的具体实施方式或实施例则可以撰写相应的从属权利要求。如果针对多种并列的实施方式无法进行概括或者概括之后无法与现有技术（尤其是最接近的现有技术）相区别，即概括后相对于现有技术不具备新颖性或创造性时，在独立权利要求中就不能采用概括的技术特征来表征，而是针对各个实施方式分别撰写一项独立权利要求。

因此，对于技术交底材料中针对同一技术主题或者针对该主题作出的某一方面改进给出多个并列的实施方式或实施例时，首先需要分析能否对技术交底材料中给出的多种并列实施方式进行合理概括，然后根据不同的分析结果采取不同的方式进行权利要求的布局和撰写权利要求书。

正如本部分第一章之四中所指出的，对于技术交底材料中对某一主题或某一主要改进给出多种并列实施方式的情况，在分析能否采用合理概括方式时，主要会出现三种不同的情形：对多种实施方式可以合理加以概括；对于多种实施方式无法进行合理概括；对于多种实施方式中的一部分可以合理概括，而另一部分无法进行合理概括。现对这三种情况分别作出说明。

二、可以对多种实施方式合理加以概括的情形

撰写的基本步骤与前一章（权利要求的基本撰写方法）类似，其特殊之处在于：在列出全部技术特征时，除列出多个实施方式或实施例中的共同的技术特征外，还需要列出各实施方式或实施例中不同的技术特征加以对应归类，以便对其起相同作用的不同技术特征进行合理概括。理论上，需要概括的技术特征不仅限于发明创造的改进之处，与最接近的现有技术共有的技术特征也存在需要概括的可能。但考试中，重点是考查针对发明改进之处所进行的概括。

实际撰写中可以通过以下方式进行概括。

一种是功能性概括，采取具有某某功能的部件/结构/装置的表述方式，例如具有可旋转的装置；或者不出现具体的部件名称，直接以功能代替具体的结构，例如两者之间可活动连接。

一种是上位概括，采取部件的上位概念名称来代替具体部件名称，或者用省略具体结构的方式表达而不出现明确的上位名称（如桌腿支撑于桌面之下，而避免了出现桌腿与桌面之间的连接关系，如可折叠或固定连接等）。

在上述两种概括方式中，如果能用上位概括，尽可能用上位概括的方式，无法用上位概括的，再考虑是否采用功能性限定的技术特征。

就应试而言，尽可能采用技术交底材料中明示的或者暗示的概括表述方式（对于暗示的概括表述

方式将在本章之四中结合 2011 年的申请文件撰写试题加以说明）。

在对各个实施方式中起相同作用的不同技术特征列出概括表述的技术特征之后，就类似于本部分"第二章权利要求书撰写基本方法和实例"中所写明的那样，针对该发明创造列出各个层级的技术特征，其中概括的技术特征多半列于第一层级，少数情况也可能列于第二层级，各个并列实施方式中与该概括技术特征相应的不同的技术特征列于该概括技术特征的更低层级的技术特征。然后按照本部分第二章权利要求书撰写基本方法中的步骤撰写独立权利要求，接着针对各个并列实施方式与该概括技术特征相应的不同技术特征以及各个实施方式其他相同技术特征撰写各项从属权利要求。

需要说明的是，在撰写完独立权利要求之后，需要再次判断一下采用概括技术特征的独立权利要求是否相对于现有技术具备新颖性和创造性，是否特征部分仅仅是与解决的技术问题相当的功能性限定的部件或结构，如出现这样的情况，说明原先所确定的可以采用概括方式表述的独立权利要求并不合适，需要考虑是否采用本章之三或之四中的方法撰写权利要求书。

下面结合一个案例加以具体说明。

根据下述技术交底材料撰写一份发明专利申请的权利要求书；如果认为发明一部分内容应当通过多份申请分别提出，则应当针对主要发明撰写一份完整的权利要求书，针对次要发明仅需要撰写独立权利要求。

技术交底书

人们到外地工作、旅行，日常洗漱用品是随身之物。为了携带方便和保持刷毛卫生，出现了便携式旅行漱具。目前在市场上最常见的便携式漱具结构为：牙刷、牙膏袋在携带时合为一体的旅行牙刷，此旅行牙刷有一个可兼作刷柄的盒体，其内可以放置一管旅行用的小包装牙膏袋，携带时也可将此小包装牙膏袋从盒体上开口放到兼作刷柄的盒体内，因此三者在携带时成为一体，比较方便。但是，在每次使用牙刷时，还必须从盒体中取出牙膏软袋，用毕后再放回。

本发明要解决的技术问题是提供一种本身带有牙膏袋和挤压牙膏袋的部件的便携式牙刷，不仅携带时牙刷与牙膏袋合成一体，而且在使用时不必从盒体中来回取放牙膏软袋即可刷牙。

图 1 所示便携式牙刷由牙刷本体 1、兼作刷柄的盒体 2 和牙膏软袋 4 组成，牙刷本体 1 与盒体 2 的一端用铰链 3 连接，牙膏软袋 4 置于盒体 2 中。盒体 2 是细长方形。盒体 2 的上壁有一个形状、大小与牙刷刷毛相应的空腔 8，当牙刷折叠放置时，牙刷刷毛正好落入刷毛空腔 8 内。盒体 2 的底部开有孔 5，置于盒底的牙膏软袋压板 6 的下方有一个凸块 13，该凸块从孔 5 中伸出。牙膏软袋 4 放在压板 6 上，牙膏软袋 4 上有牙膏出膏口 12，该出膏口 12 位于刷毛空腔 8 内，出膏口 12 与旋盖 11 螺纹连接。盒体 2 的另一端具有开口和用于将此开口封住的端盖 9，端盖 9 上具有 2～4 个凸起 14，凸起 14 与盒体外壁上的凹孔 10 相卡紧，从而可以通过打开盒体 2 上的端盖 9 来更换牙膏软袋。

图 2 给出了另一种便携式牙刷的剖视图，其中采用了另一种挤压牙膏软袋的装置。在盒体 2 远离刷毛空腔 8 那一端设置了一块可移动板 15 来代替图 1 中的压板 6，该可移动板 15 侧面有一个突出的拨块 16，盒体 2 壁上与此拨块 16 相对应的位置处开有一条沿盒体 2 长边走向的长条形槽 17，可移动板 15 上的拨块 16 从此长条形槽 17 中伸出，沿着长条形槽 17 拨动拨块 16 时，可以使可移动板 15 沿着盒体 2 长边方向移动。在图 2 所示的另一种便携式牙刷中，设置在盒体 2 另一端的端盖 9 为凸销形状，插入在盒体开口侧，以方便更换牙膏袋。

使用时，旋开牙刷本体 1，打开牙膏旋盖，再将牙刷本体 1 转回来，使刷毛 7 靠在出膏口 12 上，按压压板 6 的凸块 13 或拨动可移动板 15 上的拨块 16，就可把牙膏挤在刷毛 7 上，再将牙刷本体 1 反转伸直，盖上旋盖 11 即可刷牙。

当然，此挤压牙膏软袋的装置还可采用其他结构，如目前市场上可买到的固体胶棒中的螺旋送进机构。同样，牙刷本体与盒体之间的连接不局限于铰链连接，还可采用其他活动式连接方式，如卡入式连接；兼作刷柄盒体的截面形式也可为半圆形、半椭圆形状或其他适用形状。这样的变换均落在本发明的保护范围之内。

附图

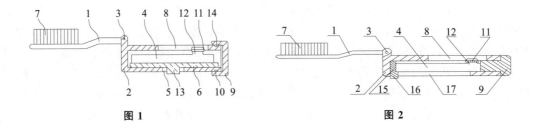

图1   图2

对比文件1

发明人发明一种改进的便携式牙刷，如图1所示，其由牙刷头4和牙刷柄组成，牙刷头4上设置刷毛。与现有技术不同的是，牙刷柄分为折叠柄3、手握柄1两个部分，两者之间通过旋转连接装置6连接起来，使得折叠柄3可围绕旋转连接装置6转动，在不使用牙刷时，折叠柄3折叠起来，携带方便也不会弄脏刷毛；使用牙刷时，则可将折叠柄3打开。其中，旋转连接装置6可以采用枢轴或铰链轴。

如图2所示，本发明的手握柄1为细长形盒体，内部形成中空腔体2，用于放置牙膏袋5。该盒体顶壁具有与中空腔体连通的开口7，开口7的大小与牙刷刷毛相对应，当牙刷折叠时放置时，牙刷的刷毛正好或置入中空腔体的开口7内。

在使用牙刷时，旋开折叠柄3，取出牙膏袋5，将牙膏挤到刷毛上。用完后，将牙膏袋5放回手握柄1的中空腔体2中，将折叠柄3旋至如图2所示状态，因而便于携带。

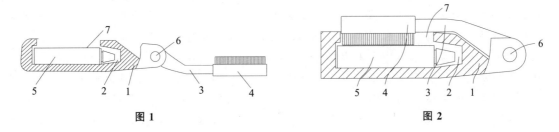

图1   图2

对比文件2

本实用新型公开一种由牙刷、牙膏袋在携带时可合为一体的旅行用牙刷，如图1所示，该牙刷有一个可兼作刷柄的盒体31，该盒体31的侧壁设有开口，盖体35可盖住开口。盒体31内放置有牙膏袋34，牙刷头32为分体式设置，具有插销，可插在与盖体35相对的侧壁的开孔33上。不用时，将牙刷头从盒体一侧的开口插入盒体内，防止刷毛在携带时弄脏。使用时，将牙刷头取出，倒过来插装在盒体上，盒体31当作刷柄即可用于刷牙。

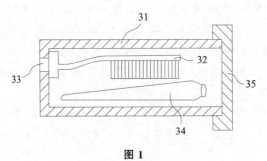

图1

撰写分析

第一步，确定可能写入权利要求的技术主题。

从技术交底材料来看，其仅涉及便携式牙刷一个技术主题。

第二步，针对便携式牙刷技术主题，全面找出涉及的技术特征及并进行分析。

1. 技术特征清单，列出相关的全部技术特征

在理解发明的基础上，找出其主要技术特征：

1. 技术主题名称：便携式牙刷；

2. 牙刷本体 1；

3. 兼作刷柄的盒体 2；

3.1　盒体为细长方形（图 1 和图 2 两种实施方式中给出的盒体形状）；

3.2　盒体的形状截面为半圆形、半椭圆形状（最后一段提及替代方式）；

4. 置于盒体 2 中的牙膏软袋 4；

5. 盒体端盖 9；

5.1　端盖 9 上具有 2～4 个凸起 14，凸起 14 与盒体外壁上的凹孔 10 相卡紧（图 1 所示实施方式中给出的端盖结构）；

5.2　端盖 9 为凸销形状（图 2 所示实施方式中给出的端盖形状）；

6. 牙刷本体 1 与兼作刷柄的盒体 2 为活动连接；

6.1　牙刷本体 1 与细长方形盒体 2 用铰链 3 连接（图 1 和图 2 所示实施方式中的连接方式）；

6.2　牙刷本体 1 与细长方形盒体 2 用卡入式连接（技术交底材料最后一段提及的替代连接方式）；

7. 盒体顶壁上有一个携带时供刷毛放入的刷毛空腔 8；

8. 出膏口 12 开在牙膏软袋 4 一侧，牙膏软袋 4 放入盒体 2 后出膏口 12 位置与刷毛空腔 8 位置相对应；

9. 挤压牙膏软袋的装置；

9.1　挤压牙膏软袋的装置为放置于盒体 2 内牙膏软袋 4 下方的带有凸块 13 的压板 6，盒体底部开有一个与压板凸块 13 形状相应的孔 5，压板凸块 13 从其中伸出底部（图 1 所示实施例）；

9.2　挤压牙膏软袋的装置为位于盒体 2 远离刷毛空腔 8 一端、边缘上带有拨块 16 的可移动板 15，盒体壁上与拨块 16 相应位置处开有一条长条形槽 17，可移动板 15 上的拨块 16 从长条形槽 17 中伸出，并可沿长条形槽 17 移动（图 2 所示实施例）；

9.3　挤压牙膏软袋的装置还可采用螺旋送进机构（最后一段的提及替代方式）；

10. 出膏口 12 与旋盖 11 螺纹连接。

其中对于图 1、图 2 两种实施方式中的两种不同的挤压牙膏软袋的结构和最后一段的螺旋送进机构替代方式采用了最后一段明示给出的功能性限定技术特征的概括表征方式：挤压牙膏软袋的装置进行了概括；而对于图 1 和图 2 两种实施方式示出的牙刷本体与盒体的铰链连接和最后一段的卡入式替代连接方式采用了最后一段文字明示给出的功能性限定技术特征的概括表征方式：牙刷本体与盒体之间为活动连接。

2. 理顺各技术特征之间的逻辑关系

将部件组成关系，连接关系，部件及进一步限定的特征分门别类理清，同时将相关表述予以明确（参见表 2－3－1）。

表 2 - 3 - 1 特征分析

主题名称	一级特征	二级特征	三级特征
便携式牙刷	牙刷本体		
	兼作刷柄的盒体	盒体的形状	细长方形
			半圆形
			半椭圆形状
		盒体顶壁上供刷毛放入的刷毛空腔	
		牙膏软袋	出膏口
			旋盖
			出膏口与旋盖螺纹连接
		盒体一端设置端盖	端盖 9 上具有 2～4 个凸起 14，凸起 14 与盒体外壁上的凹孔 10 相卡紧
			端盖 9 为凸销形状
	挤压牙膏软袋的装置	带有凸块的、挤压牙膏的压板；与压板凸块 13 形状相应的孔	
		一端设有边缘上带有拨块 16 的可移动板；与拨块 16 相应位置处开有一条长条形槽 17	
		螺旋送进机构	
	牙刷本体与盒体的连接	活动连接	用铰链连接
			用卡入式连接

第三步，找出相对于现有技术的区别所在（即区别技术特征）。

由于有多篇对比文件，通常情况下均要进行对比（参见表 2 - 3 - 2）。但有时，最接近现有技术比较明显的情况下，可主要针对最接近的现有技术进行比对（找到的区别再与另外的对比文件对比，以判断是否被公开并具有相同的作用）；有时需要分别对比文件之后才能确定最接近的现有技术，撰写阶段最接近现有技术仅考虑相同领域的对比文件。

表 2 - 3 - 2 特征对比

本发明创造	对比文件 1	对比结论	对比文件 2
1. 便携式牙刷	便携式牙刷		旅行用牙刷
2. 牙刷本体 1	牙刷头（相当于）		牙刷头（相当于）
3-1 兼作刷柄的盒体 2	牙刷柄		可兼作刷柄的盒体
3-2 盒体 2 为细长方形	细长形盒体		图显示长方形
3-3 盒体 2 的形状截面为半圆形、半椭圆形状（最后一段提及替代方式）	×	区别特征①	×

续表

本发明创造	对比文件1	对比结论	对比文件2
4. 牙膏软袋4置于盒体2中	盒体为中空腔体，用于放置牙刷袋		盒体内放置有牙膏袋
5. 盒体端盖9	×	区别特征②	×
5-1端盖（9）上具有2～4个凸起（14），凸起（14）与盒体外壁上的凹孔（10）相卡紧	×	区别特征③	×
5-2端盖9为凸销形状	×	区别特征④	×
6-1牙刷本体1与细长方形盒体2用铰链3连接	折叠柄与手握柄之间通过旋转连接装置连接		牙刷头和盒体之间为插拔式连接
6-2牙刷本体1与细长方形盒体2用卡入式连接	×	区别特征⑤	×
7. 盒体顶壁上有一个携带时供刷毛放入的刷毛空腔8	盒体顶壁具有与中空腔体连通的开口		×
8. 出膏口12开在牙膏软袋4一侧，牙膏软袋4放入盒体2后出膏口12位置与刷毛空腔8位置相对应	×	区别特征⑥	×
9-1盒体2内牙膏软袋4下方放置一个带有凸块13的、挤压牙膏的压板6（图1所示实施例）；盒体底部开有一个与压板凸块13形状相应的孔5，压板凸块13从其中伸出底部（图1所示实施例）	×	区别特征⑦	×
9-2盒体2远离刷毛空腔8的一端设有边缘上带有拨块16的可移动板15（图2所示实施例）；盒体壁上与拨块16相应位置处开有一条长条形槽17，可移动板15上的拨块16从长条形槽17中伸出，并可沿长条形槽17移动（图2所示实施例）	×	区别特征⑧	×
9-3挤压牙膏软袋的装置还可采用螺旋送进机构（最后一段的提及替代方式）	×	区别特征⑨	×
10. 出膏口12与旋盖11螺纹连接	×	区别特征⑩	×

比较容易判断的是，对比文件1公开的旅行牙刷为本发明最接近的现有技术。原因：1）所解决的技术问题与本发明比较相似，即膏、刷合为一体，便携，且携带时不会弄脏刷毛；2）包含了更多的共有技术特征，即置于盒体内的牙膏等。因此，根据与对比文件1的比较得出区别特征。

通过对比可知，可以确定10个区别技术特征。

第四步，确定发明点。

需要分析这10个区别特征，以确定能够为发明带来创造性的技术特征。

区别特征①仅是相对于盒体为长方形的简单变化，而且也没有获得什么特别的效果，因此不能为技术方案带来创造性。

区别特征②涉及盒体端盖，其为了方便更换牙膏袋，但在对比文件2中也明确公开了该特征，而且也起到相同的作用，因此该区别特征也不能为发明带来创造性。

区别特征③和④是端盖的具体形式，在对比文件2明确公开端盖的基础上，这些形体的形式没有获得特别的效果（技术交底书中也没有描述），因此可以判断其不是能为发明带来创造性的技术特征。

区别特征⑤涉及牙刷本体与盒体的另外一种连接形式即卡入式，但显然其仅仅是铰接等的简单等同的连接方式，也不可能有特别的效果，因此也不是能为发明带来创造性的技术特征。

区别特征⑥至⑨而言，其中区别特征⑦、⑧和⑨是分别涉及如何实现挤牙膏的方式，而且需要分别与区别特征⑥配合才能完全。这些区别特征没有被对比文件1和2公开，而且技术交底材料中能够看出其所获得的技术效果，因此它们能够为发明带来创造性。因此，可以确定本发明的发明点在于提供不取出牙膏袋即可实现挤牙膏的方式。

区别特征⑩涉及出膏口与旋盖螺纹连接，虽然对比文件1和2均没有明确公开，但这种形式是绝大多数牙膏所采用的形式，过于常见，因此不能作为为发明带来创造性的技术特征。

第五步，确定发明要解决的技术问题。

根据技术交底材料的描述可知，通过采取区别特征⑥至⑨（包括两种不同的方式），本发明便携式牙刷在使用时，只要通过按压或推动盒体的挤压装置即可将牙膏挤在刷毛上，因而不必从盒体中来回取放牙膏软袋即可刷牙。因此，相对于最接近的现有技术来说，本发明所要解决的技术问题是提供一种使用时不必来回取放牙膏软袋即可刷牙的便携式牙刷。

第六步，确定必要技术特征并撰写独立权利要求。

围绕所确定发明所要解决的技术问题，以区别特征⑥至⑨为出发点，区分必要技术特征和非必要技术特征，将确定的必要技术特征写入独立权利要求。

上述确定必要技术特征中，如果涉及对不同实施方式或实施例中的起到相同作用的特征进行概括的情形，则在确定写入独立权利要求当中的技术特征之前，需要确定如何进行概括（参见表2-3-3）。

表2-3-3 必要技术特征分析

特征列表		必要技术特征及理由
1. 便携式牙刷	是	主题名称
2. 牙刷本体1	是	整体结构
3-1 兼作刷柄的盒体2	是	整体结构
3-2 盒体2的形状为细长方形	否	盒体形态与所要解决的技术问题无关
3-3 盒体2的形状截面为半圆形、半椭圆形状（最后一段提及替代方式）	否	
4. 牙膏软袋4置于盒体2中	是	为实现使用时不必来回取放牙膏软袋，所必需的
5. 盒体端盖9	否	其为了更换牙膏袋，与所要解决的技术问题无关
5-1 端盖（9）上具有2～4个凸起（14），凸起（14）与盒体外壁上的凹孔（10）相卡紧	否	
5-2 端盖9为凸销形状	否	
6-1 牙刷本体1与盒体2用铰链3连接	是	整体的连接结构，但两者属于两种并列方式，需要进行概括
6-2 牙刷本体1与盒体2用卡入式连接	是	

特征列表		必要技术特征及理由
7. 盒体顶壁上有一个携带时供刷毛放入的刷毛空腔 8	是	
8. 出膏口 12 开在牙膏软袋 4 一侧，牙膏软袋 4 放入盒体 2 后出膏口 12 位置与刷毛空腔 8 位置相对应	是	
9-1 盒体 2 内牙膏软袋 4 下方放置一个带有凸块 13 的、挤压牙膏的压板 6（图 1 所示实施例）；盒体底部开有一个与压板凸块 13 形状相应的孔 5，压板凸块 13 从其中伸出底部（图 1 所示实施例）	是	是不取出牙膏袋就将牙膏挤到刷毛上的必须结构。但对于特征 9-1、9-2 和 9-3 属于三种具体实现挤牙膏的方式，需要进行概括
9-2 盒体 2 远离刷毛空腔 8 的一端设有边缘上带有拨块 16 的可移动板 15（图 2 所示实施例）；盒体壁上与拨块 16 相应位置处开有一条长条形槽 17，可移动板 15 上的拨块 16 从长条形槽 17 中伸出，并可沿长条形槽 17 移动（图 2 所示实施例）	是	
9-3 挤压牙膏软袋的装置还可采用螺旋送进机构（最后一段的提及替代方式）	是	
10. 出膏口 12 与旋盖 11 螺纹连接	否	与所要解决的技术问题无关

关于牙刷本体与盒体的连接关系，其中提到铰链和卡入式连接两种具体的连接方式，同时在技术交底材料最后一段提及还可"采用其他活动式连接方式"，由此可以容易地将牙刷本体与盒体的连接关系概括为：牙刷本体与盒体之间为活动连接。

对于挤压牙膏软袋的装置，在牙膏软袋的出膏口位置与刷毛空腔位置相对应的前提下，说明书提供了如特征 9-1、9-2 和 9-3 所呈现的三种具体实现挤牙膏的方式。对此，根据技术交底材料提及的"挤压牙膏袋的部件"描述，可以将上述三种方式使用功能性概括，即"盒体中设置挤压牙膏软袋的部件"。

再根据之前确定是否为区别特征来分前序部分和特征部分，再按逻辑关系理顺必要技术特征的描述。通常涉及机械产品，要求写明必要的部件名称，再加上必要的连接关系来表述（简称"部件＋连接"），其中非必要部件和非常公知的连接关系不要写入独立权利要求中。

其中基于前面的分析可知，对于已被最接近的对比文件 1 所公开的技术特征属于与现有技术共有的必要技术特征，写入前序部分。具体来说包括表格的特征 1、2、3、4、6（由 6-1 和 6-2 概括而成的活动连接）、特征 7 属于共有的必要技术特征。而没有被对比文件 1 公开的且能为发明带来创造性的技术特征写入特征部分，包括特征 8、9（9-1、9-2 和 9-3 概括得到的特征"盒体中设置挤压牙膏软袋的部件"）。

因而，形成如下独立权利要求：

1. 一种便携式牙刷，包括牙刷本体、兼作刷柄的盒体和置于盒体内的牙膏软袋，牙刷本体与盒体之间为活动连接，所述盒体（2）壁上有与刷毛（7）相应的空腔（8），携带时所述牙刷本体（1）上的刷毛（7）正好位于此空腔（8）内，其特征在于：所述牙膏软袋（4）的出膏口（12）的位置与所述空腔（8）位置相对应；所述盒体（2）中设置挤压牙膏软袋的部件。

第七步，撰写从属权利要求。

撰写从属权利要求时可以按重要性来进行排序或者按引用合理性来布局，同时对于构成区别技术特征的那些特征，即那些对申请的创造性会起作用的附加技术特征写成相应的从属权利要求。

（1）在权利要求 1 基础上进一步限定"挤压牙膏软袋的装置"的结构。

其涉及三种具体实现方式，包括用压板压出牙膏、用可移动板挤出牙膏和螺旋送进机构挤出牙膏，可分别撰写从属权利要求。

2. 根据权利要求 1 所述的便携式牙刷，其特征在于：所述的挤压牙膏软袋的部件是一块位于牙膏软袋（4）下方的、带凸块（13）的压板（6）；盒体（2）底壁上与此压板凸块（13）位置相应处开有一个孔（5），凸块（13）从此孔（5）中伸出。

3. 根据权利要求 1 所述的便携式牙刷，其特征在于：所述的挤压牙膏软袋的部件是一块位于盒体（2）远离刷毛空腔（8）那一端的可移动板（15），该可移动板（15）边缘上有一拨块（16）；盒体（2）壁上与此拨块（16）相应位置处开有一条长条形槽（17）；可移动板（15）上的拨块（16）从此长条形槽（17）中伸出，该拨块（16）可沿此长条形槽（17）移动。

4. 根据权利要求 1 所述的便携式牙刷，其特征在于：所述的挤压牙膏软袋的部件是螺旋送进机构。

（2）在权利要求 1 至 4 的方案基础上增加"能够更换牙膏软袋"的结构即端盖，及其具体形式，作为从属权利要求撰写。

5. 根据权利要求 1 至 4 中任一项所述的便携式牙刷，其特征在于：所述盒体（2）上有一个可供更换牙膏软袋（4）的开口和一个与此开口相配的端盖（9）。

6. 根据权利要求 5 所述的便携式牙刷，其特征在于：所述端盖（9）上具有 2～4 个凸起（14），凸起（14）与盒体外壁上的凹孔（10）相卡紧。

7. 根据权利要求 5 所述的便携式牙刷，其特征在于：所述端盖 9 为凸销形状，可插入盒体（2）的开口侧。

（3）在此基础上还可针对牙刷本体与盒体的连接关系的具体形式撰写从属权利要求。

8. 根据权利要求 1 至 4 中任一项所述的便携式牙刷，其特征在于：所述牙刷本体（1）与盒体（2）之间的活动连接为铰接。

9. 根据权利要求 1 至 4 中任一项所述的便携式牙刷，其特征在于：所述牙刷本体（1）与盒体（2）之间的活动连接为卡入式连接。

（4）在权利要求不太多的情况下，还可针对盒体的具体形状撰写一个从属权利要求，例如：

10. 根据权利要求 1 至 4 中任一项所述的便携式牙刷，其特征在于：所述盒体为细长方形，或其截面为半圆形、半椭圆形状。

（其中权利要求 8 至 10 的附加技术特征基本上属于现有技术，可以根据情况来决定是否撰写。作为考试，主要发明的权利要求数量通常在十项左右，对于次要发明的权利要求数量更少一些，如五项之内。）

三、无法对多种并列实施方式进行合理概括的情形

对于技术交底材料中对某一技术主题或者对该技术主题的一种主要改进给出多种并列实施方式的情况，如果通过分析考虑，认为无法对这几种并列实施方式起同样作用的不同技术特征进行概括或者采用概括的技术特征所表述的技术方案相对于现有技术不具备新颖性或创造性时，则应当针对各个实施方式撰写独立权利要求和相应的从属权利要求。针对各个实施方式撰写独立权利要求和相应从属权利要求的方法与本部分第二章权利要求书基本撰写方法完全相同，仅仅在针对各项独立权利要求之后，需要判断各项独立权利要求之间是否存在相同或相应的特定技术特征。如果各项独立权利要求之间具有相同或相应特定技术特征的独立权利要求之间在技术上相互关联，属于一个总的发明构思，则这些权利要求之间满足《专利法》第 31 条有关单一性的规定，可合在一件专利申请中提出；若这些独立权利要求之间没有相同或相应技术特征的独立权利要求，即不属于一个总的发明构思，不符合《专利法》第 31 条有关单一性的规定，则应当另行提出一件或多件专利申请。

这种情形在专利代理实务科目的试题中出现得极少，其与本部分第三章的撰写方法没有本质区别。

专利代理实务科目中完全属于这种情形的试题几乎未出现过，仅仅 2014 年有关光催化空气净化器的申请文件撰写试题中针对第二方面作出的改进所给出的两种实施方式就属于无法加以概括的情形，为帮助考生就这种情形的试题如何进行应试，现将 2014 年专利代理实务科目中申请文件撰写部分试题的技术交底材料中有关第二方面改进的内容改编成一个案例来讲解。

真题案例：光催化空气净化器❶

请根据技术交底材料记载的内容，综合考虑附件 1、对比文件 1 至 3 所反映的现有技术，撰写能够有效且合理地保护发明创造的发明专利申请的权利要求书。

如果认为应当提出一件专利申请，则应撰写独立权利要求和适当数量的从属权利要求；如果认为应当提出多件专利申请，则应说明不能合案申请的理由，并针对其中的一件专利申请撰写独立权利要求和适当数量的从属权利要求，对于其他专利申请，仅需要撰写独立权利要求；如果在一件专利申请中包含两项或两项以上的独立权利要求，则应说明这些独立权利要求能够合案申请的理由。

技术交底材料

[01] 现有的光催化空气净化器的光催化剂板填充的多孔颗粒阻碍了气流的流动，风阻较大，必须依靠风机的高速运转来提高气流的流动，由此导致噪声增大，特别是净化器的夜间运行更是影响人的睡眠；另外，金属丝网夹层多孔颗粒的结构使得气流与光催化剂的有效接触面积小，反应不充分，空气净化不彻底。

[02] 在现有技术的基础上，我公司提出改进的光催化空气净化器。

[03] 一种光催化空气净化器，它包括壳体 1、位于壳体下部两侧的进风口 2 以及位于壳体上部两侧的出风口 3。壳体底部设置有风机 4，在壳体 1 内设置有第一过滤网 5、第二过滤网 6、光催化剂板 7 和紫外灯 8。在该光催化空气净化器内还设置有消声结构 9，大大降低了风机和气流流动所产生的噪声。

[04] 如图 1 所示，消声结构 9 设置在第二过滤网 6 的上部，其由中央分流板 10 和一对侧导风板 11 组成。中央分流板 10 固定连接在壳体 1 顶部的内壁上，一对侧导风板 11 对称地分别连接在壳体 1 内侧壁上，中央分流板 10 与一对侧导风板 11 构成一个截面为 V 字形的出风通道。室内空气在风机 4 的作用下经进风口 2 进入，经过第一过滤网 5，穿过受到紫外灯 8 照射的光催化剂板 7，然后经过第二过滤网 6，净化后的空气在中央分流板 10 和一对侧导风板 11 的作用下，从竖直气流导流成平行气流，由出风口 3 排出。中央分流板 10 和侧导风板 11 由吸音材料制成，例如玻璃纤维棉。

[05] 如图 2 所示，消声结构 9 是通过支架 13 安装在第二过滤网 6 上部的消声器 12。在消声器 12 内设置有竖直布置的一组消声片 14，消声片 14 由吸音材料制成。消声片 14 接近第二过滤网 6 的一端均为圆弧形。经过第二过滤网 6 的气流流经消声片 14 的圆弧形端面时会被分为两道以上气流，使得气流的声音能更好地吸收，有效降低净化器的噪声。

[06] 如图 3 所示，空气净化器的光催化剂板 7 是负载有纳米二氧化钛的三维蜂窝陶瓷网 15，与多孔陶瓷板以及其他光催化剂板相比，增大了与气流的接触面积，反应充分，净化效果好。

[07] 如图 4 所示，空气净化器的光催化剂板 7 由壳体 1 内设置的螺旋导风片 16 所代替，由此在空气净化器内形成导流回旋风道。在风道内壁和螺旋导风片 16 上喷涂纳米二氧化钛涂层，将紫外灯 8 设置在风道的中央。空气进入净化器后，在螺旋导风片 16 的作用下在风道内形成回旋风，增加气流与光催化剂的接触面积和接触时间，催化反应充分，空气净化彻底。

[08] 可以将各种光催化剂板插入空气净化器中，与其他过滤网，例如活性炭过滤网组合使用。

---

❶ 为便于考生备考复习，本书对所涉及的真题案例进行"旧题新解"，即所采用的《专利法》及其实施细则、《专利审查指南 2023》的条文序号均为最新版序号。

第二篇

技 术 交 底 材 料 附 图

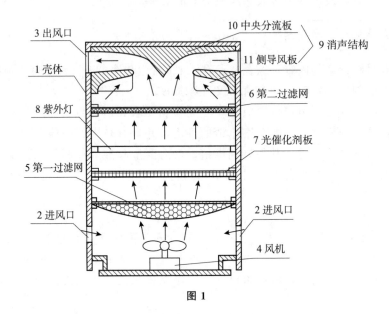

图 1

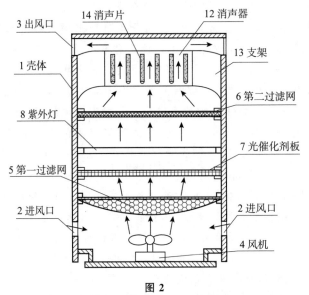

图 2

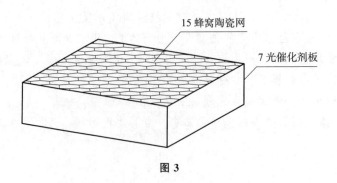

图 3

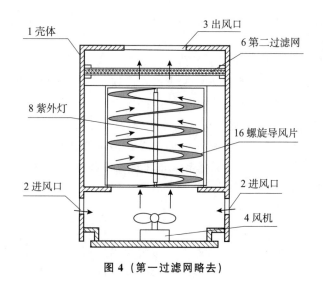

图 4（第一过滤网略去）

附件 1：发明专利申请文件

（19）中华人民共和国国家知识产权局

（12）发明专利申请

（43）申请公布日　2013.07.25

（21）申请号　201210345678.9
（22）申请日　2012.02.25
（71）申请人　A 公司

（其余著录项目略）

权　利　要　求　书

　　1. 一种光催化空气净化器，它包括壳体（1）、位于壳体下部两侧的进风口（2）、位于壳体顶部的出风口（3）以及设置在壳体底部的风机（4），所述壳体（1）内设置有第一过滤网（5）和第二过滤网（6），其特征在于，该光催化空气净化器内还设有光催化剂板（7）。

　　2. 根据权利要求 1 所述的光催化空气净化器，其特征在于，所述第一过滤网（5）是具有向下凸起曲面（9）的活性炭过滤网，所述第二过滤网（6）是 PM2.5 颗粒过滤网。

　　3. 根据权利要求 1 所述的光催化剂板，其特征在于，所述光催化剂板（7）由两层表面负载有纳米二氧化钛涂层的金属丝网（10）和填充在两层金属丝网（10）之间的负载有纳米二氧化钛的多孔颗粒（11）组成。

　　4. 一种空气净化方法，其特征在于，该方法包括使空气经过光催化剂板（7）进行过滤净化的步骤。

　　5. 一种治疗呼吸道类疾病的方法，该方法使用权利要求 1 所述的光催化空气净化器。

说　明　书

一种光催化空气净化器

　　[01] 本发明涉及一种空气净化器，尤其涉及一种光催化空气净化器。

[02] 现有的空气净化器大多采用过滤、吸附等净化技术，没有对有害气体进行催化分解，无法有效除去空气中的甲醛等污染物。

[03] 为解决上述问题，本发明提供了一种将过滤、吸附与光催化氧化相结合的空气净化器。光催化氧化是基于光催化剂在紫外光的作用下产生活性态氧，将空气中的有害气体氧化分解为二氧化碳和水等物质。

[04] 本发明的技术方案是：一种光催化空气净化器，它包括壳体、位于壳体下部两侧的进风口、位于壳体顶部的出风口以及设置在壳体底部的风机。所述壳体内设置有第一过滤网、第二过滤网、光催化剂板和紫外灯。所述光催化空气净化器能有效催化氧化空气中的有害气体，净化效果好。

[05] 图1是本发明光催化空气净化器的正面剖视图。

[06] 图2是本发明光催化剂板的横截面图。

[07] 如图1所示，该空气净化器包括壳体1、位于壳体下部两侧的进风口2、位于壳体顶部的出风口3以及设置在壳体底部的风机4，所述壳体1内从下往上依次设置有第一过滤网5、光催化剂板7、紫外灯8和第二过滤网6。所述第一过滤网5是活性炭过滤网，其具有向下凸起的曲面9，该曲面9不仅能增大过滤网的过滤面积，而且还能使空气顺畅穿过第一过滤网5，有助于降低噪声。所述第二过滤网6是PM2.5颗粒（直径小于等于2.5微米的颗粒物）过滤网。

[08] 如图2所示，所述光催化剂板7由两层表面负载有纳米二氧化钛涂层的金属丝网10和填充在两层金属丝网10之间的负载有纳米二氧化钛的多孔颗粒11组成。

[09] 本发明的光催化空气净化器工作时，室内空气在风机4的作用下经进风口2进入，经过第一过滤网5后，其中的灰尘等较大颗粒物质被过滤掉；然后经过受到紫外灯8照射的光催化剂板7，其中的有害气体被催化氧化；随后经过第二过滤网6，PM2.5颗粒被过滤掉，净化后的空气经出风口3送出，净化效率高。

[10] 根据需要，可以在该光催化空气净化器的第二过滤网6的上部设置中草药过滤网盒，所述中草药过滤网盒内装有薄荷脑、甘草粉等中草药。净化后的空气经中草药过滤网盒排入室内，可预防或治疗呼吸道类疾病。

说 明 书 附 图

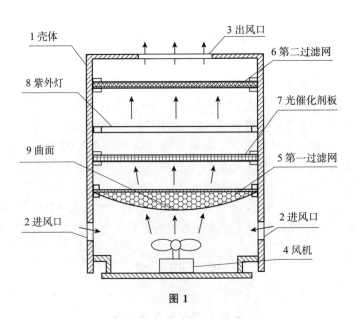

图 1

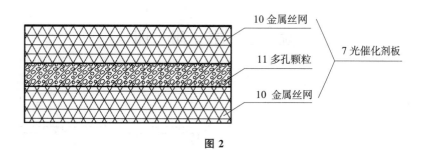

图 2

对比文件 1

（19）中华人民共和国国家知识产权局

（12）实用新型专利

（45）授权公告日　2012.10.09

（21）申请号　201220133456.7
（22）申请日　2012.01.25
（73）专利权人　A 公司

（其余著录项目略）

说　明　书

一种家用空气净化设备

本实用新型涉及一种家用空气净化设备。

图 1 是本实用新型家用空气净化设备的立体图。

图 2 是本实用新型家用空气净化设备的正面剖视图。

如图 1、图 2 所示，该家用空气净化设备包括壳体 1、位于壳体下部两侧的进风口 2、位于壳体顶部的出风口 3 以及设置在壳体底部的风机 4。所述壳体 1 内由下向上依次设置有除尘过滤网 5、活性炭过滤网 6、紫外灯 8 和光催化剂多孔陶瓷板 7。所述除尘过滤网由两层金属丝网和填充在两者之间的无纺布所组成。所述光催化剂多孔陶瓷板 7 上涂覆有纳米二氧化钛涂层。

该家用空气净化设备在工作时，室内空气在风机 4 的作用下经进风口 2 进入，经除尘过滤网 5 和活性炭过滤网 6 过滤后，除去其中的灰尘等颗粒物质；然后经过受到紫外灯 8 照射的光催化剂多孔陶瓷板 7，其中的有害气体被催化分解，净化后的空气经出风口 3 送出。

说 明 书 附 图

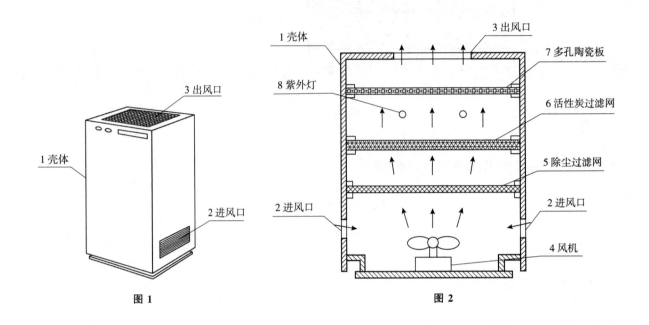

图1

图2

对比文件2

(19) 中华人民共和国国家知识产权局

(12) 实用新型专利

(45) 授权公告日　2011.09.02

(21) 申请号　201120123456.7
(22) 申请日　2011.01.20

（其余著录项目略）

说 明 书

一种车载空气清新机

本实用新型涉及一种车载空气清新机。

目前的车载空气清新机大都通过活性炭过滤网对车内空气进行过滤，但是活性炭过滤网仅能过滤空气中颗粒较大的悬浮物，不能对人体可吸入的细小颗粒进行过滤。

图1为本实用新型车载空气清新机的立体图。

图2为本实用新型车载空气清新机的剖视图。

如图1、图2所示，一种车载空气清新机，其包括壳体1、位于壳体一端的进风口2、位于壳体另一端侧面的出风口3。在壳体内从右往左依次设置有活性炭过滤网5、鼓风机4、PM2.5颗粒过滤网6、紫外灯8和格栅状导风板7。所述鼓风机4设置在两层过滤网之间，所述导风板7靠近出风口3，在所述导风板7上涂覆有纳米二氧化钛薄膜。该车载空气清新机通过电源接口（图中未示出）与车内点烟器相连。

使用时，将电源接口插入车内点烟器中，车内空气在鼓风机4的作用下，经由进风口2进入，经过活性炭过滤网5，滤除其中的大颗粒悬浮物；随后经过PM2.5颗粒过滤网6，过滤掉人体可吸入的细小颗粒；然后经过受到紫外灯8照射的涂覆有纳米二氧化钛薄膜的导风板7，其中的有害气体被催化氧化，净化后的空气经出风口3排出。

说 明 书 附 图

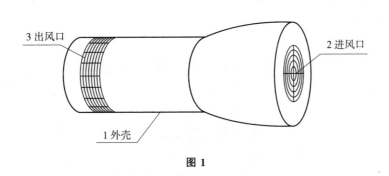

图 1

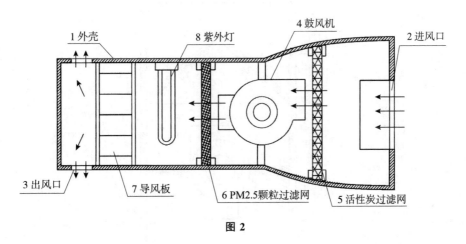

图 2

对比文件3

(19) 中华人民共和国国家知识产权局

(12) 实用新型专利

(45) 授权公告日　2011.04.09

(21) 申请号　201020123456.7
(22) 申请日　2010.07.20

(其余著录项目略)

说　明　书

一种空气过滤器

本实用新型涉及一种应用于工矿厂房粉尘过滤的空气过滤器。通常将该空气过滤器吊装在厂房顶部以解决厂房内灰尘大的问题。

图1为本实用新型空气过滤器的正面剖视图。

如图1所示，一种空气过滤器，其包括筒体1、位于筒体上部的进风口2、位于筒体下部的出风口3、风机4、活性炭过滤网5和除尘过滤网6。所述风机4设置在靠近出风口3，所述活性炭过滤网5呈锥状，锥状设置的活性炭过滤网不仅能增大过滤面积，而且能使所吸附的灰尘等大颗粒悬浮物沉淀于过滤网的边缘位置，由此增大过滤效率。

该空气过滤器工作时，空气在风机4的作用下，经进风口2进入，经过除尘过滤网6，除去其中的大部分灰尘，然后经过锥状活性炭过滤网5，进一步滤除掉空气中的灰尘等大颗粒悬浮物，净化后的空气经出风口3送出。

说 明 书 附 图

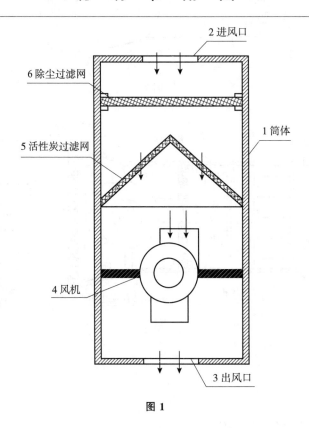

图 1

答题思路

本题要求根据技术交底材料记载的内容，综合考虑附件1、对比文件1至3所反映的现有技术，撰写能够有效且合理地保护发明创造的发明专利申请的权利要求书。（为节约篇幅，下面没有一一进行技术特征列表，但在培训或复习过程中，可以进行列表对比特征。）

（一）理解技术交底材料中涉及的发明创造

首先，需要正确理解技术交底材料提供的技术内容。

根据技术交底材料中第［01］段，本发明想要解决的技术问题包括以下两个方面。

其一，针对现有光催化空气净化器的光催化剂板填充的多孔颗粒阻碍了气流的流动，风阻较大，必须依靠风机的高速运转来提高气流的流动，由此导致噪声增大，特别是净化器的夜间运行更是影响人的睡眠；其二，金属丝网夹层多孔颗粒的结构使得气流与光催化剂的有效接触面积小，反应不充分，空气净化不彻底。

技术交底材料第［03］段针对解决噪音这一技术问题而言，给出的技术方案为：一种光催化空气净化器，它包括壳体 1、位于壳体下部两侧的进风口 2 以及位于壳体上部两侧的出风口 3；壳体底部设置有风机 4，在壳体 1 内设置有第一过滤网 5、第二过滤网 6、光催化剂板 7 和紫外灯 8；在该光催化空气净化器内还设置有消声结构 9。而结合第一和第二题解答时理解的现有技术内容可知，现有技术的空气净化器并不包括消声结构，由此可见，本发明关键之处是设置有消声结构，以降低风机和气流流动所产生的噪音。

而技术交底材料第［04］段和第［05］段结合图 1 和图 2 对第［03］段空气净化器中的改进措施消声结构给出两种具体结构。其中，第［04］段给出的消声结构 9 设置在第二过滤网 6 的上部，由固定连接在壳体 1 顶部内壁上的中央分流板 10 和一对对称地分别连接在壳体 1 内侧壁上的侧导风板 11 组成，中央分流板 10 与一对侧导风板 11 构成一个截面为 V 字形的出风通道，中央分流板 10 和侧导风板 11 由吸音材料（例如玻璃纤维棉）制成。第［05］段中给出的另一种消声结构 9 是通过支架 13 安装在第二过滤网 6 上部的消声器 12，其内部竖直布置了一组由吸音材料制成的消声片 14，消声片 14 接近第二过滤网 6 的一端均为圆弧形。

技术交底材料第［06］段和第［07］段都是针对现有技术中空气净化器中所存在的气流与光催化剂的有效接触面积小、反应不充分和空气净化不彻底的问题所采取的改进措施。其中，第［06］段给出的改进措施是其中的光催化剂板采用了负载有纳米二氧化钛的三维蜂窝陶瓷网，与多孔陶瓷板以及其他光催化剂板相比，增大了与气流的接触面积，反应充分，净化效果好。第［07］段给出的解决措施是其中的光催化剂板由壳体内设置的螺旋导风片所代替，由此在空气净化器内形成导流回旋风道，与此相应的是，在风道内壁和螺旋导风片上喷涂纳米二氧化钛涂层，将紫外灯设置在风道的中央，采取这种措施后，空气进入净化器后，在螺旋导风片的作用下在风道内形成回旋风，增加气流与光催化剂的接触面积和接触时间，催化反应充分，空气净化彻底。

第［08］段提及可以将各种光催化剂板插入空气净化器中，与其他过滤网，例如活性炭过滤网组合使用。

（二）确定可以要求保护的技术主题

其次，需要确定可以要求保护的技术主题。

通过对上述技术交底材料的分析，可得出如下几点结论。

（1）技术交底材料中涉及一种要求保护的主题：光催化空气净化器。

（2）本发明现有技术存在两方面的技术问题：光催化剂板风阻大，提高风机转速导致噪声增大；光催化剂板的多孔颗粒的结构使得气流与光催化剂的有效接触面积小，致使空气净化不彻底。

（3）本发明针对现有技术的上述两方面技术问题，分别作出了两方面改进：与图 1 和图 2 相应的结构改进解决噪声大的技术问题；与图 3 和图 4 相应的增大气流与光催化剂有效接触面积的结构改进解决空气净化不彻底的技术问题。

（4）通过对这两方面改进的分析可知，这两方面的结构改进为并列关系，因此可以分别针对这两方面的改进撰写独立权利要求。并且解决的技术问题相互没有关联，因而可以初步判断得出这两方面的改进不属于一个总的发明构思，需要分别提出专利申请。

（5）由技术交底材料介绍内容的先后可知，客户拟将解决噪声大这一技术问题的改进作为其申请中最重要的一项发明创造，而另一方面的改进不仅可以作为另一项发明创造撰写独立权利要求，还可以将其作为前一方面改进的进一步改进来撰写从属权利要求。

（三）针对最重要的发明创造撰写独立权利要求

再次，针对最重要的发明创造撰写独立权利要求。

1. 确定最重要发明创造的两种结构之间的关系

技术交底材料对第一方面的改进给出了两种结构光催化空气净化器，这两种结构为并列关系，首先需要分析这两种结构的技术特征，其中哪些是相同的技术特征，哪些是不同的技术特征。具体比较如下（参见表 2-3-4）：

表 2-3-4 特征对比

光催化空气净化器	第一种结构	第二种结构
壳体	√	√
位于壳体下部两侧的进风口	√	√
位于壳体上部两侧的出风口	√	√
壳体底部设置有风机		
壳体内设置有第一过滤网		
第二过滤网	√	√
光催化剂板	√	√
紫外灯	√	√
设置有消声结构	√	√
为中央分流板和一对侧导风板	√	
构成 V 字形出风通道	√	
为竖直布置有消声片的消声器		√
消声片接近第二过滤网的一端为圆弧形		√
由吸声材料制成	√	√

可见，两种结构的光催化空气净化器相同的技术特征：
① 壳体；
② 位于壳体下部两侧的进风口；
③ 位于壳体上部两侧的出风口；
④ 壳体底部设置有风机；
⑤ 第一过滤网；
⑥ 第二过滤网；
⑦ 光催化剂板；
⑧ 紫外灯；
⑨ 设置有消声结构。

由于两种结构为并列关系，对于两者不同的技术特征需要考虑是否采用概括的方式来表达，目前试题中概括为消声结构，但这样的概括方式会导致最后撰写成的独立权利要求不清楚或者明显不具备创造性，因此应当作进一步限定。由于两种结构为并列关系，对于两者不同的技术特征可以概括为：在从所述第二过滤网至所述出风口的空气流道中设置由吸音材料制成的消声结构。

经概括后的两种结构光催化空气净化器的共同技术特征：主题名称为光催化空气净化器，部件包括壳体，位于壳体下部两侧的进风口，位于壳体上部两侧的出风口，壳体底部设置有风机，壳体内设置有第一过滤网、第二过滤网、光催化剂板、紫外灯，在从所述第二过滤网至所述出风口的空气流道中设置由吸音材料制成的消声结构。

2. 确定本发明的最接近现有技术和要解决的技术问题

从这四篇现有技术的内容来看，均涉及空气净化器，均与该发明属于相同的技术领域。这四篇对比文件中的空气净化器均包括两层过滤网（除尘过滤网和活性炭过滤网），其中附件1和对比文件1至2还包括光催化反应结构，从公开的技术特征更多来看应当从这三篇现有技术中来确定；从解决的技术问题（消除由多孔颗粒光催化剂板增大的噪声）更接近来看，对比文件2中采用了涂覆有纳米二氧化钛薄膜的导风板，因此附件1和对比文件1与该发明更为接近。进一步，附件1中第二过滤网、光催化剂板和紫外灯的位置均与该发明相同，且从技术交底材料来看，客户是针对其在先发明专利申请作出的改进，因此应当将附件1作为该发明最接近的现有技术。

由技术交底材料［01］段前半部分的内容可知，光催化剂板内填充的多孔颗粒阻碍了气流的流动，风阻较大，必须依靠风机的高速运转来提高气流的流动，由此导致噪声增大。因此可以确定，本发明相对于最接近的现有技术所解决的技术问题是降低因风机高速运转而增大的噪声。

在确定了该发明相对于最接近的现有技术（即附件1）所要解决的技术问题之后，针对该技术问题确定其全部必要技术特征，并按照《专利法实施细则》第24条第1款规定的格式划分前序部分和特征部分，完成独立权利要求的撰写。

针对特征①至⑧以及作进一步限定后的特征⑨，具体分析哪些是解决上述技术问题的必要技术特征。

就特征①至④来说，壳体、风机以及壳体上的进风口和出风口是该发明必须有的部件或结构，但其进风口、出风口和风机的设置位置不局限于技术交底材料中给出的位置，例如附件1和对比文件1中的出风口位置，对比文件2和对比文件3中的进风口、出风口和风机的位置不尽相同，因此后三个特征中的具体位置不应当成为其必要技术特征。由此可知，这四个特征应当为：壳体、位于壳体上的进风口、位于壳体上的出风口和位于壳体内的风机。

对于特征⑤和⑥来说，由于该发明主要是为了消除因光催化剂板中的多孔颗粒阻碍气流的流动而采用高速风机所增加的噪声而采取的改进措施，不论是对采用两层过滤网还是一层过滤网的光催化空气净化器都适用，尤其是图4中的空气净化器只包含有一层过滤网，而在文字说明中也写明可采用图1和图2中的两层过滤网，由此也可联想到对图1和图2所示的空气净化器也可以仅有一层过滤网。因此对于这两个技术特征⑤和⑥来说，只需要写明设有过滤网即可，无须写明其为一层还是两层。

对于特征⑦和⑧来说，光催化剂板和紫外灯是光催化空气净化器中为产生活性态氧以催化分解有害气体所不可缺少的部件。对于光催化剂板这一特征，由于前面已经提到还要将该发明第二方面的改进作为第一方面改进的进一步改进来撰写从属权利要求，而在第二方面改进的第二种结构中，空气净化器中用作光催化剂载体部件的光催化剂板由壳体内设置的螺旋导风片所代替，因此独立权利要求中若采用光催化剂板这个技术特征来表述的话，则从属权利要求就会出现用"B部件代替A部件"的表述方式。《专利审查指南2023》第二部分第二章中明确指明，采用这样的撰写方式，该形式的从属权利要求实质上是一项独立权利要求。为避免这种不合适的表述方式，该技术特征可采用技术交底材料中所写明的对光催化剂板和涂覆有光催化剂的螺旋导风片这两种结构进行概括，由于不论是光催化剂板，还是涂覆有光催化剂的螺旋导风片都是空气净化器的一个部件，都是用来负载光催化剂的，因此可以概括为"负载光催化剂的部件"。❶

至于特征⑤至⑧这四个特征在壳体内的排列关系，在技术交底材料的图1、图2和图4所示的光催化空气净化器中第二过滤网距壳体出风口位置最近，但是对比文件2中的光催化空气净化器却是光催化剂载体部件距壳体出风口最近。显然，该发明第一方面的改进对于对比文件2中光催化空气净化器的结构也适用，因此不应当在独立权利要求1中限定过滤网、负载光催化剂的部件和紫外灯的排列位置。

至于进一步限定后的特征⑨"在从所述第二过滤网至所述出风口的空气流道中设置由吸音材料制成的消声结构"，是解决该发明技术问题的关键技术手段，因此是该发明解决技术问题的必要技术特征，应当写入独立权利要求中。但是，考虑到前面所提到的独立权利要求中不需要写明过滤网为两层，且不应写明过滤网、光催化剂载体部件和紫外灯的排列位置顺序，而目前进一步限定后的特征⑨的表

---

❶　在历年试题的技术交底材料中，往往会更清楚地给出如何概括的暗示，故《2014年全国专利代理人资格考试试题解析》中未对"光催化剂板"和"涂覆有光催化剂的螺旋导风片"进行概括，因此其从属权利要求出现了不合适的以"替代"方式表示的技术特征。今后对于这样的试题有可能会认为试题给出了暗含的概括表述方式"负载光催化剂的部件"，故在推荐的参考答案中采用了这种暗含的概括表述方式。

述方式中却已体现了其包含两层过滤网，且第二过滤网距壳体出风口位置最近，因此需要对特征⑨进行改写，通过对光催化空气净化器的结构分析，可以将其改写成"在壳体内通往所述出风口的净化后空气流道中设置由吸音材料制成的消声结构"。

在确定了应当写入独立权利要求的必要技术特征之后，将其中与最接近的现有技术共有的技术特征（即主题名称光催化空气净化器、壳体、位于壳体上的进风口和出风口，壳体底部设置有风机，壳体内设置有过滤网、负载光催化剂的部件、紫外灯）写入独立权利要求的前序部分，将最后一个技术特征"在壳体内通往所述出风口的净化后空气流道中设置由吸音材料制成的消声结构"写入特征部分，以完成独立权利要求的撰写。

最后完成的独立权利要求1如下：

1. 一种光催化空气净化器，包括壳体（1），位于壳体（1）上的进风口（2）和出风口（3），位于壳体（1）内的风机（4）、过滤网（5，6）、负载光催化剂的部件（7）和紫外灯（8），其特征在于：在所述壳体（1）内通往所述出风口（3）的净化后空气流道中设置由吸音材料制成的消声结构（9）。

3. 撰写从属权利要求

完成独立权利要求的撰写后，进一步分析本申请的其他技术特征。对于比较重要的特征，尤其是可能对申请的创造性起作用的技术特征，或者带来更优效果的技术特征、或者进一步解决了技术问题而产生相应技术效果的技术特征等，可以作为对本发明进一步限定的附加技术特征，写成相应的从属权利要求。这些附加技术特征往往在专利申请中会以"本发明优选地""本发明还可以采用""采用……会得到更好的效果"等引出（但不局限于这些），考生在阅读试题时即可以对此进行标注，以便在撰写从属权利要求时查找。

具体到本试题而言，从属权利要求的布局可按如下方式进行。

（1）先针对第一种结构的消声结构撰写引用独立权利要求1的从属权利要求，具体参见技术交底材料第［04］段第一句和第二句前半部分给出的第一种消声结构，由于第一种消声结构的空气净化器的出风口必须设置在其壳体内壁的两侧，因而在该从属权利要求2中需要对其出风口位置作出限定：

2. 根据权利要求1所述的光催化空气净化器，其特征在于：所述出风口（3）位于所述壳体（1）上部的两侧，所述消声结构（9）由固定连接在壳体（1）顶部内壁的中央分流板（10）和一对对称地分别连接在壳体内侧两侧壁上的侧导风板（11）组成。

由于技术交底材料第［04］段第二句后半部分进一步给出了一种优选的消声结构（虽然没有明确采用优选结构的文字描述，但从上下文和技术角度可以判断出来），因而，可以基于该优选结构撰写下一层级的从属权利要求，例如写成：

3. 根据权利要求2所述的光催化空气净化器，其特征在于：所述中央分流板（10）与侧导风板（11）构成一个截面为 V 字形的出风通道。

（2）技术交底材料第［05］段第一句给出了第二种结构消声结构，随后一句给了更具体的结构说明。因此，再针对第二种结构的消声结构撰写引用独立权利要求1的从属权利要求，再对这种结构的消声结构的优选结构撰写下一层级的从属权利要求，由于具有第二种消声结构的光催化空气净化器并不要求其出风口必须位于侧壁上，因此在针对第二种消声结构撰写从属权利要求4时不需要限定出风口的位置：

4. 根据权利要求1所述的光催化空气净化器，其特征在于：所述壳体（1）内通往出风口（3）的净化后空气流道中安装有消声器（12），所述消声结构（9）为一组竖直布置在所述消声器（12）内的消声片（14）。

5. 根据权利要求4所述的光催化空气净化器，其特征在于：所述消声片（14）朝向所述消声器（12）进气口的一端均为圆弧形。

（3）考虑到本发明创造第二方面增大空气与光催化剂板有效接触面积的改进也可以是在第一方面改进的基础上作出的改进，因此可以将第二方面改进的两种结构作为附加特征撰写相应的从属权利要求（具体依据技术交底材料第［06］段和第［07］段的描述）。

6. 根据权利要求 1 至 5 任一项所述的光催化空气净化器，其特征在于：所述负载光催化剂的部件（7）是负载有纳米二氧化钛的三维蜂窝陶瓷网（15）。

7. 根据权利要求 1 至 5 任一项所述的光催化空气净化器，其特征在于：所述负载光催化剂的部件（7）为设置在所述壳体（1）内、形成导流回旋风道的螺旋导风片（16），作为光催化剂的纳米二氧化钛涂层喷涂在风道内壁和螺旋导风片（16）上，所述紫外灯（8）设置在风道的中央。

（四）针对本发明另外的发明创造撰写独立权利要求

然后，针对本发明另外的发明创造撰写独立权利要求。

技术交底材料中第［06］段和第［07］段对本发明另外一项改进给出了两种增大气流与光催化剂有效接触面积的结构。这两种结构是并列的结构，而且对于这两种结构来说无法从结构上对其进行概括，若采用功能概括的方式则基本相当于该光催化空气净化器采用了能解决该技术问题的结构，这样撰写的权利要求属于未清楚限定要求专利保护的范围，而且很有可能相对于现有技术明显不具备创造性。由此可知，对这两种结构无法加以概括，应当针对这两种结构分别撰写一项独立权利要求。

根据技术交底材料中第［06］段所描述的改进发明，其关键是光催化剂板采用三维蜂窝陶瓷网结构，同时考虑到该发明与现有技术共有的技术特征，因而可以针对该项改进，撰写如下独立权利要求：

1. 一种光催化空气净化器，包括壳体（1）、位于壳体上的进风口（2）和出风口（3），壳体（1）内部设置有风机（4），过滤网（5，6）、载有纳米二氧化钛的光催化剂板（7）和紫外灯（8），其特征在于：所述光催化剂板（7）采用三维蜂窝陶瓷网（15）结构。

根据技术交底材料中第［07］段的描述，可以发现其与上述改进发明相比，关键是空气净化器的光催化剂板由壳体内设置的螺旋导风片所代替，由此在空气净化器内形成导流回旋风道；在风道内壁和螺旋导风片上喷涂纳米二氧化钛涂层，将紫外灯设置在风道的中央。因此，基本上可以在上述改进的独立权利要求的特征部分用该部分予以替换即可形成相应的独立权利要求。具体如下：

1. 一种光催化空气净化器，包括壳体（1），位于壳体（1）上的进风口（2）和出风口（3），位于壳体（1）内的风机（4），过滤网（5，6）、载有纳米二氧化钛的光催化剂载体部件（7）和紫外灯（8），其特征在于：在壳体（1）内设置有螺旋导风片（16）以形成导流回旋风道，所述纳米二氧化钛在风道内壁和螺旋导风片（16）上形成喷涂涂层，构成所述光催化剂载体部件，所述紫外灯（8）设置在风道中央。

（五）三项独立权利要求是否具备单一性

最后，判断三项独立权利要求是否具备单一性。

根据上述撰写思路，可以得知三项独立权利要求的特定技术特征分别为：

第一项独立权利要求中的"在所述壳体内通往所述出风口的净化后空气流道中设置由吸音材料制成的消声结构"，其技术效果是起到降低噪声的作用；

第二项独立权利要求中的"光催化剂板具有三维蜂窝陶瓷网结构"，其技术效果是起到增大气流与光催化剂有效接触面积的作用；

第三项独立权利要求中的"壳体内设置有螺旋导风片以形成导流回旋风道，所述纳米二氧化钛在风道内壁和螺旋导风片上形成喷涂涂层，构成光催化剂载体部件，紫外灯设置在风道中央"，其技术效果是起到增大气流与光催化剂有效接触面积的作用。

经比较，可以较明显地得出这三项独立权利要求的特定技术特征相互不相同。此外，第一项与第二项和第三项相比，解决的技术问题也完全不同，采用的技术措施也完全不同，因而第一项与另两项独立权利要求之间，也不存在相应的特定技术特征。而对于第二项与第三项独立权利要求相比，虽然都是为了起到增大气流与光催化剂有效接触面积的作用，但采取的技术措施不仅不相同，而且没有任何技术上的联系，因此两者也不存在相应的特定技术特征（由于解决增大气流与光催化剂有效接触面积这一技术问题是公知的，因此不能成为所采取的不同技术措施构成相应的特定技术特征的理由）。综上所述，三项独立权利要求之间都不具有相同或相应的特定技术特征，不具备单一性，因此应当作为三件申请分别提出。据此，可以给出本题的答案。

值得注意的是，根据试题要求，针对本发明另外改进的两项发明，仅需要撰写对应的独立权利要求，而不必再撰写从属权利要求。

参考答案

（一）本申请的权利要求书

权利要求书

1. 一种光催化空气净化器，包括壳体（1），位于壳体（1）上的进风口（2）和出风口（3），位于壳体（1）内的风机（4）、过滤网（5，6）、负载光催化剂的部件（7）和紫外灯（8），其特征在于：在所述壳体（1）内通往所述出风口（3）的净化后空气流道中设置由吸音材料制成的消声结构（9）。

2. 根据权利要求1所述的光催化空气净化器，其特征在于：所述出风口（3）位于所述壳体（1）上部的两侧，所述消声结构（9）由固定连接在壳体（1）顶部内壁的中央分流板（10）和一对对称地分别连接在壳体内侧两侧壁上的侧导风板（11）组成。

3. 根据权利要求2所述的光催化空气净化器，其特征在于：所述中央分流板（10）与侧导风板（11）构成一个截面为V字形的出风通道。

4. 根据权利要求1所述的光催化空气净化器，其特征在于：所述壳体（1）内通往出风口（3）的净化后空气流道中安装有消声器（12），所述消声结构（9）为一组竖直布置在所述消声器（12）内的消声片（14）。

5. 根据权利要求4所述的光催化空气净化器，其特征在于：所述消声片（14）朝向所述消声器（12）进气口的一端均为圆弧形。

6. 根据权利要求1至5任一项所述的光催化空气净化器，其特征在于：所述负载光催化剂的部件（7）是负载有纳米二氧化钛的三维蜂窝陶瓷网（15）。

7. 根据权利要求1至5任一项所述的光催化空气净化器，其特征在于：所述负载光催化剂的部件（7）为设置在所述壳体（1）内、形成导流回旋风道的螺旋导风片（16），作为光催化剂的纳米二氧化钛涂层喷涂在风道内壁和螺旋导风片（16）上，所述紫外灯（8）设置在风道的中央。

（二）需要另行提出两件专利申请的独立权利要求
第二件专利申请的独立权利要求：

1. 一种光催化空气净化器，包括壳体（1）、位于壳体上的进风口（2）和出风口（3），壳体（1）内部设置有风机（4），过滤网（5，6）、载有纳米二氧化钛的光催化剂板（7）和紫外灯（8），其特征在于：所述光催化剂板（7）采用三维蜂窝陶瓷网（15）结构。

第三件专利申请的独立权利要求：

1. 一种光催化空气净化器，包括壳体（1），位于壳体（1）上的进风口（2）和出风口（3），位于壳体（1）内的风机（4），过滤网（5，6）、载有纳米二氧化钛的光催化剂载体部件（7）和紫外灯（8），其特征在于：在壳体（1）内设置有螺旋导风片（16）以形成导流回旋风道，所述纳米二氧化钛在风道内壁和螺旋导风片（16）上形成喷涂涂层，构成所述光催化剂载体部件，所述紫外灯（8）设置在风道中央。

（三）应当将三项发明分别提出专利申请的理由
三项独立权利要求应分别提出专利申请的理由如下。

本申请即第一件申请的独立权利要求的特定技术特征为：在所述壳体内通往所述出风口的净化后空气流道中设置由吸音材料制成的消声结构，其起到降低噪声的作用。

第二件申请的独立权利要求的特定技术特征为：光催化剂板具有三维蜂窝陶瓷网结构，其起到增大气流与光催化剂有效接触面积的作用。

第三件申请的独立权利要求的特定技术特征为：壳体内设置有螺旋导风片以形成导流回旋风道，

所述纳米二氧化钛在风道内壁和螺旋导风片上形成喷涂涂层，构成光催化剂载体部件，紫外灯设置在风道中央，其起到增大气流与光催化剂有效接触面积的作用。

显然，后两项独立权利要求与前一项独立权利要求，其特定技术特征既不相同，且解决的技术问题完全不同。因此，后两项独立权利要求的特定技术特征与前一项独立权利要求的特定技术特征既不相同，又不相应，在技术上不相关联，不属于一个总的发明构思。

就后两项独立权利要求而言，虽然两者的特定技术特征所起的作用都是起到增大气流与光催化剂有效接触面积的作用，但两者的特定技术特征毫无关联，即两者为解决同一技术问题采用了相互没有关联的技术手段，因而这两项独立权利要求的特定技术特征之间既不相同，又不相应，不属于一个总的发明构思。

综上所述，这三项发明的独立权利要求相互之间不具有《专利法》第31条规定的单一性，不能合案申请，应当作为三件专利申请分别提出。

四、对多种并列实施方式中的部分实施方式可以进行合理概括的情形

对于技术交底材料中对某一技术主题或者对该技术主题的一种主要改进给出多种并列实施方式的情况，如果通过分析考虑，认为其中一部分并列实施方式可以进行合理概括而另一些实施方式无法概括在内的情形，那么对于能进行合理概括的那些并列实施方式，可以按照本章之二中所给出的撰写方法撰写独立权利要求和从属权利要求，至于无法概括在内的并列实施方式可以按照本部分第二章中所给出的权利要求书基本撰写方法来撰写独立权利要求和相应的从属权利要求，然后如本章之三中所说明的那样分析所撰写的独立权利要求之间是否符合单一性的规定，以确定是合案申请还是分案申请。2011年专利代理实务科目中有关内置调味材料的瓶盖组件的申请文件撰写部分的试题就属于这种情形。

为帮助考生掌握这种情形试题的应试思路，下面以2011年专利代理实务科目中有关内置调味材料的瓶盖组件的申请文件撰写部分的试题作为案例加以说明。

真题案例：内置调味材料的瓶盖组件

该客户A公司提供了技术交底材料，希望就该技术申请发明专利。请你综合考虑附件1至附件3所反映的现有技术，为客户撰写发明专利申请的权利要求书，具体要求如下：

（1）独立权利要求的技术方案相对于现有技术应当具备新颖性和创造性。独立权利要求应当从整体上反映发明的技术方案，记载解决技术问题的必要技术特征，并且符合《专利法》及其实施细则对独立权利要求的其他规定。

（2）从属权利要求应当使得本申请面临不得不缩小保护范围的情况时具有充分的修改余地，其数量应当合理、适当，并且符合《专利法》及其实施细则对从属权利要求的所有规定。

（3）如果所撰写的权利要求书中包含两项或者两项以上的独立权利要求，请简述这些独立权利要求能够合案申请的理由；如果认为客户提供的技术内容涉及多项发明，应当以多份申请的方式提出，则请说明理由，并分别撰写权利要求书。

客户提供的交底材料

[01] 我公司对附件1至附件3公开的瓶盖进行研究后发现它们各有不足。附件1所述瓶盖的顶壁由易变形的弹性材料制成，在搬运和码放过程中容易受压向下变形，使尖刺部刺破隔挡片，容置腔室内的调味材料进入水中，因此导致饮料容易变质，从而达不到预期效果。附件2和附件3所述瓶盖，饮用时需先打开瓶盖用手除去封膜，使用不方便、不卫生。

[02] 在上述现有技术的基础上，我公司提出改进的内置调味材料的瓶盖组件。

[03] 图1至图3示出第一种实施方式。如图1和图2所示，改进的瓶盖组件包括瓶盖本体1和盖栓2。所述瓶盖本体1具有顶壁、侧壁和容置腔室3，容置腔室3底部由气密性隔挡片4密封，容置腔

室 3 内放置有调味材料，侧壁设有与瓶口外螺纹配合的内螺纹。

[04] 如图 2 所示，瓶盖本体 1 的顶壁开设孔 5，与顶壁一体成型的中空套管 6 从该孔 5 的位置向瓶盖本体开口方向延伸，中空套管 6 的内壁带有内螺纹。盖栓 2 由栓帽 21 和栓体 22 两部分构成，栓体 22 设有外螺纹，其端部具有尖刺部 23 用于刺破隔挡片 4，栓体 22 穿过孔 5 进入中空套管 6 内，栓体 22 的外螺纹与中空套管 6 的内螺纹配合。

[05] 如图 1 所示，组装瓶盖组件时，将盖栓 2 旋转连接于中空套管 6 中，将尖刺部 23 限制在隔挡片 4 上方合适的位置。此时，该瓶盖组件如同普通瓶盖一样使用。如图 3 所示，想饮用调味饮料时，旋转栓帽 21，盖栓 2 借助螺纹向下运动，尖刺部 23 刺破隔挡片 4；然后反向旋转盖栓 2 使其向上运动，容置腔室 3 中的调味材料从隔挡片 4 的破损处进入瓶身。

[06] 图 4 至图 6 示出第二种实施方式。与第一种实施方式的主要区别在于，盖栓 2 与瓶盖本体 1 之间并非螺纹连接关系，并且省去了中空套管。如图 4 和图 5 所示，盖栓 2 的栓体 22 具有光滑的外表面，栓体 22 穿过顶壁的孔 5 进入容置腔室 3。栓体 22 外套设弹簧 7，弹簧 7 的一端连接栓帽 21，另一端连接顶壁。一侧带有开口的卡环 8 围绕弹簧 7 卡扣在栓帽 21 和顶壁之间，需要时，可借助卡环 8 的开口将其从该位置处卸下。如图 4 所示，常态下，卡环 8 卡扣在栓体 22 外周限制盖栓 2 向下运动。此时，该瓶盖组件如同普通瓶盖一样使用。如图 6 所示，想饮用调味饮料时，卸下卡环 8 并向下按压栓帽 21，尖刺部 23 刺破容置腔室 3 底部的隔挡片 4，松开栓帽 21 后，在弹簧 7 的作用下，盖栓 2 向上回位，容置腔室 3 中的调味材料从隔挡片 4 的破损处进入瓶身。

[07] 需要说明的是，对于以上两种实施方式，容置腔室的具体结构有多种选择。如图 1 和图 4 中所示，容置腔室由顶壁、侧壁和隔挡片围合形成，其中隔挡片固定于侧壁内侧的环状凸缘上。此外，容置腔室还可以如一些现有技术那样，由顶壁、从顶壁内侧向下延伸的管状储存器和固定于管状储存器下缘的隔挡片围合形成。

[08] 图 7 至图 9 示出第三种实施方式。如图 7 和图 8 所示，改进的瓶盖组件包括瓶盖本体 31 和拉环 32。所述瓶盖本体 31 具有顶壁、侧壁和容置腔室 33，侧壁下部设有与瓶口外螺纹配合的内螺纹。侧壁内侧位于内螺纹上方具有环状凸缘 34，气密性隔挡片 35 固定于环状凸缘 34 上。顶壁、侧壁和隔挡片 35 共同形成密闭的容置腔室 33，容置腔室 33 内放置有饮用材料。拉环 32 连接在瓶盖本体 31 的下缘，且易于从瓶盖本体 31 上撕除。

[09] 如图 7 所示，常态下，拉环 32 连接于瓶盖本体 31 上，瓶口上缘与隔挡片 35 之间具有适当的间隔。如图 9 所示，想饮用调味饮料时，撕除拉环 32，旋转瓶盖本体 31 使其相对于瓶身继续向瓶口方向运动，瓶口上缘与隔挡片 35 接触并逐渐对隔挡片 35 施加向上的压力，使隔挡片 35 破裂，容置腔室 33 内的饮用材料进入瓶身。

[10] 可撕除的拉环目前已经广泛应用于各种瓶盖，其结构以及与瓶盖本体的连接方式属于本领域公知的技术。图 8 中示出了其中一种具体实施方式，拉环 32 通过多个连接柱 36 固定在瓶盖本体 31 的下缘。拉环 32 具有开口 37，开口 37 的一侧设有拉环扣 38，通过牵拉拉环扣 38 使连接柱 36 断裂，从而将拉环 32 从瓶盖本体 31 上撕除。该拉环与第二种实施方式中的卡环功能相近，均起到限制相关部件进一步运动的作用，可根据需要选择使用。

第二篇

客户提供的交底材料的附图

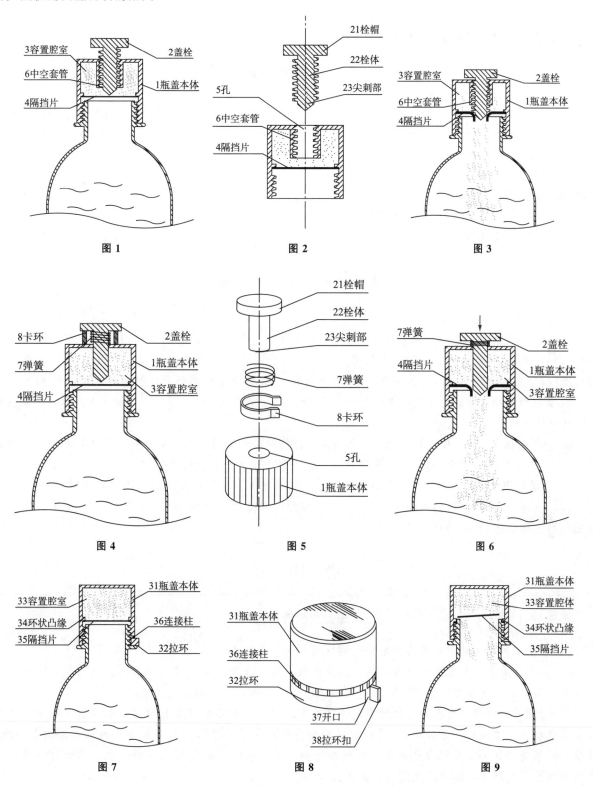

图1　　　　　　　　图2　　　　　　　　图3

图4　　　　　　　　图5　　　　　　　　图6

图7　　　　　　　　图8　　　　　　　　图9

附件1

(19) 中华人民共和国国家知识产权局

(12) 实用新型专利

(45) 授权公告日 2011.03.22

---

(21) 申请号 201020123456.7

(22) 申请日 2010.09.23

(30) 优先权数据

10/111，222 2010.01.25 US

(73) 专利权人 B公司

（其余著录项目略）

权 利 要 求 书

---

1. 一种即配式饮料瓶盖，包括顶壁（1）和侧壁（2），侧壁（2）下部具有与瓶口外螺纹配合的内螺纹（3），其特征在于，侧壁（2）内侧在内螺纹（3）上方具有环状凸缘（4），隔挡片（5）固定于环状凸缘（4）上，所述顶壁（1）、侧壁（2）和隔挡片（5）共同形成容纳调味材料的容置腔室（6）。

2. 如权利要求1所述的即配式饮料瓶盖，其特征在于，所述隔挡片（5）为一层热压在环状凸缘（4）上的气密性薄膜。

3. 如权利要求1或2所述的即配式饮料瓶盖，其特征在于，所述瓶盖带有一个用于刺破隔挡片（5）的尖刺部（7），所述尖刺部（7）位于顶壁（1）内侧且向隔挡片（5）的方向延伸。

4. 如权利要求1至3中任意一项所述的即配式饮料瓶盖，其特征在于，所述顶壁（1）具有弹性易于变形，常态下，尖刺部（7）与隔挡片（5）不接触，按压顶壁（1）时，尖刺部（7）向隔挡片（5）方向运动并刺破隔挡片（5）。

说 明 书

即配式饮料瓶盖❶

[01] 本实用新型涉及一种内部容纳有调味材料的饮料瓶盖。

[02] 市售的各种加味饮料（如茶饮料、果味饮料等）多通过在纯净水中加入调味材料制成。为保证饮料品质、延长保存时间，加味饮料中大都使用各种添加剂，不利于人体健康。

[03] 针对加味饮料存在的上述问题，本实用新型提出一种即配式饮料瓶盖。所述饮料瓶盖内部盛装有调味材料（如茶粉、果珍粉等），该瓶盖与盛装矿泉水或纯净水的瓶身配合，构成完整的饮料瓶。饮用时将瓶盖内的调味材料释放到瓶身内与水混合，即可即时配制成加味饮料。由于调味材料与水在饮用前处于隔离状态，因此无须使用添加剂。

[04] 图1是本实用新型的立体分解图。

[05] 图2是本实用新型在常态下的组合剖视图。

---

❶ 交底材料的附件1至3涉及的说明书文字每个段落前的编号是编者为描述方便所加，原试题无段落编号。考生在考试时，如引用，建议采用第几行的方式描述。

[06] 图 3 是本实用新型在使用状态下的组合剖视图。

[07] 如图 1、图 3 所示，即配式饮料瓶盖具有顶壁 1 和侧壁 2，侧壁 2 下部具有与瓶口外螺纹配合的内螺纹 3，侧壁 2 内侧在内螺纹 3 上方具有环状凸缘 4，隔挡片 5 固定于环状凸缘 4 上，隔挡片 5 优选为一层热压在环状凸缘 4 上的气密性薄膜。顶壁 1、侧壁 2 和隔挡片 5 围合成密闭的容置腔室 6，容置腔室 6 内放置调味材料。上述结构即构成完整的即配式饮料瓶盖，该瓶盖可以与盛装矿泉水或纯净水的瓶身相配合使用。直接拧开瓶盖，可以饮用瓶中所装矿泉水或纯净水；撕除或破坏隔挡片 5，则可即时配制成加味饮料饮用。

[08] 为了能够方便、卫生地破坏隔挡片 5，本实用新型进一步提出一种改进的方案。顶壁 1 由易于变形的弹性材料制成，尖刺部 7 位于顶壁 1 内侧且向隔挡片 5 的方向延伸。如图 2 所示，常态下尖刺部 7 与隔挡片 5 不接触，从而使隔挡片 5 保持完整和密封。如图 3 所示，饮用加味饮料时，按压顶壁 1，顶壁 1 向隔挡片 5 方向变形，尖刺部 7 刺破隔挡片 5，调味材料进入瓶中与水混合，形成所需口味的饮料。采用弹性顶壁配合尖刺部的结构，使得本实用新型瓶盖的使用更加方便、卫生。

附　图

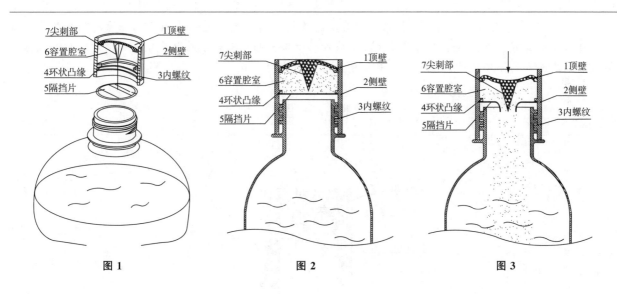

图 1　　　　　　图 2　　　　　　图 3

附件 2

(19) 中华人民共和国国家知识产权局

(12) 实用新型专利

(45) 授权公告日　2010.08.06

(21) 申请号　200920345678.9

(22) 申请日　2009.12.25

(73) 专利权人　张××

（其余著录项目略）

说 明 书

茶叶填充瓶盖

[01] 本实用新型涉及一种内部盛装有茶叶的瓶盖。

[02] 用冷水泡制而成的茶是一种健康饮品，冷泡的方式不会破坏茶叶里的有益物质。目前制作冷泡茶的方式，通常是将茶袋或茶叶投入水杯或矿泉水瓶内进行浸泡。然而茶叶携带起来不方便，特别是在外出时，不便于制作冷泡茶。

[03] 本实用新型提出一种茶叶填充瓶盖，在现有瓶盖的基础上，在瓶盖内部增加一个容纳茶叶的填充腔。该瓶盖与矿泉水瓶相配合一同出售，解决了茶叶不易携带的问题。

[04] 图1是本实用新型的剖面图。

[05] 如图1所示，本实用新型的瓶盖整体为圆柱形，其上端封闭形成盖顶部1，圆柱形侧壁2的下部具有与瓶口外螺纹配合的内螺纹3，内螺纹3上方设有与侧壁2一体形成的环状凸缘4，透水性滤网5（滤纸或滤布）固定于环状凸缘4上。盖顶部1、侧壁2和滤网5围合的空间形成茶叶填充腔6。

[06] 瓶口处设有封膜7用于密封瓶身内的水。饮用时打开瓶盖并除去瓶口封膜7，然后再盖上瓶盖，将水瓶倒置或横置，瓶中的水透过滤网5进入茶叶填充腔6中充分浸泡茶叶，一段时间后制成冷泡茶。由于滤网5的阻隔作用，茶叶不会进入瓶身，方便饮用。

附 图

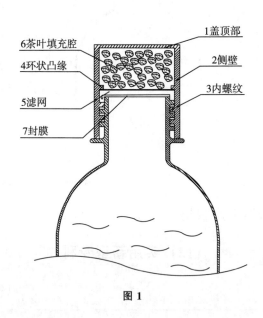

图1

附件 3

(19) 中华人民共和国国家知识产权局

(12) 实用新型专利

(45) 授权公告日 2008.01.02

(21) 申请号 200720123456.7
(22) 申请日 2007.07.05
(73) 专利权人 李××

（其余著录项目略）

说 明 书

饮料瓶盖

[01] 本实用新型公开了一种内部盛装有调味材料的瓶盖结构。该瓶盖与盛装矿泉水或纯净水的瓶身配合，构成完整的饮料瓶。饮用时可将瓶盖内的调味材料释放到瓶身内与水混合，从而即时配制成加味饮料。

[02] 图 1 是本实用新型的剖视图。

[03] 如图 1 所示，本实用新型的瓶盖具有顶壁 1 和侧壁 2，侧壁 2 具有与瓶口外螺纹配合的内螺纹 3，顶壁 1 内侧固定连接一个管状储存器 4，该管状储存器 4 的下端由气密性封膜 5 密封，所述气密性封膜 5 优选为塑料薄膜，通过常规的热压方式固定在管状储存器 4 的下缘。顶壁 1、管状储存器 4 和封膜 5 围合的空间形成密闭的容置腔室 6，容置腔室 6 内放置有调味材料。如图 1 所示，将瓶盖旋转连接在瓶身上时，瓶口部分进入侧壁 2 与管状储存器 4 之间的环状空间内。

[04] 想饮用加味饮料时，打开瓶盖撕除或者破坏封膜 5，然后再盖上瓶盖，容置腔室 6 中的调味材料进入瓶中，与水混合形成所需口味的饮料。

附 图

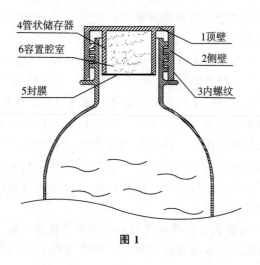

图 1

答题思路

在撰写发明专利申请的权利要求书时，通常按照下述步骤进行：理解客户提供的发明素材；确定作为合适的申请主题，并将其与现有技术进行分析对比；确定最主要的技术主题，并撰写独立权利要求和从属权利要求；为其他技术主题撰写独立权利要求和从属权利要求；给出简答题的答案。

根据试题要求，考生应当根据试题所给定的素材，撰写出符合《专利法》相关规定的、具有尽可能宽的保护范围的权利要求书。同时还应当撰写出数量适当的、合适的从属权利要求。

（一）理解客户所提供的发明素材

首先需要理解客户所提供的技术交底材料，弄清楚涉及几项技术主题以及所提供的实施方式，其次确定其主要技术特征及其相互关系。（为节约篇幅，没有一一列出技术特征对比表，但在学习或讲解时可以列出。）

1. 明确涉及的技术主题及其实施方式

从技术交底材料来看，其技术主题相对单一，很明显仅涉及内置调味材料的瓶盖组件。针对该技术主题，技术交底材料中提供了三个实施方式。其中明确表明，图1至图3示出第一种实施方式；图4至图6示出第二种实施方式；图7至图9示出第三种实施方式。

由此可以得出，需要将每一种实施方式与现有技术进行比较确定是否具备新颖性和创造性，在具备新颖性和创造性的两种或三种实施方式之间要考虑是否能够进行合理概括，在不能概括时，判断它们之间是否具备单一性以确定是合案申请，还是分案申请。

另外，从技术内容来看，发明主要解决的是瓶盖本身的结构，所谓的使用方法仅是所述瓶盖组件在饮用调味饮料时的使用过程，并且得到保护的瓶盖组件自然也延及其在使用时的过程。因此，不必以瓶盖组件的使用方法等作为技术主题。

2. 技术主题的主要技术特征

下面针对内置调味材料的瓶盖组件技术主题的各个实施方式分别作出说明。

技术交底材料第［03］段至第［10］段的说明分别对内置调味材料的瓶盖组件三种不同实施方式进行了说明，据此可以确定其主要技术特征及其相互关系。

其中第一种和第二种实施方式中，瓶盖组件的主要部件是瓶盖本体和盖栓。其中瓶盖本体具有顶壁、侧壁和容置腔室，容置腔室的底部由气密性隔挡片密封，内放置有调味材料，侧壁设有与瓶口外螺纹配合的内螺纹，瓶盖本体的顶壁开设孔。

第一种实施方式是设计有中空套管从该孔的位置向瓶盖本体开口方向延伸，中空套管的内壁带有内螺纹。配合设计的盖栓，它由栓帽和栓体两部分构成，其端部具有尖刺部，栓体穿过顶壁上开设的孔进入中空套管内，栓体的外螺纹与中空套管的内螺纹配合。在想饮用调味饮料时，旋转栓帽，盖栓借助螺纹向下运动，尖刺部刺破隔挡片。

第二种实施方式是盖栓的栓体具有光滑的外表面，栓体穿过顶壁的孔进入容置腔室。栓体外套设弹簧，弹簧的一端连接栓帽，另一端连接顶壁。一侧带有开口的卡环围绕弹簧卡扣在栓帽和顶壁之间，想饮用调味饮料时，卸下卡环并向下按压栓帽，尖刺部刺破容置腔室底部的隔挡片。

第三种实施方式的主要部件是瓶盖本体和拉环，其中瓶盖本体也具有顶壁、侧壁和容置腔室，但侧壁下部设有与瓶口外螺纹配合的内螺纹。侧壁内侧中在位于内螺纹上方具有环状凸缘，气密性隔挡片固定于环状凸缘上。拉环连接在瓶盖本体的下缘，想饮用调味饮料时，撕除拉环，旋转瓶盖本体使其相对于瓶身继续向瓶口方向运动，瓶口上缘与隔挡片接触并逐渐对隔挡片施加向上的压力，使隔挡片破裂，容置腔室内的饮用材料进入瓶身。

（二）将本发明与现有技术分析比较，确定发明实际解决的技术问题

附件1公开的即配式饮料瓶盖，包括顶壁和侧壁，侧壁下部具有与瓶口外螺纹配合的内螺纹，侧壁内侧在内螺纹上方具有环状凸缘，隔挡片固定于环状凸缘上，顶壁、侧壁和隔挡片共同形成容纳调

味材料的容置腔室。尖刺部位于顶壁内侧且向隔挡片的方向延伸，所述顶壁具有弹性易于变形，按压顶壁时，尖刺部向隔挡片方向运动并刺破隔挡片。但瓶盖的顶壁由易变形的弹性材料制成，在搬运和码放过程中容易受压向下变形，使尖刺部刺破隔挡片，容置腔室内的调味材料进入水中，因此导致饮料容易变质，从而达不到预期效果。

附件2和附件3虽然都涉及瓶盖，但都是在饮用时需先打开瓶盖，然后用手除去封膜，使用不方便、不卫生。

由此可以较为明显地得出，附件1是本发明的最接近的现有技术。可以确定本发明实际解决的技术问题是相对于现有技术提供既方便使用，又避免被失误刺破隔挡片导致调味材料进入水中的瓶盖。

技术交底书中提供的三种实施方式。其中第一种实施方式，是通过瓶盖本体的顶壁开设有孔，中空套管的内壁带有内螺纹。由栓帽和栓体构成的栓盖，其端部具有尖刺部，栓体穿过顶壁上开设的孔进入中空套管内，栓体的外螺纹与中空套管的内螺纹配合。通过旋转栓帽可以使盖栓上下运动，尖刺部刺破隔挡片。

第二种实施方式与第一种实施方式类似之处在瓶盖本体的顶壁开设有孔，但采用的栓体具有光滑的外表面，栓体穿过顶壁的孔进入容置腔室。栓体外套设弹簧，弹簧的一端连接栓帽，另一端连接顶壁。通过设计一侧带有开口的卡环围绕弹簧卡扣在栓帽和顶壁之间，卸下卡环并向下按压栓帽，尖刺部刺破容置腔室底部的隔挡片。

第三种实施方式中，侧壁内侧位于内螺纹上方具有环状凸缘，气密性隔挡片固定于环状凸缘上。其是通过设计拉环，它连接在瓶盖本体的下缘，撕除拉环，旋转瓶盖本体，使瓶口上缘与隔挡片接触并对隔挡片施加向上的压力，使隔挡片破裂。与第一种和第二种实施方式最大的不同在于，其并没有在瓶盖本体的顶壁开设有孔，而是设计拉环限制瓶盖本体运动，撕除拉环后，旋转瓶盖本体时，由瓶口上缘使隔挡片破裂。

由此可以得知，本发明提供的三种实施方式均能解决上述技术问题，即具备新颖性和创造性，可以作为申请主题的基础。

（三）确定技术交底材料中的发明所包括的独立权利要求

作为代理师来说，在确定上述三种实施方式均具备新颖性和创造性的情况下，应当考虑是否能够进行上位概括来为申请人获取合理的更大的保护范围。不过，在实务考试中，应当注意以不超出题目素材公开的范围为前提，对各种实施方式进行适当概括。这不同于实际从事专利代理工作，后者可以根据现有技术的掌握情况适当增加、补充有关技术内容以获得更有利的保护范围。

从上述分析可以得出，第一种实施方式和第二种实施方式结构非常类似，工作原理基本相同，均采用盖栓与瓶盖本体顶壁上的孔配合，通过盖栓在孔内的相对运动刺破隔挡片，总体发明构思一致。区别仅在于第一种实施方式中采用螺纹结构来限制盖栓受压时向隔挡片方向运动，第二种实施方式中采用卡环结构来限制盖栓受压时向隔挡片方向运动。这种情况下，考虑根据它们的共同特点进行适当概括，撰写出一项独立权利要求。

第三种实施方式与第一种、第二种实施方式的发明构思不同，不是在瓶盖本体上设计有能够相对配合向下运动的机构，而是通过撕除环状部件从而使瓶盖相对于瓶口进一步旋转，由瓶口上缘破坏隔挡片，因此，不适合将其与第一种、第二种实施方式进行概括，故应考虑为第三种实施方式单独撰写独立权利要求。❶

---

❶ 技术交底材料第［10］段指出第三种实施方式中的拉环与第二种实施方式中的卡环功能相近，均起到限制相关部件进一步运动的作用，可以根据需要选择使用。有人据此认为这两种实施方式之间具有共同之处，应当概括出一个权利要求以包括第一种至第三种实施方式。但需要指出的是，这里仅仅表明限定瓶盖本体运动所采用技术手段可以通用，但由于本发明关键在于如何撕破隔挡片，至于限制瓶盖本体运动在确定如何撕破隔挡片机理基础上，本领域技术人员实际上可以选择现有技术相关的技术手段（技术交底材料中也明确说明了这一点），因此仅由此处的描述不能得出两者具有共同的特定技术特征，因此既不能上位概括纳入，也不能合案申请。相反，此处的描述正好暗示其可以作附加技术特征来撰写从属权利要求的基础。

此时，需要判断上述两项发明是合案申请还是分案申请。第一种和第二种实施方式均是在瓶盖本体上设置盖栓，瓶盖本体的顶壁上开设孔，通过适当的机构实现或者限制盖栓在孔中的上下相对运动，当向下运动时刺破隔挡片，属于同一发明构思。第三种实施方式则是通过撕除环状部件从而使瓶盖相对于瓶口进一步旋转，借助瓶口上缘破坏隔挡片。第三种实施方式与第一种、第二种实施方式不属于同一发明构思，它们之间不存在相同或相应的特定技术特征，因此，不能在一件专利申请中同时提出。考虑到第一种和第二种实施方式概括后的独立权利要求保护范围相对更宽一些，因此宜作为主要发明（称第一项发明）撰写权利要求书，而将第三种实施方式对应的技术方案（称第二项发明）单独另外提交一份申请。对此，需要撰写另一份申请的权利要求书，并且针对是否符合单一性即分案申请的理由给出说明。

（四）为第一项发明撰写独立权利要求

从技术交底材料可知，其主题名称就是瓶盖组件。其必要技术特征包括与现在技术共有的技术特征，以及解决上述技术问题相关部件。从技术交底材料来看，瓶盖组件应当包括：

（1）瓶盖本体，其具有顶壁、侧壁和用于容纳调味材料的容置腔室，所述容置腔室底部由气密性隔挡片密封；

（2）顶壁上开设孔；

（3）盖栓，其盖栓由栓帽和栓体两部分组成；

（4）栓体穿过孔进入容置腔室内；

（5）栓体的外螺纹与中空套管的内螺纹配合（第一种实施方式），或者栓体外套设弹簧，弹簧的一端连接栓帽，另一端连接顶壁，一侧带有开口的卡环围绕弹簧卡扣在栓帽和顶壁之间（第二种实施方式）。

上述第（1）方面特征与现有技术是共有的技术特征，第（2）方面至第（5）方面特征属于解决技术问题的相关特征。对于第（5）方面的特征，由于两者都采用了可以限制盖栓运动的机构，并考虑到技术交底材料中也明确提到两者都是"限制"作用的方式。因此，可以对这两种实施方式中限制盖栓受压时向隔挡片方向运动的不同结构进行概括，例如"限制部件，其限制盖栓向隔挡片方向运动"，以形成一个较上位的独立权利要求，为申请人获取合理的更大保护范围。

如此形成的权利要求1如下：

1. 一种内置调味材料的瓶盖组件，❶ 包括瓶盖本体（1），所述瓶盖本体（1）具有顶壁、侧壁和用于容纳调味材料的容置腔室（3），所述容置腔室（3）底部由气密性隔挡片（4）密封，其特征在于：

所述瓶盖组件还包括盖栓（2），所述盖栓（2）由栓帽（21）和栓体（22）两部分组成；

所述顶壁上有开设的孔（5），所述盖栓（2）的栓体（22）穿过该孔（5）进入容置腔室（3）内；

所述瓶盖组件还包括限制部件，其限制盖栓（2）向隔挡片（4）方向运动，当解除限制部件的限制作用时，所述盖栓（2）的栓体（22）在孔（5）中能够上下相对运动，向下运动时刺破隔挡片（4）。

需要说明一点，虽然在客户提供的技术交底材料中的第一种和第二种实施方式中写明：栓体端部具有尖刺部用于刺破隔挡片。但所述尖刺部并非必要技术特征，因为只要栓体与隔挡片相接触，通过盖栓的栓体继续向隔挡片运动，必然会捅破隔挡片，如果不是尖刺形状，只不过捅破的力量要求更大一些而已，因此在撰写独立权利要求时，不必写入"栓体端部具有尖刺部"这一技术特征（但可作为优选方式来撰写一项从属权利要求）。

（五）撰写第一项发明的从属权利要求

试题说明中也明确从属权利要求应当使得本申请在面临不得不缩小保护范围的情况时具有充分的修改余地。

---

❶ 需要说明的是，从整个技术内容来看，都是以瓶盖组件为主题名称，但由于并不能单独使用（尤其是第三种实施方式），因而采用饮料瓶为主题名称更为合适。但由于试题内容可以明显表明为瓶盖组件，因此考试时不必深究。此外，在瓶盖组件作为主题的情况下，是否还需要撰写包括所述瓶盖组件的饮料瓶的独立权利要求呢？从考试的角度来看，如果撰写了饮料瓶的独立权利要求应该也不会有害处。

（1）由于针对第一种实施方式和第二种实施方式的限制部件进行了概括，因此可以对两种实施方式的具体限制部件作为进一步附加技术特征分别撰写两个从属权利要求。

根据技术交底材料第［03］段描述的第一种实施方式的限制部件作为附加技术特征，即所述限制部件由内壁带有内螺纹的中空套管和带有外螺纹的栓体构成，中空套管与顶壁一体成型并从孔的位置向瓶盖本体开口方向延伸。

根据技术交底材料第［06］段描述的第二种实施方式的限制部件作为附加技术特征，其明确为"限制盖栓受压时向隔挡片方向运动的机构"为卡环结构，但交底材料第［10］段中明确提示第三种实施方式中的拉环与第二种实施方式中的卡环功能相近，均起到限制相关部件进一步运动的作用，可以根据需要选择使用。因此，为了使权利要求具有尽可能大的保护范围，可以考虑以"可移除的环状部件"来对拉环和卡环进行上位概括，而不仅限于"拉环"或者"卡环"。故可将所述限制部件撰写成可移除的环状部件，所述可移除的环状部件卡扣在栓帽和瓶盖本体的顶壁之间。然后，再以该权利要求为基础分别以"拉环"和"卡环"作进一步限定（具体来说，根据第二和第三种实施方式的相关描述来作进一步限定）。

（2）根据技术交底材料第［07］段的描述，即对于第一种和第二种实施方式，容置腔室的具体结构有多种选择。表明其后描述的形式作为附加技术特征来进一步限定容置腔室。即第一种实施方式容置腔室如图1和图4中所示，容置腔室由顶壁、侧壁和隔挡片围合形成，其中隔挡片固定于侧壁内侧的环状凸缘上。第二种实施方式的容置腔室如一些现有技术那样，由顶壁、从顶壁内侧向下延伸的管状储存器和固定于管状储存器下缘的隔挡片围合形成。由此，可撰写两项并列从属权利要求。

（3）此外，在交底材料中的第一种和第二种实施方式中写明：栓体端部具有尖刺部用于刺破隔挡片。这是一种更利于刺破隔挡片的优选方式，可作为附加技术特征来撰写一项从属权利要求。

（六）撰写第二项发明的独立权利要求和从属权利要求

根据第三种实施方式，即技术交底材料第［08］段和第［09］段的描述来撰写第二项发明的权利要求书。其主题名称显然还是瓶盖组件。根据第［08］段和第［09］段的描述可以确定下述必要技术特征：

（1）瓶盖本体，具有顶壁、带有内螺纹的侧壁和位于侧壁内侧内螺纹上方的环状凸缘，气密性隔挡片固定于环状凸缘上，顶壁、侧壁和隔挡片共同形成密闭的容置腔室；

（2）可移除的拉环部件，其安装在瓶盖本体的下缘；

（3）移除所述环状部件后，瓶盖本体能够进一步旋转并向瓶口方向运动，瓶口上缘对隔挡片施加向上的压力使隔挡片破裂。❶

但根据第［10］段的描述即可撕除的拉环目前已经广泛应用于各种瓶盖，其结构以及与瓶盖本体的连接方式属于本领域公知的技术。那么，为使保护范围更宽，应当对可移除拉环适当概括为可撕除的环状部件，以包括其他可以适用的方式（也参见对第一项发明中关于可移除环状部件概括的分析）。

因此，形成的权利要求1如下：

1. 一种内置调味材料的瓶盖组件，包括瓶盖本体（31），所述瓶盖本体（31）具有顶壁、带有内螺纹的侧壁和位于侧壁内侧内螺纹上方的环状凸缘（34），气密性隔挡片（35）固定于环状凸缘（34）上，顶壁、侧壁和隔挡片（35）共同形成密闭的容置腔室（33），其特征在于，还包括可移除的环状部件，所述可移除的环状部件安装在瓶盖本体（31）的下缘，当移除所述环状部件后，瓶盖本体（31）能够进一步旋转并向瓶口方向运动，瓶口上缘对隔挡片（35）施加向上的压力使隔挡片（35）破裂。

由于试题要求对于另案申请也是撰写权利要求书而不仅仅是独立权利要求，因此还需要撰写相关的从属权利要求。

首先，由于独立权利要求是针对可撕除的拉环概括为可撕除的环状部件，因此很显然应当以可撕除的拉环作为优选方式来撰写一项从属权利要求。同时，根据技术交底材料第［10］段指出的图8示出了一种具体可撕除拉环方式，也暗示其应当作为附加技术特征来撰写一项从属权利要求。图8中示

---

❶ 该特征是为了瓶口配合使用的特征，是解决技术问题所需要的，因此是必要技术特征。

出了其中一种具体实施方式是拉环通过多个连接柱固定在瓶盖本体的下缘。拉环具有开口，开口的一侧设有拉环扣，通过牵拉拉环扣使连接柱断裂，从而将拉环从瓶盖本体上撕除。此外，该段还指出该拉环与第二种实施方式中的卡环功能相近，均起到限制相关部件进一步运动的作用，可以根据需要选择使用。这暗示了可以第二种实施方式中的卡环即一侧带有开口的卡环作为一种可选方式来撰写从属权利要求（也参见对第一项发明中关于可移除环状部件的进一步限定作为从属权利要求撰写的分析）。

如此，可以确定撰写三项从属权利要求，其附加技术特征可以根据技术交底材料给出的文字描述适当完善：

（1）可移除的环状部件为可撕除的拉环；

（2）拉环通过多个连接柱固定在瓶盖本体的下缘，拉环具有开口，开口的一侧设有拉环扣（该附加技术特征是对第一方面的进一步限定）。

（3）可移除的环状部件为一侧带有开口的卡环。

参考答案

（一）本申请的权利要求书

权利要求书

1. 一种内置调味材料的瓶盖组件，包括瓶盖本体（1），所述瓶盖本体（1）具有顶壁、侧壁和用于容纳调味材料的容置腔室（3），所述容置腔室（3）底部由气密性隔挡片（4）密封，其特征在于：

所述瓶盖组件还包括盖栓（2），所述盖栓（2）由栓帽（21）和栓体（22）两部分组成；

顶壁上开设孔（5），栓体（22）穿过孔（5）进入容置腔室（3）内，且能够在孔（5）中上下相对运动，向下运动时刺破隔挡片（4）；

所述瓶盖组件还包括限制盖栓（2）受压时向隔挡片（4）方向运动的机构。

2. 如权利要求1所述的内置调味材料的瓶盖组件，其特征在于：所述限制盖栓（2）受压时向隔挡片（4）方向运动的机构，由内壁带有内螺纹的中空套管（6）和带有外螺纹的所述栓体（22）构成，所述中空套管（6）与顶壁一体成型并从所述孔（5）的位置向瓶盖本体开口方向延伸。

3. 如权利要求2所述的内置调味材料的瓶盖组件，其特征在于：所述限制盖栓（2）受压时向隔挡片（4）方向运动的机构，为可移除的环状部件，所述可移除的环状部件卡扣在栓帽（21）和瓶盖本体的顶壁之间。

4. 如权利要求3所述的内置调味材料的瓶盖组件，其特征在于：所述可移除的环状部件为一侧带有开口的卡环（8）。

5. 如权利要求3所述的内置调味材料的瓶盖组件，其特征在于：所述可移除的环状部件为连接在栓帽（21）上并且可撕除的拉环（32）。

6. 如权利要求5所述的内置调味材料的瓶盖组件，其特征在于：所述拉环（32）通过多个连接柱（36）固定在瓶盖本体（31）的下缘，拉环（32）具有开口（37），开口（37）的一侧设有拉环扣（38）。❶

7. 如权利要求1至6中任意一项所述的内置调味材料的瓶盖组件，其特征在于：侧壁上固定地设置径向向内凸出的环状凸缘，所述隔挡片（4）固定于环状凸缘上，顶壁、侧壁和隔挡片（4）共同形成所述容置腔室（3）。

8. 如权利要求1至6中任意一项所述的内置调味材料的瓶盖组件，其特征在于：从顶壁内侧向下延伸设置管状储存器，所述隔挡片（4）固定于管状储存器下缘，顶壁、管状储存器和隔挡片（4）共

---

❶ 《2011年全国专利代理人资格考试试题解析》中提供的范文中没有包括该项从属权利要求，但从撰写的角度其确实提供了一种较为优选的拉环形式，在另案申请中也作为一项从属权利要求来撰写，因此增加该项从属权利要求有其合理性。

同形成所述容置腔室（3）。

9. 如权利要求 1 至 6 中任意一项所述的内置调味材料的瓶盖组件，其特征在于：所述盖栓（2）的栓体（22）的端部具有尖刺部（23）用于刺破隔挡片（4）。❶

（二）需要另案提交申请的权利要求书

1. 一种内置调味材料的瓶盖组件，包括瓶盖本体（31），所述瓶盖本体（31）具有顶壁、下部带有内螺纹的侧壁，在该内螺纹上方的侧壁内侧设置有环状凸缘（34），所述环状凸缘（34）上固定有气密性隔挡片（35），所述顶壁、侧壁和隔挡片（35）共同形成用于容纳调味材料的容置腔室（3），其特征在于：所述瓶盖组件还包括位于所述瓶盖本体（31）侧壁下方的可移除的环状部件，瓶盖本体（31）受压时，该环状部件限制所述瓶盖本体（31）连同所述隔挡片（35）向着瓶口方向运动，移除所述环状部件后可使所述瓶盖本体（31）连同所述隔挡片（35）向着瓶口方向旋转前行，以便瓶口上缘向所述隔挡片（35）施压而使其破裂。

2. 如权利要求 1 所述的内置调味材料的瓶盖组件，其特征在于：所述可移除的环状部件为可撕除的拉环（32）。

3. 如权利要求 2 所述的内置调味材料的瓶盖组件，其特征在于：所述拉环（32）通过多个连接柱（36）固定在瓶盖本体（31）的下缘，拉环（32）具有开口（37），开口（37）的一侧设有拉环扣（38）。

4. 如权利要求 1 所述的内置调味材料的瓶盖组件，其特征在于：所述可移除的环状部件为一侧带有开口的卡环（8）。

（三）分案申请的理由

第一种和第二种实施方式均是在瓶盖本体上设置盖栓，瓶盖本体的顶壁上开设孔，通过适当的机构实现或者限制盖栓在孔中的上下相对运动，当向下运动时刺破隔挡片，属于同一发明构思。第三种实施方式则是通过撕除环状部件从而使瓶盖相对于瓶口进一步旋转，借助瓶口上缘破坏隔挡片。由于现有技术（如附件 1）已公开了一种即配式饮料瓶，其调味材料与水通过瓶盖的设计隔挡片而处于隔离状态，使用时通常挤压顶部而通过尖刺部刺破隔挡片。因此，第三种实施方式与第一种、第二种实施方式不属于同一发明构思，它们之间不存在相同或相应的特定技术特征，不具有《专利法》第 31 条第 1 款规定的单一性。因此，将第三种实施方式对应的技术方案另外单独提交一份申请。

第四章 多个发明点的权利要求撰写及实例

一、存在多个发明点的情况

有时客户提出的技术交底材料中针对某一技术主题描述的发明创造相对于最接近的现有技术所存在的技术问题作出了多方面的改进，即其存在多个发明点的情况。对于这样的发明创造，主要存在以下几种情况。

（1）多个发明点（即多方面改进）相互之间为并列关系，可以针对这些发明点分别撰写一项独立权利要求，这是近几年专利代理实务有关申请文件撰写试题中出现较多的情形，因此是本章的重点。该多个发明点可以是分别针对最接近的现有技术所存在的不同的技术问题作出的改进，例如 2012 年、2014 年、2015 年和 2016 年专利代理实务有关申请文件撰写的试题；也可以是针对最接近的现有技术所存在的同一技术问题作出了彼此可以相互独立的改进，例如 2010 年专利代理实务有关食品料理机的撰写试题。

---

❶ 《2011 年全国专利代理人资格考试试题解析》中提供的范文中没有包括该项从属权利要求，但从撰写的角度其确实提供了一种栓体端部为尖刺形成更利于刺破隔挡片的优选方式，因此撰写该项从属权利要求有其合理性。

第二篇

（2）多个发明点（即多方面改进）相互之间为主从关系，即其中的一方面改进是基础，其他方面的改进是在此改进的基础上作出的进一步改进。从历年专利代理实务科目专利申请文件撰写的试题来看，这类试题并不多，主要出现在专利代理实务考试的早期，例如 2002 年机械专业有关轴密封装置的撰写试题。

（3）多个发明点（即多方面改进）相互之间既有主从关系，又有并列关系。从历年专利代理实务科目专利申请文件撰写的试题来看，这类试题出现得也不多，例如 2013 年专利代理实务有关垃圾箱的撰写试题以及 2000 年机械专业有关饮料容器开启装置的撰写试题。

下面针对这三种情况分成三节（并列发明点的权利要求书的撰写、主从发明点的权利要求书的撰写、既有并列又有主从发明点的权利要求书的撰写）加以具体说明。

二、并列发明点的权利要求书的撰写

技术交底材料中具有多个并列发明点的发明创造的情况主要有以下两种情形。

（1）技术交底材料中针对该发明创造所要解决的同一个技术问题给出多种彼此相独立的改进。例如 2010 年专利代理实务科目有关食品料理机的撰写试题，其中为解决使食品破碎得更细更均匀这一技术问题可采取两种彼此独立的改进技术措施：一个是使浆液循环流动将物料多次粉碎的结构，另一个是使电机正转、停转、反转交替进行对浆液产生撞击，此时应当针对这两方面改进撰写独立权利要求。

（2）技术交底材料中针对该发明创造所要解决的不同的技术问题分别给出彼此相互独立的改进技术措施。2009 年、2012 年、2014 年、2015 年和 2016 年专利代理实务有关申请文件撰写的试题均属于这种情形，应当分别针对这多方面的改进撰写独立权利要求。

对这两种情形，都需要针对这多个发明点。即针对多方面的改进分别撰写独立权利要求，并针对所撰写的独立权利要求判断它们之间是否满足单一性要求。

在实务考试中，需要根据技术交底材料中所描述的内容确定哪一方面的改进是最主要的发明创造。通常将客户在技术交底材料中所认为的重要性更大、保护力度更大或更有实际保护意义的这方面改进作为最主要的发明，也就是说客户往往会在技术交底材料中首先介绍最主要的发明创造，且对其用较多笔墨作出具体说明，包括所解决的技术问题，获得的效果，如何使用或运行等，并且还交代与之相关的外围信息。而对于次要的发明，其对客户的重要性要小一些，技术交底材料中往往着墨相对较少，描述相对简略。从撰写角度来看，最主要的发明通常能够撰写较多的从属权利要求，而次要发明通常难以撰写出较多的从属权利要求。当然，上述情况并不是绝对的，需要根据实际情况即发明的重要性和保护意义角度来判断最主要发明和相对次要的发明。在实务考试中，通过技术交底材料的描述，通常很容易判断出来，但实际考试中仍然有个别考生判断错误，因此也需要注意。

对于针对多项并列发明点撰写的独立权利要求来说，它们之间多半不具有单一性。但就应试而言，除最主要的发明外，还应当针对次要发明创造撰写独立权利要求，并根据试题要求确定是否还撰写相应的从属权利要求。

撰写步骤与前述章节的撰写步骤大同小异，不同之处强调如下。

（1）在阅读分析可申请专利的主题时，需要认真阅读技术交底书，准确确定该主题涉及哪几个并列发明点（不要遗漏），并针对此多个并列发明点，确定何者为最主要的发明点，何者为次要的发明点。

（2）在针对最主要的发明点撰写权利要求书时，通常次要发明点的改进措施与最主要发明的改进措施是能相兼容的，在这种情况下还应当针对次要发明点的改进措施作为最主要发明改进措施的进一步改进，撰写相应的从属权利要求。

（3）在撰写完最主要发明的权利要求书后，再针对相对次要的发明撰写独立权利要求。然后判断这些独立权利要求与最主要发明的独立权利要求之间是否满足单一性的要求。在这种情况下，多半不具有单一性，从历年应试的这类撰写试题来看，针对次要发明点撰写的独立权利要求与最主要发明的独立权利要求之间都是没有单一性的，因此需要另行提出专利申请。至于该另行提出的专利申请是否撰写从属权利要求，可以根据试题的要求来确定。例如 2012 年、2014 年、2015 年和 2016 年的申请文件撰写试题对另行提出的专利申请只要求撰写独立权利要求，而 2009 年的申请文件撰写试题对另行提出的专利申请要求撰写权利要求书，即不仅撰写独立权利要求，还要撰写从属权利要求。

需要注意的是，并列发明点往往与概括方式撰写权利要求书交织在一起。对于其中针对某一发明点（即某一方面改进）有多个并列实施方式的情况，在针对这方面改进撰写权利要求书时，通常应当尽可能撰写一项将这多个并列实施方式都概括在一项独立权利要求之中。例如 2012 年有关冷藏箱的撰写试题中，针对最主要的发明撰写的独立权利要求就概括了技术交底材料中给出的三种实施方式。但有时试题针对某一发明点给出多个并列的实施方式，然而无法将这些并列实施方式都概括在一项独立权利要求当中。例如 2015 年有关卡箍的撰写试题中，针对最主要发明点给出三个实施方式，但无法将这三个实施方式都概括在一项独立权利要求的保护范围内，此时就应当考虑可否针对其中两个实施方式概括成一项独立权利要求。甚至有的试题中对最主要的发明和次要的发明都要考虑是否采用概括的方式来表述独立权利要求。例如 2014 年专利代理实务科目试卷有关申请文件撰写试题中，光催化空气净化器的第一方面改进涉及两个实施方式，针对这方面改进可撰写一项将两个实施方式概括在内的独立权利要求；第二方面改进也涉及两个实施方式，也需要考虑是否进行概括，但是由于无法概括而不得不写成两项独立权利要求，这两项独立权利要求之间也不具有单一性，因此应当针对第二方面的改进另行提出两件专利申请。

真题案例：磁化防垢除垢器 ❶

根据下述技术交底材料考虑并提供的现有技术撰写一份发明专利申请的权利要求书；如果认为发明一部分内容应当通过多份申请分别提出，则应当针对主要发明撰写一份完整的权利要求书，针对次要发明仅需要撰写独立权利要求。

技术交底材料

[01] 本发明涉及一种锅炉、茶炉中换热设备的附件。

[02] 水垢是锅炉、茶炉等换热设备的大敌，为清除水垢，已采用过许多方法，如化学法，离子交换法，电子除垢法等等。最近又出现了利用磁场来处理水垢的方法，例如，1991 年 9 月 20 日公告的 CN2089467Y 的中国实用新型专利说明书就公开了这样一种利用磁场来处理水垢的"锅炉防垢装置"。这种防垢装置将两对彼此对置的条形磁块或扇形磁块布置在方形管道或圆形管道的同一截面上，这两对磁块相互垂直（如图Ⅰ所示）。这种布置方式使部分磁力相互抵消，磁通密度减弱，中心磁通密度更低，此外，对这两对磁块所形成的磁场也未采取任何屏蔽措施，漏磁严重，磁能损耗大。为了达到防垢和除垢效果，管道中心磁通密度至少应达到 0.2～0.7 特斯拉，这就需要采用高强度大块磁块，大大增加了成本，且在此管道附近产生的强磁场会影响工作人员的健康。不仅如此，该防垢装置仅在管道的同一截面上布置了两对磁块，这样管道中流过的水仅受到一次磁化作用，作用时间短，磁化效果差，达不到满意的防垢除垢的目的。

[03] 本发明要解决的技术问题在于克服上述已知方法的缺点，提供一种技术先进、效果显著而无副作用的磁化防垢除垢器，这种磁化防垢除垢器不仅能在管道中产生足够的磁通密度，使水很好地磁化，而且结构简单可靠、成本低、无漏磁、不会影响工作人员的身体健康。

[04] 本发明的磁化防垢除垢器，包括由非导磁材料制成的管道和分别置于其外表面相对两侧的至少两对永磁磁块。它还包括一个由导磁材料制成的外壳，由非导磁材料制成的所述管道穿过所述外壳并与外壳两端连成一体。所述永磁磁块用铁皮包覆（铁皮两端搭接在一起，最好用铁丝将其捆住）固定在管道上，所述外壳外表面上涂有防护漆。

[05] 作为本发明的进一步改进，管道位于外壳内的中间管道段的横截面为方形，所述磁块的形状

---

❶ 根据 1996 年机械专业试题的技术资料改编。

为条形，用铁皮包覆固定在外壳内上述方形中间管道段的外壁上，这样磁块与管壁接触紧密，便于固定，磁力线均匀，中间磁通密度与两边磁通密度一致。

[06] 作为本发明另一种改进，管道的横截面为圆形，所述磁块的形状为瓦形，用铁皮包覆固定在外壳内的圆形管道的外壁上，由于瓦形磁块中间有聚磁作用使磁化更为均匀，对水的磁化更有利。尤其是在相邻两对瓦形磁块之间安放铁制垫圈时可避免各对磁块之间相互干扰。

[07] 当对本发明再作进一步改进时，采用4～5对永磁磁块时，可以使水流过防垢除垢器时多次切割磁力线，从而可使水全部磁化，避免出现死角或部分水未被磁化的现象。

[08] 本发明的磁化防垢除垢器只有几个零件组成，结构简单，价格低廉；因其磁路设计独特合理、技术先进，所以，水磁化效果好，不易结垢，防垢除垢能力强。

[09] 下面结合附图对本发明磁化防垢除垢器作进一步详细描述。

[010] 图Ⅰ是公知磁化防垢除垢器中条形磁块和扇形磁块的排列布置图。

[011] 图Ⅱ是本发明磁化防垢除垢器的主视图及沿其A-A线的剖视放大图。

[012] 图Ⅲ是本发明磁化防垢除垢器另一种实施方式的主视图和沿其B-B线的剖视放大图。

[013] 图Ⅰ所示为前面背景技术部分所提到的中国实用新型专利说明书CN2089467Y中所披露的磁化防垢除垢器中磁块排列布置图。在其左图中方形管道的同一管道截面上布置有两对彼此垂直的条形磁块；在其右图中为圆形管道的同一管道截面上布置有两对彼此垂直的扇形磁块。按照这样的布置方式，相邻的异性磁极会使磁力线短路，从而使管道中央部分的磁通密度大大减弱。

[014] 在本发明中，为了保证由不锈钢、塑料或钢等非导磁材料制成的管道的中央部分有足够的磁通密度，使两对磁极之间不发生磁力线短路，如图Ⅱ所示，让此两对磁块（3、4）不是布置在同一管道截面上，其中一对磁块（4）安放在另一对磁块（3）的下游。图Ⅱ中，管道（1）的用于安装成对磁块（3、4）的中间管道段（9）为方形管道。第一对磁块（3）以异性磁极相对的方式布置在该方形中间管道段（9）的某一截面的上、下两侧；第二对磁块（4）以同样方式布置在该方形中间管道段（9）中上述截面下游部分的另一截面的左、右两侧，并与第一对磁块（3）紧邻，即第二对磁块（4）的磁场方向与第一对磁块（3）的磁场方向相垂直，且形成的磁场紧接在第一对磁块形成的磁场的下游。为了固定这两对磁块（3、4），分别用铁皮（5）将每对磁块包覆起来固定在管道（1）的方形中间管道段（9）上，可将铁皮两端搭扣在一起，或者用铁丝将其捆住。该铁皮（5）除起固定作用外，还同时起到使磁场均匀、增强中间磁场和一次屏蔽的作用。当采用这样的磁块布置方式和结构时，仍会向管道（1）的四周漏磁，若要保证使用较小的磁块就能产生足够的磁场强度，满足防垢除垢的要求，且不会使漏磁对周围人体造成危害，还必须对此磁化防垢除垢器设置一铁制外壳（2），管道（1）从外壳（2）的两端穿过，并用焊接或其他方法使外壳（2）的两端与管道（1）连成一体。包覆磁块（3、4）的铁皮（5）的外表面与外壳（2）的内壁之间必须留有适当间隙，以保证外壳（2）在保护磁块不受损伤的同时起到二次屏蔽作用，减少磁能损耗，从而保证采用较小的磁块（例如每对磁块形成的磁通密度在0.1特斯拉左右）就能在管道（1）的方形中间管道段（9）的中央部分产生足够的磁通密度，满足防垢除垢的需要。经过二次屏蔽后，在外壳的外面测出的磁场强度接近于零，保证工作人员的健康不受影响。管道（1）露出外壳（2）的两端部分上制有螺纹，用于分别与供水管和锅炉等换热器的进水管相连接。为防止铁制外壳（2）生锈，还可以在铁制外壳（2）的外表面上涂一层防护漆。为了美观，便于辨认和防止假冒，在防护漆的外面绘制有红绿相间的宽条彩色花纹。

[015] 图Ⅱ中只示意性地画出两对磁块，实际上可根据水的硬度按上述方法串接多对磁块，即每相邻两对磁块以相互垂直的方式安放，并使每对磁块形成的磁通密度保持在0.1特斯拉左右。如水的硬度在7毫克当量/升以下，使用5对磁块即可达到满意的防垢除垢的目的；若水的硬度更高，可适当增加磁块的对数，如水的硬度为9毫克当量/升，可用9～10对磁块即可获得满意的效果。如果换热器的容量很小，使用时水的流速又较低，使用两对磁块就可。

[016] 图Ⅱ所示的磁化防垢除垢器，由于将条形磁块布置在管道的方形外壁上，因而磁块与管壁接触紧密，便于固定，且磁力线排布均匀，中间磁通密度与两边磁通密度一致，因而当水流过管

道时磁化均匀。又因有多对磁块相互垂直地串接在一起，避免了多对磁块之间相互干扰，削弱磁通密度，而且因水流过管道时多次切割磁力线，使水全部磁化，避免出现死角或部分水未被磁化。

[017] 图Ⅲ是本发明磁化防垢除垢器的另一实施方式，这种防垢除垢器与图Ⅱ所示的防垢除垢器的结构基本相同。图中同样只示意性地表示出两对磁块，实际上可根据需要安放多对磁块，每对磁块的排列方式与图Ⅱ所示的条形磁块的排列方式相同，所不同的是当这种磁块装在直径较大的粗管道上时，因磁块的尺寸较大，为了防止相邻磁块相互吸引而移动位置，可在每对磁块之间加装铁制垫圈（8）。加装垫圈（8）之后又能避免各对磁块之间相互干扰。瓦形磁块具有聚磁作用，可使磁场更均匀，使水的磁化更为理想。但瓦形磁块加工比条形磁块复杂，生产成本高，多半与截面较大的圆形管道配合使用。

[018] 本发明的磁化防垢除垢器，因不需要过大的磁通密度，可采用较小的磁块，因而产品制造费用低。使用时，只需要将本发明的防垢除垢器连接在供水管和锅炉、茶炉中换热器的进水管之间即可。为了使水流过磁化防垢除垢器时磁化得更好，水的流速不应过大。

附图

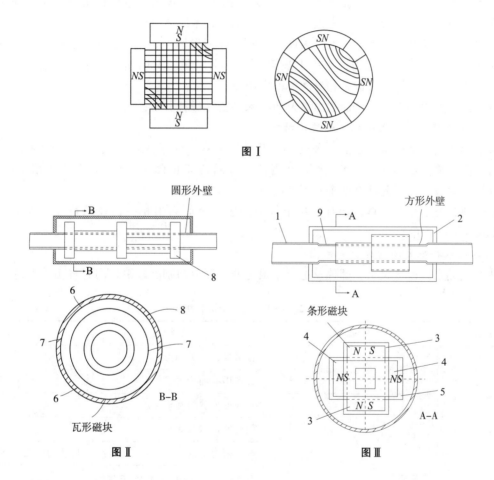

图Ⅰ

图Ⅱ

图Ⅲ

对比文件1

涉及一种利用磁场来处理水垢的"锅炉防垢装置"。这种防垢装置将两对彼此对置的条形磁块或扇形磁块布置在方形管道或圆形管道的同一截面上，这两对磁块相互垂直（如图Ⅰ所示）。此外，该防垢装置还包括一个由导磁材料制成的外壳，所述管道穿过所述外壳并与该外壳两端连成一体，通过外壳以屏蔽磁场向外扩散。

对比文件2

涉及一种磁化防垢除垢器，其包括四对条形磁块分别以异性磁极相对的布置方式固定在管道的对侧，其中每两对条形磁块设置在同一截面上，共两层，分别形成两层彼此基本垂直的磁场，每一层的两对磁块分别被铁皮包覆住，在此两对条形磁块之间安放有铁制垫圈，以避免两层之间的磁场产生干扰和抵消作用。此外，还可以包括更多对的磁块。

撰写分析

阅读理解技术交底材料后，即按下述步骤完成权利要求的撰写。

第一步，确定可能写入权利要求的技术主题。

从技术交底材料来看，其仅涉及一种磁化防垢除垢器一个技术主题。由于描述比较混乱，需要认真阅读理解其中的发明的技术内容。

但通读完技术交底材料后，可以发现发明人要解决两个方面的技术问题。由技术交底材料第［02］段的内容可知，现有技术中的磁化防垢除垢器，将两对彼此对置的条形磁块或扇形磁块放置在方形管道或圆形管道的同一截面上，这两对磁块相互垂直。这种布置方式使部分磁力相互抵消，导致磁通密度的减弱，影响磁化效果（第一个技术问题）。此外，由于对磁场未采取任何屏蔽措施，使漏磁严重，不仅增大磁能的损耗，而且会影响工作人员健康（第二个技术问题）。

初步判断两者不太可能具备单一性，因此涉及两个并列发明点。从整体技术交底材料的内容来看，可以较容易地判断出，本发明应当以解决上述第一个技术问题的发明改进为主，其是最主要的发明。而解决第二个技术问题的发明改进是相对次要的发明。

第二步，针对发明的主题，全面找出涉及的技术特征并进行分析。

1. 技术特征清单：列出相关的全部技术特征

注意对于涉及同一个技术主题的多种改进的并列发明点，如果两者有较多的共同特征，则可以一并全面列出。但如果涉及不同的技术主题，或者两者共同特征非常少，则可以分别列出。此处，由于两者共同特征相对较多，因此针对两个并列发明点一同列出。

通过阅读理解技术交底材料，针对第一个技术问题，全面列出相关的技术特征（为了节约篇幅，直接结合到表 2-4-1 中）。

2. 理顺各技术特征之间的逻辑关系

将部件组成关系，连接关系，部件及进一步限定的特征分门别类理清，同时将相关表述予以明确。

表 2-4-1　技术特征分析

主题名称	一级特征	二级特征	三级特征
磁化防垢除垢器	非导磁材料制成的管道	管道横截面为圆形	
		管道横截面为方形	
	永磁磁块	磁块的形状为瓦形	
		磁块的形状为条形	
		至少两对磁块	磁块的数量为四对至五对
		异性磁极相对的方式置于其外表面相对两侧	
		永磁磁块分别位于不同截面	
		磁场相互垂直	
	铁皮包覆永磁磁块	铁皮的外表面与该外壳内壁之间留有间隙	
	带有外壳		
	相邻两对磁块之间的管道上安装有铁制垫圈		

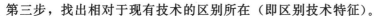

第三步，找出相对于现有技术的区别所在（即区别技术特征）。

通过与现有技术进行特征对比，确定区别技术特征（参见表 2 - 4 - 2）。在实际考试中如果来不及列表对比，也需要按照类似的思路找到区别技术特征。

表 2 - 4 - 2　特征对比

序号	发明的技术特征	对比文件 1	对比结果	对比文件 2
1	0 磁化防垢除垢器	锅炉防垢装置（等同）		磁化防垢除垢器
2	1 非导磁材料制成的管道	管道（隐含非导磁）		管道（隐含非导磁）
3	2 管道横截面为圆形	圆形管道		×
4	2 管道横截面为方形	方形管道		方形管道
5	1 永磁磁块	磁块（隐含永磁）		永磁磁块
6	2 磁块的形状为瓦形	扇形磁块（表述不同，但等同）		×
7	2 磁块的形状为条形	条形磁块		条形磁块
8	2 至少两对磁块	两对磁块		四对磁块
9	3 磁块的数量为四对至五对	×	区别特征	四对磁块
10	2 异性磁极相对的方式置于其外表面相对两侧	从图Ⅰ可以得出		从图Ⅲ可以得出
11	2 永磁磁块分别位于不同截面	×	区别特征	×
12	2 磁场相互垂直	磁场相互垂直		磁场相互垂直
13	1 铁皮包覆永磁磁块	×	区别特征	铁皮包覆永磁磁块
14	1 带有外壳	带有外壳		×
15	2 铁皮的外表面与该外壳内壁之间留有间隙	×	区别特征	×
16	1 相邻两对磁块之间的管道上安装有铁制垫圈	×	区别特征	相邻两对磁块之间安放有铁制垫圈

注：发明技术特征前的数字是代表技术特征等级，其中 0 代表主题名称。

通过对比，可以确定序号为特征 9、11、13、15 和 16 的技术特征为区别技术特征。

第四步，确定发明点。

再来分析这五个区别技术特征是否构成为发明带来创造性的技术特征。

特征 9 仅仅明确磁块数量为四对至五对，虽然对比文件 1 和对比文件 2 中均没有公开，但磁块数量属于常规的设置，可以根据需要确定。技术交底材料中也没有明确获得特别的效果或解决特别的技术问题，因此可以认定不能为发明带来创造性。

针对特征 11，根据技术交底材料的记载，其获得如下技术效果：通过将永磁磁块分别位于不同截面，从而避免两对磁极的部分磁力的相互抵消，这样就在管道中产生足够的磁通密度，提高水的磁化效果。因此，可以判断该特征能够为发明带来创造性，而且如前分析，其构成最主要的第一个并列发明点。

针对特征 13，用铁皮包覆永磁磁块是为了防止漏磁，虽然对比文件 1 没有公开，但在对比文件 2 中已明确公开，并且也起到相同的作用，因此该特征不能为发明带来创造性。

针对特征 15，第一层次包括用铁皮包覆永磁磁块，以及同时带有外壳，但如果仅仅这样配合，根据对比文件 1 和对比文件 2 结合而言，其仅是简单叠加。第二层次要求铁皮的外表面与该外壳内壁之间留有间隙，根据技术交底材料的记载，其获得了如下技术效果：通过采取铁皮的外表面与外壳内壁之间留有间隙的结构，能够对磁块进行有效的磁屏蔽，防止磁泄漏，减少磁能损耗，避免影响工作人员身体健康。因此，可以判断该特征也能为发明带来创造性，根据前述分析可知，该特征构成相对次要的第二并列发明点。

针对特征16，虽然对比文件1中没有公开，但在对比文件2中已明确公开，并且起到相同的作用，即安放铁制垫圈都是为了避免各对磁块之间相互干扰，因此其不能为发明带来创造性。

为了印证前面初步判断这两个发明点不具备单一性的结论，此处可以看出这两个发明点解决的技术问题不同，解决手段不同，获得效果不同，因此不可能对它们进行概括。

第五步，确定发明要解决的技术问题。

根据技术交底材料的描述，结合前述分析可知，两篇对比文件都属于同一领域，从公开的技术特征最多看，两者不分伯仲即两者均可作为最接近的现有技术，但以对比文件1作为最接近的现有技术相对来说好一点（公开的细节更多一些）。

对于以特征11为核心的第一并列发明点的发明，相对于最接近的现有技术，其要解决的技术问题是：提供一种在管道中避免磁力抵消而产生更高的磁场强度以提高磁化效果的磁化防垢除垢器。

对于以特征15为核心的第二并列发明点的发明，相对于最接近的现有技术，其要解决的技术问题是：提供一种防漏磁效果更好、对工作人员健康影响更小的磁化防垢除垢器。

第六步，确定必要技术特征并撰写独立权利要求。

围绕所确定发明所要解决的技术问题，区分必要技术特征和非必要技术特征，将确定的必要技术特征写入独立权利要求。

主题名称可直接采用技术交底材料中的名称即一种磁化防垢除垢器，不要将区别特征写入主题名称中。

针对第一并列发明点的独立权利要求，由此，必要技术特征分析如表2-4-3：

表2-4-3　必要技术特征分析

序号	发明的技术特征	必要特征	理由说明
1	0 磁化防垢除垢器	是/是	主题名称
2	1 非导磁材料制成的管道	是/是	整体结构部件
3	2 管道横截面为圆形	否/否	不同具体形状均可实现，因此不是必要技术特征
4	2 管道横截面为方形	否/否	不同具体形状均可实现，因此不是必要技术特征
5	1 永磁磁块	是/是	整体结构部件
6	2 磁块的形状为瓦形	否/否	不同具体形状均可实现，因此不是必要技术特征
7	2 磁块的形状为条形	否/否	不同具体形状均可实现，因此不是必要技术特征
8	2 至少两对磁块	是/否	若仅一对磁块则无后续的磁场抵消的问题/对于防漏磁而言，其不是必需的，只有一对也需要防漏磁
9	3 磁块的数量为四对至五对	否/否	磁块具体多少对仅是优选方式
10	2 异性磁极相对的方式置于其外表面相对两侧	是	实现磁化功能所必需的布置方式
11	2 永磁磁块分别位于不同截面	是/否	为第一并列发明点带来创造性的技术特征/对于防漏磁而言，不是必需的
12	2 磁场相互垂直	是/否	实现增强磁化功能所必需的布置方式/但对于防漏磁的技术问题，并不是必需的，例如仅有一对磁块时

续表

序号	发明的技术特征	必要特征	理由说明
13	1 铁皮包覆永磁磁块	否/是	与解决增加磁场强度无关/第二并列发明点防漏磁的必需部件
14	1 带有外壳	否/是	
15	2 铁皮的外表面与该外壳内壁之间留有间隙	否/是	与解决增加磁场强度无关/第二并列发明点中带创造性的技术特征
16	1 相邻两对磁块之间的管道上安装有铁制垫圈	否/否	避免磁干扰，但对于第一个发明点而言，这仅是进一步的优选方式/与解决漏磁的技术问题无关

　　注：必要技术特征中，斜杠前面是针对第一并列发明点而言，后面是针对第二并列发明点而言的。

　　根据技术方案整体的要求，将必要技术特征按逻辑关系进行清楚描述，有些语言直接采用技术交底材料中的描述即可。

　　（1）基于表中的分析可知，对于第一并列发明点，其必要技术特征包括特征1、2、5、8、10至12，其中特征11为区别技术特征，但对于特征12，虽然现有技术有公开，但由于发明要求任何两对位于该管道的不同截面上，因此配合该措施，特征12应适应性描述并移入特征部分，以体现该措施的整体不可分割性。其余特征为与最接近现有技术的共有必要技术特征，应写入前序部分。因而，形成如下独立权利要求：

　　1. 一种磁化防垢除垢器，它包括由非导磁材料制成的管道（1）和分别以异性磁极相对的方式置于其外表面相对两侧的至少两对永磁磁块（3，4），其特征在于：所述成对永磁磁块中任何两对位于该管道（1）的不同截面上，相邻两对磁块（3，4）之间形成的磁场基本相互垂直。

　　（2）基于表中的分析可知，对于第二并列发明点，其必要技术特征包括特征1、2、5、10、13至15。其中特征15为区别技术特征，应写入特征部分。其余特征为与最接近现有技术的共有必要技术特征，应写入前序部分。因而，形成如下独立权利要求（相关的文字描述可以借鉴技术交底书中的描述，不必过多自行创造描述方式）：

　　1. 一种磁化防垢除垢器，它包括由非导磁材料制成的管道（1）和分别以异性磁极相对的方式置于其外表面相对两侧的永磁磁块（3，4），还包括一个由导磁材料制成的外壳（2），由所述管道（1）穿过所述外壳（2）并与外壳（2）的两端连成一体，用铁皮（5）将永磁磁块（3，4）包覆，并固定在管道（1）上，其特征在于：包覆磁块（3，4）的铁皮（5）的外表面与外壳（2）内壁之间留有间隙。

　　第七步，撰写从属权利要求。

　　根据要求，对最主要的发明即第一并列发明点的发明创造性撰写从属权利要求。

　　从技术交底材料来看，其可以写成从属权利要求主要包括第二并列发明点中的区别技术特征，以及管道、磁块的形状（尤其是瓦形磁块还可能具有更进一步的优点）、磁块的优选对数，以及每相邻两对磁块之间装有铁制垫圈（可以起到防干扰作用）。因此，至少可以写成如下从属权利要求。

　　2. 如权利要求1所述的磁化防垢除垢器，其特征在于：它还包括一个由导磁材料制成的外壳（2），所述管道（1）穿过所述外壳（2）并与该外壳（2）两端连成一体。

　　3. 如权利要求2所述的磁化防垢除垢器，其特征在于：所述成对永磁磁块用铁皮（5）包覆固定在该外壳（2）中的管道（1）上。

　　4. 如权利要求3所述的磁化防垢除垢器，其特征在于：包覆上述磁块（3，4）的铁皮（5）的外表面与该外壳（2）内壁之间留有间隙。

　　5. 如权利要求1所述的磁化防垢除垢器，其特征在于：所述管道（1）的中间管道段（9）的横截面为正方形，所述磁块的形状为条形。

　　6. 如权利要求1所述的磁化防垢除垢器，其特征在于：所述管道（1）的中间管道段（9）的横截面为圆形，所述磁块的形状为瓦形。

7. 如权利要求 1 所述的磁化防垢除垢器，其特征在于：所述管道（1）上每相邻两对磁块之间装有铁制垫圈（8）。

8. 如权利要求 1 至 7 中任一项所述的磁化防垢除垢器，其特征在于：所述成对永磁磁块的数量为 4 至 5 对。

三、主从发明点的权利要求书的撰写

多个发明点为主从关系的情形是指其中一个发明点为主要发明点，其他发明点是在该主要发明点的基础上作出的进一步改进，即其他发明点不可能脱离主要发明点的改进措施而单独存在。对于这种情形，在阅读技术交底材料时，首先需要通过分析确定这多个发明点何者为主要的改进之处，何者是在主要改进的基础上作出的进一步改进。随后针对主要发明点撰写独立权利要求，再分别针对该主要发明点的优选措施和针对该从属发明点撰写从属权利要求。由于其他发明点不可能脱离主要发明点的改进措施而单独存在，因而无需针对其他发明点单独撰写独立权利要求。

在这种情形下，仅涉及一项发明创造，如果技术交底材料中针对主要发明点的发明创造仅给出一个实施方式的话，则仅需要撰写一项独立权利要求，无须撰写并列独立权利要求，其撰写方法和步骤类似于本部分第二章中给出的撰写方法和步骤，区别仅仅在于还需要针对从属发明点的改进措施再撰写一些相应的从属权利要求。如果技术交底材料中针对主要发明点的发明创造给出多个实施方式的话，那么就应当类似于本部分第三章中先判断一下可否对多个实施方式进行概括，并根据分析结果参照第三章中的三种情形来撰写。

尽管历年试题中遇到这类情形很少，但为了帮助考生在遇到这类试题时掌握应试思路，可以参见 2002 年专利代理实务科目机械领域有关使用压盖填料的轴密封装置的撰写试题，该案例作出了两方面改进：实现良好而可靠的密封，实现良好而稳定的密封。实现良好而稳定的密封是在实现良好而可靠的密封所采用的措施上作出的进一步改进，不可能脱离实现良好而可靠密封的措施而单独存在，因此前者为主要改进点，后者是从属改进点。

由于下一小节也涉及这种情况，因此不再单独详细介绍此种情况的权利要求撰写实例。

四、既有并列发明点又有主从发明点的权利要求书的撰写

对于多个发明点中既有主从关系，又有并列关系的情形，在阅读技术交底材料时，需要厘清这些发明点之间的关系，即确定其中哪几方面的改进是并列发明点，这些并列发明点中哪一个是主要发明点，哪一个次要发明点，以及其他发明点是这些并列发明点哪一个或哪一些的改进措施的进一步改进，在此基础才能撰写出比较理想的权利要求书。

对于这种情形，首先可以如本章第二节中所说明的方法步骤，针对主要发明点撰写独立权利要求。然后，针对主要发明点的优选措施撰写相应的从属权利要求；若其他发明点是在主要发明点改进措施上作出的进一步改进，则再针对其他发明点的改进措施撰写相应的从属权利要求；此外，若次要的并列发明点的改进措施与该主要发明点的改进措施是可以兼容的，则针对该次要的并列发明点的改进措施撰写相应的从属权利要求。在此之后，由于次要的并列发明点与主要发明点是彼此可独立存在的，就再针对次要发明点的改进措施撰写独立权利要求，多半其与针对主要发明点撰写的独立权利要求之间不具有单一性，则应当对次要发明点撰写的独立权利要求另行提出申请，并根据试题要求确定是否撰写相应的从属权利要求。

为帮助考生掌握这种情形撰写试题的应试思路，下面将 2013 年专利代理实务试题中有关垃圾箱的申请文件撰写作为案例加以具体说明。

真题案例：大型公用垃圾箱❶

请综合考虑对比文件1至3所反映的现有技术，根据技术交底材料为客户撰写发明专利申请的权利要求书。如果所撰写的权利要求书中包含两项或者两项以上的独立权利要求，请简述这些独立权利要求能够合案申请的理由；如果认为客户提供的技术内容涉及多项发明，应当以多份申请的方式提出，请撰写分案申请的独立权利要求，并说明分案申请的理由。

技术交底材料

[01] 我公司致力于大型公用垃圾箱的研发与制造，产品广泛应用于小区、街道、垃圾站等场所。经调研发现，市场上常见的一种垃圾桶/箱，在桶体内设有滤水结构，能够分离垃圾中的固态物和液态物，便于垃圾清理和移动（参见对比文件1）。但是垃圾内部仍然残存湿气，尤其是对于大型垃圾桶/箱，其内部由于通风不畅容易导致垃圾缺氧而腐化发臭，不利于公共环境卫生。有厂家设计了一种家用垃圾桶，其桶底设有孔，方便空气进出（参见对比文件2）。

[02] 在上述现有技术的基础上，我公司提出改进的大型公用垃圾箱。

[03] 如图1和图2所示，一种大型公用垃圾箱，主要包括箱盖1、上箱体2和下箱体3。箱盖1上设有垃圾投入口4。上箱体2和下箱体3均为顶部开口结构，箱盖1盖合在上箱体2的顶部开口处，上箱体2可分离地安装在下箱体3上，上箱体2的底部为水平设置的滤水板5。在下箱体3的侧壁上部开设有通风孔6。通风孔6最好为两组，并且分别设置在下箱体3相对的侧壁上。

[04] 在使用时，当垃圾倒入垃圾箱后，其中的固态物留在滤水板5上，而液态物则经滤水板5进入下箱体3，从而上箱体2内部构成固体垃圾存放区，下箱体3内部构成液体垃圾存放区。空气从通风孔6进入下箱体3，会同垃圾箱内的湿气向上流动，依次经上箱体2的滤水板5和固体垃圾存放区，最终从垃圾投入口4向外排出。在设置了相对的两组通风孔6的情况下，空气还可以从一侧的通风孔6进入，从另一侧的通风孔6排出。通过设置在下箱体3的侧壁上部的通风孔6以及在箱盖1上的垃圾投入口4，垃圾箱内产生由下而上的对流和内外循环，从而起到防止垃圾腐化，减少臭味，提高环境清洁度的作用。

[05] 当上箱体2内堆积的垃圾较多时，空气流动受到阻碍，不利于湿气及时排出。为解决该问题，进一步提高通风效果，如图3和图4所示，在上箱体2的侧壁内侧设置多个竖直布置的空心槽状隔条7，其与上箱体2的侧壁之间限定形成多个空气通道。空心槽状隔条7上端与上箱体2的上边缘基本齐平，以避免空气通道的入口被垃圾堵塞；下端延伸至接近滤水板5。

[06] 在使用时，空气从通风孔6进入下箱体3，会同垃圾箱内的湿气向上流动，由于受到上箱体2内固体垃圾的阻碍，部分气体从空心槽状隔条7与滤水板5之间的缝隙进入到空心槽状隔条7中，并沿着空心槽状隔条7与上箱体2的侧壁之间形成的空气通道向上流动，最终从垃圾投入口4向外排出。

[07] 此外，也可以在上箱体2的侧壁上设置其他通风结构（例如通风孔）或者将两种通风结构组合在一起使用。

[08] 我公司此前设计了一种自卸式垃圾箱，将垃圾箱的底板设成活动的，该活动底板可沿着箱体底部的导轨水平拉出以便从底部卸出垃圾，从而解决了从垃圾箱顶部开口向外倾倒垃圾容易造成扬尘的缺陷（参见对比文件3）。但这种垃圾箱的导轨容易积尘从而卡住底板。

[09] 针对该问题，滤水板5被进一步设置成可活动的。如图5所示，滤水板5一端通过铰接件8与上箱体2的侧壁底边连接，相对的另一端通过锁扣件9固定在水平闭合位置。如图6所示，当打开锁扣件9时，滤水板5在重力作用下以铰接件8为轴相对于上箱体2向下转动从而卸出垃圾。锁扣件9包括设置在上箱体2侧壁上的活动插舌91和对应设置在滤水板5上的插口92，所述活动插舌91与插口92

---

❶ 本题根据2013年专利代理实务试题中的撰写题改编而成。

可以互相咬合或脱离。锁扣件9还可以采用其他形式,各种现有的锁扣件均可以使用。

[10] 当垃圾箱内垃圾装满需要清理时,吊起上箱体2,使得上箱体2与下箱体3分离;当上箱体2被移至合适位置后,打开锁扣件9,滤水板5在重力作用下以铰接件8为轴向下转动,打开上箱体2的底部,内部的固体垃圾掉落到垃圾车或者传送带上运走。下箱体3内的液体垃圾则另行处理。

[11] 与导轨结构的垃圾箱相比,这种垃圾箱的底部不容易损坏,使用寿命更长。需要说明的是,垃圾箱的箱体不限于本技术交底材料所设计的具体形式,其他垃圾箱也可以采用上述底部结构。

[12] 我公司还准备充分利用公用垃圾箱进行广告宣传,通过在箱体的至少一个外侧面上印上商标、图形或文字,起到广告宣传的作用,同时又美化了城市环境。这种广告宣传方法具有成本低廉、应用范围广的优点。

技术交底材料附图

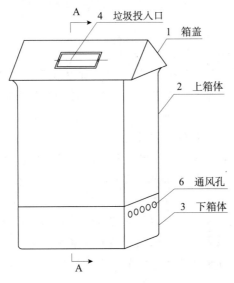

图1　主视图

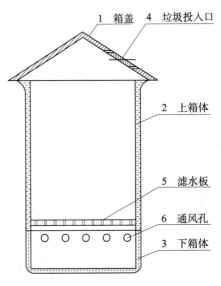

图2　第一种结构A-A截面

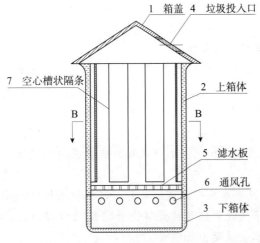

图3　第二种结构A-A截面

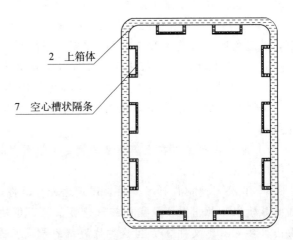

图4　B-B截面(滤水板略去)

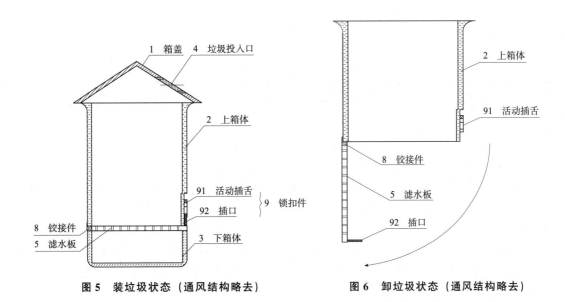

图5 装垃圾状态（通风结构略去）　　图6 卸垃圾状态（通风结构略去）

对比文件1

［01］本实用新型涉及一种防臭垃圾桶/箱。

［02］常用的垃圾桶/箱通常固液不分，污水积存在垃圾中容易造成垃圾腐烂，发出酸臭气味，不利于环境卫生；而且垃圾运输和处理中也存在很多问题，增加了处理成本。

［03］为了克服上述现有技术存在的缺点，本实用新型提供了一种垃圾桶/箱，通过对垃圾进行固液分离以获得防臭的效果。

［04］图1是本实用新型垃圾桶的正面剖视图。

［05］如图1所示，该防臭垃圾桶包括桶盖1、上桶体2和下桶体3，桶盖1上设有垃圾投入口4。下桶体3的上边缘设置成L形台阶状，上桶体2放置在下桶体3的该L形台阶上。上桶体2的底部设有多个滤水孔5。在使用时，垃圾中的污水经上桶体2底部的滤水孔5流至下桶体3中，实现固态物和液态物分离。积存在下桶体3中的污水，在需要时集中倾倒。

［06］这种防臭垃圾桶/箱可大可小，既可制成小型的家用垃圾桶，也可制成大型的公用垃圾桶/箱，对于大型垃圾桶/箱，可在底部设置排出阀以便于污水排出。

附　　图

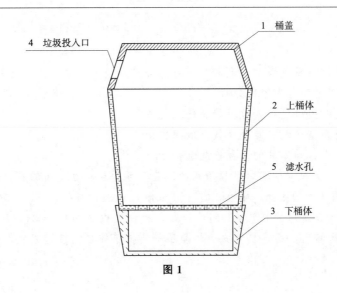

图1

对比文件2

[01] 本实用新型涉及一种家用垃圾桶。

[02] 目前人们收集日常生活垃圾的方式，普遍是使用一次性塑料垃圾袋套在垃圾桶内，但是，在套垃圾袋的过程中由于垃圾袋与桶壁之间构成封闭空间，空气留在垃圾桶里面不易排出，导致垃圾袋无法完全展开。

[03] 本实用新型的目的是提供一种家用的功能性垃圾桶。

[04] 图1是本实用新型的结构示意图。

[05] 如图1所示，本实用新型的垃圾桶由桶罩1、桶壁2和桶底3组成。桶底3上设有多个通气孔4；桶壁2和桶底3一次性注塑而成。桶口上设有可分离的桶罩1，用于固定住垃圾袋。

[06] 使用时，将垃圾袋套在垃圾桶上，通气孔4的设计方便排出垃圾袋与桶壁2、桶底3之间的空气，使垃圾袋在桶内服帖地充分展开；取垃圾袋的时候，空气经通气孔4从底部进入，避免塑料垃圾袋与桶壁2、桶底3之间产生负压，从而可轻松地取出垃圾袋，不会摩擦弄破垃圾袋。

附　　图

图1

对比文件3

[01] 本实用新型涉及一种垃圾箱，尤其是一种适合与垃圾车配合使用的自卸式垃圾箱。

[02] （背景技术、实用新型内容部分略）

[03] 图1是本实用新型垃圾箱装垃圾状态的正视图。

[04] 图2是本实用新型垃圾箱卸垃圾状态的正视图。

[05] 在图1和图2中，箱体2的下部被局部剖开。

[06] 本实用新型的自卸式垃圾箱，该垃圾箱的顶盖1可开启，垃圾箱的箱体2下部和底板3均为方形，底板3水平插接在箱体2的底部，底板3的一侧设有把手31，与把手31相对的一侧设有限位块32。箱体2的底部设有供底板3滑动的导轨4。卸垃圾时，拉住底板3的把手31，底板3向一侧水平滑动，垃圾就从箱体2底部自动卸出。所述自卸式垃圾箱不需要把箱体2翻转过来倾倒垃圾，既省力又避免灰尘飞扬。

附　图

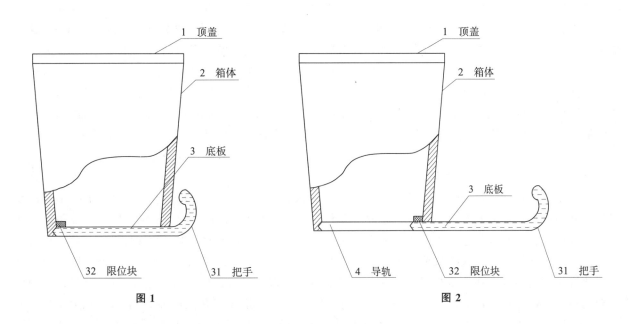

图 1　　　　　　　　　　　　　　　　图 2

答题思路

（一）阅读技术交底材料和对比文件的内容

第一步就是正确全面理解技术交底材料的内容以及三份对比文件所公开的现有技术的内容（可根据第二小节中的方式将技术特征列表）。

1. 理解技术交底材料的内容

首先理解和分析技术交底材料。本题是较为典型的有多个发明点，既包括并列关系，又包括主从关系的发明点。

由技术交底材料第［01］段可知，本发明主要针对对比文件1中的大型垃圾桶/箱作出改进，解决其内部由于通风不畅容易导致垃圾缺氧而腐化发臭的技术问题。

技术交底材料第［03］段描述了本发明第一种结构的大型公用垃圾箱（参见图1和图2），主要包括箱盖1、上箱体2和下箱体3，箱盖1上设有垃圾投入口4，上箱体2和下箱体3均为顶部开口结构，箱盖1盖合在上箱体2的顶部开口处，上箱体2可分离地安装在下箱体3上，上箱体2的底部为水平设置的滤水板5。在下箱体3的侧壁上部开设有通风孔6。结合第［04］段的内容可知，由于这种结构的大型公用垃圾箱在下箱体的侧壁上部设置了通风孔6，空气就从通风孔6进入下箱体3，会同垃圾箱内的湿气向上流动，依次经上箱体2的滤水板5和固体垃圾存放区，最终从垃圾投入口4向外排出。垃圾箱内产生由下而上的对流和内外循环，从而起到防止垃圾腐化，减少臭味，提高环境清洁度的作用。由此可知，本发明第一种结构的大型公用垃圾箱解决上述技术问题的关键在于下箱体的侧壁上部开设有通风孔。

在技术交底材料第［03］段中还给出了这种结构大型公用垃圾箱的优选结构：通风孔6为两组分别设置在下箱体3相对侧壁上的通风孔，则空气还可以从一侧的通风孔6进入，从另一侧的通风孔6排出。

技术交底材料第［05］段描述了本发明大型公用垃圾箱的第二种结构（参见图3和图4），其对上述第一种结构的垃圾箱作出了进一步改进，用于解决因上箱体2内堆积垃圾较多阻碍空气流动而不利于湿气及时排出的技术问题。在这种结构的垃圾箱中，上箱体2的侧壁内侧设置了多个竖直布置的空心槽状隔条7，其与上箱体2的侧壁之间形成多个空气通道。第［06］段中给出了由这种空心槽状隔条7形成的空气通道所起到的技术效果：允许部分气体从空心槽状隔条7与滤水板5之间的缝隙进入到空心槽状隔条 7 中，并沿着空心槽状隔条 7 与上箱体 2 的侧壁之间形成的空气通道向上流动，最终从垃圾投入口 4 向外排出，从而可及时排出湿气。

对于技术交底材料第［05］段的最后一句，虽然未明确写明其是优选方式，但从其效果来看可将其视作一种优选方式，即空心槽状隔条 7 上端与上箱体 2 的上边缘基本齐平，下端延伸至接近滤水板 5。这样更利于空气流通，尤其上端与上箱体 2 的上边缘基本齐平可以避免空气通道的入口被垃圾堵塞。

技术交底材料第［07］段虽然文字较少，仅仅写明"也可以在上箱体 2 的侧壁上设置其他通风结构（例如通风孔或者将两种通风结构组合在一起使用"，但却蕴含着非常重要的信息：不仅给出了与空心槽状隔条并列的通风结构方式（上箱体 2 的侧壁上设置通风孔），还暗示了与第［05］段给出手段的上位概括方式，❶ 即在上箱体 2 的侧壁上设置通风结构，其涵盖通风孔和空心槽状隔条两种并列方式；此外，还明确指出可以将上箱体 2 的侧壁上设置通风孔与空心槽状隔条这两种结构组合在一起使用。

技术交底材料第［08］段至第［11］段是针对垃圾箱滤水板作出的改进（参见图 5 和图 6）。客户此前设计了一种自卸式垃圾箱（参见对比文件 3），其底板设计成可沿箱体底部的导轨水平拉出的活动底板，从而可从垃圾箱底部卸出垃圾。客户便想将这种活动底板的结构应用于本发明大型公用垃圾箱的滤水板中，将滤水板 5 进一步设置成可活动的，以方便垃圾的卸出而解决对比文件 1 中大型公用垃圾箱从顶部开口向外倾倒垃圾造成扬尘的问题。但是客户已发现对比文件 3 中公开的自卸式垃圾箱存在着导轨容易积尘从而卡住底板的问题，因此将滤水板 5 一端通过铰接件 8 与上箱体 2 的侧壁底边连接，相对的另一端通过锁扣件 9 固定在水平闭合位置。锁扣件 9 包括设置在上箱体 2 侧壁上的活动插舌 91 和对应设置在滤水板 5 上的插口 92，所述活动插舌 91 与插口 92 可以互相咬合或脱离。锁扣件 9 还可以采用其他形式，各种现有的锁扣件均可以使用。

另外，技术交底材料第［11］段进一步指出，上述改进不仅适用于前面所描述的具有通风结构的垃圾箱，也适用于其他垃圾箱。由此可知，对滤水板 5 结构的改进不仅可以作为前面发明的优选方式，还可单独作为一项对垃圾箱底板作出改进的另一项发明。

技术交底材料第［12］段告知本公司准备利用公用垃圾箱进行广告宣传，通过在箱体的至少一个外侧面上印上商标、图形或文字，起到广告宣传的作用，同时又美化了城市环境。这涉及广告宣传方法，明显不属于技术方案，不属于发明的保护客体。

2. 理解对比文件 1

对比文件 1 涉及一种防臭垃圾桶/箱，包括桶盖 1、上桶体 2 和下桶体 3，桶盖 1 上设有垃圾投入口 4。下桶体 3 的上边缘设置成 L 形台阶状，上桶体 2 放置在下桶体 3 的该 L 形台阶上，上桶体 2 的底部设有多个滤水孔 5。其效果是在使用时，垃圾中的污水经上桶体 2 底部的滤水孔 5 流至下桶体 3 中，实现固态物和液态物分离。并明确也可制成大型的公用垃圾桶/箱，对于大型垃圾桶/箱，可在底部设置排出阀以便于污水排出。

3. 理解对比文件 2

对比文件 2 涉及一种家用垃圾桶，其由桶罩 1、桶壁 2 和桶底 3 组成。桶底 3 上设有多个通气孔 4；桶壁 2 和桶底 3 一次性注塑而成。桶口上设有可分离的桶罩 1，用于固定住垃圾袋。通气孔 4 的设计方便排出垃圾袋与桶壁 2、桶底 3 之间的空气，使垃圾袋在桶内服帖地充分展开；取垃圾袋时，空气经通气孔 4 从底部进入，避免塑料垃圾袋与桶壁 2、桶底 3 之间产生负压，从而可轻松地取出垃圾袋。

4. 理解对比文件 3

对比文件 3 涉及一种适合与垃圾车配合使用的自卸式垃圾箱。其顶盖 1 可开启，垃圾箱的箱体 2 下部和底板 3 均为方形，底板 3 水平插接在箱体 2 的底部，底板 3 的一侧设有把手 31，与把手 31 相对的一侧设有限位块 32。箱体 2 的底部设有供底板 3 滑动的导轨 4。卸垃圾时，拉住底板 3 的把手 31，底

---

❶ 严格来说，上箱体上的通风孔与空心槽状隔条在大型公用垃圾箱排出空气的机理上并不相同，不宜对这两种结构采用概括的方式；但是，在应试时，对于试题中明确给出概括方式的情形，就无须分析其在原理上是否合适，而对这两种结构可采用"通风结构"进行概括。

板 3 向一侧水平滑动，垃圾就从箱体 2 底部自动卸出。所述垃圾箱不需要把箱体 2 翻转过来倾倒垃圾，既省力又避免灰尘飞扬。

（二）分析技术交底材料，确定要求保护的技术主题和理清撰写思路

1. 确定技术主题

由技术交底材料可知，本发明仅涉及一种大型公用垃圾箱的技术主题。

至于技术交底材料第［04］段、第［06］段有关大型公用垃圾箱的通风防腐化发臭的过程和第［10］段的大型公用垃圾箱卸出垃圾的方法为大型公用垃圾箱的工作原理或操作方法，由大型公用垃圾箱的结构所决定，因此不应将大型公用垃圾箱的通风方法或卸出垃圾的方法作为要求保护的技术主题。

至于技术交底材料第［12］段所说明的利用垃圾箱进行广告宣传，未构成技术方案，因此也不应作为要求保护的主题。

2. 撰写思路

就撰写思路而言，对技术交底材料及其附图的内容可以按照下述分析方式来理清撰写思路。

技术交底材料中结合图 1 和图 2 所给出的第［03］段和第［04］段的文字内容理解为本发明的第一种实施方式，结合图 3 和图 4 所给出的第［05］段至第［07］段的文字内容理解为本发明的第二种实施方式，结合图 5 和图 6 所给出的第［08］段至第［11］段的文字内容理解为本发明的第三种实施方式。然后分析这三种实施方式的关系：第二种实施方式为第一种实施方式的进一步改进（两种实施方式为主从关系），而第三种实施方式的改进之处与第一种实施方式和第二种实施方式的改进之处是彼此无关的并列改进（第三种实施方式与第一种和第二种实施方式为并列关系），但彼此之间又不相抵触，因而也可以作为第一种实施方式和第二种实施方式的进一步改进。通过上述分析，在本申请中应当针对第一种实施方式撰写独立权利要求和相应的从属权利要求，而针对第二种实施方式和第三种实施方式作出的改进作为附加技术特征撰写合理数量的从属权利要求。考虑到第三种实施方式与第一种实施方式是并列关系，因此还可以针对第三种实施方式中的改进之处另撰写一项独立权利要求，通常这两项独立权利要求之间不符合单一性的规定，应当分为两件申请提出。

根据上述分析，可得出如下结论：针对技术交底材料中结合图 1 和图 2 所给出的第［03］段和第［04］段的文字内容撰写独立权利要求和必要的从属权利要求；针对技术交底材料中结合图 3 和图 4 所给出的第［05］段和第［07］段的文字内容撰写该独立权利要求的从属权利要求；至于技术交底材料中结合图 5 和图 6 所给出的第［08］段至第［11］段的文字内容，既可作为附加技术特征撰写该独立权利要求的从属权利要求，又可以针对其中的文字内容撰写另一项独立权利要求。对于与这两项独立权利要求对应的两项发明来说，由于涉及滤水板为可转动结构的改进与涉及下箱体侧壁上部设置通风孔的改进分别解决不同的技术问题，提供的技术方案也不相同，即彼此之间在技术上并不相互关联，撰写成的两项独立权利要求没有相同或相应的特定技术特征，因此不属于一个总的发明构思，应当将这两项发明以两件申请的方式提交。

由技术交底材料的内容可知，客户更为重视结合图 1 至图 4 所示出的第［03］段至第［07］段文字内容所描述的发明，且从技术内容来看也是更重要的发明。若经过与反映现有技术的三份对比文件作对比分析后认定这两项发明均具备新颖性和创造性，则应当主要以针对第［03］段至第［07］段文字内容撰写的独立权利要求和从属权利要求作为本申请；而针对第［08］段至第［11］段的文字内容撰写的独立权利要求作为另行提出的一件申请，根据试题说明的要求，对于这项发明无须再撰写从属权利要求。

（三）针对第一项发明撰写独立权利要求和从属权利要求

确定了撰写思路后，则应当针对第一项发明撰写独立权利要求和从属权利要求。正如前面在确定撰写思路时所指出的，应当针对技术交底材料中结合图 1 和图 2 所给出的第［03］段和第［04］段文字内容来撰写独立权利要求。因此先将这部分内容与三份对比文件反映的现有技术进行比较分析，从中确定最接近的现有技术，在此基础上确定要解决的技术问题和必要技术特征，完成独立权利要求的撰写，然后再针对这两段内容和结合图 3 至图 6 所给出的第［05］段至第［11］段内容撰写从属权利要求。

1. 确定本发明的最接近现有技术和要解决的技术问题

从技术领域来看，对比文件1与对比文件3与本发明都涉及大型垃圾箱，而对比文件2涉及家庭用的小型垃圾桶。从公开的技术特征来看，对比文件1公开了与本发明更多相同的技术特征：箱盖，上箱体，下箱体，带有滤水孔的底板（相当于本发明的滤水板）以及箱盖、上箱体和下箱体之间的连接关系，因此应当以对比文件1作为本发明最接近的现有技术。

由技术交底材料第［01］段和第［03］段的内容可知，相对于对比文件1中的大型垃圾箱来说，本发明这一部分改进的关键技术措施为在下箱体3的侧壁上部开设有通风孔6。这一技术措施也正是针对对比文件1中大型公用垃圾箱所存在的内部通风不畅容易导致垃圾缺氧而腐化发臭不利于公共环境卫生的问题而作出的改进，因此可确定本发明解决的技术问题是提供一种改善箱内通风效果、防止垃圾易腐化发臭的大型公用垃圾箱。

2. 撰写独立权利要求

确定本发明相对于最接近的现有技术所要解决的技术问题后，具体分析本发明中哪些技术特征是解决该技术问题的必要技术特征，以完成独立权利要求1的撰写。

首先，可以确定本发明的主题名称是大型公用垃圾箱。

其次，本发明与最接近的现有技术对比文件1中公开的大型公用垃圾箱共有的必要技术特征包括以下两方面特征：一是主体结构，即箱盖、上箱体、下箱体、滤水板，箱盖上设有垃圾投入口，上箱体和下箱体均为顶部开口结构；二是相互连接关系即箱盖盖合在上箱体的顶部开口处，上箱体安装在下箱体上，上箱体底部为水平设置的滤水板。上述技术特征应当写入独立权利要求1的前序部分。需要特别说明的是，对于技术交底材料中第［03］段和第［04］段中所描述的改善通风防止垃圾腐化发臭的关键技术措施对于上箱体与下箱体固定安装或可分离安装的大型公用垃圾桶都适用，因而不应当将上箱体可分离地安装在下箱体上确定为必要技术特征，但可以将其作为从属权利要求的附加技术特征。

最后，应当将对本发明新颖性和创造性作出贡献的技术特征——下箱体侧壁上部设置有通风孔作为本发明的必要技术特征。鉴于这一技术特征未被对比文件1公开，因此应当写入独立权利要求1的特征部分。需要注意的是，由于整个技术交底材料中对于下箱体的通风结构仅给出一种通风孔，没有给出任何其他的通风结构方式，也未暗示可将此下箱体侧壁上部设置的通风孔上升到通风结构，从应试角度考虑，不要将下箱体侧壁上部的通风孔上升概括为下箱体上的通风结构，只需要在权利要求1中写明为通风孔即可。

如此，完成本发明权利要求1的撰写：

1. 一种大型公用垃圾箱，主要包括：箱盖（1）、上箱体（2）和下箱体（3），所述箱盖（1）上设有垃圾投入口（4），所述上箱体（2）和下箱体（3）均为顶部开口结构，所述箱盖（1）盖合在所述上箱体（2）的顶部开口处，所述上箱体（2）安装在所述下箱体（3）上，所述上箱体（2）底部为水平设置❶的滤水板（5），其特征在于：所述下箱体（3）侧壁上部开设有通风孔（6）。

3. 撰写从属权利要求

完成独立权利要求的撰写后，进一步分析本申请的其他技术特征。对于比较重要的特征，尤其是可能对本发明的创造性起作用的技术特征，或者带来更优效果的技术特征，或者进一步解决了技术问题而产生相应技术效果的技术特征等，可以作为对本发明进一步限定的附加技术特征，写成相应的从属权利要求。这些附加技术特征往往在技术交底材料中会以"本发明优选地""本发明还可以采用""采用……会得到更好的效果"等引出（但不局限于这些），考生在阅读试题时即可以对此进行标注，以便在撰写从属权利要求时查找（根据撰写要求，不要将"优选地""还可以"等表述写进权利要求中）。

---

❶ 从生活常识来看，滤水板并不一定设置成水平，也可有适度的倾斜，但从考试的角度，由于技术交底材料明确写明滤水板水平设置，因此权利要求1仍然这样限定。

对于本试题来说，可以按照前面给出的撰写思路来安排从属权利要求的布局：首先，针对技术交底材料第［03］段和第［04］段的优选措施撰写从属权利要求；其次，针对技术交底材料第［05］段至第［07］段的进一步改进措施撰写从属权利要求；最后，针对技术交底材料第［08］段至第［10］段中的改进措施撰写从属权利要求。

在针对技术交底材料第［03］段和第［04］段的优选措施撰写从属权利要求时，可以得知这两段内容涉及的技术特征中还有两个技术特征未写入独立权利要求中："上箱体可分离地安装在下箱体上"和"通风孔最好为两组，分别设置在下箱体相对的侧壁上"。对于前一个技术特征"上箱体可分离地安装在下箱体上"，正如前面所指出的，其与改善箱内通风效果并不直接相关，而由技术交底材料第［07］段至第［10］段的内容可知，其是为了方便卸出垃圾防止扬尘作出的改进所必需的结构，因此可以先不将此技术特征作为附加技术特征撰写从属权利要求（而置于后面作为权利要求8），而在针对技术交底材料第［07］段至第［10］段中的改进措施撰写从属权利要求时再考虑如何以该技术特征作为附加技术特征撰写从属权利要求。而对于后一技术特征"通风孔最好为两组，分别设置在下箱体相对的侧壁上"在技术交底材料第［03］段以"最好"的方式给出，并在第［04］段给出其带来更好的通风效果，即在设置了相对的两组通风孔6的情况下，空气还可以从一侧的通风孔6进入，从另一侧的通风孔6排出，因此应当以此技术特征（但应当将"最好"两字删去）作为附加技术特征，撰写一项从属权利要求2：

2. 如权利要求1所述的大型公用垃圾箱，其特征在于：所述通风孔（6）为两组，并且分别设置在所述下箱体（3）相对的侧壁上。

在针对技术交底材料第［05］段至第［07］段的进一步改进撰写从属权利要求时，首先可以针对第［05］段中"上箱体侧壁内侧设置多个竖直布置、形成上箱体和侧壁之间空气通道的空心隔条"这一技术特征撰写一项从属权利要求，但考虑到在技术交底材料第［07］段中又写明还可采用其他通风结构（如通风孔），因此应当先针对"上箱体侧壁内侧竖直布置的空心槽状隔条"和"上箱体侧壁上的通风孔"这两种改进的上位概念"通风结构"撰写一项从属权利要求3，然后再针对此通风结构的两种具体方式（竖直布置在上箱体侧壁内侧的空心槽状隔条和开设在上箱体侧壁上的通风孔）分别撰写一项下一层次的从属权利要求。此外，考虑到技术交底材料第［07］段中还明确写明可以将这两种通风结构组合在一起使用，因而还需要针对两者组合在一起的通风结构撰写一项下一层次的从属权利要求。

此外，在技术交底材料第［05］段的最后一句对上箱体侧壁上的空心槽状隔条的优选结构作出进一步说明，即"空心槽状隔条7上端与上箱体2的上边缘基本齐平，下端延伸至接近滤水板5"。这可以根据该句中提到的更优效果（以避免空气通道的入口被垃圾堵塞）来判断其是一种优选方式。因此，应当以此为附加技术特征撰写一项更下一层次的从属权利要求，该项从属权利要求仅能引用包含有空心槽状通道的通风结构的从属权利要求。

按照上述分析，撰写从属权利要求3至7：

3. 如权利要求1所述的大型公用垃圾箱，其特征在于：所述上箱体（2）侧壁上设置有通风结构。

4. 如权利要求3所述的大型公用垃圾箱，其特征在于：所述通风结构为竖直布置在所述上箱体（2）侧壁内侧的空心槽状隔条（7），所述空心槽状隔条（7）与所述上箱体（2）的侧壁之间形成空气通道。❶

5. 如权利要求3所述的大型公用垃圾箱，其特征在于：所述通风结构是开设在所述上箱体（2）侧壁上的通风孔和竖直布置在所述上箱体（2）侧壁内侧的空心槽状隔条（7），所述空心槽状隔条（7）与所述上箱体（2）的侧壁之间形成空气通道。

6. 如权利要求4或5所述的大型公用垃圾箱，其特征在于：所述空心槽状隔条（7）的上端与所述上箱体（2）的上边缘基本齐平，下端延伸至接近所述滤水板（5）。

---

❶　如果该附加技术特征简单写成"所述通风结构为上箱体（2）侧壁上的空心槽状隔条"，则未清楚地限定要求专利保护的范围。

7. 如权利要求 3 所述的大型公用垃圾箱，其特征在于：所述通风结构为开设在所述上箱体（2）侧壁上的通风孔。

在针对技术交底材料第［08］段至第［10］段的内容撰写从属权利要求时，需要以上、下箱体可分离为前提，因此可以针对这一前提条件撰写一项从属权利要求。从技术交底材料写明的内容来看，上下箱体采用可分离结构是为了能使滤水板相对于下箱体向下转动而卸出垃圾，但是在针对该技术特征撰写从属权利要求时，考虑到现有技术对比文件 3 中已公开了一种将其底板沿水平轨道拉动以卸出垃圾的垃圾箱，从而联想到本发明的滤水板也可采用横向拉动的方式来打开，因此可以先撰写一项将这两种打开滤水板的方式概括在内的从属权利要求（作为权利要求 9），然后以此为基础再针对这些打开方式分别撰写下一层次的从属权利要求（作为权利要求 10）。对于以转动方式打开滤水板的从属权利要求来说，还可针对转动打开的优选方式（"滤水板一端通过铰接件与上箱体的侧壁底边连接，相对的另一端通过锁扣件固定在水平闭合位置"和"锁扣件包括设置在上箱体侧壁上的活动插舌和对应设置在滤水板上的插口，活动插舌与插口可互相咬合或脱离"）再撰写两项更低层次的从属权利要求（作为权利要求 11 和 12）。

最后，以上箱体和下箱体可分离这一特征为基础撰写权利要求 8 之后，再进一步针对技术交底材料第［08］段至第［10］段撰写如下五项从属权利要求。

8. 如权利要求 1 至 5 和 7 任一项所述的大型公用垃圾箱，其特征在于：所述上箱体（2）可分离地安装在所述下箱体（3）上。❶

9. 如权利要求 8 所述的大型公用垃圾箱，其特征在于：所述滤水板（5）可以相对于所述上箱体（2）运动而打开所述上箱体（2）的底部以卸出垃圾。

10. 如权利要求 9 所述的大型公用垃圾箱，其特征在于：所述运动为所述滤水板（5）相对于所述上箱体（2）向下转动。

11. 如权利要求 10 所述的大型公用垃圾箱，其特征在于：所述滤水板（5）的一端通过铰接件（8）与所述上箱体（2）的侧壁底边连接，相对的另一端通过锁扣件（9）固定在水平闭合位置。

12. 如权利要求 11 所述的大型公用垃圾箱，其特征在于：所述锁扣件（9）包括设置在所述上箱体（2）侧壁上的活动插舌（91）和对应设置在所述滤水板（5）上的插口（92），所述活动插舌（91）与所述插口（92）可互相咬合或脱离。

需要说明的是，对比文件 3 中的关于对底板采用导轨方式，虽然也是本发明中滤水板可活动方式的一种具体形式，以及对比文件 1 最后一段提及的"底部设置排出阀以便于污水排出"，虽然也可以看作是一种排出污水的具体结构，但从实务角度考虑，由于它们属于现有技术中已经公开的内容，若针对这两种具体结构撰写下一层次的从属权利要求，在无效实务程序中起不到建立一道争取维持专利权有效防线的作用，因而没有必要再撰写相应的从属权利要求；而从应试角度看，由于上述两方面的内容均没有记载在技术交底材料中，因此可以不作为附加技术特征撰写从属权利要求。

根据上述分析，完成第二题撰写的权利要求书。

（四）针对另一项发明撰写独立权利要求

技术交底材料第［08］段至第［10］段写明的是针对大型公用垃圾箱的滤水板的结构作出的进一步改进，即将滤水板以一端铰接、另一端锁扣固定的方式与上箱体连接，从而解决大型公用垃圾箱以倾倒方式取出垃圾既不方便又易扬尘的技术问题。

从技术交底材料可以看出，由于这种滤水板的改进结构与下箱体侧壁下部设置通风孔是两个彼此独立的改进，因此只要其本身能够满足新颖性和创造性的要求就可以构成单独的一项发明。显然，这种使滤水板相对于上箱体可向下转动的结构在对比文件 1 和对比文件 2 中均未披露。对比文件 3 中虽然

---

❶ 该权利要求 8 限定部分的附加技术特征对于权利要求 6 的技术方案也适用，为使撰写的从属权利要求符合《专利法实施细则》第 25 条第 2 款有关"多项从属权利要求不得作为另一项多项从属权利要求的基础"的规定，故权利要求 8 的引用部分未再引用多项从属权利要求 6。

公开了一种底板可沿导轨水平拉出而打开的垃圾箱，但其与本发明中滤水板以向下转动方式打开在结构上是不同的；且由技术交底材料第［08］段的文字描述可知，对比文件3中这种底板可沿导轨水平拉出而打开的垃圾箱的导轨容易积尘从而卡住底板，而将滤水板一端通过铰接件与上箱体的侧壁底边连接，相对的另一端通过锁扣件固定在水平闭合位置从而实现滤水板可通过向下转动而打开上箱体底部来卸出垃圾。因此若将滤水板向下转动打开上箱体底部写入独立权利要求，则这一技术特征也未被对比文件3披露。通过上述分析可知，针对滤水板可向下转动撰写独立权利要求相对于现有的三份对比文件具有突出的实质性特点和显著的进步，因此相对于这三篇对比文件具备创造性。

然而，在针对另一项发明撰写独立权利要求时，由于技术交底材料第［11］段中明确指出垃圾箱的箱体不限于本技术交底材料所设计的具体形式，其他垃圾箱也可以采用上述底部结构。因此，不论垃圾箱的箱体采取何种结构或与底部的配合方式如何，只要底部能够向下转动从而打开箱体底部即可相对于对比文件3解决"垃圾箱的导轨容易积尘从而卡住底板"的技术问题。因此，可以对上述实施方式中垃圾箱的箱体结构以及与底部的配合方式进行概括，形成解决"垃圾箱的导轨容易积尘从而卡住底板"这一技术问题的独立权利要求。在完成该独立权利要求的撰写时，需要强调三点：该独立权利要求技术方案的主题名称应当由"大型公用垃圾箱"改为"垃圾箱"；根据技术交底材料第［11］段中说明的内容，箱体的具体结构（包括上箱体、下箱体、滤水板、通风孔）及其与底部的配合方式（一端通过铰接件、另一端通过锁扣件固定）等属于非必要技术特征，不应当写入独立权利要求中；该独立权利要求应当以对比文件3作为最接近的现有技术来划分前序部分和特征部分。

按照上述分析，另一项发明的独立权利要求可以撰写成：

1. 一种垃圾箱，包括箱体和底部，其特征在于：所述底部可以相对于所述箱体向下转动而打开箱体的底部以卸出垃圾。

该另一项发明的独立权利要求与前面第二题中撰写的独立权利要求1通常不属于一个总的发明构思，应当另行提出一件申请。在撰写了上述独立权利要求后，进一步核实两者是否具有相同或相应的特定技术特征。

显然，第二题中的独立权利要求1的特定技术特征是"下箱体的侧壁上部开设有通风孔"，其相对于对比文件1中的大型公用垃圾箱所起的作用是改善垃圾箱内通风效果以减少垃圾腐化发臭；而另一项发明的独立权利要求的特定技术特征是"垃圾箱的底部可相对箱体向下转动而打开箱体底部"，其相对于对比文件3中的自卸式垃圾箱所起的作用是顺利地打开箱体底部，即不会因垃圾量过多而打不开箱体底部。由此可知这两个特定技术特征既不相同又不相应，不属于一个总的发明构思。

根据试题的要求，对于另行提出的一件申请，只要求撰写独立权利要求，因此不再撰写从属权利要求。

（五）需要提出两份专利申请的理由

第一份专利申请的独立权利要求1相对于现有技术作出贡献的技术特征（即特定技术特征）为"下箱体侧壁上部开设有通风孔"，从而解决通风不畅导致垃圾腐烂发臭的问题。

另行提出申请的独立权利要求1相对于现有技术作出贡献的技术特征（即特定技术特征）为"底部可以相对于箱体向下转动而打开箱体的底部以卸出垃圾"，从而解决导轨积尘卡住底板的技术问题。

由此可见，两个独立权利要求对现有技术作出贡献的技术特征既不相同也不相应，即两个独立权利要求之间没有相同或相应的特定技术特征，彼此在技术上并不相互关联，因此不属于一个总的发明构思，不具备单一性。由此可知，这两项独立权利要求应当分别作为两份专利申请提出。

第五章　并列技术主题的权利要求撰写及实例

从历年专利代理实务考试情况来看，早期试题的技术交底材料中还曾出现涉及多个技术主题的情形。例如，2007 年专利代理实务科目试卷中有关权利要求书撰写部分试题，发明创造涉及包装体、包装体长带、包装体供给方法和包装体供给系统四项申请主题。2008 年专利代理实务试题，发明创造涉及油炸食品制作方法、油炸食品制作设备、油炸食品以及添加到油脂中的组合物四项申请主题（其中油炸食品不具备新颖性而不能作为申请的主题）。2010 年的专利代理实务试题中的第一题，由客户提供的交底材料可知，该发明创造涉及食品料理机、其制浆方法❶、食品料理机的电路控制器件和电路控制方法四项申请主题。

但需要将明显不属于专利保护客体的主题和不具备新颖性/创造性的主题排除在外。例如，2009 年专利代理实务科目试卷中有关权利要求书撰写部分的试题涉及止鼾枕头和止鼾方法两项主题，但止鼾方法不属于专利保护客体。2013 年的专利代理实务试题的技术交底材料中涉及垃圾箱和利用垃圾箱做广告的方法，但广告方法不属于专利保护客体。2008 年专利代理实务试题，涉及油炸食品这一主题不具备新颖性而不能作为申请的主题。

涉及多个技术主题时，需要全面找出技术交底材料中包括的技术主题，再针对第一个技术主题判断是否需要撰写独立权利要求。撰写了多个独立权利要求后，最后还需要判断单一性以确定合案申请还是分案申请。

一、并列技术主题的几种情况

一种是相互关系比较紧密的多个并列技术主题，例如产品，其制备方法，以及其用途；方法，以及制备得到的产品等。此时，很多情况下，其创造性有可能依赖于基础的技术主题，如产品具备创造性，其用途一般也具备创造性；但也有其他情况，产品不具备创造性，但其用途具备创造性也是可能的。这里需要注意的是产品的操作方法不能作为一项技术主题。

一种相互关系并非特别紧密的多个并列技术主题，例如以真空油炸为关键的食品的制作方法，制作方法中用到的特殊的添加剂。这两者虽有关联，但两者关系并非特别紧密，可能分别作为技术主题。

二、并列独立权利要求的撰写方式

对于不具备单一性的并列技术主题，则需要分别撰写独立权利要求，按前述章节的步骤分别撰写即可。

对于具有单一性而要写入一份申请中的并列技术主题，其并列独立权利要求的撰写，根据是否采用引用关系有两种撰写方式：

（1）通过引用关系来撰写并列独立权利要求，例如与一项产品 A 独立权利要求相并列的一项专用于制造该产品 A 的方法独立权利要求，可以写成：

1. 一种产品 A，其特征在于：……

2. 根据权利要求 1 所述的产品 A 的制造方法，其特征在于：……

这种引用关系的撰写方式，一般用于技术主题之间相互有专属配合关系的情况；

（2）不通过引用关系来撰写并列独立权利要求，仍以上述例子为例可以写成：

1. 一种产品 A，其特征在于：……

2. 一种产品 A 的制造方法，其特征在于：……（此时必要时，需要将权利要求 1 相关的特征在此描述。）

三、判断并列技术主题的独立权利要求之间的单一性

这是历年考试中基本都会涉及的考点。通常而言，如果能够比较准确地找到各项主题的发明点，

---

❶ 大部分观点认为该方法实际上是食品料理机的常规运行方法，无须再写一项独立权利要求。

对于单一性的判断相对就容易了，因此其基础还是是否掌握了创造性的判断。

在考试中，如果并列技术主题合案申请，则需要说明合案申请的理由，通常就是分别找出各项独立权利要求的特定技术特征，再判断存在至少一个相同或相应的特定技术特征，属于一个总的发明构思。如果需要分案申请，则也需要说明分案申请的理由，也就是论述独立权利要求之间不具备单一性的理由，通常就是分别找出各项独立权利要求的特定技术特征，再说明两项独立权利要求之间不存在相同或相应的特定技术特征，不属于一个总的发明构思。在实际考试中多个并列发明点或者多个并列技术主题的情况下，可能同时存在需要说明合案申请的理由和分案申请的理由的情况。

四、判断技术交底书中最主要的发明

从历年考试来看，通常要求针对最主要发明撰写权利要求书（包括独立权利要求和从属权利要求），而针对与之不具备单一性的次要发明通常仅要求撰写独立权利要求。

因此，需要判断技术交底书中最主要的发明。通过其材料介绍，通常是很容易判断出来的，但实际考试中仍然有个别考生判断错误，在此介绍一下判断方法。对最主要的发明，客户往往会用较多笔墨进行介绍，包括所解决的技术问题，获得的效果，如何使用或运行等，并且还交代与之相关的外围信息。而对相对于次要的发明，着墨相对较少，描述相对简略。从撰写角度来看，最主要的发明通常能够撰写较多的从属权利要求，而次要发明通常难以撰写出较多的从属权利要求。这与并列发明点的权利要求的撰写中判断最主要的发明点的思路基本相似。

真题案例：油炸食品案例❶

请根据技术交底书，对比文件1至3为客户撰写发明专利申请的权利要求书。若撰写有多项独立权利要求，请说明合案申请的理由。若认为技术交底书中的一部分内容应当通过分案申请的方式提出，请撰写分案中的权利要求书，并说明理由。

技术交底书

［0001］本发明涉及一种制作油炸食品、特别是油炸马铃薯薄片的方法及设备，本发明还涉及使用所述方法制作的油炸马铃薯薄片。

［0002］油炸食品、特别是油炸马铃薯薄片因其具有松脆口感而成为人们喜爱的小吃食品。然而，高温油炸易产生对人体有害的物质，使油炸食品对人体健康不利；同时，油脂较多的油炸食品不便于长时间存放。

［0003］为克服上述缺陷，本发明提供一种油炸食品的制作方法，包括将食品原料例如马铃薯薄片在油中煎炸，然后将油炸食品例如油炸马铃薯薄片排出，其中，油炸过程在真空条件下进行。另外，本发明所述方法还优选包括在油炸之前，将食品原料例如马铃薯薄片进行焙烤的步骤。

［0004］根据本发明所述方法，可以避免油炸温度过高而产生对人体有害的物质。这是由于真空条件下气压较低，从而导致油脂沸腾温度降低。油炸温度降低还使得油脂可以被反复利用。真空条件下的油脂含氧量低会导致油炸产品含氧量降低，这样有利于延长油炸产品的保存期限。此外，采用本发明所述方法不会影响油炸食品的松脆口感。

［0005］本发明还提供一种用于制作油炸食品、特别是油炸马铃薯薄片的设备，包括原料供应装置、油炸装置、产品排出装置，其中还包括抽真空装置。

［0006］本发明所述方法和设备适用于制作油炸马铃薯薄片、油炸玉米饼薄片、油炸丸子、油炸春卷、油炸排叉、油炸蔬菜、油炸水果等油炸食品。

［0007］下面以油炸马铃薯薄片为例，对本发明的优选实施方式进行描述。

---

❶ 本案例改编自 2009 年专利代理实务真题，仅要求撰写权利要求。

[0008] 本发明方法优选包括在油炸之前对马铃薯薄片进行焙烤的步骤。在焙烤过程中，由于马铃薯薄片局部脱水，会在其表面结成一个个小鼓泡。之后再进行油炸，可使小鼓泡继续膨胀，形成较大鼓泡，从而改善马铃薯薄片的口感。可以采用常规烤箱对马铃薯薄片进行焙烤。

[0009] 本发明方法的油炸过程保持真空条件是必要的。虽然真空度可以在较宽的数值范围内选取，但实验表明将真空度保持在 0.02～0.08MPa 较为适宜，可以在油炸温度降低至 80～110℃ 条件下进行，既可有效防止产生对人体有害的物质，又可达到所需的油炸效果。

[0010] 本发明方法还优选包括对油炸后的马铃薯薄片进行离心处理的步骤。通过离心处理，可以将油炸后留在马铃薯薄片表面上的油脂脱去，降低其含油量。真空油炸后的马铃薯薄片通常含有约 25%～32%（重量百分比）的油脂；经离心处理后，马铃薯薄片的含油量可以降低至 15%～20%（重量百分比）。由此可知，采用本发明优选方法可以制得含油量低且表面具有鼓泡的油炸马铃薯薄片。

[0011] 本发明方法包括的离心处理步骤优选在真空条件下进行。对经过油炸的马铃薯薄片立即在常压条件下进行离心处理，容易导致马铃薯薄片破碎，致使无法获得完整的油炸食品。离心过程在真空条件下进行，可以有效防止马铃薯薄片破碎，使其保持完整外形。另外，在真空条件下，油炸马铃薯薄片表面上的油脂不易渗入薄片内部，这样有利于进一步改善离心脱油效果并提高脱油效率。通过真空离心处理，马铃薯薄片含油量可进一步降低至 14%～18%（重量百分比）。

[0012] 另外，在油炸过程中容易出现马铃薯薄片之间相粘连的现象，也容易出现油脂起泡现象。粘连会在一定程度上影响油炸效果，油脂起泡则容易造成油脂飞溅，应当尽量避免油炸过程中出现前述两种现象。为此，本发明还提供一种用于添加到油脂中的组合物，由防黏剂、消泡剂和风味保持剂组成。其中，所述防黏剂可以选自卵磷脂、硬脂酸中的一种或者它们的混合物；消泡剂可以选自有机硅聚合物、二氧化硅中的一种或者它们的混合物；风味保持剂可以选自鸟苷酸二钠、肌苷酸二钠中的一种或者它们的混合物。通常，组合物应含有 30%～40%（重量百分比）防黏剂、40%～50%（重量百分比）消泡剂和 10%～20%（重量百分比）风味保持剂。所述组合物可以事先加入油脂中，也可以在油炸过程中添加到油脂中。

[0013] 图1、图2分别为本发明设备两个实施例的示意图。为突出本发明特点，附图中仅表示出了与本发明内容密切相关的必要组件，而略去了例如注油装置、加热装置等其他组件。

[0014] 图1示出了本发明设备的第一实施例。如图1所示，制作油炸食品的设备包括原料供应装置101、进料阀102、油炸装置103、抽真空装置104、油槽105、传送带106、传送带驱动装置107、出料阀108、离心装置109、产品排出装置110。其中，油炸装置103的一侧设有输入口，通过进料阀102与原料供应装置101的出料口密封固定连接；油炸装置103的另一侧设有输出口，通过出料阀108与离心装置109的输入口密封固定连接。油炸装置103内部设有具有一定宽度的传送带106，由正对油炸装置103输入口下方的位置延伸到邻近油炸装置103输出口上方的位置，其中间部位沉降到用于容纳油脂的下凹油槽105中。抽真空装置104和传送带驱动装置107设置在油炸装置103外部。产品排出装置110设置在离心装置109的下方，其输入口与离心装置109输出口相连接。离心装置109的旋转轴线（图中未示出）优选以相对于垂直方向倾斜一定角度的方式设置，以提高对马铃薯薄片进行离心脱油的效率，并确保马铃薯薄片从离心装置中全部排出。经试验发现，离心装置109的旋转轴线相对于垂直方向倾斜30°的角度为最佳。

[0015] 第一实施例所述设备的工作过程为：将油槽105中的油脂预加热并保持在 80～110℃。打开进料阀102，使原料供应装置101中经过焙烤的马铃薯薄片落到传送带106上。然后关闭进料阀102和出料阀108，使油炸装置103呈密闭状态。启动抽真空装置104，使油炸装置103内达到并保持稳定的真空度。之后，启动传送带驱动装置107，传送带106将其上的马铃薯薄片送入油槽105内的油脂中进行油炸。油炸完毕后，打开出料阀108，使油炸装置内恢复大气压，经过油炸的产品通过出料阀108进入离心装置109，在其中通过离心处理将油炸马铃薯薄片表面上的油脂除去。离心处理后的马铃薯薄片经产品排出装置110排出。

[0016] 图2示出了本发明设备的第二实施例。第二实施例与第一实施例基本相同，其不同之处仅

第二篇

在于：油炸装置 103′输出口直接与离心装置 109′输入口密封固定连接，出料阀 108′密封设置在离心装置 109′输出口处。在油炸和离心过程中，进料阀 102′和出料阀 108′均处于关闭状态，即油炸和离心过程均在真空条件下进行。油炸和离心处理结束后，打开出料阀 108′使马铃薯薄片经产品排出装置 110′排出。

[0017] 上面结合附图对本发明优选实施方式作了详细说明，但是本发明并不限于上述实施方式，在本领域普通技术人员所具备的知识范围内，还可以在不脱离本发明宗旨的前提下作出各种变化。

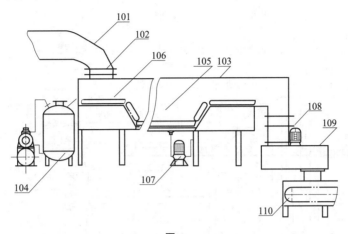

图 1

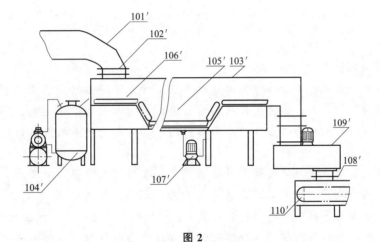

图 2

对比文件 1 说明书相关内容

[01] 本发明涉及一种油炸薯片制备方法及其设备。

[02] 图 1 为本发明设备的示意性结构图。

[03] 本发明提供一种油炸薯片的制备方法，包括将准备好的马铃薯片送入油炸装置内，油炸装置内保持 0.08～0.10MPa 的真空度，油炸温度为 105～130℃；将经过油炸的马铃薯片送入离心脱油机中进行脱油；经脱油处理的薯片最后被排出。

[04] 本发明还提供一种实现上述油炸薯片制备方法的设备。如图 1 所示，本发明设备包括进料装置、油炸装置、输送网带、离心脱油装置、出料室和抽真空装置等。油炸装置包括一个外壳，在该外壳上设有输入口和输出口。油炸装置外壳输入口通过一进料阀与进料装置的出料口密封固定连接，油炸装置外壳输出口通过一出料阀与离心脱油装置的输入口密封固定连接。可采用任何常规的抽真空装置使油炸装置外壳内保持真空状态。在油炸装置中设置有输送网带，输送网带的输入端正对于外壳输入口，其输出端正对于外壳输出口（即离心脱油装置输入口）。离心脱油装置的输出口与出料室的输入

口连接。最终通过出料室输出口将经过离心处理的油炸薯片排出。

[05] 本发明设备的工作过程如下：打开进料阀，使经切片和预成型的物料落到油炸装置中的输送网带上。然后关闭进料阀和出料阀，使油炸装置呈密闭状态。启动抽真空装置，使油炸装置外壳内达到并保持稳定的真空度。启动输送网带使其连续运转，其上的物料被带入油锅中进行油炸。油炸完毕后，打开出料阀，使油炸装置内恢复大气压。经过油炸的产品通过出料阀被送入离心脱油装置进行离心处理。离心处理后的产品经出料室被排出。

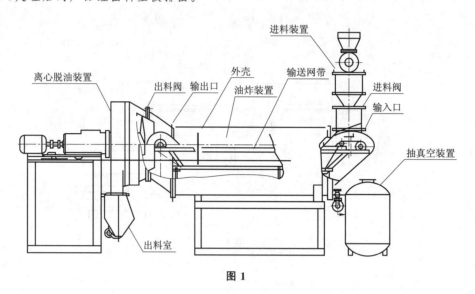

图1

对比文件2说明书相关内容

[001] 本发明涉及一种制备油炸马铃薯薄片的方法。该方法包括以下步骤：①将马铃薯加工成薄片状；②将马铃薯薄片进行焙烤；③将经焙烤的马铃薯薄片引入油炸器中进行油炸；④使经油炸的马铃薯薄片与过热蒸汽接触，以达到去除部分油脂的目的；⑤对与过热蒸汽接触过的马铃薯薄片进行脱水处理。

[002] 可采用任何常规方法对马铃薯薄片进行焙烤。在焙烤过程中，会在马铃薯薄片表面结成一个个小鼓泡。之后对马铃薯薄片进行油炸，适宜的油炸温度为165～195℃，优选油温为175～180℃。在油炸过程中，马铃薯薄片表面的小鼓泡会继续膨胀，形成较大鼓泡，从而改善马铃薯薄片口感。

[003] 将经过油炸的马铃薯薄片送入脱油箱使其与过热蒸汽接触，以便从薄片表面去除油脂。过热蒸汽温度优选保持在150～175℃。

[004] 通过使油炸马铃薯薄片与过热蒸汽相接触，可以明显降低马铃薯薄片的含油量。一般来说，采用常规方法生产的油炸马铃薯薄片含有20％～26％（重量百分比）的油脂。根据本发明所述方法，可以生产出含油量为13％～18％（重量百分比）的油炸马铃薯薄片，而且所生产的油炸马铃薯薄片表面具有鼓泡。

撰写分析

第一步，确定可能写入权利要求的技术主题。

阅读理解技术交底材料时，弄清楚可能作为专利申请主题的技术内容。由技术交底材料可以看出，其包括四项技术主题：制作油炸食品的方法；制作油炸食品的设备；用于添加到油炸食品的油脂中的组合物；以及油炸马铃薯片。因此，涉及并列技术主题的撰写，既要考虑各个技术主题能否作为申请的主题，还需要考虑它们之间是否具备单一性，如果不具备单一性，则还要考虑哪一个是最主要的技术主题等。

对于案例来说，其中第一个技术主题制作油炸食品的方法显然是最主要的发明，而制作油炸食品的设备等其他三个技术主题相对来说是次要的发明，因为制作油炸食品的设备是为了实现所述方法，油炸食品也仅仅是所述方法获得的产品。

第二步，针对发明的主题，全面找出涉及的技术特征并进行分析。

由于本案涉及不同的技术主题，则可以针对不同的技术主题分别列出。为了便于书写，先针对第一个技术主题即制作油炸食品的方法进行介绍。

为了便于将本发明制作油炸食品的方法与对比文件公开的内容进行分析对比，现以列表方式示出本发明专利申请中制作油炸食品的方法所涉及的技术特征（包括说明书中记载的有可能增补到权利要求书中的技术特征）以及这些技术特征在对比文件中予以披露的情况（参见表 2-5-1）。

表 2-5-1　技术特征分析

申请的技术特征	对比文件1是否公开及出处	对比文件2是否公开及出处	备注
0 制作油炸食品的方法	油炸薯片的制备方法	制备油炸马铃薯薄片的方法	被对比文件1和2公开
1 将所述食品原料进行油炸	包括将薯片送入油炸装置，见第 [03] 段	第③步将经焙烤的马铃薯薄片引入油炸器中进行油炸，见第 [001] 段	
1 所述油炸过程是在真空条件下进行的	油炸装置内保持 0.08～0.10MPa 的真空度，见第 [03] 段	未提及	对比文件1公开了真空条件下油炸
2 真空度以 0.02MPa～0.08MPa 为宜，油炸温度约为 80～110℃	油炸装置内保持 0.08～0.10MPa 的真空度，油炸温度为 105～130℃，见第 [03] 段		对比文件1公开真空度与本申请有共同端点
1 油炸之前对原料进行焙烤	未提及	第②步将马铃薯薄片进行焙烤，见第 [001] 段	被对比文件2公开，所起作用与本发明相同
1 油炸后的马铃薯薄片进行离心处理的步骤	通过出料室输出口将经过离心处理的油炸薯片排出	通过与过热蒸汽接触脱油，未公开离心脱油步骤	
2 离心处理步骤优选在真空条件下进行	没有提到真空条件下离心，从整个描述来看，离心是常压条件下进行	未公开	在真空条件下离心脱油，未被对比文件所公开，而且也不是基本常识
1 用于添加到油脂中的组合物，事先加入或在油炸过程中添加到油脂中	未提及，未添加任何组合物	未提及，未添加任何组合物	

注：发明技术特征前的数字是代表技术特征等级，其中0代表主题名称。

第三步，找出相对于现有技术的区别所在（即区别技术特征）。

通过与现有技术进行特征对比，确定区别技术特征。在实际考试中如果来不及列表对比，也需要按照类似的思路找到区别技术特征。

根据前面阅读专利申请文件时所作的分析以及针对制作油炸食品方法的列表可知，对比文件1实际是构成最接近的现有技术。其中，本发明下述三个方面的特征可能构成区别：

其一，对食品原料进行油炸时所处的真空度条件为 0.02～0.08Mpa 和处于该真空条件下的油炸温度为 80～110℃。

其二，对炸成的油炸食品进行离心脱油，优选在真空条件下离心脱油。

其三，在油炸前或者在油炸过程中向油脂内添加由防黏剂、消泡剂和风味保持剂组成的组合物。

第四步，确定发明点。

再来分析上述区别技术特征是否构成为发明带来创造性的技术特征。

对于"油炸时的真空度条件及相应的油脂沸腾温度"这一技术特征，正如前面列表中所指出的，对比文件 1 中已披露在真空度条件 0.08～0.10Mpa 下进行油炸（见对比文件 1 相关内容第［03］段），该真空度范围的下限与本发明真空度范围的上限相同，因此按照《专利审查指南 2023》第二部分第三章的规定，应当认定两者是相同的技术特征，即使采用放弃该端点值的修改方式，也不能证明以此真空度条件下限定的技术方案相对于对比文件 1 具有创造性，因为"油炸时真空度越高，则油脂沸腾温度越低，从而导致油炸食品含油量越低"属于本领域技术人员的公知常识。

至于"对油炸后的食品进行离心脱油处理及优选在真空条件下离心脱油"来说，正如前面列表中所指出的，对比文件 1 中已经披露对油炸后的食品进行离心脱油步骤（见对比文件 1 相关内容第［04］段），因此仅将这一技术特征补入独立权利要求，该独立权利要求相对于对比文件 1 仍不具有新颖性。但是，如果将其进一步优选的技术特征"在真空条件下离心脱油"写入独立权利要求的话，由于这一技术特征在对比文件 1 和对比文件 2 中均未披露，而且采用真空条件下离心脱油能防止油炸食品破碎不属于本领域技术人员解决这一技术问题的惯用技术手段，不属于本领域的公知常识，因而该区别特征能够使本发明相对于对比文件 1、对比文件 2 和本领域的公知常识具有创造性。

至于在油炸前或者在油炸过程中向油脂内添加由防黏剂、消泡剂和风味保持剂组成的组合物这一技术特征，由于这一方面的技术特征在对比文件 1 和对比文件 2 中均未披露，且由说明书写明的内容来看，其能起到防止油炸食品粘连和防止油脂飞溅的作用，这也不属于本领域技术人员的公知常识，因此这一方面的技术特征同样能够使本发明具有创造性。

至于这两种方案选择哪一种，由于本申请案涉及多个技术主题，例如还可能涉及制作油炸食品的设备和油炸马铃薯片，因此最后撰写的方法独立权利要求至少还应当与设备独立权利要求之间满足单一性的规定。通过后面对设备独立权利要求的分析可知，若以真空条件下离心脱油作为本发明相对于最接近现有技术对比文件 1 的改进手段的话，其与修改后设备独立权利要求之间具有相应的特定技术特征，因此两者之间符合《专利法》第 31 条有关单一性的规定；相反，若以向油脂内添加由防黏剂、消泡剂和风味保持剂组成的组合物作为本发明相对于最接近现有技术对比文件的改进手段的话，则方法独立权利要求与设备独立权利要求之间就没有相同或相应的特定技术特征，不符合《专利法》第 31 条有关单一性的规定，需要分案申请。根据上述分析，确定制作油炸食品方法的独立权利要求以"在真空条件下离心脱油"这一技术特征为核心来撰写，而涉及组合物的发明点可撰写从属权利要求，以及另外撰写一份专利申请（见后续）。

第五步，确定发明要解决的技术问题。

根据技术交底材料的描述，结合前述分析可知，对比文件 1 为最接近的现有技术。对于"在真空条件下离心脱油"这一技术特征核心的发明，相对于最接近的现有技术，发明要解决的技术问题是"通过真空离心处理，解决了现有技术中存在的油炸产品含油量高、容易破碎无法获得具有完整外形油炸食品的技术问题"。

第六步，确定必要技术特征并撰写独立权利要求。

围绕所确定发明所要解决的技术问题，区分必要技术特征和非必要技术特征，将确定的必要技术特征写入独立权利要求。

主题名称很容易确定为：一种制作油炸食品的方法。

改进的基础是食品原料在真空条件下油炸，并油炸完成后进行离心处理，因此构成与现有技术共有的必要技术特征；而离心处理也在真空条件下进行，则是使发明具备创造性的技术特征，属于写入特征部分的必要技术特征。因此，最终可写成如下权利要求 1：

1. 一种制作油炸食品的方法，该方法包括将所述食品原料在真空条件下进行油炸；对所述经过油炸的食品进行离心处理的步骤，其特征在于：所述离心处理步骤在真空条件下进行。

第七步，撰写从属权利要求。

根据要求，对最主要的发明即第一并列发明点的发明创造性撰写从属权利要求。许多在技术交底书中都有明确的指示作为优选方式对待的描述。

其一，"油炸食品原料"作进一步说明的"油炸马铃薯薄片"，因此可将这一优选方式写成一项从属权利要求。

其二，在油炸之前，先将所述食品原料例如马铃薯薄片进行焙烤是优选方式。

其三，以油炸和离心脱油处理的真空度条件和相应的油炸温度作为附加技术特征写成两项从属权利要求。

其四，以向油脂内添加由防黏剂、消泡剂和风味保持剂组成的组合物这方面的内容为附加技术特征来撰写从属权利要求，可以分别针对其组分、其组分含量、组分材料的选择以及添加时机。

因而，完成如下从属权利要求：

2. 根据权利要求 1 所述的方法，其特征在于：所述的油炸食品为油炸马铃薯薄片。❶

3. 根据权利要求 1 或 2 所述的方法，其特征在于：所述真空条件的真空度保持在 0.02～0.08MPa。❷

4. 根据权利要求 1 或 2 所述的方法，其特征在于：在所述真空条件下进行油炸的温度为 80～110℃。

5. 根据权利要求 1 或 2 所述的方法，其特征在于：在油炸之前，先将所述食品原料进行焙烤。

6. 根据权利要求 1 或 2 所述的方法，其特征在于：在用于油炸的油脂中添加组合物，该组合物由防黏剂、消泡剂和风味保持剂组成。❸

7. 根据权利要求 6 所述的方法，其特征在于：所述组合物是在进行油炸之前添加到油脂中的。

8. 根据权利要求 6 所述的方法，其特征在于：所述组合物是在油炸过程中添加到油脂中的。

9. 根据权利要求 6 所述的方法，其特征在于：所述组合物中含有 30%～40%（重量百分比）防黏剂、40%～50%（重量百分比）消泡剂和 10%～20%（重量百分比）风味保持剂。

10. 根据权利要求 6 所述的方法，其特征在于：所述防黏剂选自卵磷脂、硬脂酸中的一种或者它们的混合物。

11. 根据权利要求 6 所述的方法，其特征在于：所述消泡剂选自有机硅聚合物、二氧化硅中的一种或者它们的混合物。

12. 根据权利要求 6 所述的方法，其特征在于：所述风味保持剂选自鸟苷酸二钠、肌苷酸二钠中的一种或者它们的混合物。

第八步，针对其他技术主题撰写独立权利要求。

简要地介绍撰写过程如下。

1. 第二个技术主题：制作油炸食品的设备

为便于将本发明制作油炸食品的设备与对比文件公开的内容进行分析对比，现以列表方式示出本发明专利申请中制作油炸食品的设备所涉及的技术特征以及这些技术特征在对比文件中是否披露的情况（参见表 2-5-2）。

---

❶ 说明书中，马铃薯薄片是作为油炸食品的实例，因此写成一项从属权利要求。

❷ 真空条件的优选工艺参数可获得更好的效果，应写成从属权利要求。

❸ 用于油炸的添加到油脂中的组合物本身可以构成具有新颖性和创造性的技术方案，应作为优选方案写成从属权利要求，但需要写全其特征，即至少要写出"由防黏剂、消泡剂和风味保持剂组成"。权利要求 7 至 12 是权利要求 6 的进一步从属权利要求。

表 2-5-2　特征对比

申请的技术特征	来源	对比文件 1	备注
油炸食品的设备	[0005]	油炸薯片制备方法的设备	
原料供应装置	[0005]	进料装置	
油炸装置	[0005]	油炸装置	
产品排出装置	[0005]	出料室输出口	
抽真空装置	[0005]	抽真空装置	
进料阀 102	[0014] 及图 1	进料装置进料阀输入口	
出料阀 108	[0014] 及图 1	出料室	
油炸装置 103 的另一侧设有输出口，通过出料阀 108 与离心装置 109 的输入口密封固定连接	[0014] 及图 1	油炸装置外壳输入口通过一进料阀与进料装置的出料口密封固定连接，油炸装置外壳输出口通过一出料阀与离心脱油装置的输入口密封固定连接	
产品排出装置 110 设置在离心装置 109 的下方，其输入口与离心装置 109 输出口相连接	[0014] 及图 1	离心脱油装置的输出口与出料室的输入口连接	
离心装置 109 的旋转轴线（图中未示出）优选以相对于垂直方向倾斜一定角度的方式设置	[0014] 及图 1		属于优选特征
离心装置 109 的旋转轴线相对于垂直方向倾斜 30°的角度为最佳	[0014] 及图 1		属于优选特征
油炸装置 103′输出口直接与离心装置 109′输入口密封固定连接	[0016] 及图 2		既是本申请设备独立权利要求与对比文件 1 的区别技术特征，又是体现与制作油炸食品方法独立权利要求具有单一性的特定技术特征
出料阀 108′密封设置在离心装置 109′输出口处	[0016] 及图 2		

根据前面阅读专利申请文件时所作的分析以及针对制作油炸食品设备的列表可知，这部分的技术特征包括两方面的内容：其一，在真空条件下离心脱油的结构，即油炸装置输出口直接与离心装置输入口密封固定连接，出料阀密封设置在离心装置输出口处；其二，离心装置的旋转轴线以相对于垂直方向倾斜一个角度方式设置，以提高离心脱油效率，优选倾斜 30°的角度。

对于"在真空条件下离心脱油的结构"这方面的技术特征，在对比文件 1 和对比文件 2 中均未披露，且不属于本领域技术人员的公知常识。因此，将这一技术特征写入独立权利要求中，可使该独立权利要求相对于对比文件 1、对比文件 2 和本领域的公知常识具有《专利法》第 22 条第 2 款和第 3 款有关新颖性和创造性的规定。

对于"离心装置的旋转轴线以相对于垂直方向倾斜一个角度方式设置"这一方面的技术特征，在对比文件 1 和对比文件 2 中也未披露，且也不属于本领域技术人员的公知常识。因此，将这一技术特征写入独立权利要求中，可使该独立权利要求相对于对比文件 1、对比文件 2 和本领域的公知常识具有新颖性和创造性。

第二篇

但考虑到使设备独立权利要求与方法独立权利要求之间满足单一性的要求（因而可以合案申请），选择了前一种方式来撰写独立权利要求。独立权利要求（按序为权利要求 13）如下（具体分析过程从略）：

13. 一种用于实现权利要求 1 所述制作油炸食品方法的设备，包括原料供应装置、进料阀、油炸装置、用于使所述油炸装置保持于真空条件下的抽真空装置❶、出料阀、离心装置、产品排出装置，所述油炸装置的一侧设有输入口，通过所述进料阀与所述原料供应装置的出料口密封固定连接，所述油炸装置的另一侧设有输出口，其特征在于：所述油炸装置输出口直接与所述离心装置输入口密封固定连接，所述出料阀密封设置在所述离心装置输出口处。

如前所述，该技术主题与最主要的技术主题即制作油炸食品的方法具有单一性，可以合案申请，因此还需要撰写从属权利要求。根据前面阅读专利申请文件时所作的分析以及针对制作油炸食品方法的列表可知，可以将离心装置的旋转轴线相对于垂直方向倾斜设置以及其优选倾斜 30°作为附加技术特征，写成制作油炸食品设备的两项从属权利要求。

14. 根据权利要求 13 所述的设备，其特征在于：所述离心装置的旋转轴线以相对于垂直方向倾斜的方式设置。

15. 根据权利要求 14 所述的设备，其特征在于：所述倾斜的角度为 30°。

2. 第三个技术主题：组合物

在试题说明中指出，若认为技术交底书中的一部分内容应当通过分案申请的方式提出，撰写出分案申请的权利要求书并说明其理由。而在阅读时，已发现所写明的内容中还包含另一项技术主题"由防黏剂、消泡剂和风味保持剂组成的组合物"，其与前面的两项发明不具备单一性，因此可以考虑针对该项技术主题提出分案申请。

为便于更清楚地撰写分案申请的权利要求书，现将本申请中涉及该组合物的技术特征列表示出（参见表 2-5-3），其中对比文件 1 和对比文件 2 未提及任何用于添加到油脂中的组合物。

表 2-5-3 技术特征

申请的技术特征	来源
用于添加到油脂中的组合物，由防黏剂、消泡剂和风味保持剂组成	第 [0012] 段第三句
防黏剂选自卵磷脂、硬脂酸中的一种或者它们的混合物	第 [0012] 段第四句
消泡剂选自有机硅聚合物、二氧化硅中的一种或者它们的混合物	第 [0012] 段第四句
风味保持剂选自鸟苷酸二钠、肌苷酸二钠中的一种或它们的混合物	第 [0012] 段第四句
组合物含有 30%～40%（重置百分比）防黏剂、40%～50%（重置百分比）消泡剂和 10%～20%（重量百分比）风味保持剂	第 [0012] 段第五句

显然这一技术主题中应当给出这种组合物的组分：防黏剂、消泡剂和风味保持剂，考虑到本领域中已经有过防黏剂、消泡剂和风味保持剂，因此无须在独立权利要求中写明对这三种组分的材料选择，即三种组分的材料选择应当作为从属权利要求的附加技术特征。正由于这三种组分在本领域中是已知的，如果按照常规的含量来加入，即在独立权利要求中不再写明这些组分的含量，则该独立权利要求极有可能被认为不具有创造性，因此在这种情况下应当在独立权利要求中写明这三种组分的含量，以说明这样的组分含量能带来预料不到的技术效果。最后，写成的独立权利要求为：

1. 一种用于添加到油炸食品的油脂中的组合物，其特征在于：该组合物由防黏剂、消泡剂和风味保持剂组成，其中防黏剂为 30%～40%（重量百分比），消泡剂为 40%～50%（重量百分比），风味保持剂为 10%～20%（重量百分比）。

---

❶ 需要明确抽真空装置与油炸装置的关系以及离心装置在此设备中的作用，以更清楚地限定要求专利保护的范围，但对其保护范围没有任何影响。

3. 第四个技术主题：油炸马铃薯片

为便于将本发明油炸马铃薯片与对比文件公开的内容进行分析对比，现以列表方式示出本发明专利申请中油炸马铃薯片所涉及的技术特征以及这些技术特征在对比文件中是否披露的情况（参见表 2－5－4）。

表 2－5－4　特征对比

申请的技术特征	对比文件 1	对比文件 2	备注
油炸马铃薯薄片	油炸薯片	油炸马铃薯薄片	
含油量低	未提及	含油量约为 13%～18%（重量百分比），见第［004］段	对比文件 2 的油炸马铃薯薄片含油量落在本申请给出的含量范围内，且明显优于本申请
其表面具有鼓泡		马铃薯薄片表面的小鼓泡会继续膨胀，形成较大鼓泡，见第［002］段	
含油量可以降低至约 15%～20%（重量百分比）	未提及	含油量约为 13%～18%（重量百分比），见第［004］段	对比文件 2 的油炸马铃薯薄片含油量落在本申请给出的含量范围内
含油量可进一步降低至约 14%～18%（重量百分比）	未提及		对比文件 2 的油炸马铃薯薄片含油量有一端点与本申请给出的含量范围重合，且明显优于本申请

由表 2－5－4 可知，对比文件 2 中的油炸马铃薯片已公开了该主题的全部技术特征，且两者属于同一技术领域，并能产生相同的技术效果，因此该主题不符合《专利法》第 22 条第 2 款有关新颖性的规定，因而不应作为技术主题撰写独立权利要求。

第六章　专利申请文件撰写试题的应试思路

一、主要应试内容

根据近年来专利代理实务考试中有关专利申请文件撰写的试题，考生在应试时完成的主要任务可能包括以下四个方面。

（1）为客户撰写能有效且合理保护发明创造的权利要求书。

（2）为另行提出的专利申请撰写权利要求书或仅撰写独立权利要求。

（3）以简答题的方式考核考生有关专利代理实务的水平和能力。根据历年试题来看，简答题可能涉及与权利要求书撰写思路有关的简答题，与客户进行必要沟通的简答题，与撰写说明书部分内容有关的简答题，反映考生答复审查意见通知书能力的简答题，以及与专利实质审查基本知识有关的简答题。根据近几年的试题来看，有关多项发明合案申请还是分案申请（单一性判断），论述所撰写的各项独立权利要求具备新颖性和创造性，再次说明独立权利要求相对于现有技术所解决的技术问题和有益效果，并且前两个方面几乎是每年必考的简答题。

（4）针对说明书的撰写可能通过简答题（如找出说明书撰写存在的缺陷及如何修改），撰写说明书的部分内容（如技术领域、发明所要解决的技术问题、获得的有益效果），甚至还可能要求重新撰写一份说明书等方式进行出题。

此外，还可能要求撰写一份说明书摘要。

二、考生应具备的能力

具体来说，作为以专利代理师身份参加考试的考生，在撰写专利申请文件（主要是权利要求书）时应当注意满足如下要求，具备相应能力。

（1）正确理解发明创造的内容。即通过对客户提供的有关发明创造的技术资料（包括客户提供的现有技术）分析能够正确、全面地理解客户所提供的发明创造及其各个具体实施方式。

（2）正确确定能够获得专利权的申请主题。即排除那些不属于专利保护客体的主题，并能够依据客户提供的有关发明创造的技术资料和相关现有技术以及为客户检索到的现有技术，准确把握其发明构思，以确定能够获得专利权的申请主题。

（3）撰写的每项权利要求所要求保护的主题，并且相对于客户提供的现有技术和为客户进一步检索所找到的现有技术具备新颖性、创造性和实用性等实质性授权条件。

（4）权利要求书以说明书为依据。也就是说，每项权利要求所要求保护的技术方案均应当是所属技术领域的技术人员能够从说明书记载的内容中直接得到或概括得出的技术方案，权利要求限定的要求专利保护的范围不得超出说明书公开的范围。

（5）权利要求书应当清楚、简要地限定要求专利保护的范围。即每项权利要求的类型应当清楚，每项权利要求所确定的保护范围应当清楚，而且权利要求之间的引用关系也应当清楚；每项权利要求应当简要，且构成权利要求书的所有权利要求作为一个整体也应当简要。

（6）满足单一性要求。当权利要求书所要求保护的主题包含两项以上发明或者实用新型时，它们应当具备单一性。在符合单一性的要求下，应当包括尽可能多的技术主题（即在符合单一性的要求下包括更多的独立权利要求）。此外，如果要求保护的多项主题不属于一个总的发明构思，应当再另行提出一件或多件专利申请。

（7）独立权利要求应当具有尽可能大的保护范围。在撰写独立权利要求时，除应当记载解决技术问题的必要技术特征外，还应当为客户谋求尽可能充分的保护，即不要写入非必要技术特征，尽可能采用概括方式表述技术特征等。

（8）独立权利要求通常应当采用两部分格式撰写，即划分成前序部分和特征部分，除非发明创造性质不适合采用这种表达方式。

（9）为使专利申请在授予专利权后更有利于维持专利权，应当为其建立多道防线，即在权利要求书中写入必要的、数量合适的从属权利要求。这些从属权利要求应当包括引用部分和限定部分。

（10）独立权利要求和从属权利要求的撰写应当符合相关规定。

对于说明书的撰写，近年来也经常出现相关的考点（如 2017 年和 2021 年实务试题），其中需要掌握说明书撰写的格式（包括发明名称），以及说明书五个部分（技术领域、背景技术、发明内容、附图说明、具体实施方式）应该撰写的内容和要求。这些要求与权利要求的撰写是紧密关联的。

三、撰写权利要求书的应试思路

为帮助考生更好地掌握应试思路，先介绍应试总体思路，再结合应试过程中的具体工作说明如何体现应试思路。

（一）应试总体思路

（1）阅读客户提供的有关发明创造的技术资料（包括客户提供的现有技术），正确且全面地理解客户所提供的发明创造涉及哪些可授予专利权的主题、每个主题作出了哪几方面改进，以及每个主题所包含的各个具体实施方式。理解到位是撰写权利要求书的基础，而在考试中许多考生经常没有全面理解或注意到技术资料的相关重要信息，导致不能撰写出合适的独立权利要求，以及必要的从属权利要求。

第二篇

（2）正确理解已获知的现有技术的内容，明确其公开了客户的发明创造的哪些技术特征（包括隐含公开的内容），从而正确确定能够获得专利权的申请主题。

（3）如果确定有多项能够获得专利权的申请主题，从中确定一项最主要的申请主题，针对该申请主题弄清其相对于现有技术（尤其是最接近的现有技术）作出了哪几方面的改进以及这几方面的改进关系，以确定该申请主题相对于最接近的现有技术作出了几项发明创造，并从中确定最重要的一项发明创造。

（4）针对最重要的一项发明创造，确定其要解决的技术问题，如果其涉及多个实施方式，在分析这些实施方式关系的基础上，确定独立权利要求和从属权利要求的撰写布局，在此基础上撰写独立权利要求，并针对该最重要的发明创造撰写合理数量的从属权利要求。

（5）针对那些与上述最重要的发明创造具有单一性的其他发明创造和/或其他主题，撰写并列独立权利要求和合理数量的从属权利要求。

（6）针对那些与上述最重要的发明创造不具有单一性的其他主题，需要另行提出专利申请，并根据试题要求撰写相应的独立权利要求或者权利要求书。

（二）应试过程中为体现应试思路在各阶段需要做的具体工作

第一步，阅读技术交底材料，确定能够获得专利权的申请主题。

通过理解客户提供的对发明创造内容的介绍以及与现有技术进行分析对比，确定能够获得专利权的申请主题，并且通过对每个申请主题多方面改进和各个实施方式的具体分析，掌握其发明构思和进一步的改进措施，为撰写权利要求书做好准备。具体来说，考生在阅读分析试题阶段应当注意做好下述几个方面的准备工作。

1. 阅读分析试题，确定申请主题

在阅读分析试题过程中，应当根据客户提供的有关发明创造的技术资料确定哪些属于专利保护客体的申请主题。

在确定这些申请主题时，一方面应当注意是否还存在客户未明确要求保护但属于专利保护客体的主题，如 2008 年的专利代理实务试题中就考查了还应当将用作油炸食品制备方法中的添加剂组合物作为一个能够获得专利权的申请主题；另一方面，一定要将不属于专利法意义上的发明和实用新型保护客体排除在专利申请之外。例如，2012 年专利代理实务试卷中有关申请文件撰写试题部分应当将客户在技术交底材料中要求保护的广告方法排除在申请主题之外，又如 2009 年专利代理实务科目试卷中有关权利要求书撰写的试题部分不能将"一种止鼾的方法"作为申请主题。

考生在阅读分析试题时可以对所确定的能够获得专利权的申请主题作出标记，以便在完成权利要求书撰写之后检查是否遗漏了一些应当写入权利要求书中的申请主题。历年专利代理实务试题中涉及多项申请主题的情况归纳如下。

2006 年专利代理实务试题，说明书最后一段文字体现出还可以将衣架作为一项申请主题。❶

2007 年专利代理实务科目试卷中有关权利要求书撰写部分试题，由具体实施方式文字部分记载的内容可知，该发明创造涉及包装体、包装体长带、包装体供给方法和包装体供给系统四项申请主题。

2008 年专利代理实务试题，由说明书具体实施方式部分可知，该发明创造涉及油炸食品制作方法、油炸食品制作设备、油炸食品以及添加到油脂中的组合物四项申请主题。

2009 年专利代理实务科目试卷中有关权利要求书撰写部分的试题涉及止鼾枕头和止鼾方法两项主题，但止鼾方法不属于专利保护客体。

2010 年的专利代理实务试题中的第一题，由客户提供的交底材料可知，该发明创造涉及食品料理

---

❶ 国家知识产权局条法司编写的《2006 年全国专利代理人资格考试试题解析》专利代理实务试卷中，还将衣架作为一项申请主题，但是在机械领域和电学领域多半在针对部件写了一项独立权利要求后，不再撰写一项在特征部分为包含该部件的产品独立权利要求，因此在近几年的试题解析中在针对部件撰写了独立权利要求后，不再要求撰写一项包含该部件的产品独立权利要求。例如 2011 年的申请文件撰写试题部分的答案中仅针对内置调味材料的瓶盖组件撰写一项独立权利要求，而不再针对瓶装饮料再撰写一项独立权利要求了。

机、其制浆方法❶、食品料理机的电路控制器件和电路控制方法四项申请主题。

2013 年的专利代理实务试题的技术交底材料中涉及垃圾箱和利用垃圾箱做广告的方法，但广告方法不属于专利保护客体。

2011 年、2012 年、2014 年至 2020 年撰写试题均涉及一个主题（2011 年瓶盖组件，2012 年冷藏桶，2014 年光催化空气净化器，2015 年卡箍，2016 年茶壶，2017 年起钉锤，2018 年灯，2019 年压蒜器，2020 年手机支架，2021 年扳手）。

2. 正确、全面理解每一个申请主题

（1）首先，应当确定每一个申请主题相对于现有技术所存在的技术问题作出了哪些改进。

根据历年试题来看，有三种出题方式，现分别加以说明。

一种最常见的出题方式是在技术交底材料的第一段中写明现有技术所存在的技术问题（一个或两个居多），然后，明确写明为解决这几个技术问题分别采取了什么措施，再结合附图描述的具体结构对所采取的措施加以展开说明（如 2009 年、2012 年），或者结合附图描述具体结构时写明为解决这几个技术问题所采取的措施（如 2011 年、2014 年、2015 年）。

另一种出题方式是在技术交底材料中结合附图描述发明内容时写明其为解决技术问题作出的改进（如 2010 年、2013 年）。

还有一种出题方式是在客户给出的现有技术中说明其存在几个技术问题，技术交底材料中结合附图描述其所作出的改进措施，并说明如何解决这几个技术问题（如 2002 年和 2004 年的机械领域申请文件撰写试题）。

（2）其次，应当弄清各个申请主题分别包含哪几种具体实施方式。

例如，2007 年有关申请文件撰写试题涉及四个申请主题，其中包装体和包装体长带两个申请主题分别包括三种实施方式，而包装体供给方法和包装体供给系统则均只涉及一种实施方式。2008 年答复审查意见通知书试题所糅入的权利要求书撰写的内容涉及四个申请主题，其中油炸食品制作方法和油炸食品以及用作油炸方法添加剂的组合物这三个申请主题均只涉及一种实施方式，而油炸食品制作设备给出两种实施方式。2009 年申请文件撰写试题涉及的止鼾枕头申请主题的第二方面改进给出两种实施方式。2011 年申请文件撰写试题涉及的瓶盖组件申请主题、2012 年申请文件撰写试题涉及的冷藏箱申请主题的第一方面改进、2013 年申请文件撰写试题涉及的有关大型公用垃圾箱申请主题和 2014 年申请文件撰写试题涉及的光催化空气净化器所作两方面改进各给出两种实施方式。2015 年申请文件撰写试题涉及的卡箍申请主题的第一方面改进，2016 年申请文件撰写试题涉及的茶壶申请主题均给出三种实施方式。

（3）再次，应当针对每一个申请主题分析其发明构思。

对于涉及多处改进的申请主题应当关注其相对于现有技术作出的几方面改进之间是并列关系还是主从关系。对于为并列关系的多方面改进，多半可分别撰写独立权利要求，而对于为主从关系的多方面改进，则针对主要改进撰写独立权利要求，并将次要改进作为它的从属权利要求；对于涉及多个实施方式的申请主题或其某一方面改进，需要分析这几种实施方式之间是并列关系还是主从关系，对于为并列关系的实施方式，需进一步分析哪些技术特征是这几种实施方式的共同技术特征，彼此不同的那些技术特征可否采用概括性技术特征来描述。

（4）然后，在分析发明构思时，应当同时关注各个实施方式中的优选方案。

例如，以"优选""最好"等词引导的技术特征，或者通过"可以"等词引导的话，若在其后描述了达到更佳效果的技术特征，就意味着这些技术特征可能是优选的技术特征，从而为该申请主题撰写从属权利要求做好准备。必要时还需要区分其是某一种实施方式中的优选技术特征，还是哪几种实施方式中共有的优选技术特征，以便在以该优选技术特征作为附加技术特征撰写从属权利要求时确定其引用关系。

---

❶　大部分观点认为该方法实际上是食品料理机的常规运行方法，无须再写一项独立权利要求。

在阅读试题时可以在试卷卷面或试题内容上对上述重要内容作出标记。

（5）最后，试题说明中还可能以明示或暗示方式表明需要与客户沟通以补充有关资料或者向客户给出建议。

3. 排除不具备新颖性或创造性的主题

将上述初步确定的申请主题与现有技术进行对比，以排除那些与现有技术相比明显不具备新颖性或创造性的主题（包括其中没有新颖性或创造性的某一方面改进或某一具体实施方式）。

如2008年专利代理实务试题原题中三个申请主题中的油炸食品这一主题相对于对比文件2不具备新颖性，在所修改的权利要求书中删除了油炸食品这一申请主题；此外，油炸食品制作设备中的第一种实施方式也已被对比文件1公开，也不具备新颖性，因此在修改的权利要求书中也应当将这种实施方式排除在要求专利保护的申请主题之外。

4. 确定最主要的申请主题

从没有排除的申请主题中确定该发明创造中最主要的申请主题。这可以从技术主题的重要性，尤其对现有技术作出贡献的大小着手，选择可为申请人提供最大可能保护范围的技术主题。通常应当将作为该发明创造基础的申请主题作为最主要的申请主题。2007年专利代理实务的撰写试题中包装体是包装体长带的主体部分，即包装体长带由多个包装体连接而成，而包装体长带是供给方法和供给系统这两项申请主题的基础，因此应当将包装体作为最主要的申请主题。但是，需要注意的是，如果产品本身相对于现有技术不具备新颖性或创造性，则应当仅要求保护制备该产品的方法。例如2008年答复审查意见通知书的试题中所糅入的权利要求书的撰写内容，由于油炸食品相对于对比文件2不具备新颖性，则应当从油炸食品制作方法和制作设备两项申请主题中确定最主要的申请主题，考虑到油炸食品制作设备是由油炸食品制作方法这一申请主题衍生出来的，处于附属地位，因此应当将油炸食品制作方法作为最主要的申请主题。

对于同一申请主题有多方面并列改进的情况下，通常可从技术交底材料针对多方面改进描述内容的多少和先后，来确定哪一方面改进作为最主要的申请主题，有时可以考虑从能否撰写足够多的合理的从属权利要求的角度作为辅助判断。而2014年专利代理实务科目试卷有关申请文件撰写的试题中针对两方面改进均结合两种实施方式作出比较详细的说明，此时可根据技术交底材料描述的先后来确定以第一方面改进作为该申请的最主要的申请主题。

对于同一申请主题或者其某一方面改进有多个并列实施方式的情况，通常应当尽可能撰写一项将这多个并列实施方式都概括在一项发明创造中的独立权利要求，但有时试题给出的内容无法将三种实施方式都概括在一项独立权利要求当中。如2011年、2015年和2016年试题均给出三个实施方式，但无法将这三个实施方式都概括在一项独立权利要求的保护范围内。此时就应当考虑可否针对其中两个实施方式概括成一项独立权利要求，若能概括，就将这一项能概括两个实施方式的发明创造作为最主要的申请主题。

5. 判断其他申请主题与最主要的申请主题之间是否属于一个总的发明构思

判断其他申请主题与最主要的申请主题是否属于一个总的发明构思，对于其中与最主要的申请主题之间具有单一性的，也作为该专利申请的申请主题，而不具有单一性的，则需另行提出专利申请。

历年考题的试题说明中，给出了要求考生作出这方面判断的明示或暗示。如2007年、2010年的有关试题中也涉及了有关单一性考核内容的暗示：2007年试题中涉及的四项申请主题，由于后三项申请主题包装体长带、包装体供给方法、包装体供给系统与本专利申请最主要的申请主题包装体之间属于一个总的发明构思，因此这四项申请主题可合案申请；2010年专利代理实务科目试卷第一题中涉及的四项主题，由于食品料理机的制浆方法这一项主题与该专利申请最主要的申请主题具有相应的特定技术特征，因此这两项主题之间具备单一性，可合案申请，而另两项主题（食品料理机的电路控制器件和电路控制方法）与前两项主题之间既没有相同的特定技术特征，又没有相应的特定技术特征，因而与前两项主题不具备单一性，需要另行提出一件专利申请。

对于同一申请主题涉及多方面并列改进撰写的多项发明创造，也需要确定其是否属于一个总的发明构思。通常此多项发明创造不属于一个总的发明构思，不具有单一性，需要分案申请（如 2012 年、2013 年、2014 年、2015 年考题）。

对于同一申请主题，或者其某一方面改进具有多个并列实施方式且无法概括成一项发明创造的情况，也需要分析其是否属于一个总的发明构思（如 2011 年、2014 年、2015 年考题）。

由此可知，对于多个申请主题，或者同一申请主题涉及多处并列改进或多个并列实施方式需要作为两项以上发明创造撰写的独立权利要求的情况，这一项确定采用合案申请还是提出多件专利申请的分析工作，需要在撰写出各项独立权利要求后再作最后确定，在阅读分析试题、确定申请主题阶段仅仅给出初步判断即可。

第二步，根据阅读试题时的分析，撰写权利要求书。

对试题认真阅读，作出分析后，就应当着手撰写权利要求书。

1. 针对最主要的申请主题撰写独立权利要求

（1）对于一项申请主题通过多个技术措施实现不同技术改进的情况，需要分析这些改进之间的关系，并通过与现有技术的比较，尤其是通过与最接近的现有技术的比较，确定其要解决的技术问题，为撰写独立权利要求做好准备。

具体来说，如果所作的几项改进措施中，前一项改进措施是基础，而其他几项改进措施是在前一项改进的基础上作出的进一步改进，即前一项改进措施与其他改进措施是主从关系，则应当先针对前一项改进措施确定要解决的技术问题，并撰写独立权利要求，再将另几项改进措施作为附加技术特征撰写从属权利要求。

如果所作的几项改进措施是并列的关系，则应当作为几项发明创造来提出申请，各自撰写一项独立权利要求，通常这几项发明创造之间不属于一个总的发明构思，应当从中确定一项最主要的发明创造，作为该申请要求保护的发明创造，而将其他发明创造另行提出申请。例如，对 2012 年撰写申请文件的试题涉及的冷藏桶申请主题来说，涉及两方面的改进，且为并列关系，因此应当仅针对第一方面的改进（2012 年的试题中在盖体上开设窗口并设有一个可开合窗口的上盖）撰写一项独立权利要求和相应的从属权利要求。而对于第二方面的改进，如果与第一方面的改进不相抵触，则除了将其作为第一方面改进的进一步改进，撰写相应的从属权利要求外，还可仅针对第二方面的改进（2012 年的试题中冷源可拆卸地连接在桶本体上）再撰写一项独立权利要求。由于这两项独立权利要求之间没有相同或相应的特定技术特征，不属于一个总的发明构思，不能合案申请。

但经常遇到这几种改进措施既有并列的关系，又有进一步改进的关系（主从关系）。在这种情况下，应当针对并列关系的几项改进各撰写一项独立权利要求，而对于进一步改进的措施将以其作为附加技术特征撰写一项从属权利要求，即作为其进一步改进基础的独立权利要求的从属权利要求。例如，在 2013 年有关申请文件撰写的试题中，对垃圾箱主要作了三个方面的改进：其一，下箱体的侧壁上开有通风孔；其二，上箱体的侧壁上竖直设置在其内侧的空心槽状隔条或设置有通风孔这样的通风结构；其三，其上下箱体可分离，且位于上箱体下部的带孔滤水板可相对于侧壁向下转动。显然第二方面的改进与第一方面的改进是主从关系，即第二方面改进是在第一方面改进的基础上作出的进一步改进，而第三方面的改进与前两方面的改进是并列的改进关系。因此应当仅针对第一方面的改进撰写该申请的独立权利要求和相应的从属权利要求，将第二方面改进所采取的措施作为附加技术特征撰写成该独立权利要求的从属权利要求，对于第三方面的改进，考虑到其与第一方面的改进并不矛盾，因而可将其作为前两方面改进的进一步改进，写成该独立权利要求的从属权利要求。还可仅针对第三方面改进再撰写一项独立权利要求，但由于其与针对第一方面改进所撰写的独立权利要求之间不属于一个总的发明构思，应当作为另一项单独提出申请的主题。

（2）如果在技术交底材料中包括多个实施方式，则需要分析这些具体实施方式之间的关系，即确定它们之间是并列关系还是主从关系。

如果是主从关系，即以其中一个实施方式为主，其他几个实施方式是在这个为主的实施方式基础上作出的进一步改进。

如果是并列关系，则首先考虑可否撰写一项能将这些实施方式都纳入其保护范围的独立权利要求。如果可以，就先撰写一项能将这些实施方式都概括在内的独立权利要求，然后再针对这些具体实施方式撰写相应的从属权利要求。2009 年、2012 年和 2014 年有关申请文件撰写试题都属于这种情形，2009 年试题中有关申请主题以及 2014 年试题中光催化空气净化器的第一方面改进均涉及两个实施方式，2012 年试题中有关冷藏箱第一方面改进涉及三个实施方式，就应当针对这两个或三个实施方式撰写一项可将这些实施方式都纳入专利保护范围的独立权利要求，然后再针对各个实施方式分别撰写相应的从属权利要求。

此外，如 2015 年和 2016 年有关申请文件撰写试题属于无法撰写一项能将三个实施方式均概括在内的独立权利要求的情形。因此 2015 年试题中申请主题卡箍的第一方面改进，均针对前两个实施方式的卡箍撰写一项独立权利要求，而针对第三个实施方式的卡箍再撰写一项独立权利要求，然后根据两项独立权利要求是否具有相同或相应的特定技术特征来确定是合案申请还是提出两件专利申请。

有时还会遇到同一申请主题的各个实施方式中既有并列关系又有主从关系的情形，需要注意区分。

（3）在针对多个并列关系的实施方式撰写独立权利要求时，应当尽可能采用概括的方式加以限定。通常有两种主要概括方式。就应试而言，应当尽量采用试题中已经给出的功能性限定语言进行概括。

如以 2012 年有关申请文件撰写试题为例，为了写明上盖与开有窗口的盖体之间的关系，由于无法对三个实施方式采用结构限定的概括方式，而在试题技术交底材料中的第［003］段中给出了功能性限定的表述方式"上盖能打开和盖合窗口"，因此在独立权利要求中可以采用这一功能限定的方式。在采用功能性限定的技术特征时，应当注意避免成为纯功能性限定的权利要求。例如 2007 年申请文件撰写试题中对于撕开部件的功能性限定、2011 年申请文件撰写试题中对于限制刺破部刺破隔挡片的机构所采用的功能性限定、2014 年申请文件撰写试题中对于降低噪声结构的功能性限定，应当避免写成纯功能性限定的权利要求。

（4）根据最接近的现有技术确定该专利申请所要解决的技术问题，在此基础上确定为解决此技术问题所必须包括的全部必要技术特征，其中包括了可为独立权利要求的技术方案作出新颖性和创造性贡献的技术特征。

对于可以按照两部分格式撰写的改进型发明创造来说，将上述必要技术特征中与最接近的现有技术共有的技术特征写入独立权利要求的前序部分，而其余的必要技术特征作为区别特征（即为独立权利要求的技术方案相对于最接近的现有技术作出新颖性和创造性贡献的技术特征）写入独立权利要求的特征部分，从而完成最主要申请主题的独立权利要求的撰写。

在进行上述独立权利要求的撰写时，应当注意以下几个方面。

① 不要把优选的附加技术特征写入独立权利要求中。通常可以通过分析独立权利要求的主题是否缺某个特征不可（即缺少该特征后，技术方案仍然能够解决发明所要解决的技术问题就不是必要技术特征），或者如果不写入该技术特征（尤其是与最接近的现有技术共有的技术特征）是否会导致权利要求不清楚、不完整或者不明确其应用对象来加以确定。

② 如果确定不了是必要技术特征还是优选的附加技术特征，在考试时建议先不要写入独立权利要求中，而是作为一项从属权利要求来写，因为按照历年考试评分标准，将优选的附加技术特征写入独立权利要求中扣分更多。

③ 对于可为本发明创造带来创造性的技术特征具有多个的情形，首先根据前面的分析，确定哪一个或者哪些是解决关键技术问题最基本的技术特征。这些技术特征应写入独立权利要求中，而其他能为发明创造进一步带来创造性的技术特征，不要写入独立权利要求中。

④ 通常，对于机械、电学领域的独立权利要求应当根据确定的最接近的现有技术进行划界。

⑤ 权利要求的表述应当清楚。《专利审查指南 2023》第二部分第二章第 3.2.2 节中明确规定的权利要求中不得使用的术语或表述形式一定不要出现在权利要求中。从考试的角度来看，对于该节规定的通常不得采用的表述形式，最好也不要写入权利要求中。

⑥ 权利要求中相关部件后标注附图标记的，应当使用括号。若试题说明中对此有明确要求的，则

应当在权利要求中相关部件后面标注带括号的附图标记。

2. 针对最主要的申请主题撰写相应的从属权利要求

（1）独立权利要求采用概括性描述时应当针对所概括的不同实施方式撰写从属权利要求。

（2）客户提供的有关发明创造的技术资料中以"优选""最好"或者类似方式表示，可获得辅助技术效果或解决了相关技术问题的技术特征，可以作为附加技术特征撰写成从属权利要求。通常，对于申请文件或提供的技术资料中明确说明能获得更好效果的技术特征，应当将其作为附加技术特征撰写从属权利要求；但是不必针对那些改进意义不大的属于公知常识的优选方式来撰写从属权利要求。考试中，如果不能确定是否写成从属权利要求，则尽可能将其写成从属权利要求。

（3）注意从属权利要求的撰写层次性，从属权利要求保护范围逐层推进，层层缩小，即引用有先后顺序。此外，附加技术特征本身相互之间没有递进关系时，需要根据附加技术特征的重要性来考虑排列顺序。

（4）注意从属权利要求应当清楚地限定发明。从属权利要求应当在独立权利要求因不具备新颖性或创造性而不能成立时，也仍然是一个完整的技术方案；进一步限定的技术特征的表述方式要考虑是前述权利要求中已有技术特征的进一步限定还是增加的技术特征，应当相应地表述清楚；引用关系合适，例如对于各个实施方式的共同优选方式，则可以考虑引用前述的多个实施方式的权利要求，对于仅针对某一个实施方式的优选方式，则不应当引用反映其他实施方式的权利要求，以免引用不合适而导致该权利要求未清楚地限定要求专利保护的范围。

（5）注意从属权利要求的撰写格式以及对其引用部分的撰写格式要求。

① 从属权利要求只能引用在其前的权利要求，不能引用在其后的权利要求。

② 引用两项以上权利要求的多项从属权利要求只能以择一方式引用在前的权利要求，即只能用"或"及其等同语，不得用"和"及其等同语。

③ 多项从属权利要求不得作为另一项多项从属权利要求的基础，即多项从属权利要求不得直接或间接引用另一项多项从属权利要求。

④ 直接或间接从属于某一项独立权利要求的所有从属权利要求都应当写在该独立权利要求之后，另一项独立权利要求之前。

3. 针对与最主要申请主题具有单一性的申请主题撰写独立权利要求和相应的从属权利要求

与最主要的技术主题具有单一性的申请主题，可以采用合案申请的方式写入该申请中，即以并列独立权利要求及其相应的从属权利要求方式写入该申请中。其独立权利要求及相应的从属权利要求的写法基本上可参见前面对最主要申请主题的撰写思路，但是需要注意的是，所撰写的并列独立权利要求应当与最主要的申请主题的独立权利要求之间至少具有一个相同或者相应的特定技术特征。从应试角度考虑，并列独立权利要求的从属权利要求通常比最主要申请主题独立权利要求的从属权利要求要少一些。当然，也还可能出现同一个主题中存在不同改进的多项具有单一性的发明，此时需要确定其中哪一项为最重要的发明以撰写相应独立权利要求和从属权利要求，针对另外的发明撰写并列独立权利要求及其从属权利要求。

4. 针对与最主要申请主题不具有单一性的申请主题撰写权利要求

如果存在与最主要的申请主题不具有单一性的其他发明创造，其独立权利要求及相应的从属权利要求的写法参见前面的撰写思路。就应试而言，另行提出专利申请的重点是独立权利要求，甚至试题说明中也只要求撰写独立权利要求，即使要写从属权利要求，通常比最主要申请主题或其中最重要发明创造的独立权利要求的从属权利要求要少一些。

5. 权利要求书的撰写避免出现不符合相关规定的错误

在完成权利要求书的撰写时应当注意避免出现不符合规定的错误。根据历年试题判分时所了解到的考生在撰写权利要求书时经常出现的错误归纳如下。

① 权利要求的主题选择不当。例如，能写成产品权利要求，却写成方法权利要求；能够用产品的可单独生产、销售或使用的部件作为主题的，选择了产品整体作为主题；主题名称没有进行合理的上

位概括等。

② 没有准确找到为技术方案带来新颖性和创造性的区别技术特征，使撰写的独立权利要求相对于现有技术不具备新颖性或创造性。如果这一点发生错误，显然导致失去较多分数。

③ 独立权利要求中缺少必要技术特征，或者写入了非必要技术特征。在考试中，此处的把握原则是：如果怀疑某技术特征可能是非必要技术特征，但也不排除其是必要技术特征，在确定了为技术方案带来创造性的技术特征后，建议不要将该技术特征写入独立权利要求中，而将其作为附加技术特征写成从属权利要求。

④ 技术特征描述不当，所采用的技术特征与所限定的技术主题不相符。应当根据权利要求属于产品权利要求还是方法权利要求来选择技术特征。

⑤ 权利要求中技术特征之间的关系未描述清楚，例如仅罗列各部件名称，而缺少各部件间的连接配合关系。

⑥ 权利要求中写入了含义不清楚或模糊的词语。

⑦ 权利要求中写入了商业性宣传用语。

⑧ 权利要求中写入不会产生技术效果的说明，或对原因和理由进行了不必要的说明。

⑨ 权利要求中进行了重复限定，对已限定的技术特征进行重复描述。

⑩ 权利要求中使用了多个句号，或者附图标记没有用括号括起来，或者使用不恰当的括号。

⑪ 不恰当地使用了功能性限定，或上位概括不当。

⑫ 对于并列独立权利要求，采用不恰当的撰写方式，如以包含有替代技术特征的假从属权利要求方式进行撰写。

⑬ 从属权利要求的主题名称与被引用的权利要求的主题名称不一致。

⑭ 从属权利要求限定部分作进一步限定的某些技术特征在被引用的权利要求中未出现过，即缺乏引用基础。

⑮ 从属权利要求引用关系不当或错误。例如，没有采用择一引用的方式，或者多项从属权利要求引用了另一项多项从属权利要求。

⑯ 对应当请求保护的主题没有请求保护（包括未针对与最主要申请主题具有单一性的主题撰写并列独立权利要求，以及未针对与最主要申请主题不具有单一性的主题建议另行提出一件专利申请，并未给出另一件专利申请的权利要求书或独立权利要求）。

⑰ 没有写入合适数量的从属权利要求，通常是少写了重要的或必要的从属权利要求。

第三步，对试题中出现简答题时的应试思路。

此处仅对与权利要求书撰写思路有关的简答题和与撰写说明书部分内容有关的简答题的答题思路作出说明。

1. 与权利要求书撰写思路有关的简答题

历年试题涉及这方面内容的简答题主要为四种：从已经获知的现有技术中选择最接近的现有技术、针对所选择的最接近的现有技术确定该发明要解决的技术问题、简述合案申请的理由或另行提出一件专利申请的理由、判断该发明中哪些技术内容可以享有优先权。

最接近的现有技术的选择可以参照《专利审查指南2023》第二部分第四章第3.2.1.1节的规定来确定。答题时，首先从相关现有技术中选出与该发明创造技术领域相同的现有技术，然后对这些相同技术领域的现有技术进行分析，确定哪一项现有技术要解决的技术问题、技术效果和用途与该发明创造最接近和/或公开了该发明创造的技术特征最多，在此基础上得出将这项现有技术作为该发明创造最接近的现有技术的结论。

针对最接近的现有技术确定该发明要解决的技术问题，应按这样的思路来进行。分析该发明创造相对于最接近的现有技术作出了哪些改进，通过哪些技术手段来实现这些改进；接着从其中排除已被其他现有技术披露的技术手段（包括属于公知常识性技术手段）；然后分析余下的技术手段在该发明创造中分别起到什么作用，以及这些技术手段彼此之间的关系；在此基础上针对这些技术手段来确定要解决的技术问题，其原则是以此作为要解决的技术问题能使独立权利要求得到尽可能宽的保护范围。

论述几项发明创造可合案申请还是另行提出一件专利申请的理由通常可以这样来说明：首先通过最主要的申请主题（或其中最重要发明创造）的独立权利要求与现有技术的对比分析，确定该独立权利要求的特定技术特征，即那些使得独立权利要求相对于现有技术具备新颖性和创造性的技术特征，然后分析其他几个申请主题（或其他几个发明创造）的特定技术特征。如果其与最主要的申请主题具有一个相同或者相应的特定技术特征，且这几个申请主题彼此之间也具有一个相同或者相应的特定技术特征，就可以得出判断：这些申请主题在技术上相互关联，属于一个总的发明构思，具有《专利法》第31条规定的单一性，从而可以合案申请。如果它们之间没有相同或相应的特定技术特征，则这个或这些申请主题（或发明创造）与最主要的申请主题（或最重要的发明创造）之间在技术上并不相互关联，不属于一个总的发明构思，因此这个或这些申请主题（或发明创造）应当另行提出一件专利申请。

至于与确定可否享有优先权有关的简答题，应当判断技术交底书中涉及的技术方案中哪些已记载在其本人在先申请的申请文件（权利要求书和说明书）中。对于那些未记载在其本人在先申请的申请文件中的技术方案，则不能享有优先权，若申请时现有技术中已公开了该技术方案，则该技术方案不能享有优先权，针对该技术方案要求保护也不会被授权。对于已记载在其本人在先申请的申请文件中的技术方案，只要该在先申请是本人的首次外国申请或者是尚未授权的首次中国申请，该技术方案可以享有该在先申请的优先权，此时，即使在先申请的申请日后公开的现有技术公开了这一技术方案，不会影响该技术方案的新颖性和创造性，早于该在先申请的申请日提出并在其后公开的中国专利申请文件或专利文件中公开的内容，也不会影响该技术方案的创造性，因此仍可针对该技术方案要求专利保护。

2. 与说明书部分内容撰写相关的简答题

历年试题中涉及发明或实用新型名称、技术领域、发明或者实用新型内容部分中要解决的技术问题和有益效果，以及说明书摘要的撰写。以及如1996年和2007年试题中涉及从客户自行撰写的说明书中挑出错误的考试形式（俗称"挑错题"）。

发明或实用新型名称通常根据权利要求的主题名称来确定。若权利要求书中包括多项具有不同主题名称的独立权利要求，则在发明或实用新型名称中应当给予体现，对于发明名称来说，还应当体现这些独立权利要求的类型。此外，所撰写的名称应当采用通用的技术术语，不要带有商业宣传性语言，不得使用人名、地名、商标、型号或者商品名称，通常不超过25个字。

对于技术领域来说，应当注意与日常生活中的技术领域含义不一样，专利用语中将日常生活中的技术领域称作上位技术领域或者广义技术领域，因此答案中所写明的技术领域应当是要求保护的发明或者实用新型技术方案所属技术领域或者直接应用的具体技术领域，而不应当是其上位技术领域或广义技术领域。具体来说，至少应当反映出相应独立权利要求的主题名称，并对其作进一步说明，通常可写入独立权利要求前序部分的主要技术特征，但一定不要写入独立权利要求的区别技术特征，以免成为发明或者实用新型本身。此外，如果权利要求书涉及多项主题名称不同的独立权利要求，则技术领域部分也应当给予体现。

对于要解决的技术问题，应当指出其解决现有技术中所存在的技术问题，不能过于笼统，应当体现解决具体的技术问题，但又不应当反映其技术方案，即不应包含有反映独立权利要求特征部分的内容；而对于有益效果，千万不要只给出断言，应当通过对独立权利要求区别技术特征的分析具体说明该技术方案能为本发明创造带来什么有益效果，或者通过实验数据对比分析说明该发明创造相对于现有技术所具有的技术效果。必要时还应当针对重要的从属权利要求的附加技术特征分析其进一步带来的有益效果。

对于说明书摘要，首先要确保撰写的摘要包括所应有的部分，包括发明或实用新型的名称、所属技术领域、所要解决的技术问题、所采用技术方案的要点和主要用途，其中以技术方案要点为主。此外，有附图标记的应当在摘要文字中写出，须加括号，并注意不要分段。摘要文字部分（包括标点符号）不得超过300个字，并且不得使用商业性宣传用语。通常可按下述方式撰写：首先以"本发明涉及……"的方式给出发明或实用新型名称（请注意不是单独作为标题给出），然后重点说明技术方案的

第二篇

要点，最后以结论方式而不是具体分析方式简要说明此技术方案所解决的技术问题和带来的有益效果。

需要说明的是，历年考试试题虽然未涉及背景技术的撰写，但不等于以后就一定不会涉及这方面的试题。在撰写背景技术时，需要概括归纳与该申请相关的技术内容，并客观地指出其存在与该申请相关联的技术问题。此外，从历年考试试题来看，还可能通过与客户沟通并请客户补充有关资料来实现对这方面的考核。

四、申请文件挑错题的应试思路

从历年考试来看还涉及对申请文件挑错的考试方式。如2013年试题要求对客户自行撰写的权利要求书指出其中的缺陷；2017年试题中还涉及说明书挑错（根据《专利法实施细则》第20条的规定，依据检索到的对比文件，说明客户自行撰写的说明书中哪些部分需要修改并对需要修改之处予以说明），在此作为实例供复习备考。

对于这类试题既涉及如何撰写申请文件（即要符合相关规定）的方面，也涉及如何提出无效请求的方面。但挑错也包括那些不属于无效宣告理由的缺陷。下面将挑错题的应试思路进行说明。

对于挑错题前面的分析过程基本与申请文件撰写思路相同，但要在其后对于客户自行撰写的申请文件分析存在哪些不符合规定的缺陷。

（一）对权利要求书挑错题

对于分析权利要求书存在的缺陷，理论上可以涉及所有实体和形式方面的缺陷，具体可分两个大方面来进行。

1. 分析权利要求书草稿中存在的不需要证据的缺陷

从考试的角度，可以先针对客户自行撰写的权利要求书分析其中是否存在着一些不需要证据就可认定的实质缺陷和形式缺陷。实质缺陷包括不属于专利权的保护客体，不具备实用性，未清楚限定要求专利保护的范围，未得到技术交底材料（说明书）的支持，❶ 独立权利要求缺少解决技术问题的必要技术特征、权利要求之间不具备单一性等，形式缺陷尤其包括从属权利要求中的引用部分不符合规定（引用的主题名称不一致、缺乏引用基础、多项引用多项，未择一引用等），权利要求中出现句号或者出现不应有的括号等。以2013年试题中需挑出的存在缺陷为例。

（1）权利要求1限定的大型公用垃圾箱，未写入设置在下箱体侧壁上部的通风孔是解决技术问题的必要技术特征，而独立权利要求1中未记载上述必要技术特征，故不符合《专利法实施细则》第23条第2款的规定。

（2）权利要求2引用权利要求1，其引用部分所写明的主题名称为"箱体"，与权利要求1的主题名称"大型公用垃圾箱"不一致，因此不符合《专利法实施细则》第25条第1款的规定。

（3）权利要求3的附加技术特征为"上箱体内设有数根空心槽状隔条"，但没有限定空心槽状隔条设置的位置和方向，如果空心槽状隔条设置在上箱体侧壁的外侧，或者空心槽状隔条水平布置，则当上箱体内堆积的垃圾较多阻碍空气流动时并不能起到进一步提高通风效果的作用。如果将技术交底材料视作专利申请的说明书，则权利要求3得不到支持，不符合《专利法》第26条第4款的规定。

（4）权利要求4引用了权利要求2，但其中提及的"所述空心槽状隔条"并未出现在其引用的权利要求2中，因此缺乏引用基础，导致权利要求4的保护范围不清楚，不符合《专利法》第26条第4款关于权利要求应当清楚限定要求专利保护范围的规定。

（5）权利要求5的附加技术特征为"所述滤水板是可活动的"，未进一步限定滤水板活动连接的具体结构方式，然而不是所有的活动滤水板都能实现底部卸垃圾，因而不符合《专利法》第26条第4款的规定。

（6）权利要求6是一种广告宣传的方法，该方法不涉及垃圾箱本身的构造，仅在垃圾箱外侧面上

---

❶ 从考试的角度，这是基于将技术交底材料视作说明书来对待的。

印有商标、图形或文字，因而其仅仅涉及广告创意和广告内容的表达，其特征不是技术特征，解决的问题也不是技术问题，因此未构成技术方案，不符合《专利法》第2条第2款的规定。

2. 分析权利要求书草稿中存在的不具备新颖性和创造性的缺陷

通常来说，这部分试题应当涉及权利要求存在不具备新颖性和/或创造性的缺陷，且这方面是试题的主要考点，因此应当作为重点进行分析。只要掌握了权利要求撰写思路，这种错误相对来说也能够找出来。

例如2013年挑错试题中，权利要求1不具备新颖性，不符合《专利法》第22条第2款的规定；权利要求5相对于对比文件1和对比文件3的结合不符合《专利法》第22条第3款有关创造性的规定等。

需要指出的是，对于不具备新颖性和创造性的缺陷，通常来说如果权利要求本身不属于专利保护客体，本身不清楚以至于无法理解其技术方案等情况下，则不必再考虑其新颖性和创造性问题。但如果权利要求存在缺乏必要技术特征，或不支持的缺陷，或者不影响权利要求实体的不清楚等，但仍然能够判断其存在不具备新颖性和创造性缺陷，则答案中仍然需要指出。

（二）对说明书挑错题

对于分析说明书存在的缺陷，需要掌握说明书撰写相关的实体和形式方面的要求，尤其对于相关法条的规定。例如《专利法实施细则》第20条的规定等（需要学习专利法相关知识）。相关试题可参看1996年试题（机械专业申请文件改错题）和2017年试题中相关部分。

说明书中可能存在的实体性缺陷，最主要的是否充分公开发明创造（即是否符合《专利法》第26条第3款的规定），以及为了支持权利要求而缺乏的相关描述（即为满足《专利法》第26条第4款的规定而应当补充哪些内容等）。

说明书中可能存在的主要的形式缺陷包括下述一些方面，但重点是《专利法实施细则》第20条的规定。

（1）发明名称不符合相关规定，不符合《专利法实施细则》第20条第1款的规定。例如其中出现了产品型号和商业性宣传用语等错误。

（2）说明书各个部分之前未写明标题，不符合《专利法实施细则》第20条第2款的规定。说明书中的五个部分标题即技术领域、背景技术、发明内容、附图说明（若有附图）和具体实施方式，应在每个部分前写明。

（3）技术领域不符合《专利法实施细则》第20条第1款第1项的规定。例如将技术领域写得过于上位宽泛，或者写成了发明创造本身等错误。

（4）背景技术不符合《专利法实施细则》第20条第1款第2项的规定。例如，出现有故意贬低现有技术或他人的描述；引证背景技术不规范（如未注明其详细出处）等错误。

（5）发明内容部分中要解决的技术问题、技术方案以及有益效果的撰写不符合《专利法实施细则》第20条第1款第3项的相关规定。如解决的技术问题不准确，或者与技术方案相矛盾等；出现了引用权利要求的描述等；或者缺乏相关部分的描述。

（6）附图说明缺失，或者其撰写不符合《专利法实施细则》第20条第1款第4项的相关规定。

（7）具体实施方式的撰写不符合《专利法实施细则》第20条第1款第5项的相关规定。例如描述不详细，或将现有技术作为具体实施方式来描述。

（8）说明书附图不符合《专利法实施细则》第21条的相关规定。

（9）说明书用词、语句、技术术语的使用等不符合《专利法实施细则》第20条第3款的相关规定。

（10）说明书摘要不符合《专利法实施细则》第26条的规定。

（三）咨询意见的撰写

根据上述分析撰写提交给客户的咨询意见，当然前提是要符合试题的要求。

对于权利要求书挑错，在撰写咨询意见时，一方面需要指出权利要求书存在不符合《专利法》及其实施细则的具体规定，另一方面需要给出事实和理由。此外，从咨询意见的撰写顺序来看，可以按照实质缺陷和形式缺陷来撰写，也可以按权利要求顺序来撰写。综合考虑，由于权利要求书中包括的权利要求项数不多，应采取按权利要求的顺序来撰写，将每一项权利要求存在的缺陷或多处缺陷分别指出。

对于说明书挑错，在撰写咨询意见时，同样需要指出说明书存在不符合《专利法》及其实施细则的具体规定，同时也要给出事实和理由。从咨询意见的撰写顺序来看，可以按照实质缺陷和形式缺陷来撰写。

（四）说明书挑错真题（2017年）解析

试题说明

客户A公司向你所在代理机构提供了自行撰写的申请材料（包括说明书1份），以及检索到的1篇对比文件。请你根据《专利法实施细则》第20条的规定，依据检索到的对比文件，说明客户自行撰写的说明书中哪些部分需要修改并对需要修改之处予以说明。

附件1（客户自行撰写的说明书）：

背景技术

图1示出了现有起钉锤的立体图，起钉锤大致为英文字母"T"的形状，包括把手2和锤头组件3。锤头组件3包括锤头31和起钉翼32。所述起钉翼32呈弯曲双叉形爪，并在中部形成"V"形缺口。起钉时，起钉翼32的缺口用于卡住钉子的边缘，以锤头组件3的中部作为支点，沿着方向A扳动把手2，弯曲双叉形爪与把手2一起用于在拔出钉子时通过杠杆作用将钉子拔出。

现有的起钉锤在起钉子时是通过锤头组件的中部作为支点，由于支点和起钉翼的距离有限，要拔起较长的钉子时，往往起到一定程度就无法再往上拔了，只好无奈地再找辅助工具垫高支点才能继续往上拔，费时费力。

发明内容

本发明提供一种起钉锤，包括锤头组件和把手，其特征在于所述锤头组件一端设置有起钉翼，另一端设置有锤头，所述锤头组件的中间位置具有支撑部。

具体实施方式

图2示出了本发明的第一实施例。如图所示，该起钉锤的锤头组件3顶部中间向外突出形成支撑部4，用于作为起钉的支点。这种结构的起钉锤增大了起钉支点的距离，使得起钉，尤其是起长钉，更加方便。

图3示出了本发明的第二实施例。如图所示，该起钉锤的锤头组件3上设置有一个调节螺杆51，通过该调节螺杆51作为调节结构，可以调节起钉支点的高度。该起钉锤的具体结构是：把手2的一端与锤头组件3固定连接，锤头组件3远离把手2的一端设有沿把手2长度方向开设的螺纹槽，其内设有内螺纹。调节螺杆51上设有外螺纹，其一端螺接于螺纹槽中并可从螺纹槽中旋进旋出，另一端固定有支撑部4。支撑部4可以是半球形等各种形状，优选的为板状并且两端具有弧形支撑面，这样可以增大支点的接触面积，避免支点对钉有钉子的物品造成损坏，同时可增加起钉时的稳定性。

使用时，可根据需要将调节螺杆51旋出一定长度，从而调节起钉支点的高度，以便能够轻松地拔起各种长度的钉子，适用范围广。不拔钉子时，可将调节螺杆旋进去隐蔽起来，不占任何空间，与普通的起钉锤外观相差无几，美观效果好。

图4示出了第二实施例的一个变型，作为本申请的第三实施例。如图所示，起钉锤包括锤头组件3、把手2、支撑部4和调节螺杆52。锤头组件3上设有贯穿的通孔，通孔内设有与调节螺杆52配合使用的螺纹。调节螺杆52通过该通孔贯穿锤头组件3，并与锤头组件3螺纹连接。在调节螺杆52穿过锤头组件3的顶部固定支撑部4。所述调节螺杆52基本与把手平行设置，在把手2的中上部设置一个固定支架7，调节螺杆52可在固定支架7内活动穿过。调节螺杆52的底部设有调节控制钮61。调节螺杆52的长度比把手2的长度短，以方便手部抓握把手。

在该实施例中，虽然调节螺杆52也是设置在锤头组件3上，但是由于其贯穿锤头组件3，使得支撑部4和调节控制钮61分别位于锤头组件3的两侧，这样在使用过程中，在将钉子拔起到一定程度后，使用者可以旋转调节控制钮61，使得支撑部4离开锤头组件3的表面升起一定的距离，继续进行后续操作，直至将钉子拔出。这种结构的起钉锤能够根据具体情况，随时调节支撑部的位置，不仅使得起钉锤起钉子的范围大大增加，而且可以一边进行起钉操作，一边进行支点调整，更加省时省力。

图5示出了本发明的第四实施例，在该实施例中，调节螺杆设置于把手上。如图5所示，起钉锤包括锤头组件3、把手2、支撑部4和调节螺杆53。锤头组件3的中部具有一个贯穿的通孔，通孔内固定设置把手2。把手2是中空的，调节螺杆53贯穿其中。把手2的中空内表面设置有与调节螺杆53配合使用的内螺纹，这样调节螺杆53可在把手2内旋进旋出。调节螺杆53靠近锤头组件3的一端固定支撑部4，另一端具有一个调节控制钮62。调节螺杆53的长度比把手2的长度长。

使用时，可以通过旋转调节控制钮62来调节支撑部4伸出的距离，从而调节起钉支点的高度。

应当注意的是，虽然在本申请的实施例二至实施例四中，调节支撑部高度的装置均采用调节螺杆，但是在不偏离本发明实质内容的基础上，其他具有锁定功能的可伸缩调节机构，例如具有多个卡位的卡扣连接结构、具有锁定装置的齿条传动结构等都可以作为调节装置应用于本发明。

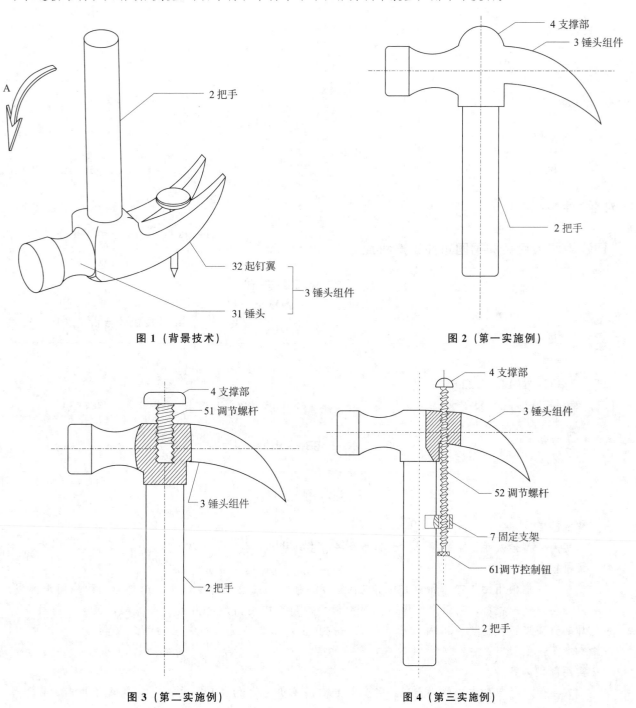

图 1（背景技术）　　　　　　　　　　　　　　图 2（第一实施例）

图 3（第二实施例）　　　　　　　　　　　　　图 4（第三实施例）

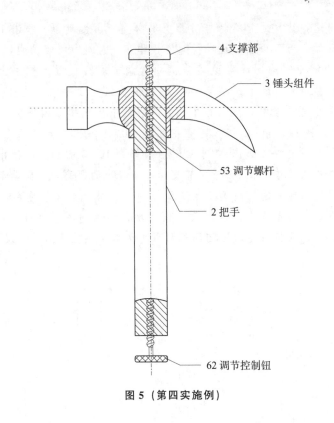

图 5 （第四实施例）

对比文件 1

(19) 中华人民共和国国家知识产权局

(12) 实用新型专利

(45) 授权公告日 2017.05.09

(21) 申请号 201620123456.5
(22) 申请日 2016.08.22
(73) 专利权人 赵××

（其余著录项目略）

说 明 书

一种多功能起钉锤

技术领域

本实用新型涉及手工工具领域，尤其涉及一种多功能起钉锤。

背景技术

目前，人们使用的起钉锤如图 1 所示包括锤柄，锤柄一端设置起钉锤头，起钉锤头的一侧是榔头，另一侧的尖角处有倒脚，用于起钉操作。起钉锤头的顶部中央向外突出形成支撑柱，设置支撑柱是为了增加起钉高度，使需要拔出的钉子能够完全被拔出。起钉锤是一种常见的手工工具，但作用单一，使用率低下，闲置时又占空间。

实用新型内容

本实用新型的目的在于解决上述问题，使起钉锤有开瓶器的作用，在起钉锤闲置不用时，可以作为开瓶器使用，提高使用率。

为达到上述目的，具体方案如下：

一种多功能起钉锤，包括一锤柄，一起钉锤头，所述起钉锤头固定于锤柄顶部。

优选的，所述锤柄底部有塑胶防滑把手。

优选的，所述起钉锤头的榔头一侧中间挖空，呈普通开瓶器状。

附图说明

图1是本实用新型的多功能起钉锤的示意图。

具体实施方式

如图1所示，一种多功能起钉锤，包括锤柄20，起钉锤头30，所述起钉锤头30的榔头一侧310中间挖空，呈普通开瓶器状，起钉锤头30另一侧尖角处有倒脚，用于起钉操作。起钉锤头30固定于锤柄20顶部。优选的，所述锤柄20底部有塑胶防滑把手40。本实用新型可以提高起钉锤的使用率，起钉锤头30的榔头一侧310内部挖空形成开瓶器口，开瓶时只需将挖空部分里侧对准瓶口翘起即可，使用方便，且整体结构简单，制作方便。

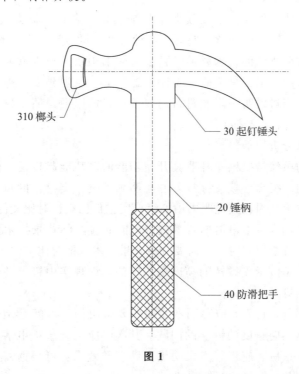

图1

答题思路

对比文件1的发明目的虽然是提供一种兼具开瓶功能的多功能起钉锤，但是在其背景技术部分公开了起钉锤头的顶部中央向外突出形成支撑柱，并且明确了设置支撑柱的目的是增加起钉高度，使需要拔出的钉子能够完全被拔出，因此其背景技术部分公开的内容与权利要求1、2所要求保护的技术方案的发明目的、采用的技术手段以及达到的技术效果均是相同的，因此权利要求1、2相对于对比文件1不具备新颖性。

本题要求根据撰写的规定，依据检索到的对比文件，说明客户自行撰写的说明书中哪些部分需要修改并对需要修改之处予以说明。

首先要求考生掌握《专利法实施细则》第20条规定的相关内容并能够准确适用。其中涉及：

（1）说明书应当写明发明或者实用新型的名称。

（2）技术领域：写明要求保护的技术方案所属的技术领域。

（3）写明对发明或者实用新型的理解、检索、审查有用的背景技术；有可能的，并引证反映这些背景技术的文件。

（4）写明发明或者实用新型所要解决的技术问题以及解决其技术问题采用的技术方案，并对照现有技术写明发明或者实用新型的有益效果。

（5）附图说明：说明书有附图的，对各幅附图作简略说明。

（6）具体实施方式：详细写明申请人认为实现发明或者实用新型的优选方式；必要时，举例说明；有附图的，对照附图。

（7）上述五个部分按顺序撰写，并在每一部分前面写明标题。

（8）发明或者实用新型说明书应当用词规范、语句清楚，并不得使用"如权利要求……所述的……"一类的引用语，也不得使用商业性宣传用语。

根据上述要求，其中可分成两种类型，一种是撰写本身要求，与现有技术无关；另一种需要根据现有技术来决定如何撰写。

对于第一类，根据要求分析如下。

（1）说明书应当写明发明名称，但目前说明书中缺乏发明名称，根据说明书可以很容易地确定，其发明名称可写成：一种起钉锤。但注意不要写成一种新型起钉锤等不规范形式。

（2）说明书应当写明发明所属的技术领域，目前说明书中缺乏技术领域的描述。根据说明书可以将技术领域写成：本发明涉及手工工具领域（或者五金工具），尤其涉及一种起钉锤。

（3）说明书有附图，应当对说明书附图进行简要说明，即附图说明。目前的说明书中缺少附图说明，应当写明各幅图的图名并作简要说明。

对于第二类，根据要求分析如下。

对比文件1的发明目的虽然是提供一种兼具开瓶功能的多功能起钉锤，但是在其背景技术部分公开了起钉锤头的顶部中央向外突出形成支撑柱，并且明确了设置支撑柱的目的是增加起钉高度，使需要拔出的钉子能够完全被拔出，因此其说明书中的第一实施例已经被对比文件1所公开。

由此，对比文件1已经构成了本申请的背景技术，因此应当将背景技术修改为锤头组件顶部中央向外突出形成支撑部的技术方案。同时，还需要分析背景技术（即对比文件1）存在的不足：虽然设置支撑柱能增加起钉高度，但是由于支撑柱的高度是固定的，而现实中钉子的长度是各种各样的，这种起钉锤不能适应不同长度的钉子的起钉。

对应的，在发明内容部分，首先，应写明本发明所要解决的技术问题是现有技术中起钉锤的支撑部高度不能调节，不能起出不同长度的钉子的问题。其次，应当记载该申请的技术方案，即应当以实施例二至四为基础来撰写。最后，应当写本发明优点即有益效果：可根据需要调节支撑部的高度，从而增大支点距离，适应不同长度钉子的起钉需要。

在具体实施方式部分，由于实施例一的技术方案已经被对比文件1所公开，其已经构成了现有技术，由于背景技术进行了说明，因此应从具体实施方式中删除。

此外，说明书附图应根据上述分析进行调整，例如目前实施例一的附图，即图2应明确为背景技术附图（或者删除）。

参考答案可以根据说明书的部分顺序来进行。

参考答案

客户自行撰写的说明书中，需要修改的内容有以下几方面。

（1）缺乏发明名称，应当写明本发明的发明名称：一种起钉锤。

（2）缺乏技术领域的描述，技术领域可以写成：本发明涉及一种手工工具（也可写为五金工具），尤其涉及一种起钉锤。

（3）背景技术应当修改，根据目前检索到的现有技术情况，本申请的第一实施例已经被对比文件1所

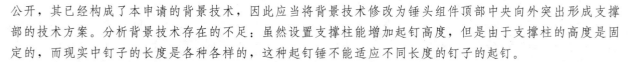

公开，其已经构成了本申请的背景技术，因此应当将背景技术修改为锤头组件顶部中央向外突出形成支撑部的技术方案。分析背景技术存在的不足：虽然设置支撑柱能增加起钉高度，但是由于支撑柱的高度是固定的，而现实中钉子的长度是各种各样的，这种起钉锤不能适应不同长度的钉子的起钉。

（4）发明内容部分：首先，本申请所要解决的技术问题是现有技术中起钉锤的支撑部高度不能调节，不能起出不同长度的钉子的问题。其次，应当记载该申请的技术方案，应当以实施例二至四为基础来撰写技术方案。最后，应当阐明本申请与现有技术相比，获得的有益效果是根据需要调节支撑部的高度，从而增大支点距离，适应不同长度钉子的需要。

（5）缺乏附图说明，应当写明各幅图的图名并作简要说明。

（6）具体实施方式应当修改，目前的实施例一的技术方案已经被对比文件1所公开，其已经构成了现有技术，在背景技术中作为现有技术予以描述，故应当从具体实施方式中删除。

（7）说明书附图，应根据背景技术的描述进行修改，例如实施例一的附图应当说作为背景技术附图，或者予以删除。

第二篇

第三部分
审查意见答复专题

答复审查意见通知书的试题主要涉及三方面的工作内容：向客户给出咨询意见，修改专利申请文件和撰写意见陈述书。

在2006年、2008年答复审查意见通知书试题中糅入了新申请权利要求书撰写的内容。但今后应该不会再糅入新申请权利要求书撰写的内容。涉及审查意见通知书答复试题的试卷中还会包括另一部分申请文件的撰写试题。在答复审查意见通知书的试题中，需要完成的主要工作可能会涉及三方面内容：

（1）在全面、准确理解审查意见通知书的内容及其引用的对比文件技术内容的基础上，向客户给出咨询意见，分析审查意见是否成立。

（2）为客户修改专利申请文件，主要是修改权利要求书。

（3）针对修改的权利要求书为客户撰写一份意见陈述书（上述第（1）方面和第（2）方面的内容中选定一项要求考生给出答案，后续对这两方面都予以介绍）。

第一章　答复审查意见通知书试题的应试思路

一、理解专利申请的内容及其要求保护的主题

在阅读试题时，考生应当认真阅读试题中所给出的专利申请文件，正确理解该专利申请所涉及的发明创造的内容及其要求保护的主题，这与撰写时理解技术交底材料的技术内容具有一定相似性。具体来说，考生在阅读理解专利申请文件时应当对下述几个方面的内容给予特别关注。

（1）阅读理解申请文件，确定该发明相对于其背景技术中的现有技术（主要是最接近的现有技术）解决了什么技术问题，采取了哪些技术措施，产生了哪些技术效果。

（2）在理解申请文件时，认真理解权利要求书中各项权利要求由其技术特征所限定的技术方案的含义，必要时结合说明书记载的内容加以理解。

（3）对说明书具体实施方式所涉及的发明创造内容有清楚的了解，尤其要关注那些在原权利要求书中未明确写明的技术特征以及这些技术特征在该发明中所起的作用，以便在确定修改权利要求书时不局限于原权利要求书。例如，2006年试题中关于挂钩上突起物加宽这一技术特征在原权利要求书并没有记载而在说明书中有记载，而只有写入该技术特征才能使该发明的技术方案相对于通知书引用的对比文件具备创造性。

（4）关注专利申请文件存在的形式缺陷和一部分明显的实质性缺陷。试题中，多半仅指出实质性缺陷，而不指出形式缺陷，甚至未指出申请文件所存在的一部分明显的实质性缺陷，因而在理解专利申请文件时还应当注意专利申请文件，尤其是权利要求书存在哪些形式缺陷，包括一部分明显的实质性缺陷（如2008年考题中未指出设备独立权利要求未清楚地限定要求专利保护的范围），以便在修改专利申请文件时将这些缺陷一并克服。

上述可以在试题题面作出标注，以便在后面具体答题步骤中进行查找，而不致再重新阅读一遍专利申请文件。

二、全面、准确地理解审查意见及所引用的对比文件的技术内容

接着要全面、准确地理解审查意见通知书的具体审查意见。

1. 对于不需要对比文件作为证据的审查意见

这些审查意见通常涉及独立权利要求缺少必要技术特征、权利要求书未以说明书为依据、权利要求书未清楚地限定要求专利保护的范围以及是否属于专利保护客体等缺陷。如 2008 年试题中的审查意见通知书中包含了权利要求得不到说明书支持的审查意见，2014 年有关答复审查意见通知书试题中的审查意见包含了独立权利要求缺少必要技术特征、权利要求书未以说明书为依据和属于《专利法》第25 条第 1 款规定的不授予专利权的客体的审查意见。

以 2008 年试题为例，审查意见通知书中认为说明书的具体实施方式部分仅记载了制作油炸马铃薯薄片的方法，而权利要求书中要求保护制作油炸食品的方法，由此得出权利要求书未得到说明书支持的结论；但是，依据《专利审查指南 2023》第二部分第二章的规定，判断权利要求是否得到说明书支持时，应当考虑说明书的全部内容，而不是仅限于具体实施方式部分的内容，而该专利申请说明书的发明内容部分已明确记载该发明所述方法和设备适用于除马铃薯薄片以外的多种油炸食品，因此审查意见通知书中有关权利要求书得不到说明书支持的审查意见是可以商榷的。

2. 对于需要对比文件支持的审查意见

从历年有关答复审查意见通知书的试题来看，涉及专利申请的新颖性、创造性的审查意见占绝大多数，而尚未见到过涉及重复授权的审查意见。

从对比文件公开的时间和内容两个方面分析其与本专利申请的相关程度，在此基础上进一步理解审查意见通知书中的具体审查意见。

(1) 将审查意见通知书中引用的对比文件按照其公开的日期与该专利申请的申请日的关系加以分类，以便确定各对比文件与该专利申请的相关程度。最经常出现的是：在该申请的申请日前公开的对比文件，构成现有技术；在该申请的申请日前申请、在申请日或申请日后公布或公告的专利申请文件或专利文件，如果是中国专利申请则这类对比文件只可用来作为判断该专利申请是否具备新颖性的对比文件，若不是中国专利申请则这类对比文件不可用；在申请日或申请日后公开的对比文件即不能构成现有技术而不可用。但如果存在优先权的话，则还需要进一步判断与优先权日之间的关系，或者核实优先权是否成立。

通过上述分析确定其中哪一些对比文件与该发明新颖性和/或创造性的判断有关联，与此同时将那些无关的对比文件排除。

(2) 对于那些与该发明新颖性和/或创造性的判断相关联的对比文件，结合审查意见通知书中审查意见的具体内容分析各篇对比文件是否披露了各项权利要求中相应的技术特征。具体来说，应当通过对每篇对比文件披露的内容进行分析，弄清楚如下几方面内容：

① 每篇对比文件分别披露了该发明独立权利要求中的哪些技术特征；

② 每篇对比文件针对各从属权利要求分别披露了哪些技术特征；

③ 每篇对比文件所披露的技术特征（尤其是独立权利要求中的区别技术特征和从属权利要求中的附加技术特征）在各篇对比文件中所起的作用是什么；

④ 在审查意见通知书引用的对比文件中，对于每一项独立权利要求，应当分别以哪一篇作为最接近的对比文件。

(3) 正确理解审查意见通知书中需要引用对比文件的审查意见，主要是：

① 对于不具备新颖性的审查意见，审查意见通知书中认定哪一篇或哪几篇对比文件影响该专利申请的新颖性，这几篇对比文件分别涉及哪几项权利要求；

② 对于不具备创造性的审查意见，审查意见通知书中有几种结合对比的分析方式，这几种结合对比方式分别涉及哪几项权利要求，且在这几种结合中分别以哪一篇对比文件作为最接近的对比文件；

③ 核实审查意见通知书为得出上述审查意见进行分析时，对相关对比文件披露内容的事实认定是否正确。

三、分析审查意见，作出正确的前景判断和答复策略

判断审查意见通知书中的哪些审查意见正确，哪些审查意见不正确，在此基础上确定答复策略。

从考试来看，通常不会出现所有审查意见都不成立而不需要修改权利要求书的情况。通过历年答复审查意见通知书的考试试题来看，既有部分审查意见不正确的情况（如1994年机械专业试题、2008年试题和2014年有关答复审查意见的试题），也有审查意见全部正确的情况（如1994年电学专业试题及2006年试题）。

对于审查意见正确的情况，需要修改专利申请文件来加以克服，并在给客户的咨询意见中具体说明上述审查意见成立的理由，即原申请文件不符合相关条款规定的理由，而在提交给国家知识产权局的意见陈述书中说明修改后的申请文件克服审查意见通知书中所指出的缺陷的理由，即修改后的申请文件符合相关条款规定的理由；而对于审查意见不正确的情况，就不需要修改专利申请文件，在给客户的咨询意见中以相关规定为依据具体说明上述审查意见不能成立的理由，在意见陈述书中陈述原申请文件不存在通知书中所指出的缺陷的理由，即说明原申请文件符合相关条款规定的理由。

1. 确定审查意见中引用的对比文件是否合适

主要从对比文件公开的日期与该发明申请日之间的关系判断。举例说明：

（1）用申请日或申请日后公开的文件（例如外国专利文件或期刊）来评价该专利申请的新颖性或创造性。

（2）用申请日前申请、申请日或申请日后公开的外国专利申请文件或专利文件来评价该专利申请的新颖性（如1996年电学专业的试题）。

（3）用申请日前提出申请、申请日或申请日后公布或公告的中国专利申请文件或专利文件来评价该专利申请的创造性（如1996年机械专业和电学专业的试题，1998年电学专业的试题，2014年有关答复审查意见通知书的试题）。

（4）对于有优先权要求的专利申请，未指出该权利要求不能享有优先权，用申请日和优先权日之间公开的对比文件来评价该专利申请的新颖性或创造性。

（5）对于有优先权要求的专利申请，未指出该权利要求不能享有优先权，用申请日和优先权日之间申请、申请日或申请日后公布或公告的中国专利申请文件或专利文件来评价该专利申请的新颖性。

2. 分析审查意见的理由是否充分

如果通过分析认为其论述的理由不充分，或存在事实认定错误之处，就可以认定审查意见不正确或者可以商榷。举例说明：

（1）审查意见认定某权利要求相对于引用的某一篇对比文件不具备新颖性时，该对比文件所披露的内容中并未包含该权利要求的全部技术特征；

（2）审查意见认定所披露的技术特征在引用的对比文件中并未披露；

（3）审查意见认定所披露的技术特征在引用的对比文件中所起的作用与其在该发明中所起的作用不相同或并不完全相同（如2014年有关答复试题中权利要求2未被对比文件2披露的技术特征，在对比文件3中所起作用与其在该发明中所起作用并不完全相同）；

（4）在论述专利申请不具备新颖性时，对"惯用手段直接置换"的事实认定不正确（如1996年机械专业的试题）；

（5）在论述专利申请不具备创造性时，认定为"等效手段的替换（或简单变换手段）"或者"发明仅仅是一种简单的叠加"的理由可以商榷（如1994年机械专业的试题）；

（6）认定不能享有优先权的理由不正确后，利用申请日和优先权日之间公开的对比文件否定本专利申请的新颖性或创造性（如1998年机械专业的试题）；

（7）简单地认定两者组分或结构相近，而未注意该发明在某些方面的性能有明显提高（如 1998 年化学专业试题）；

（8）认定权利要求书未以说明书为依据的理由可以商榷（如 2008 年专利代理实务试题）。

总体来说，这种试题主要以涉及新颖性、创造性的审查意见为主（通常多数审查意见是正确的，但也可能会存在少数审查意见不正确的情况），其他审查意见为辅（审查意见正确或不正确，或者可以商榷都有可能）。

四、针对分析结果修改权利要求书和说明书

上述工作均是为了做好修改专利申请文件、向客户撰写咨询意见、向国家知识产权局撰写意见陈述书的准备。就考试而言，在上述分析的基础上首先确定要否修改申请文件（目前基本上涉及权利要求书的修改）。

1. 针对确实存在的实质性缺陷进行修改

修改申请文件时应当消除审查意见通知书中指出的缺陷，使修改后的申请文件符合有关的规定，但是又要为客户取得尽可能宽的保护范围，即不应当为消除实质性缺陷而增加许多技术特征而使保护范围过窄。

由于涉及专利申请新颖性和创造性的审查意见是重点，下面以此为例说明在修改时需要考虑的因素。

（1）对于涉及专利申请新颖性或创造性的审查意见，修改的重点是独立权利要求，只要修改后的独立权利要求具备新颖性和创造性，其从属权利要求也必定满足新颖性和创造性的要求。按照《专利审查指南 2023》第二部分第八章有关答复审查意见通知书修改的规定，不应当再增加其他未在原权利要求书中出现过的新的从属权利要求和其他未在原权利要求书中出现过的新的独立权利要求，除非考试试题明确请考生根据原说明书记载的内容为客户撰写一份新的专利申请的权利要求书。

（2）在修改专利申请文件时，需要注意全面克服所存在的缺陷。作为考试而言，与平时专利代理实务不同，审查意见通知书中通常不会指出专利申请文件本身存在的形式缺陷，因此应试时修改专利申请文件，尤其是在修改权利要求书时应当同时将申请文件本身存在的形式缺陷一并予以消除。例如，对于独立权利要求不具备新颖性的审查意见，在修改专利申请文件时不仅要使修改后的独立权利要求具备新颖性，还应当具备创造性，甚至还应当消除通知书中未指出的其他明显的实质性缺陷和形式缺陷。例如，在 2008 年考试试题的审查意见通知书中，对于制作油炸食品的设备，仅指出其相对于对比文件 1 不具备新颖性，但修改后的制作油炸食品设备的独立权利要求，不仅应当分别相对于对比文件 1 或对比文件 2 具备新颖性，还应当相对于对比文件 1 和对比文件 2 的结合具备创造性，同时还应当消除原独立权利要求所存在的未写明各部件关系而导致该权利要求未清楚限定要求保护范围的缺陷。

（3）为了克服原专利申请不具备创造性的实质性缺陷，修改后的独立权利要求在增加为技术方案作出创造性贡献的技术特征时，应当在不超出原申请文件记载的范围的情况下，尽可能争取最大的保护范围。例如，1994 年机械专业试题中仅仅将从属权利要求的技术特征加入独立权利要求时只能得到一半的分值，而考虑了说明书中记载的内容而将原说明书中曾提到过的技术特征加入独立权利要求中就得到了这一考点的全部分值。

2. 对于申请文件本身存在的形式缺陷，应当一并予以克服

如 2006 年专利代理实务试题，应同时克服从属权利要求引用部分的主题与其所引用的权利要求的主题不一致的缺陷；对 2008 年专利代理实务试题，应同时消除方法从属权利要求未直接写在方法独立权利要求之后、设备独立权利要求之前，而写在设备独立权利要求之后，权利要求书中出现的同一技术名词"马铃薯薄片"前后不一致（其中写成"马龄薯薄片"为明显的文字错误），权利要求中出现"特别是"的用语导致权利要求未清楚地限定要求专利保护的范围等缺陷。

3. 根据试题要求，确定是否对说明书作出适应性修改

对于是否针对修改后的权利要求书对说明书作出适应性修改，可根据考试试题要求确定，例如，

在 2006 年和 2008 年的考试试题中都明确不需要对说明书进行适应性修改。如果考试试题中明确涉及说明书的适应性修改，例如，1998 年要求在意见陈述书中说明对说明书中哪些部分作出了适应性修改并简要说明修改要点，则应当根据试题要求给出答案。如果试题中仅要求给出修改后的权利要求书以及撰写意见陈述书，而未明确告知不需要对说明书进行适应性修改，为防止扣分，应当考虑需对说明书进行哪些适应性修改，并在意见陈述书中对其作出简要说明。

说明书适应性修改主要有两类情况：其一，根据审查意见通知书中引用的最接近的对比文件缩小了保护范围，在这种情况下，背景技术部分需要补入有关最接近的现有技术的说明，发明内容部分的技术方案需要根据修改后的权利要求书，尤其是修改后的独立权利要求进行修改；其二，发明包含有几项主题名称不同的申请主题，修改时删除了其中一些申请主题，在这种情况下，发明名称、技术领域、发明内容中要解决的技术问题和技术方案、说明书摘要均需要进行修改。这仅仅是一般原则，需要根据具体案情确定应当对说明书中哪些部分进行适应性修改。

4. 修改后的专利申请文件应当符合规定

包括两方面内容：其一，所进行的修改应当满足《专利审查指南 2023》对修改工作本身提出的要求，即修改的内容符合《专利法》第 33 条的规定，修改的方式应当符合《专利法实施细则》第 57 条第 3 款的规定；其二，修改后的专利申请文件不得出现新的不符合有关申请文件撰写规定的内容。

（1）为了避免修改不符合《专利法》第 33 条的规定，在专利代理实务考试过程中应当从严把握，修改权利要求时应当尽量采用原说明书和原权利要求书中出现过的技术特征或技术用语，即权利要求书中新增加的技术特征应当尽量与原说明书中的描述相一致，不能自行变更名称或采用原说明书和权利要求书中未出现过的技术名词，不要出现新的原说明书和权利要求书中未出现过的上位概括或中位概括等。

（2）对于《专利法实施细则》第 57 条第 3 款的规定，考试时也应当遵守。在修改权利要求书时，一定不要主动删去独立权利要求中的技术特征而扩大保护范围；不要主动增加新的、原权利要求书中未出现过的独立权利要求；不要主动增加新的、原权利要求书中未出现过的从属权利要求。对于后两种情况，考生一定不要受 2006 年和 2008 年试题答案中推荐范文的影响，因为《专利审查指南 2023》已经明确规定这两种修改方式是不允许的，除非考试试题明确要求考生，为申请人重新提交一份新申请的权利要求书。

从考试来看，也要求考生在答卷中以单独的部分给出修改后的权利要求书，而不应当将权利要求书的内容仅仅作为意见陈述书的一部分，尽管历年阅卷时对于仅在意见陈述书中给出修改后的权利要求书还未给予扣分，但这仅是一种宽容，并不表示以后的阅卷中不会扣分，因此考生在应试时一定要将修改后的权利要求书作为单独一部分写入答卷中。

五、撰写给客户的咨询意见

咨询意见是在向客户转送审查意见通知书时向客户给出的分析意见，主要分析审查意见通知书的审查意见是否正确，以及对专利申请文件（主要是权利要求书）的修改建议。这一点与提交给国家知识产权局的意见陈述书不同，意见陈述书主要论述修改后专利申请文件（主要是权利要求书）已消除通知书中所指出的缺陷，是针对修改后的权利要求书说明其符合专利法律法规有关条款规定的理由。

鉴于审查意见通知书答复的考试中必定涉及权利要求是否具备新颖性和/或创造性的内容，因而试题中的审查意见通知书均引用了对比文件。此外，审查意见通知书答复的考试中要考核考生修改专利申请文件的能力，因而必定涉及专利申请文件（主要是权利要求书）的修改。由此可知，咨询意见除相当简单的起始语段和结束语段外，主要包括对引用的对比文件适用范围的说明、对审查意见通知书中各个审查意见的分析以及专利申请文件修改建议三个部分。

1. 对通知书中引用的各篇对比文件适用范围的说明

若有，则在咨询意见中先对通知书中引用的各篇对比文件适用范围作出说明。目前发现的主要考点是涉及申请在先公布或公告在后的中国专利申请文件或专利文件可以用于评价该专利申请各项权利要求的新颖性，不可用于评价该专利申请各项权利要求的创造性。

2. 分析通知书中各个审查意见是否成立

分析应当尽量以相关规定为依据加以具体说明。在具体分析各个审查意见是否成立时应当注意下述五点。

（1）对审查意见通知书中指出的各项权利要求存在的不符合规定的缺陷逐一说明其审查意见是否成立，不要有遗漏，分析时依据规定结合具体案情作出说明。

（2）若审查意见通知书中对同一权利要求给出多个不符合规定的审查意见，应分别作出说明，例如2014年有关答复审查意见通知书的试题中审查意见通知书对权利要求1既指出其缺乏必要技术特征，又指出其不具备新颖性。

（3）若审查意见通知书中对同一权利要求涉及不具备新颖性或创造性理由给出多种单独对比方式或结合对比方式的，应当针对多种对比方式分别作出说明，例如2014年有关答复审查意见通知书的试题中审查意见通知书对权利要求4既指出其相对于对比文件1和2的结合不具备创造性，又指出其相对于对比文件2和3的结合不具备创造性，在咨询意见中应当分别针对这两种结合方式分析其所主张的权利要求4不具备创造性的审查意见是否成立。

（4）对于涉及新颖性和创造性的审查意见的肯定和否定时的论述规范格式有所不同。例如，在论述不具备新颖性的审查意见不能成立时，只需要指出该权利要求的技术方案未被该对比文件公开就可得出结论，而论述不具备新颖性的审查意见能够成立时仅指出该权利要求的技术方案已被该对比文件公开还不够，还要说明该权利要求的技术方案在技术领域、要解决的技术问题和有益效果与对比文件中公开的内容实质相同。

又如，在论述不具备创造性的审查意见不能成立时，不仅应当以"三步法"为基础说明该权利要求的技术方案相对于通知书中写明的对比文件结合方式具有突出的实质性特点，还要说明该权利要求的技术方案相对于现有技术具有显著的进步，才能得出其具备创造性的结论，而在论述不具备创造性的审查意见能成立时，只需要指出其不具有突出的实质性特点就可得出其不具备创造性的结论。

（5）对于审查意见可以商榷的情况，在咨询意见中既要分析说明审查员为何得出上述审查意见，与此同时依据规定指出上述审查意见中的可商榷之处，并告知在意见陈述书中可以针对可商榷之处进行争辩，但不一定能被审查员接受。

3. 对专利申请文件的修改建议

在上述分析的基础上对专利申请文件（主要是权利要求书）的修改给出具体建议，并说明给出上述建议的理由。

修改应当消除通知书中所指出且确实存在的缺陷，其中为消除某一缺陷可能有多种修改方案，应当根据试题内容（通常根据保护范围的宽窄或发明的主要改进方面）确定出最佳修改方案；此外，还应当消除在阅读专利申请文件时发现的专利申请文件本身存在的形式缺陷或由权利要求引用关系不当而造成的实质性缺陷。

然后说明作出这样修改的理由：即指明消除通知书中所指出的且确实存在的那些缺陷；为申请争取了尽可能宽的保护范围；有多种修改方案时指出作出选择的理由；指明消除申请文件本身所存在的形式缺陷或由引用关系不当而造成的实质性缺陷等。

此外，撰写的咨询意见应当条理清楚，用词严谨，尤其注意不要出现专利用语的概念错误，这会对得分有一定的影响，应当予以重视。

六、依据修改的专利申请文件撰写意见陈述书

撰写意见陈述书的基础是权利要求书的正确修改。如果权利要求修改不到位或没有抓住关键（尤其是独立权利要求），则必然会影响到意见陈述书部分的得分。

意见陈述书正文的内容应当完整并符合格式要求。意见陈述书除了包括标题（意见陈述书或意见陈述书正文）和落款外，正文通常包括起始语段、对专利申请文件的修改说明、对审查意见通知书中指出的缺陷具体陈述意见以及结束语段四个部分，其中以对审查意见通知书中指出的缺陷具体陈述意见为重点。

1. 起始语段

起始段可以不写抬头，但是如果写抬头的话，应写明国家知识产权局，而不要写成某位审查员或"尊敬的审查员"。通常，意见陈述书正文的第一段应当写明该意见陈述书是针对哪一份审查意见通知书作出的，是否随意见陈述书提交了申请文件的修改页。

2. 修改说明

在这一部分对修改的内容作简要说明，并指出修改部分增加了技术特征和/或包含修改后技术特征的权利要求技术方案在原申请文件中的依据或出处。在这一部分应当对不同的修改点逐一进行简要说明，通常先对第一独立权利要求的修改作出说明，后对从属权利要求，如涉及其他独立权利要求，再对其他独立权利要求以及其从属权利要求的修改进行说明等。值得注意的是，如果修改的权利要求也克服了审查意见通知书中没有指出的原权利要求中存在的缺陷，也应当在此进行具体说明。最后还要表明所作修改符合《专利法》第33条和《专利法实施细则》第57条第3款的规定。

3. 针对审查意见指出的缺陷具体陈述意见

这一部分主要针对审查意见指出的不符合《专利法》规定的缺陷进行答复，至于审查意见没有涉及的缺陷不必进行说明。

（1）对审查意见中正确的意见予以认可的，应当论述修改后的专利申请文件，尤其是修改后的权利要求已消除审查意见通知书中所指出的缺陷的理由，即修改后的权利要求符合相关规定的理由。具体阐述方式见意见陈述规范。

（2）对于审查意见存在不妥之处，论述原专利申请文件不存在审查意见通知书中所指出的缺陷的理由，即论述原权利要求符合相关规定的理由。如果审查意见明显存在引用对比文件与该发明不相关联或者审查意见中论述的理由不正确而不能认可的，应当在答题中明确指出，并具体说明理由。

（3）对于部分同意审查意见的情况，也需要修改专利申请文件，并论述修改后的专利申请文件，尤其是修改后的权利要求符合相关规定的理由。

（4）审查意见通知书涉及多个与实质性缺陷相关的审查意见的，需要逐个分别进行阐述，不要遗漏，注意相关条款的论述所应包括的内容（具体见后述的重要条款的论述规范）。对各个审查意见的意见陈述，应分段撰写，最好编号。

此外，应当注意论述的顺序，如果涉及的各个实质性缺陷不相关联，则可以先针对主要的审查意见（如有关新颖性和创造性的审查意见）进行阐述，再针对其他审查意见进行阐述，但是如果其中一些实质性缺陷相关联，则应当注意论述顺序。例如，在2008年专利代理实务考试试题中，审查意见通知书中涉及不具备新颖性、创造性和权利要求书得不到说明书支持两个实质性缺陷，显然论述权利要求具备新颖性和创造性应当针对得到说明书支持的权利要求进行，因此在意见陈述书中，先针对权利要求书是否得到说明书支持进行论述，然后再论述修改后的权利要求相对于通知书中引用的对比文件具备新颖性和创造性。

4. 结束语段

在针对审查意见指出的所有缺陷作出意见陈述之后，撰写意见陈述书的结束语段，相当于总结陈词。通常可以写成如下形式："申请人相信，修改后的权利要求书已经完全克服了第一次审查意见通知书中指出的新颖性和创造性问题，并克服了其他一些形式缺陷。如果审查员在继续审查过程中认为本申请还存在其他缺陷，敬请联系本代理师。"

最后，需要强调一点，在考试中对于落款没有特别的要求，可以简单写代理师某某或仅仅写成代理师，但需要注意在实际考试中有个别考生直接将自己的名字或者将一个假的名字写在这里，并留下电话号码，这种试卷通常会被认定为无效的试卷。

第二章　重要条款的意见陈述规范

不管是答复审查意见通知书，或者是给客户撰写咨询意见，还是答复涉及撰写的简答题（包括是否具备新颖性或创造性、是否具备单一性的理由），都涉及针对相关条款的具体论述。其中最重要的考点是考查考生是否掌握新颖性、创造性的判断分析方法和争辩能力。因此，本章重点介绍如何针对新颖性和创造性条款给出咨询意见或者意见陈述。除此之外，还对考试有可能涉及的其他实质性条款，简单介绍对这些条款的常见陈述规范。

一、关于新颖性条款

有关权利要求是否具备《专利法》第 22 条第 2 款的新颖性的论述多半是答复审查意见通知书试题的一个重要得分点，因此一定要熟练掌握有关新颖性的规范论述。

对于意见陈述书来说，主要论述修改后的权利要求具备新颖性，下面给出论述修改后的权利要求具备新颖性的陈述规范。

首先，需要简单归纳一下审查意见通知书中审查意见，并明确审查意见通知书中使用的评述新颖性的对比文件，这在后面的详细分析中需要逐篇分析，不能遗漏对涉及的任何一篇对比文件的分析。

其次，简单述及独立权利要求进行了何种修改，如增加了技术特征（考试中很少出现新颖性审查意见错误而不修改权利要求的情形）。

再次，具体阐述修改后的权利要求具备新颖性的理由。先对独立权利要求进行分析，分析时应当按照《专利审查指南 2023》关于单独对比的原则进行，并且相对于审查员引用的每一篇对比文件分别予以说明。通常的步骤是，指出某份对比文件披露的相关内容（注意不要忽视对比文件隐含公开的内容），然后指出这份对比文件没有披露独立权利要求的哪个或哪些技术特征，因而独立权利要求的技术方案与对比文件披露的技术内容相比存在区别技术特征，能带来某方面的技术效果，在此基础上得出"独立权利要求相对于这篇对比文件具备新颖性、符合《专利法》第 22 条第 2 款的规定"的结论。如果对比文件是一件申请在前、公开在后的中国专利申请文件或专利文件，则在指出"独立权利要求的技术方案与对比文件披露的技术内容相比存在区别技术特征，能带来某方面的技术效果"后，还要进一步说明"该对比文件未构成该权利要求的抵触申请"，再得出"独立权利要求相对于这篇对比文件具备新颖性、符合《专利法》第 22 条第 2 款的规定"的结论。

对于单独对比原则，考生经常犯的错误是将多篇对比文件混在一起进行说明，如写成："权利要求 1 相对于对比文件 1 和 2 具备新颖性"，而不分别通过对比文件公开的事实来予以说明。另外，在没有分别说明的情况下，"权利要求 1 相对于对比文件 1 和 2 均具备新颖性""权利要求 1 相对于对比文件 1 和 2 分别具备新颖性"等都不是特别好的表达方式，应当力求避免。通常应分别对审查员引用的每篇对比文件进行具体分析，然后得出"权利要求 1 相对于该对比文件具备新颖性"的结论。

最后，对于从属权利要求也要明确写明其具备新颖性。通常应先写明这些权利要求是独立权利要求的从属权利要求，是对独立权利要求从结构（或者组成、工艺条件）上作进一步限定，再指出在独立权利要求具备新颖性的基础上，这些从属权利要求也具备新颖性。注意，不需要对每个从属权利要求单独撰写，可以对从属于同一独立权利要求的所有从属权利要求合并撰写，这样也节约考试时间。例如，写成"权利要求 2 至 4 是对独立权利要求 1 作进一步限定的从属权利要求，在权利要求 1 具备新颖性的基础上，权利要求 2 至 4 也具备新颖性，符合《专利法》第 22 条第 2 款的规定"。

而对于咨询意见，则要分成两种情况，一种是认为审查意见不能成立，另一种是认为审查意见能成立。对于审查意见不能成立的情况，其论述的内容和要求基本上与意见陈述书中的论述相同；而对于审查意见能成立的情况下，为说明其不具备新颖性，在作出分析对比后不仅要指出对比文件披露了该权利要求的技术方案，还要指出该权利要求的技术方案与对比文件披露的方案在技术领域、要解决的技术问题和有益技术效果上实质相同，然后才能得出该权利要求不具备新颖性的结论。

对于从属权利要求，在咨询意见中通常应当针对审查意见通知书所涉及不具备新颖性的各个权利要求分别说明审查意见是否成立；但是，审查意见通知书中对多项从属权利要求不具备新颖性的审查意见集中在一段给予说明的，如果分析结论相同，则咨询意见中也可对这几项从属权利要求不具备新颖性的审查意见是否成立放在一起作出说明。

二、关于创造性条款

关于论述是否具备《专利法》第22条第3款规定的创造性的论述，其所占分数比关于新颖性的论述要多。因此，这部分的意见陈述的优劣，也直接关系到最终的得分。

在意见陈述书中论述某项权利要求具备创造性时，不仅要论述该权利要求相对于审查意见通知书中所涉及的对比文件具有突出的实质性特点，还应当论述其具有显著的进步（实用新型专利的要求是实质性特点"进步"，后面不再单独写明）；其中，在论述具有突出的实质性特点时，则应当根据《专利审查指南2023》第二部分第四章第3.2.1.1节的要求，严格按照"三步法"来陈述意见。

需要注意的是，通常，即使审查意见通知书针对某项权利要求只提出涉及新颖性问题的审查意见，专利代理师或申请人不仅要论述所述权利要求具备新颖性的理由，还应当论述所述权利要求具备创造性的理由。而当审查意见通知书针对某项权利要求只涉及创造性问题时，即默认该权利要求具备新颖性的情况下，此时专利代理师或申请人可以只论述权利要求具备创造性的理由。在意见陈述书中论述权利要求具备创造性的具体步骤如下。

1. 确定最接近的现有技术

根据最接近的现有技术的确定原则，从审查意见通知书涉及的对比文件中选择出最接近的现有技术，并在意见陈述书中明确指出某对比文件是最接近的现有技术，并简单分析一下其是最接近的现有技术的理由。最接近的现有技术是判断发明是否具有突出的实质性特点的基础，因此，如果没有正确确定最接近的现有技术，则可能会影响创造性意见陈述的得分。

根据《专利审查指南2023》第二部分第四章相关规定，最接近的现有技术是指现有技术中与要求保护的发明最密切相关的一个技术方案。例如，可以是与要求保护的发明技术领域相同，所要解决的技术问题、技术效果或者用途最接近和/或公开了发明的技术特征最多的现有技术，或者虽然与要求保护发明技术领域不同，但能够实现发明的功能，并且公开发明的技术特征最多的现有技术。应当注意的是，在确定最接近的现有技术时，应首先考虑技术领域相同或相近的现有技术。

2. 指出独立权利要求与确定的最接近的现有技术的区别所在

如果前面对新颖性的意见陈述中已写明该对比文件公开了哪些技术内容，并明确指出了导致独立权利要求具备新颖性的技术特征，则此处可以开门见山地指出独立权利要求与该最接近的现有技术的区别所在，否则需要具体说明该作为最接近现有技术的对比文件公开了权利要求的哪些技术特征，在此基础上指出该权利要求的哪些技术特征未被该最接近的现有技术披露。在实际考试中，有些考生在新颖性的意见陈述中，没有详细交代对比文件公开了哪些技术内容，而仅指出导致独立权利要求具备新颖性的技术特征，那么在此处必须详细表明该对比文件公开了什么内容，然后明确指出其区别特征，这是一种退而求其次的做法。

3. 确定发明实际解决的技术问题

首先，发明实际解决的技术问题的确定应当基于上述认定的区别技术特征所能达到的技术效果或功能，而这种技术效果应当是本领域的技术人员能够从申请文件中所记载的内容得知的。为此，可以分析说明书中是否直接表明该区别技术特征的作用或产生的效果，或者虽然没有明确表明，但说明书中提到的效果对本领域技术人员来说隐含是由区别技术特征导致的作用或产生的效果。作为考试，后一种情形可更侧重通过一般常识，甚至生活常识即能确定。

其次，在确定上述区别技术特征达到的技术效果或功能后，要明确指出发明实际解决的技术问题。对于所确定的技术问题，如果说明书中已有记载，则采用说明书中的方式来说明；如果没有明确记载，则应当针对由技术效果能够明确推导出来的技术问题进行合理的说明。注意不要将实际解决的技术问题表述为区别特征本身。

4. 指出现有技术未给出结合的技术启示

确定发明实际解决的技术问题后，接下来指出现有技术未给出结合启示。这要从三个方面来分析不存在技术启示：首先，如果最接近的对比文件中除了给出最接近的现有技术方案外，还包含有其他现有技术的技术方案，则还需要明确判断该对比文件中的其他现有技术的技术方案未给出结合启示；❶其次，明确判断其他所涉及的对比文件未给出结合的技术启示；最后，还要指明公知常识中也不存在技术启示。通常有三种未给出结合启示的论述方法，其一，指出上述区别特征在所引用的现有技术中均未披露，也不属于本领域解决上述技术问题的惯用手段；其二，通知书中强调给出结合启示的对比文件中虽然公开了上述区别特征，但该对比文件中公开的特征在其中所起作用或达到的技术效果与在该权利要求的技术方案中所起的作用或达到的技术效果是不同的，此时最好在指出该对比文件未说明解决所确定的技术问题的基础上指出两者作用或效果不一样；其三，对比文件给出了与两者不能结合的教导，如在对比文件中指明该区别特征在最接近现有技术中不能采用或者在记载最接近现有技术的文件中说明不能采用此区别特征。

此外，还可以从以下几个因素来说明现有技术不存在技术启示：

（1）解决了人们一直渴望解决但始终未能获得成功的技术难题；

（2）克服了技术偏见、现有技术给出了相反的教导等；

（3）获得了预料不到的技术效果，即获得的技术效果是申请日前本领域技术人员不可能预期得到的；

（4）发明创造在商业上获得成功。

一般来说，存在上述第（2）方面和第（3）方面的因素相对常见，作为考点的可能性相对较大，而第（4）方面由于需要相关的证据而不太可能作为考点。若采用这四个因素作为争辩理由时，那么针对长期未能解决技术难题所采用的技术措施、为克服技术偏见所采用的技术措施、为带来预料不到技术效果所采用的技术措施或者为取得商业成功所采取的技术措施（即体现该技术措施的技术特征）就应当已存在于或者补入独立权利要求中。

5. 得出权利要求是否显而易见的结论

在指出没有给出结合的技术启示的情况下，可以认定独立权利要求的技术方案相对于现有技术是非显而易见的，在此基础上得出具有突出的实质性特点的结论。注意此处对于发明而言，关键词"突出的实质性特点"必须写出来，而且不能漏掉"突出的"字样。但对于无效程序的实用新型专利而言，只能写"实质性特点"，不要误写为"突出的实质性特点"。

6. 指出权利要求具有显著进步

在得出权利要求相对于现有技术具有突出的实质性特点后，需要根据《专利审查指南2023》对创造性的第二方面要求（即该权利要求相对于现有技术具有"显著的进步"）予以说明。虽然目前在专利代理实践中意见陈述书是否写明该权利要求相对于现有技术具有显著的进步的论述相对来说并不那么重要，但作为考试还应当根据发明产生的有益效果来表明其具有显著的进步。其中，对于发明而言，关键词"显著的进步"必须写出来，而且不能漏掉"显著的"字样。但对于无效宣告程序中实用新型专利而言，只能写"进步"，不要误写为"显著的进步"。

7. 得出具备创造性的结论并明确法律依据

根据分析指明该独立权利要求相对于现有技术（如对比文件1和对比文件2的结合，对比文件1和

---

❶ 全国专利代理人资格考试考前培训系列教材之《专利代理实务分册（第2版）》（知识产权出版社2013年出版）第299页已明确说明，如果最接近的对比文件中仅给出一个现有技术的技术方案，即最接近现有技术，则无需再说明该对比文件不存在结合启示了。

公知常识的结合）具备创造性的结论，并同时指出法律依据，如写成"该独立权利要求相对于对比文件1和对比文件2的结合具备《专利法》第22条第3条规定的创造性"。

8. 针对从属权利要求说明具备创造性

对独立权利要求具备创造性的意见陈述完毕后，需要进一步说明从属权利要求具备创造性，这里考生要通过意见陈述表明对从属权利要求的概念是清楚的，并掌握如何陈述从属权利要求的创造性。例如，写成"权利要求2至4是对独立权利要求1作进一步限定的从属权利要求，在权利要求1具备创造性的基础上，权利要求2至4也具备创造性，符合《专利法》第22条第3款的规定"。

但是，在给客户的咨询意见中，有关创造性的分析应当分为有关不具备创造性的审查意见不能成立和能够成立两种情况。论述权利要求不具备创造性的审查意见不能成立时，与前面意见陈述书中的论述基本相同，不仅要具体说明该权利要求相对于现有技术具有突出的实质性特点，还要具体说明该权利要求相对于现有技术具有显著的进步，在这之后再得出其具备创造性的结论。而论述权利要求不具备创造性的审查意见能够成立时，有两点不同，其一，只需要具体说明该权利要求相对于现有技术不具有突出的实质性特点就可以直接得出该权利要求不具备创造性的结论；其二，上述第4步应当是指出现有技术给出结合的技术启示，通常可按照《专利审查指南2023》中所写明的三种情况之一作为给出结合启示的依据：①区别特征为本领域的公知常识；②区别特征在另一篇对比文件中公开，且所起作用相同；③区别特征为与最接近现有技术相关的技术手段（同一份对比文件其他部分披露的技术手段），且所起作用相同。

通常关于新颖性和创造性的意见陈述，每年专利代理实务试题必然涉及。因此，希望考生牢固掌握有关新颖性，尤其是创造性的意见陈述规范。

创造性论述规范示例❶

以2010年试题中论述权利要求具备创造性作为示例，其中包括关键术语及所有环节的表述形式。需要注意的是，对于不同的意见陈述情形，其中有些环节应进行相应的调整。例如在不需要论述具备新颖性而直接论述创造性时，在确定最接近现有技术时的描述要有所不同。

1. 权利要求1的新颖性❷

权利要求1与对比文件1的技术方案相比，其区别在于：（1）引流罩与内桶、滤罩的结构和作用均不同；（2）引流罩不同于滤罩，引流罩能够解决滤罩死角难以清洗的缺陷，因此对比文件1没有公开权利要求1的技术方案，权利要求1相对于对比文件1具备新颖性。

权利要求1与对比文件2的技术方案相比，其区别在于：（1）本发明属于用于日常生活的食品加工领域，后者属于工业用推进式搅拌机领域，两者的技术领域不同；（2）本发明解决的是食品料理机不易清洗的技术问题，后者解决的是搅拌效果的技术问题，两者所要解决的技术问题不同；（3）由于结构上的差异，液体在引流罩中流动的方式不同，前者是液体从杯体底部向上流动、从杯体上部的孔射出、向下流动、再从底部吸入到杯体内，反复循环；后者是液体从导流筒向下流动、从导流筒底部的孔流出、向上流动、再从顶部回流到导流筒内。因此对比文件2没有公开权利要求1的技术方案，权利要求1相对于对比文件2具备新颖性。

2. 权利要求1的创造性

权利要求1与最接近的现有技术对比文件1技术方案的区别在于：对比文件1的豆浆机包括外桶、内桶、滤罩和刀片，它们共同配合完成制浆，而权利要求1的食品料理机包括杯体、引流罩和刀片，由于采用上下开口的中空筒状、具有引流孔的引流罩使得在整体结构上减少了豆浆机部件的情况下完

---

❶ 这部分论述是进行适当的分段，例如将权利要求1的新颖性、权利要求1的创造性、从属权利要求的新颖性和创造性分部分给予标号，其中权利要求1的创造性论述应适当进一步分段，使针对考点的答题明显化，便于阅卷者查看。

❷ 新颖性的论述应严格遵守单独对比，分别论述权利要求1与两篇对比文件的区别所在，至少要写出关键的、重要的区别之处。

成制浆。❶ 该特征所起的作用是：通过设置引流罩，克服了滤罩使得豆浆机更易清洗；同时，制浆时物料在被旋转的刀片打碎的同时，在引流罩内形成不规则的涡流和负压，在桶体和引流罩内随水在大范围内循环粉碎制浆，粉碎制浆效果更好，制浆物料的营养析出更充分。❷ 因此，本发明实际解决的技术问题是提供一种更易清洗，粉碎制浆效果更好的食品料理机。

对比文件 1 中既没有公开该技术特征也没有给出任何技术启示，其制浆时所利用的循环原理完全不同于本发明制浆时所用的原理，因此无法解决上述技术问题。❸

对比文件 2 所涉及的技术领域、解决的技术问题，以及液体流动的方式均与本申请完全不同，所公开的推进式搅拌器并未给出获得与"引流罩"相关的上述区别技术特征的技术启示。❹

而且，上述区别也不属于所属技术领域的技术人员解决所述技术问题的惯用手段。❺ 因此，权利要求 1 相对于对比文件 1、2 或者其结合具备突出的实质性特点。❻

同时，本发明通过上述特征获得了豆浆机更易清洗，粉碎制浆效果更好的技术效果，因此具备显著的进步。❼

因此，权利要求 1 具有突出的实质性特点和显著的进步，具备《专利法》第 22 条第 3 款规定的创造性。❽

3. 从属权利要求 2 至 7 的新颖性、创造性

由于权利要求 1 具备新颖性、创造性，其从属权利要求 2 至 7 也具备新颖性、创造性。❾

三、关于单一性

关于《专利法》第 31 条的单一性条款，考试中既可能涉及陈述具有单一性可合案申请的理由，也可能涉及陈述不具有单一性而建议分案申请的理由。但是，这两种情况论述的思路是相同的，即通过分析这些独立权利要求之间是否具有相同或相应的特定技术特征来确定它们之间是否属于一个总的发明构思，以确定是否具有单一性，从而得出合案申请还是分案申请的结论。

通常可以按照下述规范格式结合案情进行陈述。

首先，针对独立权利要求 1 的技术方案，确定其特定技术特征。也就是说，将该独立权利要求与申请日前的现有技术进行对比分析，在此基础上指出该独立权利要求中哪些技术特征是对该独立权利要求作出新颖性和创造性贡献的技术特征，即该独立权利要求的特定技术特征。当然，如果在论述了独立权利要求具备新颖性和创造性之后再分析是否具有单一性，就可以简化陈述，直接指出该独立权利要求的特定技术特征即可。

在此基础上，再分析其他独立权利要求的特定技术特征，即这些独立权利要求中哪些技术特征是对现有技术作出新颖性和创造性贡献的技术特征。

---

❶　这里论述创造性，与答复实质审查意见通知书的论述稍有不同。因为在第二方面答题中已明确回答了对比文件 1 是最接近的现有技术，因此可直接指出权利要求 1 与对比文件 1 的区别技术特征。

❷　根据区别技术特征的作用和产生的效果，指出所解决的技术问题。撰写时关于其作用，以及解决的技术问题和获得的效果的语言完全可以来源于交底书中的文字，具体而言在第 3 段："由于食品料理机 10 中采用引流罩 108 代替传统的过滤网罩，克服了过滤网罩死角难以清洗的缺陷。此外，由于制浆物料是在杯体 107 和引流罩 108 内随水在大范围内循环粉碎制浆，不是在过滤网罩内被粉碎制浆，因而粉碎制浆效果更好，营养更好地溶解在浆液中。"

❸　指出对比文件 1 本身没有给出技术启示。

❹　指出对比文件 2 也没有给出技术启示。

❺　简要指出该区别技术特征也不是惯用手段。

❻　得出了权利要求 1 具备突出的实质性特点的结论。

❼　有些年份的参考答案中没有明确论述"显著的进步"。但从考生应试的角度，建议采用规范的论述方式，至少不会产生不利影响。

❽　得出权利要求 1 具备创造性的结论和法律依据。

❾　从属权利要求论述可相对简单一些。

第二篇

然后将其他申请主题的独立权利要求的特定技术特征与独立权利要求 1 的特定技术特征进行比较，如果它们之间至少具有一个相同的特定技术特征，则单一性判断就十分简单，可以直接以它们之间具有相同特定技术特征为由而认定它们在技术上相互关联，属于一个总的发明构思，从而得出其他独立权利要求与独立权利要求 1 之间具有《专利法》第 31 条规定的单一性，可以合案申请。

如果它们之间没有相同的特定技术特征，则需要进一步判断它们之间是否具有相应的特定技术特征，通常可以按照这样的思路来考虑：判断其他独立权利要求中是否存在这样一个与独立权利要求 1 特定技术特征相关联的特定技术特征，具体来说，如果其他独立权利要求中某一特定技术特征与独立权利要求 1 中的某一特定技术特征有依赖关系，即在其他独立权利要求中的这一特定技术特征是随着独立权利要求 1 中某一特定技术特征而作出的相应改变，例如，方法独立权利要求中的某一工艺步骤的改进是为了得到产品权利要求中某一特定技术特征限定的结构而采取的措施，就可以认为这两个特定技术特征之间是相应的特定技术特征，一旦在独立权利要求之间找到一个相应的特定技术特征，就可以认定这两项独立权利要求在技术上相互关联，属于一个总的发明构思，因此它们之间具有《专利法》第 31 条规定的单一性，可以合案申请。

如果通过对比分析，其他独立权利要求与独立权利要求 1 之间既没有一个相同的特定技术特征，也没有一个相应的特定技术特征，则可以认定它们之间在技术上不相关联，不属于一个总的发明构思，也就是说，它们之间不具有《专利法》第 31 条规定的单一性，对于这些与独立权利要求 1 不具有单一性的申请主题，应当另行分案申请。

单一性论述规范示例

以 2015 年试题中论述三个独立权利要求之间是否具备单一性作为示例，其中包括关键术语及所有环节的表述形式。

第一个独立权利要求的特定技术特征为"紧固装置的另一端与卡箍本体的另一个连接端卡扣连接"；第二个独立权利要求的特定技术特征是"卡箍本体的另一个连接端上设有 U 形开口，所述 U 形开口的宽度大于螺杆的直径且小于螺母的最小外周宽度"；第三个独立权利要求的特定技术特征是"在橡胶垫圈的内环壁上设有防滑凸起"。

首先，第三个独立权利要求与第一和第二个独立权利要求所解决的技术问题完全不同，特定技术特征也完全不同，也不相应。其次，对于第一和第二个独立权利要求，都是为了实现卡箍的快速装配，但现有技术已经采取不同的方式解决过这种技术问题，而目前的第一个和第二个独立权利要求采用了完全不同技术手段，因而也不存在相同或相应的特定技术特征。综上，三个独立权利要求对现有技术作出的贡献的技术特征并不相同，彼此在技术上也无相互关联，因此三个独立权利要求之间不包含相同或相应的特定技术特征，不属于一个总的发明构思，彼此之间不具备单一性，应当作为三份申请分别提出。

四、关于权利要求以说明书为依据的意见陈述规范

首先，分析审查意见中关于权利要求未以说明书为依据或者未得到说明书支持的结论是否正确。分析后可能会出现审查意见能够成立和不能成立两种情况。

分析后如果认可审查意见，在咨询意见中只需要写明具体分析过程和分析结果，也就是具体写明权利要求为何未得到说明书支持的理由；而在意见陈述书中，需要先简单说明对权利要求进行了何种修改（如对权利要求作了进一步限定），在此基础上具体说明修改后的这一项权利要求能够得到说明书支持的理由，从而克服了审查意见通知书中所指出的"权利要求书未以说明书为依据的缺陷"。

如果通过分析不能认同该审查意见，则在咨询意见或者意见陈述书中均应当根据下述思路说明或者争辩该权利要求已得到说明书的支持，即不存在通知书中所指出的权利要求未以说明书为依据的缺

陷：明确权利要求的主题及请求保护的范围，尤其重点分析根据审查意见中提出的权利要求不能得到支持的理由所涉及的技术特征所代表的范围。

然后，根据说明书中记载的内容，尤其是具体实施方式中记载的各个实施方式和实施例具体说明由这些内容得出该权利要求的保护范围是合理的。例如，对于某技术特征采用了上位概念，而说明书给出少数几个下位概念的实施例，此时需要具体说明发明如何利用这些下位概念的共性来解决技术问题的，推出没有理由怀疑该上位概念概括所包含的所有方式都能解决发明所要解决的技术问题，并能得到相同的技术效果。

最后，得出权利要求能够得到说明书支持的结论。

又如，权利要求中采用了由多种选择的并列概括方式，则可以将多种选择中性质相近的分成一个组，例如分成三个组，如果每一组中在说明书中有一个实施例，就可作为由这一个实施例推到这一个组中的每一种选择是合理的，从而由这三个实施例而推到这三个组中的每一种选择是合理的，因此得出权利要求中所采用的由多种选择的并列概括方式得到了说明书支持。

再如，权利要求中对某一技术特征采用了功能性限定，则应当强调说明书中已给出多种实施方式，对于这些实施方式无法用结构特征对其进行概括或者用结构特征概括不如用功能概括更为恰当，而且该发明的关键并不是通过采用某种特定结构来实现这一功能，而是由能实现这一功能的技术特征与其他技术特征相组合来解决技术问题，因而该权利要求并不是纯功能性权利要求，而且也没有理由怀疑这功能性技术特征所包含的某一具体结构不能解决本发明要解决的技术问题，由此可知，该权利要求采用功能性限定技术特征的表述方式是合理的，因此该权利要求能够得到说明书的支持。

需要注意的是，不能仅仅以权利要求的技术方案在说明书中有一致性描述为由而认为权利要求得到了说明书的支持（通常被认为其仅仅是"表述一致"），而应当按照上述思路从实质内容上来陈述得到说明书支持的理由。

五、关于必要技术特征的意见陈述规范

分析相关审查意见之后，可能审查意见能够成立和不能成立两种情况，分别说明如下。

分析之后如果认可审查意见，则在咨询意见中只需要指出该独立权利要求缺少哪一或哪些必要技术特征，并以说明书中记载的要解决的技术问题为依据具体说明缺少这一或这些技术特征而不能解决这一技术问题的理由；而对于答复审查意见来说，应当对权利要求作出修改，写入审查意见中所认为缺乏的必要技术特征或者通过分析而认为缺少的必要技术特征，此时，可以先简单说明权利要求作了何种修改，然后根据发明解决的技术问题，指出将上述技术特征写入独立权利要求后不再缺少必要技术特征，因此修改后的独立权利要求已克服了通知书中所指出的缺陷。

如果不认可审查意见的结论，在咨询意见或者意见陈述书中先简单提及审查意见中认为所缺乏的技术特征；此后，根据说明书的记载，阐明本发明创造所要解决的技术问题；在此基础上，分析技术方案中解决该技术问题的所需要的技术特征，并进而结合被认为缺乏的技术特征的作用和目的，分析不写入该技术特征仍然能够解决所述技术问题；最后，得出权利要求不缺乏必要技术特征的结论，并明确法律条款。

第三章 典型答复真题及解析

下面通过两套涉及答复的真题来讲解答复相关试题的答题思路和具体的应试方式。

第一节　2014 年全国专利代理实务试题及解析（答复部分）

试题说明

客户 A 公司向你所在的专利代理机构提供了以下材料：其自行向国家知识产权局递交的发明专利申请文件（附件 1）；审查员针对该发明专利申请发出的第一次审查意见通知书（附件 2），以及所引用的三份对比文件（对比文件 1 至 3）。现委托你所在的专利代理机构办理答复审查意见通知书的相关事务。

（1）撰写咨询意见。请参考第一次审查意见通知书（附件 2）的内容（为了用于考试，对通知书进行了简化和改造，隐去了详细阐述的内容），向客户逐一解释该发明专利申请（附件 1）的权利要求书和说明书是否符合《专利法》及其实施细则的相关规定并说明理由。

（2）撰写答复第一次审查意见通知书时提交的修改后的权利要求书。请在综合考虑对比文件 1 至 3 所反映的现有技术以及你的咨询意见的基础上进行撰写。

附件 1：发明专利申请文件

(19) 中华人民共和国国家知识产权局

(12) 发明专利申请

(43) 申请公布日　2013.07.25

(21) 申请号　201210345678.9
(22) 申请日　2012.02.25
(71) 申请人　A 公司

（其余著录项目略）

权　利　要　求　书

1. 一种光催化空气净化器，它包括壳体（1）、位于壳体下部两侧的进风口（2）、位于壳体顶部的出风口（3）以及设置在壳体底部的风机（4），所述壳体（1）内设置有第一过滤网（5）和第二过滤网（6），其特征在于，该光催化空气净化器内还设有光催化剂板（7）。

2. 根据权利要求 1 所述的光催化空气净化器，其特征在于，所述第一过滤网（5）是具有向下凸起曲面（9）的活性炭过滤网，所述第二过滤网（6）是 PM2.5 颗粒过滤网。

3. 根据权利要求 1 所述的光催化剂板，其特征在于，所述光催化剂板（7）由两层表面负载有纳米二氧化钛涂层的金属丝网（10）和填充在两层金属丝网（10）之间的负载有纳米二氧化钛的多孔颗粒（11）组成。

4. 一种空气净化方法，其特征在于，该方法包括使空气经过光催化剂板（7）进行过滤净化的步骤。

5. 一种治疗呼吸道类疾病的方法，该方法使用权利要求 1 所述的光催化空气净化器。

说　明　书

一种光催化空气净化器

[01] 本发明涉及一种空气净化器，尤其涉及一种光催化空气净化器。

第二篇

［02］现有的空气净化器大多采用过滤、吸附等净化技术，没有对有害气体进行催化分解，无法有效除去空气中的甲醛等污染物。

［03］为解决上述问题，本发明提供了一种将过滤、吸附与光催化氧化相结合的空气净化器。光催化氧化是基于光催化剂在紫外光的作用下产生活性态氧，将空气中的有害气体氧化分解为二氧化碳和水等物质。

［04］本发明的技术方案是：一种光催化空气净化器，它包括壳体、位于壳体下部两侧的进风口、位于壳体顶部的出风口以及设置在壳体底部的风机。所述壳体内设置有第一过滤网、第二过滤网、光催化剂板和紫外灯。所述光催化空气净化器能有效催化氧化空气中的有害气体，净化效果好。

［05］图1是本发明光催化空气净化器的正面剖视图。

［06］图2是本发明光催化剂板的横截面图。

［07］如图1所示，该空气净化器包括壳体1、位于壳体下部两侧的进风口2、位于壳体顶部的出风口3以及设置在壳体底部的风机4，所述壳体1内从下往上依次设置有第一过滤网5、光催化剂板7、紫外灯8和第二过滤网6。所述第一过滤网5是活性炭过滤网，其具有向下凸起的曲面9，该曲面9不仅能增大过滤网的过滤面积，而且还能使空气顺畅穿过第一过滤网5，有助于降低噪音。所述第二过滤网6是PM2.5颗粒（直径小于等于2.5微米的颗粒物）过滤网。

［08］如图2所示，所述光催化剂板7由两层表面负载有纳米二氧化钛涂层的金属丝网10和填充在两层金属丝网10之间的负载有纳米二氧化钛的多孔颗粒11组成。

［09］本发明的光催化空气净化器工作时，室内空气在风机4的作用下经进风口2进入，经过第一过滤网5后，其中的灰尘等较大颗粒物质被过滤掉；然后经过受到紫外灯8照射的光催化剂板7，其中的有害气体被催化氧化；随后经过第二过滤网6，PM2.5颗粒被过滤掉，净化后的空气经出风口3送出，净化效率高。

［10］根据需要，可以在该光催化空气净化器的第二过滤网6的上部设置中草药过滤网盒，所述中草药过滤网盒内装有薄荷脑、甘草粉等中草药。净化后的空气经中草药过滤网盒排入室内，可预防或治疗呼吸道类疾病。

说 明 书 附 图

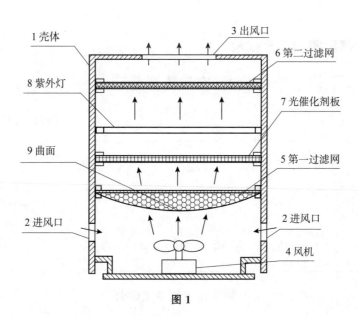

图1

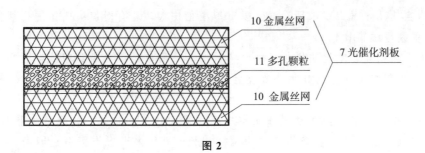

图 2

附件2：第一次审查意见通知书

本发明涉及一种光催化空气净化器，经审查，提出如下审查意见。

1. 独立权利要求1缺少解决其技术问题的必要技术特征，不符合《专利法实施细则》第23条第2款的规定。

2. 权利要求1不具备《专利法》第22条第2款规定的新颖性。对比文件1公开了一种家用空气净化设备，其公开了权利要求1的全部技术特征。因此，权利要求1所要求保护的技术方案不符合《专利法》第22条第2款的规定。

3. 权利要求2不具备《专利法》第22条第3款规定的创造性。对比文件1公开了一种家用空气净化设备，对比文件2公开了一种车载空气清新机，对比文件3公开了一种空气过滤器，对比文件1、2和3属于相同的技术领域。因此，权利要求2所要求保护的技术方案相对于对比文件1、2的结合，或者相对于对比文件2、3的结合均不具备创造性，不符合《专利法》第22条第3款的规定。

4. 权利要求3不符合《专利法实施细则》第25条第1款的规定。

5. 权利要求4未以说明书为依据，不符合《专利法》第26条第4款的规定。

6. 权利要求5不符合《专利法》第25条第1款的规定。

综上所述，本申请的权利要求书和说明书存在上述缺陷。申请人应当对本通知书提出的意见予以答复。如果申请人提交修改文本，则申请文件的修改应当符合《专利法》第33条的规定，不得超出原说明书和权利要求书所记载的范围。

对比文件1

（19）中华人民共和国国家知识产权局

（12）实用新型专利

（45）授权公告日 2012.10.09

（21）申请号 201220133456.7

（22）申请日 2012.01.25

（73）专利权人 A公司

（其余著录项目略）

说 明 书

一种家用空气净化设备

本实用新型涉及一种家用空气净化设备。

图1是本实用新型家用空气净化设备的立体图。

第二篇

图2是本实用新型家用空气净化设备的正面剖视图。

如图1、图2所示，该家用空气净化设备包括壳体1、位于壳体下部两侧的进风口2、位于壳体顶部的出风口3以及设置在壳体底部的风机4。所述壳体1内由下向上依次设置有除尘过滤网5、活性炭过滤网6、紫外灯8和光催化剂多孔陶瓷板7。所述除尘过滤网由两层金属丝网和填充在两者之间的无纺布所组成。所述光催化剂多孔陶瓷板7上涂覆有纳米二氧化钛涂层。

该家用空气净化设备在工作时，室内空气在风机4的作用下经进风口2进入，经除尘过滤网5和活性炭过滤网6过滤后，除去其中的灰尘等颗粒物质；然后经过受到紫外灯8照射的光催化剂多孔陶瓷板7，其中的有害气体被催化分解，净化后的空气经出风口3送出。

说 明 书 附 图

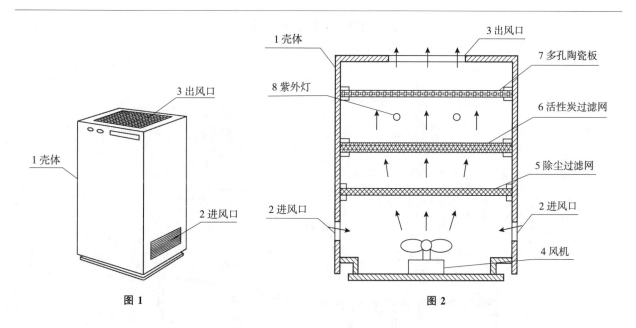

图1   图2

对比文件2

(19) 中华人民共和国国家知识产权局

(12) 实用新型专利

(45) 授权公告日 2011.09.02

(21) 申请号 201120123456.7
(22) 申请日 2011.01.20

（其余著录项目略）

说 明 书

一种车载空气清新机

本实用新型涉及一种车载空气清新机。

目前的车载空气清新机大都通过活性炭过滤网对车内空气进行过滤，但是活性炭过滤网仅能过滤空气中颗粒较大的悬浮物，不能对人体可吸入的细小颗粒进行过滤。

图1为本实用新型车载空气清新机的立体图。

图2为本实用新型车载空气清新机的剖视图。

如图1、图2所示，一种车载空气清新机，其包括壳体1、位于壳体一端的进风口2、位于壳体另一端侧面的出风口3。在壳体内从右往左依次设置有活性炭过滤网5、鼓风机4、PM2.5颗粒过滤网6、紫外灯8和格栅状导风板7。所述鼓风机4设置在两层过滤网之间，所述导风板7靠近出风口3，在所述导风板7上涂覆有纳米二氧化钛薄膜。该车载空气清新机通过电源接口（图中未示出）与车内点烟器相连。

使用时，将电源接口插入车内点烟器中，车内空气在鼓风机4的作用下，经由进风口2进入，经过活性炭过滤网5，滤除其中的大颗粒悬浮物；随后经过PM2.5颗粒过滤网6，过滤掉人体可吸入的细小颗粒；然后经过受到紫外灯8照射的涂覆有纳米二氧化钛薄膜的导风板7，其中的有害气体被催化氧化，净化后的空气经出风口3排出。

说 明 书 附 图

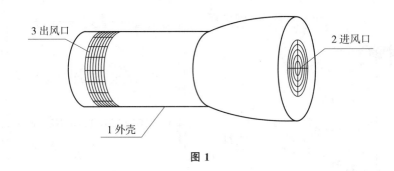

图1

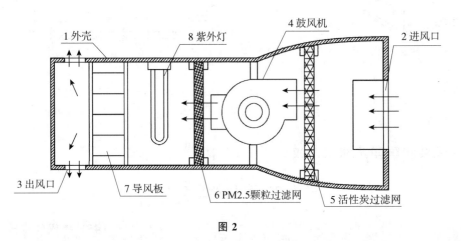

图2

对比文件3

(19) 中华人民共和国国家知识产权局

(12) 实用新型专利

(45) 授权公告日 2011.04.09

(21) 申请号 201020123456.7

(22) 申请日 2010.07.20

（其余著录项目略）

说　明　书

一种空气过滤器

本实用新型涉及一种应用于工矿厂房粉尘过滤的空气过滤器。通常将该空气过滤器吊装在厂房顶部以解决厂房内灰尘大的问题。

图 1 为本实用新型空气过滤器的正面剖视图。

如图 1 所示，一种空气过滤器，其包括筒体 1、位于筒体上部的进风口 2、位于筒体下部的出风口 3、风机 4、活性炭过滤网 5 和除尘过滤网 6。所述风机 4 设置在靠近出风口 3，所述活性炭过滤网 5 呈锥状，锥状设置的活性炭过滤网不仅能增大过滤面积，而且能使所吸附的灰尘等大颗粒悬浮物沉淀于过滤网的边缘位置，由此增大过滤效率。

该空气过滤器工作时，空气在风机 4 的作用下，经进风口 2 进入，经过除尘过滤网 6，除去其中的大部分灰尘，然后经过锥状活性炭过滤网 5，进一步滤除掉空气中的灰尘等大颗粒悬浮物，净化后的空气经出风口 3 送出。

说　明　书　附　图

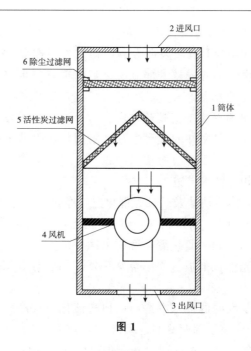

图 1

试题解析

一、认真阅读试题说明

试题说明中写明客户 A 公司提供了三份材料：客户自行向国家知识产权局递交的发明专利申请文件（附件 1）；审查员针对该发明专利申请发出的第一次审查意见通知书（附件 2），以及所引用的三份对比文件（对比文件 1 至 3）。

试题说明中明确告知考生答题时需要完成的工作。

（1）要求应试者参考第一次审查意见通知书（附件 2）的内容向客户逐一解释该发明专利申请（附

件1）的权利要求书和说明书是否符合《专利法》及其实施细则的相关规定，并说明理由，以形成提交给客户的咨询意见。

（2）要求应试者撰写答复第一次审查意见通知书时提交的修改后的权利要求书。

二、答题思路

在试题中共给出五份素材：客户自行向国家知识产权局递交的发明专利申请文件（附件1），审查员针对该发明专利申请发出的第一次审查意见通知书（附件2），以及所引用的三份对比文件（对比文件1至3）。

正如前面所指出的，试题要求应试者针对第一次审查意见通知书的内容撰写提交给客户的咨询意见，逐一解释该发明专利申请（附件1）的权利要求书和说明书是否符合《专利法》及其实施细则的相关规定，并说明理由。提请注意的是，试题不是要求撰写一份提交给国家知识产权局的意见陈述书正文；还要求撰写答复第一次审查意见通知书时提交的修改后的权利要求书。

在答题时，首先，需要全面理解专利申请的技术内容；其次，阅读和了解第一次审查意见通知书所引用的现有技术（对比文件1至3）公开的内容，在此基础上阅读和分析第一次审查意见通知书中所指出的不符合《专利法》及其实施细则的规定是否正确；然后，针对第一次审查意见通知书的分析结果确定应对策略和向客户撰写咨询意见；最后，根据所确定的应对策略撰写答复审查意见通知书时所提交的修改的权利要求书。

（一）阅读和分析发明专利申请文件

为答复审查意见通知书，在阅读和分析发明专利申请文件时需要做两方面的工作：通过对说明书及其附图的阅读理解其相对于说明书背景技术部分所提到的现有技术作出了哪几方面改进；重点理解权利要求书中各项权利要求的技术方案。

1. 阅读说明书及其附图以理解该发明创造的内容

首先通过阅读和理解该专利申请文件的说明书及其附图，从整体上理解该发明创造内容：相对于其背景技术部分写明的现有技术所主要解决的技术问题、为解决该技术问题所采取的技术措施以及所作出的进一步改进和所采取的相应技术措施。

由说明书第［01］段可知，本发明涉及一种光催化空气净化器。

说明书第［02］段背景技术部分写明现有的空气净化器的缺点是没有对有害气体进行催化分解，无法有效除去空气中的甲醛等污染物。紧接着，说明书第［03］段写明，为解决上述技术问题，本发明的空气净化器进一步增加了光催化剂板（并配合有紫外灯）以有效催化氧化空气中的有害气体，提高空气净化效果。❶

说明书第［04］段给出了本发明的技术方案：一种光催化空气净化器，其主要构成部件及相应的连接关系为："包括壳体、位于壳体下部两侧的进风口、位于壳体顶部的出风口以及设置在壳体底部的风机，壳体内设置的第一过滤网、第二过滤网、光催化剂板和紫外灯。"说明书第［07］段结合图1对本发明光催化空气净化器的结构作出更为清楚、直观的描述。

说明书第［08］段对本发明为有效除去空气中甲醛等污染物所采用的光催化剂板的具体结构进行了描述，结合图2所示可知该光催化剂板由两层表面负载有纳米二氧化钛涂层的金属丝网和填充在两层金属丝网之间的负载有纳米二氧化钛的多孔颗粒组成。

说明书第［07］段中进一步写明第一过滤网是活性炭过滤网，第二过滤网是PM2.5颗粒（直径小于等于2.5微米的颗粒物）过滤网；且该段文字还给出了第一过滤网的优选结构（具有向下凸起的曲

---

❶ 专利申请的说明书中有关"光催化氧化是基于光催化剂在紫外光的作用下产生活性态氧，将空气中的有害气体氧化分解为二氧化碳和水等物质"的描述是对光催化氧化原理的说明，如果对此不能很清楚理解，作为考试可不必深究，只需要接受此处描述的事实即可。

面）以及这种优选结构进一步带来的技术效果（增大过滤网的过滤面积，且使空气顺畅穿过第一过滤网以降低噪音）。

说明书第［09］段对本发明光催化空气净化器进行空气净化的工作原理作了具体说明。

说明书最后一段（第［10］段）还给出一种优选结构：在该光催化空气净化器的第二过滤网的上部设置中草药过滤网盒，这种结构的光催化空气净化器可用于预防或治疗呼吸道类疾病。

2. 理解权利要求书

接着要结合说明书记载的内容理解权利要求书中各项权利要求的技术方案。

该发明专利申请的权利要求书中要求保护三项主题：光催化空气净化器（独立权利要求1）、空气净化方法（独立权利要求4）和治疗呼吸道类疾病的方法（独立权利要求5）。

独立权利要求1要求保护一种光催化空气净化器，通过在其中设置光催化剂板将空气中的有害气体氧化分解，以取得更好的净化效果。

权利要求2对独立权利要求1的光催化空气净化器的两层过滤网从结构上作进一步限定，说明书第［07］段中对权利要求2中"第一过滤网具有向下凸起曲面"这一附加技术特征带来的技术效果作出了说明：增大过滤网的过滤面积，且使空气顺畅穿过第一过滤网以降低噪音。

权利要求3对独立权利要求1中的光催化剂板的结构作了进一步限定，但其引用部分的主题名称为"光催化剂板"，显然与其引用的权利要求1的主题名称不一致。

独立权利要求4请求保护一种空气净化方法，通过让空气经过光催化剂板将空气中的有害气体分解，以取得更好的净化效果。

独立权利要求5请求保护的主题为"治疗呼吸道类疾病的方法"，明显属于《专利法》第25条第1款中规定的不授予专利权的疾病治疗方法。

（二）理解三篇对比文件公开的内容

为了分析审查意见是否正确，需要先确定其所引用的对比文件的适用范围和了解这些对比文件所公开的技术内容。

1. 根据对比文件的公开时间确定其适用范围

基于试题给出了对比文件的公开时间，以及作为专利申请的申请日，有必要对第一次审查意见通知书所引用的三篇对比文件的公开时间进行分析以确定其适用范围。

对比文件1是一件中国实用新型专利文件，其申请日为2012年1月25日，公告日为2012年10月9日，专利权人为A公司，而该发明专利申请的申请日为2012年2月25日，申请人为A公司。由此可以得知，对比文件1是一件申请日后公告的中国实用新型专利文件，未构成该发明专利申请的现有技术，不能用于评价该发明专利申请的创造性；但是，由于其是一件申请人本人在该发明专利申请的申请日前提出申请、申请日后授权公告的中国新型专利文件，根据《专利法》第22条第2款的规定，该对比文件1可以用于评价该发明专利申请各项权利要求的新颖性。

对比文件2的公告日为2011年9月2日，对比文件3的公告日为2011年4月9日，均是该发明专利申请的申请日前授权公告的中国实用新型专利文件，构成该发明专利申请的现有技术，因此这两篇对比文件不仅能用于评价该发明专利申请的新颖性，也能用于评价其创造性。

2. 理解三篇对比文件公开的技术内容

为了分析三篇对比文件公开的内容是否影响该发明专利申请各项权利要求的新颖性和创造性，需要理解三篇对比文件所公开的技术内容。

这三篇对比文件均涉及空气净化器，且这三篇对比文件均涉及两层过滤网（活性炭过滤网和PM2.5颗粒过滤网），其中对比文件1和2还涉及光催化反应结构，因此这三篇对比文件公开的内容均与本发明专利申请相关。

对比文件1公开的家用空气净化设备包括壳体1、位于壳体下部两侧的进风口2、位于壳体顶部的出风口3以及设置在壳体底部的风机4。所述壳体1内由下向上依次设置有除尘过滤网5、活性炭过滤网6、紫外灯8和光催化剂多孔陶瓷板7。所述除尘过滤网由两层金属丝网和填充在两者之间的无纺布所组成。所述光催化剂多孔陶瓷板 7 上涂覆有纳米二氧化钛涂层。

对比文件 2 涉及一种车载空气清新机，其包括外壳 1、位于壳体一端的进风口 2、位于壳体另一端侧面的出风口 3。在壳体内从右往左依次设置有活性炭过滤网 5、鼓风机 4、PM2.5 颗粒过滤网 6、紫外灯 8 和格栅状导风板 7。所述鼓风机 4 设置在两层过滤网之间，所述导风板 7 靠近出风口 3，在所述导风板 7 上涂覆有纳米二氧化钛薄膜。

对比文件 3 涉及一种应用于工矿厂房粉尘过滤的空气过滤器，其包括筒体 1、位于筒体上部的进风口 2、位于筒体下部的出风口 3、风机 4、活性炭过滤网 5 和除尘过滤网 6。所述风机 4 设置在靠近出风口 3，所述活性炭过滤网 5 呈锥状，锥状设置的活性炭过滤网不仅能增大过滤面积，而且能使所吸附的灰尘等大颗粒悬浮物沉淀于过滤网的边缘位置，由此增大过滤效率。

（三）阅读和分析审查意见是否正确

根据试题要求，在分析权利要求书存在的缺陷时，需要结合第一次审查意见通知书的内容进行分析。鉴于试题给出的第一次审查意见通知书在指出权利要求书中存在的缺陷时仅给出结论，未作具体分析，因此需要应试者通过对各项权利要求与相关对比文件的对比分析来判断各个审查意见是否正确。

需要说明的是，虽然试题说明中也提及要针对说明书的缺陷进行分析，但第一次审查意见通知书中仅涉及权利要求书，因此基本上仅需要分析权利要求书的缺陷。

1. 独立权利要求 1 是否缺少解决其技术问题的必要技术特征

在该发明专利申请说明书中写明的要解决的技术问题是有效除去空气中的甲醛等有害气体。采用的技术方案是在空气净化器中设置光催化剂板和紫外灯，光催化剂板上的光催化剂在紫外光的作用下产生活性态氧，将空气中的有害气体氧化分解为二氧化碳和水等物质，由此可知光催化剂板和紫外灯是本发明解决技术问题的必要技术特征。

目前的权利要求 1 中仅记载了光催化剂板而未记载紫外灯，因此独立权利要求 1 缺少解决其技术问题的必要技术特征的审查意见正确。

2. 权利要求 1 相对于对比文件 1 是否具备新颖性

权利要求 1 的技术方案是："一种光催化空气净化器，它包括壳体（1）、位于壳体下部两侧的进风口（2）、位于壳体顶部的出风口（3）以及设置在壳体底部的风机（4），所述壳体（1）内设置有第一过滤网（5）和第二过滤网（6），其特征在于，该光催化空气净化器内还设有光催化剂板（7）。"

正如前面所指出的，对比文件 1 是一件申请人本人的中国实用新型专利文件，其申请日早于该发明专利申请的申请日、授权公告日晚于该发明专利申请的申请日，按照《专利法》第 22 条第 2 款的规定，可以用于评价该发明专利申请各项权利要求的新颖性。对比文件 1 中公开的家用空气净化设备实际上也是一种光催化空气净化器，包括壳体、位于壳体下部两侧的进风口、位于壳体顶部的出风口以及设置在壳体底部的风机，在壳体内由下而上依次设置有除尘过滤网（相当于权利要求 1 中的第一过滤网）、活性炭过滤网（相当于权利要求 1 中的第二过滤网）、紫外灯和光催化剂多孔陶瓷板（为权利要求 1 中光催化剂板的下位概念）；由此可知，对比文件 1 公开了权利要求 1 的全部技术特征，即其公开了权利要求 1 的技术方案，且其技术领域、解决的技术问题和技术效果与该发明实质相同，相对于权利要求 1 的技术方案来说构成了抵触申请，因此审查意见通知书中有关权利要求 1 相对于对比文件 1 不具备《专利法》第 22 条第 2 款规定的新颖性的审查意见是正确的。

3. 权利要求 2 相对于对比文件 1、2 的结合，或者相对于对比文件 2、3 的结合是否具备创造性

首先，分析前一种结合对比方式，正如前面所指出的，对比文件 1 未构成该发明专利申请的现有技术，不能用于评价该发明专利申请权利要求的创造性，因此有关权利要求 2 相对于对比文件 1 和 2 的结合不具备创造性的审查意见明显不正确。

其次，分析后一种结合对比方式，在对比文件 2 和对比文件 3 中，由于对比文件 2 公开的车载空气清新机也是一种包含有活性炭过滤网、PM2.5 颗粒过滤网以及光催化反应部件（涂覆有纳米二氧化钛薄膜的导风板和紫外灯）的空气净化装置，而对比文件 3 公开的应用于工矿厂房粉尘过滤的空气过滤器，仅包含活性炭过滤网和除尘过滤网，未包含光催化反应部件，因此从解决的技术问题、技术效果和用途来看，对比文件 2 比对比文件 3 更接近该发明，且从公开的技术特征来看，对比文件 2 公开了该发明更多的技术特征，因此对比文件 2 是该发明专利申请最接近的现有技术。

权利要求 2 未被最接近的现有技术对比文件 2 公开的技术特征为："第一过滤网（活性炭过滤网）具有向下凸起的曲面"，即凸起对着空气来流方向。由该发明专利申请说明书第［07］段记载的内容可知，权利要求 2 相对于对比文件 2 实际解决的技术问题是增大过滤面积和降低噪音。对比文件 3 中的活性炭过滤网呈锥状设置，锥尖向着空气气流方向，由对比文件 3 说明书第 3 段记载的内容可知，活性炭过滤网呈锥状设置所起的作用为增大过滤面积和增大过滤效率。审查员由此认为两者的形状均向着气流方向突出，均能起到增大过滤面积的作用，因此认为对比文件 3 给出了将其中活性炭过滤网的形状应用到对比文件 2 而得到权利要求 2 技术方案的结合启示，从而给出权利要求 2 相对于对比文件 2 和 3 的结合不具备创造性的审查意见。

4. 权利要求 3 是否不符合《专利法实施细则》第 25 条第 1 款的规定

正如前面阅读专利申请文件时所指出的，权利要求 3 引用部分的主题名称与其引用的独立权利要求 1 的主题名称不一致，因此权利要求 3 不符合《专利法实施细则》第 25 条第 1 款规定的审查意见正确。但是，如果在修改后的权利要求书中仍将其限定部分作为一项从属权利要求的附加技术特征的话，可以通过修改该权利要求的主题名称来消除这一形式缺陷。

此外，审查意见通知书未指出权利要求 3 不具备新颖性或不具备创造性，且对比文件 1 也未公开权利要求 3 限定部分的附加技术特征"所述光催化剂板由两层表面负载有纳米二氧化钛涂层的金属丝网和填充在两层金属丝网之间的负载有纳米二氧化钛的多孔颗粒组成"，因此对比文件 1 不能否定权利要求 3 的新颖性；对比文件 2 和 3 也都未公开权利要求 3 限定部分的附加技术特征，且该附加技术特征也不属于本领域的公知常识，因此对比文件 2 和 3 的结合也不能否定权利要求 3 的创造性。

5. 权利要求 4 是否以说明书为依据

鉴于审查意见通知书中指出权利要求 4 未以说明书为依据的实质缺陷时未作出具体说明，估计其认为权利要求 4 要求保护的方法中包括了使空气经过光催化剂板进行过滤净化的步骤，而由说明书可知，该空气净化方法采用的光催化剂板是"由两层表面负载有纳米二氧化钛涂层的金属丝网和填充在两层金属丝网之间的负载有纳米二氧化钛的多孔颗粒组成的光催化剂板"，能有效催化氧化空气中的有害气体，净化效果好，这并不能说明任一种包括光催化剂板的空气净化器都能解决本发明要解决的技术问题，达到本发明技术效果。因此，其认为权利要求 4 未以说明书为依据。

这一审查意见不能成立，理由在于：其一，《专利审查指南 2023》第二部分第二章第 3.2.1 节中明确指出对产品权利要求采用功能或效果特征限定时需要有足够的实施方式支持，而对方法权利要求来说其步骤就属于方法技术特征，并未要求多种结构来支持该步骤特征；其二，只要紫外灯照射在涂覆有光催化剂的光催化剂板上就能起到催化氧化空气中的有害气体的作用，从而解决该发明要解决的技术问题，达到该发明的技术效果，因此不能以说明书仅给出一种结构就认定该权利要求未以说明书为依据。

需要说明的是，尽管权利要求 4 未以说明书为依据的审查意见不成立，但是对比文件 1 也公开了权利要求 4 的全部技术特征，构成了权利要求 4 的抵触申请，因此该权利要求 4 相对于对比文件 1 不具备新颖性。

6. 权利要求 5 是否不符合《专利法》第 25 条第 1 款的规定

权利要求 5 要求保护一种治疗呼吸道类疾病的方法，显然属于《专利法》第 25 条第 1 款第 3 项中的疾病的诊断和治疗方法这一类不授予专利权的客体。因此，权利要求 5 属于《专利法》第 25 条第 1 款中不授予专利权的范畴，因此审查意见通知书中有关权利要求 5 不符合《专利法》第 25 条第 1 款规定的审查意见是正确的。

（四）针对分析结果确定应对策略并向客户撰写咨询意见

在阅读和分析各审查意见是否正确后，应当针对分析结果确定答复审查意见通知书的应对策略，在此基础上向客户给出咨询意见。

1. 确定应对策略

由于审查意见通知书中仅涉及权利要求书存在的实质性缺陷和形式缺陷，而未指出说明书存在的缺陷，因此在确定应对策略时主要考虑如何修改权利要求书。

由前面分析结果可知，原独立权利要求1缺少必要技术特征的审查意见正确，因此对于要求保护的三项主题的第一项，在修改后的独立权利要求1中首先应当补入紫外灯这一必要技术特征。但是，应当注意到，即使该独立权利要求1补入紫外灯这一必要技术特征，对比文件1仍公开了其全部技术特征，构成其抵触申请，因此其相对于对比文件1仍然不具备新颖性。

对于第一项要求保护的主题，正如前面分析指出的，如果将权利要求2限定部分的技术特征加入独立权利要求，其创造性仍不能成立；而将权利要求3限定部分的技术特征加入独立权利要求，通知书中引用的三篇对比文件不能破坏其新颖性和创造性。因此，应当建议客户将原权利要求3限定部分的技术特征加入原独立权利要求1中。当然，这样修改后，原权利要求3引用部分主题名称改变的缺陷也就相应被克服了。

然后，可以将原权利要求2限定部分的技术特征作为附加技术特征撰写成修改后独立权利要求1的从属权利要求2。

对于第二项要求保护的主题原独立权利要求4，虽然其未以说明书为依据的审查意见可以商榷，但由于方法权利要求4相对于对比文件1不具备新颖性，应当对其进行修改，但由于说明书中也未记载对该方法作出进一步改进的技术内容，因此在修改后的权利要求书中只能删除该项独立权利要求4，不再包括这一项主题。❶

对于第三项要求保护的主题原独立权利要求5，显然其属于《专利法》第25条第1款第3项中的疾病诊断或治疗方法，不能被授予专利权，因此应当将原独立权利要求5删去，不再包括这一项主题。

2. 在对审查意见分析和确定应对策略的基础上撰写给客户的咨询意见

试题要求向客户撰写咨询意见，逐一解释该发明专利申请（附件1）的权利要求书和说明书是否符合《专利法》及其实施细则的相关规定并说明理由。因此在对审查意见通知书的审查意见作出分析和确定答复的应对策略后，可着手撰写给客户的咨询意见，以便在向客户转送审查意见通知书时一并提供给客户。需要说明的是，虽然试题说明中要求应试者逐一解释"权利要求书和说明书"是否符合相关规定，但是审查意见通知书中没有涉及说明书存在的缺陷，因此考试中的咨询意见也就不涉及说明书，仅逐一解释权利要求书中各项权利要求是否符合相关的规定。

咨询意见除起始段和结尾段外，通常包括两方面主要内容：分析说明各审查意见是否正确；给出对权利要求书的修改建议，并说明给出上述建议的理由。

在分析各个审查意见是否正确的部分，对于审查意见通知书引用对比文件的情况，通常先对这些对比文件的适用范围作出说明；然后依据《专利法》及其实施细则和《专利审查指南2023》的规定对审查意见通知书中指出的专利申请文件（尤其是各项权利要求）所存在的不符合《专利法》及其实施细则和《专利审查指南2023》有关规定的缺陷逐一说明其审查意见是否正确或者可以商榷。如果审查意见通知书中对同一权利要求涉及多个不符合《专利法》及其实施细则和《专利审查指南2023》有关规定的缺陷，应分别作出说明，如在本案例中，对独立权利要求1缺少必要技术特征和不具备新颖性两个缺陷应分别作出说明；如果审查意见通知书中对同一权利要求涉及不具备新颖性或创造性理由给出多种单独对比或结合对比情况的，应当针对多种对比情况分别作出说明，如在本案例中，审查意见通知书中对权利要求2不具备创造性给出对比文件1和对比文件2，以及对比文件2和对比文件3两种

---

❶ 《2014年全国专利代理人资格考试试题解析》给出的相关参考答案中，将原独立权利要求4修改成如下的独立权利要求3："3. 一种利用权利要求1所述的光催化空气净化器进行空气净化的方法，其特征在于：包括使空气经过光催化剂板（7）进行过滤净化的步骤。"这种修改方式并不可取，因为这是所述空气净化器使用中必然的结果，所以这样的权利要求是没有必要的。

第二篇

结合对比方式，应当针对这两种结合对比方式分别说明其审查意见是否正确；对于审查意见通知书中涉及新颖性和创造性的审查意见，应当注意到在论述不具备新颖性和创造性的审查意见能够成立时与不能成立时的规范格式有所不同。

在给出权利要求书修改建议的部分，在给出修改的权利要求书之前，应当具体说明作出这样修改的理由。如果具有多种可供客户选择的修改方案，应当具体说明各种修改方案的利弊，以方便客户作出决断。

（五）撰写答复审查意见通知书时提交的修改后的权利要求书

试题还要求撰写答复第一次审查意见通知书时提交的修改后的权利要求书。在应试中可根据前面对审查意见通知书的分析结果，依照所确定的应对策略，对权利要求书进行修改。就该发明专利申请而言，对原权利要求书作如下修改：在原独立权利要求 1 中补入"紫外灯"以及原权利要求 3 限定部分的技术特征，以克服权利要求 1 缺少必要技术特征和不具备新颖性的缺陷；将权利要求 2 限定部分的技术特征作为附加技术特征改写成新修改后的独立权利要求 1 的从属权利要求 2；删去原独立权利要求 4 和原独立权利要求 5。

三、参考答案

（一）提交给客户的咨询意见

尊敬的 A 公司：

很高兴贵方委托我所代为办理有关空气净化器的专利申请案，经仔细阅读申请文件、审查意见通知书及引用的三篇对比文件，认为贵公司目前的发明专利申请文件存在一些不符合《专利法》和《专利法实施细则》规定的缺陷。但若对申请文件进行修改，能够克服通知书中指出的缺陷而取得专利权。

1. 关于审查意见通知书中引用的三篇对比文件 1 至 3 的适用

在审查意见通知书引用的三篇对比文件中，对比文件 1 是中国实用新型专利文件，其申请日早于该发明专利申请的申请日，授权公告日晚于该发明专利申请的申请日，该对比文件 1 只能用于判断该发明专利申请各项权利要求是否具备新颖性，但由于其未构成该发明专利申请的现有技术，因而不能用于判断各项权利要求是否具备创造性。

对比文件 2 和对比文件 3 的授权公告日均早于该发明专利申请的申请日，构成该发明专利申请的现有技术，能够用于判断各项权利要求是否具备新颖性和/或创造性。

2. 对各项权利要求存在问题的分析

（1）关于权利要求 1

审查意见通知书中指出权利要求 1 存在缺少解决技术问题的必要技术特征和相对于对比文件 1 不具备新颖性两个缺陷。

由本申请说明书记载的内容可知，本发明要解决的技术问题是有效除去空气中的甲醛等有害气体，采用的技术方案是在空气净化器中设置光催化剂板和紫外灯，光催化剂板上的光催化剂在紫外光作用下产生活性态氧，将空气中的有害气体氧化分解为二氧化碳和水等物质，由此可知光催化剂板和紫外灯是本发明解决技术问题的必要技术特征。目前的权利要求 1 中仅记载了光催化剂板而未记载紫外灯，因此权利要求 1 缺少解决技术问题的必要技术特征、不符合《专利法实施细则》第 23 条第 2 款规定的审查意见正确。

即使在权利要求 1 中补入必要技术特征"紫外灯"后能够解决权利要求 1 不符合《专利法实施细则》第 23 条第 2 款规定的问题，但是经对比分析，权利要求 1 仍不具备《专利法》第 22 条第 2 款规定的新颖性，理由如下：

对比文件 1 中国实用新型专利文件公开了一种家用空气净化设备。该家用空气净化设备包括壳体 1、位于壳体下部两侧的进风口 2、位于壳体顶部的出风口 3 以及设置在壳体底部的风机 4；所述壳体 1 内由下向上依次设置有除尘过滤网 5、活性炭过滤网 6、紫外灯 8 和光催化剂多孔陶瓷板 7。由此可见，对比文件1公开了权利要求1所要求保护的技术方案的全部技术特征，且两者的技术领域、技术方案、解决的技术问题和取得的技术效果相同。由此可知，对比文件1构成了权利要求1的抵触申请。因此即使权利要求1补入'紫外灯'这一必要技术特征，仍不具备《专利法》第22条第2款规定的新颖性。

（2）关于权利要求2

通知书中认为权利要求2相对于对比文件1和2的结合或者相对于对比文件2和3的结合不具备创造性。

由于对比文件1只可用于判断该申请权利要求是否具备新颖性，不能用于判断该申请权利要求是否具备创造性，因此通知书中认为权利要求2相对于对比文件1和2的结合不具备创造性的审查意见明显不正确。

对于权利要求2相对于对比文件2和3的结合不具备创造性的审查意见分析如下：

权利要求2引用权利要求1，其附加技术特征进一步限定了："所述第一过滤网（5）是具有向下凸起曲面（10）的活性炭过滤网，所述第二过滤网（6）是PM2.5颗粒过滤网。"

在对比文件2和3中，对比文件2是最接近的现有技术，公开了一种车载空气清新机，其包括外壳1、位于壳体一端的进风口2、位于壳体另一端侧面的出风口3，在壳体内从右往左依次设置有活性炭过滤网5、鼓风机4、PM2.5颗粒过滤网6、紫外灯8和格栅状导风板7，所述导风板7靠近出风口3，在所述导风板7上涂覆有纳米二氧化钛薄膜。

权利要求2未被对比文件2公开的技术特征为"所述第一过滤网（5）、即活性炭过滤网具有向下凸起的曲面（9）"，从而其实际要解决的技术问题是在增大过滤面积的同时使空气顺畅通过过滤网以减少噪声。对比文件3公开了一种空气过滤器，并具体公开了"呈锥状设置的活性炭过滤网"，过滤网呈锥状设置起到了增大过滤面积和使吸附的灰尘沉积在过滤网周缘而增大过滤效率。审查员由此认为两者的形状均向着气流方向突出，均能起到增大过滤面积的作用，因此认为对比文件3给出了将其中活性炭过滤网的形状应用到对比文件2以得到权利要求2技术方案的结合启示，从而得出权利要求2不具备创造性。

（3）关于权利要求3

通知书中指出权利要求3不符合《专利法实施细则》第25条第1款的规定，是指目前从属权利要求3的主题名称"光催化剂板"与其引用的权利要求1的主题名称"光催化空气净化器"不一致，这一审查意见是正确的。如果在修改后的权利要求书中仍将其限定部分作为一项从属权利要求的附加技术特征的话，这一缺陷可以通过修改权利要求3的主题名称加以解决。

此外，通知书中引用的三篇对比文件均未披露权利要求3限定部分有关光催化剂板具体结构的技术特征，因而这三篇对比文件均不能否定权利要求3的新颖性，对比文件2和3的结合不能否定权利要求3的创造性。

（4）关于权利要求4

通知书中认为权利要求书4未以说明书为依据，不符合《专利法》第26条第4款的规定。但是，估计审查员认为权利要求4要求保护的方法中包括了使空气经过光催化剂板进行过滤净化的步骤，而由说明书记载的内容可知，该空气净化方法采用的光催化剂板是"由两层表面负载有纳米二氧化钛涂层的金属丝网（10）和填充在两层金属丝网（10）之间的负载有纳米二氧化钛的多孔颗粒（11）组成的光催化剂板"，能有效催化氧化空气中的有害气体，净化效果好，从而认定并不是任一种包括光催化剂板的空气净化器均能解决该发明所要解决的技术问题，达到该发明的技术效果。因此，其得出权利要求4未以说明书为依据的结论。

对这一审查意见可以进行争辩。其一，对方法权利要求来说其步骤就属于方法技术特征，并未要求多种结构来支持该步骤特征；其二，只要紫外灯照射在涂覆有光催化剂的光催化剂板上就能起到催化氧化空气中的有害气体的作用，就能解决该发明要解决的技术问题，达到该发明的技术效果，因此不能以说明书仅给出一种结构就认定该权利要求未以说明书为依据。

但是，即使就权利要求4以说明书为依据的争辩能成功，该权利要求4所要求保护的技术方案相对于对比文件1仍不具备新颖性，因为对比文件1公开了一种家用空气净化设备的空气净化方法，该方法包括使空气经过光催化剂多孔陶瓷板进行过滤净化的步骤。由此可见，对比文件1公开了权利要求4所要求保护的技术方案的全部技术特征，且两者的技术领域、技术方案、解决的技术问题和取得的技术效果相同，构成了权利要求4的抵触申请，因此权利要求4不具备新颖性。

（5）关于权利要求5

通知书中指出权利要求5不符合《专利法》第25条第1款的规定。权利要求5要求保护一种利用光催化空气净化器治疗呼吸道类疾病的方法，是以有生命的人体为直接实施对象，属于疾病的治疗方法，属于《专利法》第25条规定的不授予专利权的客体，因此这一审查意见也是正确的。

3. 关于权利要求书的修改建议

通过上述分析，得知原权利要求1不具备新颖性和缺少必要技术特征的审查意见正确，因此应当修改独立权利要求1。

权利要求2不具备创造性的审查意见是正确的，但目前的三篇对比文件不能否定权利要求3的新颖性和创造性，在这种情形下修改方案是补入"紫外灯"和权利要求3限定部分的技术特征。考虑到权利要求3是与该发明解决技术问题直接有关的优选方案，而权利要求2具备创造性的争辩并不一定能成功，因此建议采用后一种方案，在独立权利要求1中补入必要技术特征"紫外灯"和权利要求3限定部分的技术特征。这样修改后原权利要求3所存在的主题名称与引用的权利要求主题名称不一致的缺陷也就不再存在了。

然后，再以原权利要求2限定部分的技术特征作为附加技术特征撰写一项新修改的独立权利要求1的从属权利要求2。

基于通知书中有关权利要求4未以说明书为依据的审查意见，并且权利要求4相对于对比文件1不具备新颖性，因此建议删去权利要求4。

通知书中有关权利要求5属于《专利法》第25条第1款不授予专利权的客体的审查意见正确，因此建议删去权利要求5。

以上咨询意见供参考，有问题请与我们随时沟通。

祝好！

×××专利代理机构×××专利代理师

××年××月××日

（二）修改后的权利要求书

1. 一种光催化空气净化器，包括壳体（1）、位于壳体下部两侧的进风口（2）、位于壳体顶部的出风口（3）以及设置在壳体底部的风机（4），所述壳体（1）内设置有第一过滤网（5）、光催化剂板（7）、第二过滤网（6）和紫外灯（8），其特征在于，所述光催化剂板（7）由两层表面负载有纳米二氧化钛涂层的金属丝网（10）和填充在两层金属丝网（10）之间的负载有纳米二氧化钛的多孔颗粒（11）组成。

2. 根据权利要求1所述的光催化空气净化器，其特征在于，所述第一过滤网（5）是具有向下凸起曲面（9）的活性炭过滤网，所述第二过滤网（6）是PM2.5颗粒过滤网。

第二节　改编的1996年专利代理实务机械试题及解析（答复部分）

试题说明

客户（ABC公司）委托您作为一件发明专利申请的代理师，该发明专利申请的名称为"磁化防垢除垢器"，申请日为2009年10月8日，公布日为2011年4月10日，于申请日提交的权利要求书、说明书及其摘要见附件1，此后未提出主动修改。现收到国家知识产权局发出的第一次审查意见通知书（见附件2），随此审查意见附送了两篇对比文件，有关这两篇对比文件所披露的内容分别见附件3和附件4。

请应试者针对上述审查意见通知书及所附对比文件为客户撰写一份意见陈述书。如果认为有必要，可以对专利申请的权利要求书进行修改。鉴于考试时间有限，不要求应试者对专利申请的说明书作出适应性修改。

附件1：发明专利申请文件

权 利 要 求 书

1. 一种磁化防垢除垢器，包括由非导磁材料制成的管道（1）和至少两对各以异性磁极相对的方式置于该管道（1）外表面相对两侧的永磁磁块（3，4；6，7），其特征在于：它还包括一个由导磁材料制成的外壳（2），所述管道（1）穿过所述外壳（2），并与外壳两端连成一体，所述成对永磁磁块（3，4；6，7）用铁皮（5）包覆固定在外壳（2）中的管道（1）上。

2. 按照权利要求1所述的磁化防垢除垢器，其特征在于：所述管道（1）位于外壳（2）内的中间管道（9）的横截面为方形，所述永磁磁块（3，4）的形状为条形。

3. 按照权利要求1所述的磁化防垢除垢器，其特征在于：所述管道（1）位于外壳（2）内的中间管道（9）的横截面为圆形，所述永磁磁块（6，7）的形状为瓦形。

4. 按照权利要求1至3中任一项所述的磁化防垢除垢器，其特征在于：所述永磁磁块（3，4；6，7）中任何两对位于管道（1）的不同截面上，相邻两对磁块（3，4；6，7）之间形成的磁场基本相互垂直。

5. 按照权利要求1至3中任一项所述的磁化防垢除垢器，其特征在于：所述包覆永磁磁块（3，4；6，7）的铁皮（5）的外表面与所述外壳（2）的内壁之间留有相当于所述永磁磁块（3，4；6，7）厚度的间隙。

6. 按照权利要求2或3所述的磁化防垢除垢器，其特征在于：所述管道（1）上每两对相邻磁块之间装有铁制垫圈（8）。

7. 按照权利要求1至6中任一项所述的磁化防垢除垢器，其特征在于：所述管道（1）的材料是铝合金。

说 明 书

（参见本书第二部分第四章"案例：磁化防垢除垢器"技术交底材料）

说 明 书 附 图

（参见本书第二部分第四章"案例：磁化防垢除垢器"技术交底材料）

附件2：审查意见通知书正文

1. 权利要求1和2相对于对比文件1不具备新颖性

对比文件1（见说明书第×页第×行至第×页第×行和图1、图2）不仅披露了权利要求1前序部分的技术特征，也披露了权利要求1特征部分的技术特征，因此权利要求1相对于对比文件1不具备新颖性。

对比文件1（见说明书第×页第×行至第×页第×行和图1、图2）还披露了权利要求2限定部分的技术特征，因此当权利要求 1 相对于对比文件 1 不具备新颖性时，权利要求 2 相对于对比文件 1 也不具备新颖性。

2. 权利要求 3 相对于对比文件 1 不具备新颖性，至少相对于对比文件 1 和 2 不具备创造性

权利要求 3 与对比文件 1 相比，其区别仅在于其限定部分的技术特征，即两者的区别仅在于安装磁块的管道部分的横截面形状和磁块的形状不同，而此区别相对于本发明要解决的技术问题来说是该领域技术人员所熟知的惯用手段的直接置换，因而也不具备新颖性。更何况，此区别已在对比文件 2 中第×页第×行至第×页第×行和图 1、图 2 中披露，因此权利要求 3 至少相对于对比文件 1 和对比文件 2 不具备创造性。

3. 权利要求 4 和权利要求 5 相对于对比文件 1 不具备新颖性，其中引用权利要求 3 的部分至少相对于对比文件 1 和对比文件 2 不具备创造性

权利要求 4 和权利要求 5 中限定部分的技术特征也已在对比文件 1 中公开，因此当权利要求 1 和 2 不具备新颖性时，权利要求 4 和权利要求 5 引用权利要求 1 和 2 的部分也不具备新颖性。权利要求 4 和权利要求 5 引用权利要求 3 的部分与权利要求 3 一样相对于对比文件 1 也不具备新颖性，至少相对于对比文件 1 和 2 不具备创造性。

4. 权利要求 6 相对于对比文件 1 和 2 不具备创造性

权利要求 6 中限定部分的技术特征已在对比文件 2 中披露，而且该铁制垫圈在对比文件 2 中所起作用与其在本发明中所起的作用相同，因而当其所引用的权利要求不具备新颖性或创造性时，该权利要求 6 相对于对比文件 1 和 2 不具备创造性。

5. 权利要求 7 中相对于对比文件 1 和公知常识或者相对于对比文件 1 和 2 不具备创造性

权利要求 7 中限定部分的技术特征属于本领域技术人员对管道材料的常规选择，因此当其引用的权利要求不具备新颖性或创造性时，该权利要求 7 相对于对比文件 1 和本领域的公知常识或者相对于对比文件 1 和 2 不具备创造性。

6. 权利要求 1 缺少解决技术问题的必要技术特征，不符合《专利法实施细则》第 23 条第 2 款的规定

按照说明中的记载，本实用新型要解决的技术问题是提供一种不仅能在管道中产生足够的磁通密度使水很好磁化的磁化防垢除垢器，其还能达到结构简单可靠、不会影响工作人员的身体健康。而由说明书第 2 页第 1 段和第 2 页最后一段至第 3 页第 1 段所记载的内容可知，为解决上述技术问题，必须将任何两对磁块设置在管道的不同截面上，且相邻两对磁块之间形成的磁场基本相互垂直才能在管道中产生足够的磁通密度，而且为了防止强磁场影响工作人员的健康，必须使外壳能起到二次屏蔽的作用，从而必须在包覆磁块的铁皮的外表面与所述外壳的内壁之间留有相当于磁块厚度的间隙。也就是说，目前的权利要求 1 中并未写入上述解决本实用新型技术问题的必要技术特征，因此不符合《专利法实施细则》第 23 条第 2 款的规定。

附件 3：对比文件 1

对比文件 1 为中国实用新型专利，其申请日为 2009 年 6 月 1 日，授权公告日为 2010 年 4 月 8 日，专利权人为 ABC 公司。说明书主要披露的内容和附图如下。

在图 1 示出的本实用新型磁化防垢器的具体实施方式中，由不锈钢等非导磁材料制成的管道 1 安装磁化防垢器的部分 9 的横截面为方形，在此方形管道上可安装有多对以异性磁极相对布置的条形磁块（在图中所示的实施方式为两对），所述多对磁块两两均不位于同一截面上，且相邻两对磁块交替布置，即第一对磁块若布置在方形管道的上、下侧，则在该管道下游紧接着的第二对磁块则布置在方形管道的左、右侧，接着第三对磁块布置在方形管道的上、下侧，以此类推，从而相邻两对磁块之间形成彼此垂直的磁场。如图 2 所示，各对磁块分别用铁皮将其包覆住，成为这些磁块的第一道屏蔽，以减少其向外的漏磁，从而使磁力线集中在方形管道中。此外，为了进一步防止磁场向周围环境的漏磁而影响工作人员的健康，该磁化防垢器还包括一个由导磁材料制成的外壳 2，管道穿过所述外壳，并与外壳两端连成一体，该外壳

的内壁与铁皮外表面之间留有间隙，为了确保铁皮外表面均不与外壳内壁接触，该包覆磁块的铁皮外表面的中部距圆筒形外壳之间的间隙至少相当于磁块的厚度。

附图

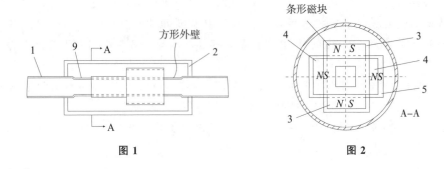

图1　　　　　　　　　　　　　　　　图2

附件4：对比文件2

对比文件1为中国实用新型专利，其申请日为2008年3月1日，授权公告日为2009年2月8日，专利权人为DEF公司。说明书主要披露的内容和附图如下。

在图1和图2示出的本实用新型磁化防垢器的具体实施方式中，由非导磁材料制成的圆形管道上安装多对以异性磁极相对布置的成对瓦形磁块（在图中所示的实施方式为两对），所述多对磁块两两均不位于同一截面上，且相邻两对磁块交替布置，即第一对磁块若布置在圆形管道的上、下侧，则在该管道下游紧接着的第二对磁块则布置在圆形管道的左、右侧，接着第三对磁块布置在圆形管道的上、下侧，以此类推，从而相邻两对磁块之间形成彼此垂直的磁场。如图2所示，各对磁块分别用铁皮将其包覆住，以减少其向外的漏磁，从而使磁力线集中在圆形管道中。此外，为了进一步防止相邻两对瓦形磁块所产生的磁场相互干扰，在相邻两对磁块之间安放有铁制垫圈。

附图

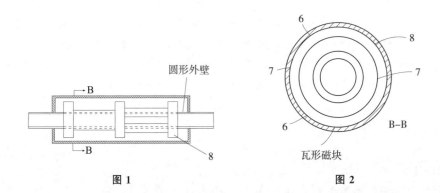

图1　　　　　　　　　　　　　　　　图2

试题解析

1. 阅读和理解专利文件

要解决的技术问题是提供一种磁化防垢除垢器，不仅能在管道中产生足够磁通强度，且结构简单可靠，不会影响工作人员的身体健康。

解决技术问题的发明构思：为避免相邻两对磁极之间发生磁力线短路，将设置在管道外表面相对两侧上的任何两对成对永磁磁块布置于管道的不同截面上；且为了防止向管道四周漏磁，为该磁化防垢除垢器设置了一个由导磁材料制成的外壳。

（1）理解权利要求书中各技术方案

权利要求 1 相对于现有技术的改进为该防垢除垢器设置了一个由导磁材料制成的外壳，以防止向管道四周漏磁；

权利要求 2 和 3 是两项并列的技术方案，但由说明书内容可知，权利要求 3 的技术方案与权利要求 2 相比能起到更好的聚磁作用，而权利要求 2 的技术方案中磁块加工方便；

权利要求 4 的附加技术特征是为了消除两对置于同一管道截面上的磁极之间发生磁力线短路而减弱磁通密度的缺陷，以保证管道中央部分有足够磁通密度；

权利要求 5 的附加技术特征是对磁化防垢除垢器外壳的进一步限定，其能保证外壳在保护磁块不受损伤的同时起到二次屏蔽作用，减少磁能损耗；

权利要求 6 的附加技术特征是对圆形管道和瓦形磁块结构的进一步限定，以防止采用大的磁块时相邻磁块相互吸引而移动位置；

权利要求 7 的附加技术特征是管道材料的常规选择。

（2）专利申请文件所存在的形式缺陷或者由于撰写不当而存在的明显实质性缺陷

权利要求 1 有可能缺少解决技术问题的必要技术特征（任何两对成对永磁磁块布置于管道的不同截面上），不符合《专利法实施细则》第 23 条第 2 款的规定；

权利要求 6 引用权利要求 2 的技术方案得不到说明书的支持，不符合《专利法》第 26 条第 4 款的规定；

多项从属权利要求 7 引用了多项从属权利要求 4 和 5，不符合《专利法实施细则》第 25 条第 2 款有关多项从属权利要求不得作为另一项多项从属权利要求基础的规定；

就应试而言，在修改后的权利要求书中应当消除类似的缺陷。

2. 对审查意见及其所引用对比文件的分析

（1）对审查意见通知书中引用对比文件性质的确认：

对比文件 1 虽然是一篇申请人本人的申请在前、授权公告在后的中国实用新型专利文件，因此按照《专利法》，该中国实用新型专利文件可以用作判断本发明专利申请是否具备新颖性的对比文件，但是该对比文件 1 不能用作评价本专利申请是否具备创造性的对比文件；

对比文件 2 是本专利申请的申请日前公告的专利文件，可用作评价本专利申请是否具备新颖性和创造性的对比文件。

（2）对比文件 1 公开了本专利申请权利要求 1 和权利要求 2 的全部技术特征，因此通知书中有关权利要求 1 和权利要求 2 不具备新颖性的审查意见正确，因此应当修改权利要求书，否则专利申请有可能被驳回。

（3）由于对比文件 1 只能用来评价本专利申请的新颖性，不能用来评价本专利申请的创造性，因此通知书中有关权利要求 3 相对于对比文件 1 和 2 不具备创造性的审查意见明显错误。此外，由说明书中记载内容来看，采用圆形管道和瓦形磁块与方形管道和条形磁块相比能带来聚磁效果，不应当认为两者为惯用手段直接置换，因而通知书中认为权利要求 3 的技术方案与对比文件 1 的区别属于惯用手段直接置换从而得出权利要求 3 相对于对比文件 1 不具备新颖性的意见不正确。

（4）通知书中有关权利要求 4 和 5 引用权利要求 1 或 2 的两个技术方案相对于对比文件 1 不具备新颖性的审查意见正确。而与前面有关权利要求 3 的分析理由相同，有关权利要求 4 和 5 引用权利要求 3 的技术方案相对于对比文件 1 不具备新颖性的意见不正确，相对于对比文件 1 和对比文件 2 不具备创造性的审查意见明显不正确。此外，权利要求 6 相对于对比文件 1 和对比文件 2 不具备创造性的审查意见也明显不正确；有关权利要求 7 相对于对比文件 1 和本领域的公知常识或者相对于对比文件 1 和对比文件 2 不具备创造性的审查意见也明显不正确。

（5）通知书中有关权利要求 1 缺少必要技术特征的审查意见部分正确，即永磁磁块中任何两对位于管道的不同截面上，相邻两对磁块之间形成的磁场基本相互垂直是必要技术特征，应写入独立权利要求之中；但是，根据说明书中的记载，包覆永磁磁块的铁皮的外表面与外壳的内壁之间留有相当于永磁磁块厚度的间隙是一种优选措施，因此不应将这一技术特征写入独立权利要求。

3. 在上述分析基础上确定权利要求书修改方案

删去权利要求1和权利要求2，可考虑争辩权利要求3具备新颖性和创造性；但正如前面所指出的权利要求4限定部分的技术特征是本发明的必要技术特征，由此可知权利要求3与权利要求1一样也缺少解决技术问题的必要技术特征，因此确定将权利要求4引用权利要求3这一部分的技术方案改写成新修改的独立权利要求。在撰写新修改的独立权利要求1时，按照《专利审查指南2023》第二部分第二章的规定，应当相对于最接近的现有技术划界，鉴于对于文件1并不属于现有技术，因此修改后的独立权利要求1相对于对比文件2进行划界。

然后，将权利要求5至7三项从属权利要求限定部分的技术特征作为附加特征分别撰写一项从属权利要求，其中为了消除原权利要求7所存在的形式缺陷，由原权利要求7改写成的从属权利要求4仅引用权利要求1或权利要求2。

需要说明的是，对于原权利要求6引用权利要求2的技术方案得不到说明书支持这一缺陷，在上述对独立权利要求进行修改后已不再存在。

修改后的权利要求书

1. 一种磁化防垢除垢器，包括由非导磁材料制成的圆形管道（1）和至少两对各以异性磁极相对的方式置于所述圆形管道（1）外表面相对两侧的瓦形永磁磁块（6，7），所述成对永磁磁块（6，7）用铁皮（5）包覆固定在所述管道（1）上；所述永磁磁块（6，7）中任何两对位于管道（1）的不同截面上，相邻两对磁块（6，7）之间形成的磁场基本相互垂直；其特征在于：它还包括一个由导磁材料制成的外壳（2），所述管道（1）穿过所述外壳（2），并与外壳两端连成一体，所述成对永磁磁块（6，7）位于所述外壳（2）中的管道（1）上。

2. 按照权利要求1所述的磁化防垢除垢器，其特征在于：所述包覆永磁磁块（6，7）的铁皮（5）的外表面与所述外壳（2）的内壁之间留有相当于所述永磁磁块（6，7）厚度的间隙。

3. 按照权利要求1或2所述的磁化防垢除垢器，其特征在于：所述管道（1）上每对磁块之间装有铁制垫圈（8）。

4. 按照权利要求1或2所述的磁化防垢除垢器，其特征在于：所述管道（1）的材料是铝合金。

4. 根据修改后的权利要求书撰写意见陈述书正文

意见陈述书正文主要包括三个部分：第一部分为修改说明，说明所作修改是针对通知书中所指出的缺陷进行的修改或者是消除原申请文件存在的缺陷而作出的修改，并说明所作修改的依据，即其在原说明书和权利要求书中的位置，从而说明所作修改符合《专利法》第33条的规定和《专利法实施细则》第57条第3款的规定；第二部分论述新修改的独立权利要求符合《专利法实施细则》第23条第2款有关包括全部必要技术特征的规定，在论述包含全部必要技术特征时还应当说明铁皮外表面与外壳内壁的间距相当于磁块厚度是优选措施，因此不是必要技术特征；第三部分重点论述新修改的独立权利要求符合《专利法》第22条第2款和第3款有关新颖性和创造性的规定，在论述独立权利要求具备新颖性和创造性时，还应当明确指明对比文件1只能用来评价本专利申请的新颖性，不能用来评价本专利申请的创造性，以及圆形管道和瓦形磁块与方形管道和条状磁块不是惯用手段的直接置换，此后简要说明修改后的权利要求2至4也具备新颖性和创造性。当然，该意见陈述书正文还应当包括引言部分和结尾部分。

意见陈述书范文

本意见陈述书是针对贵局于…年…月…日的第一次审查意见通知书作出的，随此意见陈述书附上修改的权利要求书全文以及说明书的相应替换页，以及表明修改处的参考页。

一、修改说明

针对通知书中指出的缺陷，对权利要求书进行了如下修改。

（1）删去原权利要求1至3，将原权利要求4引用权利要求3的部分改写成新的权利要求1，修改后的独立权利要求1为原权利要求4引用权利要求3部分的技术方案。

（2）在此基础上，以原权利要求5限定部分的技术特征和原权利要求6限定部分的技术特征分别作为附加技术特征，撰写了两项从属权利要求2和3。

（3）以原权利要求7限定部分的技术特征作为附加技术特征，撰写了从属权利要求4，且该权利要求4仅引用了权利要求1或2，并消除了原权利要求书中的权利要求7不符合《专利法实施细则》第25条第2款有关多项从属权利要求不得作为另一项多项从属权利要求基础规定的缺陷。

综上所述，上述修改未超出原说明书和权利要求书记载的范围，且所作修改是针对审查意见通知书中指出的缺陷或者本申请文件本身所存在的缺陷进行的修改，因此符合《专利法》第33条和《专利法实施细则》第57条第3款的规定。

二、修改后的独立权利要求1符合《专利法实施细则》第23条第2款的规定

首先，权利要求1已将原权利要求4限定部分的技术特征加入独立权利要求1的前序部分，从而减小了各对磁块所形成磁场之间的相互干扰，起到以较小磁块产生足够磁通密度的作用，克服了权利要求1缺少必要技术特征的缺陷。

其次，权利要求1相对于通知书中引用的对比文件2来说，在包覆铁皮的永磁磁块外部设置了由导磁材料制成的外壳，该导磁材料制成的外壳对永磁磁块起到二次屏蔽作用，进一步减少向周围的漏磁，而且其总和足以构成权利要求1与对比文件2相区别的技术方案，也就是说，若以对比文件2作为本发明的最接近现有技术，修改后的权利要求1也包含了解决其相对于对比文件2所要解决技术问题的必要技术特征。

此外，申请人认为，"铁皮的外表面与外壳的内壁之间留有相当于永磁磁块厚度的间隙"并不是解决技术问题的必要技术特征。由本发明专利申请说明书第2页第4段和第3页第1段记载的内容可知，铁皮的外表面与外壳的内壁之间留有相当于永磁磁块厚度的间隙只是使二次屏蔽作用的效果更好，进一步减少磁能损耗，是对本发明的优选措施，因此这一技术特征并不是解决技术问题的必要技术特征。鉴于此，修改后的权利要求书中仍将此作为本发明的附加技术特征，写成从属权利要求2。

由此可知，修改后的权利要求1已从整体上反映发明的技术方案，记载解决技术问题的必要技术特征，符合《专利法实施细则》第23条第2款的规定。

三、权利要求1至4具备新颖性和创造性，符合《专利法》第22条第2款和第3款的规定

1. 修改后的权利要求1相对于对比文件1具备新颖性

对比文件1是一件在本专利申请的申请日前向国家知识产权局提出申请、在申请日后公告的中国实用新型专利文件，可用作判断修改后的权利要求1是否具备新颖性的对比文件。

对比文件1中公开的磁化防垢器由不锈钢等非导磁材料制成的管道、多对以异性磁极相对布置方式安装在管道相对两侧的磁块、包覆磁块的铁皮以及由导磁材料制成的外壳构成，多对磁块两两均不位于同一截面上，且相邻两对磁块交替布置，但其中管道位于外壳内的中间管道的横截面为方形，永磁磁块的形状为条形，并未披露此中间管道的横截面为圆形，永磁磁块的形状为瓦形。正如本实用新型专利说明书倒数第2段第8行中所指出的，瓦形磁块具有聚磁作用，可使磁场更均匀，由此可知安装在圆形管道上的瓦形磁块与安装在方形管道上的条形磁块相比，能产生更均匀的磁场，因此不能认定两者为惯用手段的直接置换，因而修改后的权利要求1的技术方案未被对比文件1披露，故相对于对比文件1具备《专利法》第22条第2款规定的新颖性。

2. 修改后的权利要求1相对于对比文件2具备新颖性

对比文件2所披露的磁化防垢器未披露其特征部分的技术特征：它还包括一个由导磁材料制成的外壳，所述管道穿过所述外壳，并与外壳两端连成一体。该外壳可起到二次屏蔽作用，不仅进一步减少磁能损耗，且进一步防止漏磁对周围工作人员的身体造成损害。因此修改后的权利要求1的技术方案相对于对比文件2具备《专利法》第22条第2款规定的新颖性。

3. 对比文件1、对比文件2不能否定修改后的权利要求1的创造性

由于对比文件1是一件申请日前向国家知识产权局提出申请、在申请日后授权公告的中国实用新

型专利文件，因此在评价本专利申请创造性时应当不予考虑；现对修改后的独立权利要求1相对于对比文件2和本领域的公知常识具备创造性的理由作出说明。

鉴于通知书中除对比文件2外，未再引用其他可以作为现有技术评价本专利申请创造性的对比文件，因此对比文件2是本发明专利申请的最接近的现有技术。

修改后的权利要求1与对比文件2所披露的磁化防垢器相比的区别技术特征是：它还包括一个由导磁材料制成的外壳，所述管道穿过所述外壳，并与外壳两端连成一体。由此可知，修改后的权利要求1的技术方案相对于对比文件2中的磁化防垢器来说，减少了漏磁，从而使用了较小的磁块就能产生足够的磁场强度，满足防垢除垢的需要，且不会使漏磁对周围人体造成危害，也就是说，其实际解决了在管道中产生足够的磁通密度使水很好磁化且不会影响工作人员身体健康这一技术问题。

由于对比文件1在评价本专利创造性时应当不予考虑，通知书也未引用其他可以用作现有技术的对比文件，上述区别技术特征也不属于本领域技术人员解决上述技术问题的常用的公知技术手段，因此本领域技术人员在面对现有技术和考虑了本领域的公知常识后，没有将上述区别技术特征应用到对比文件2所披露的磁化防垢器中以解决上述技术问题的动机，即本领域的公知常识中未给出将上述区别技术特征应用到对比文件2所披露的磁化防垢器这一最接近现有技术中以解决上述实际技术问题的技术启示，也就是说修改后的权利要求1的技术方案相对于对比文件2以及本领域的公知常识是非显而易见的，具有突出的实质性特点。

权利要求1的技术方案相对于对比文件2披露的磁化防垢器能产生足够的磁通密度使水很好磁化且不会影响工作人员身体健康，产生了有益的技术效果，具有显著的进步。

综上所述，修改后的独立权利要求1相对于对比文件2和本领域技术人员的公知常识具备《专利法》第22条第3款规定的创造性。

4. 修改后的权利要求2至4具备新颖性和创造性

修改后的权利要求2至4分别在权利要求1的基础上对本发明专利申请磁化防垢器的结构作了进一步限定，因此当其引用的权利要求1相对于对比文件1或者相对于对比文件2具备新颖性，以及相对于对比文件2和本领域的公知常识具备创造性时，这些权利要求相对于上述对比文件和本领域的公知常识也符合《专利法》第22条第2款和第3款有关新颖性和创造性的规定。

通过上述修改，结合上述意见陈述，已克服了审查意见通知书中所指出的缺陷。

专利代理师：×××

第四部分
提出无效宣告请求专题

涉及无效程序的专利代理实务包括两个方面：其一，针对请求人准备提出无效宣告请求的发明或实用新型专利撰写无效宣告请求书；其二，针对请求人提出的无效宣告请求为专利权人撰写意见陈述书，必要时对专利文件进行修改。

在 2007 年、2009 年、2011 年、2012 年、2015 年、2016 年和 2018 年至 2021 年的专利代理实务科目的试卷中除了涉及无效实务试题，还包含了撰写专利申请权利要求书的试题（这种试题形式最为常见），作为专题则仅针对无效实务试题的应试进行阐述。本部分针对提出无效宣告请求试题的应试进行介绍。

提出无效宣告请求的主要考试内容包括：为请求人撰写无效宣告请求书和/或向请求人给出咨询意见，如根据客户所提供的多件拟作为证据使用的对比文件和拟提出无效宣告请求的专利文件说明可提出无效宣告请求的范围、理由和证据，并给出在提出本次无效宣告请求之后进一步工作的建议；或者分析无效宣告请求书草稿的无效宣告理由能否成立，分析无效前景并给出后续工作建议等。

例如，1994 年涉及无效请求书的撰写试题要求为请求人撰写一份无效宣告请求书正文的草稿并回答委托人提出的四个问题；2015 年的专利代理实务科目试卷中无效实务试题为对拟提出的无效宣告请求向客户给出咨询意见，即根据客户所提供的多件拟作为证据使用的对比文件和拟提出无效宣告请求的专利文件说明可提出无效宣告请求的范围、理由和证据，并给出在提出本次无效宣告请求之后进一步工作的建议。

第一章　请求人提出无效宣告请求试题的应试思路

一、应试总体思路

提出无效宣告请求专利代理实务试题的应试可以按照由以下五个环节组成的总体思路进行。

1. 理解专利文件中各权利要求所要求保护的主题

只有正确理解权利要求的主题，才能针对这些权利要求提出合适的无效宣告理由。

2. 对客户所提供的材料进行分析研究

在理解专利文件中各权利要求保护主题之后，对客户在委托函中所主张的无效宣告理由和所提供的支持其主张的证据进行分析研究。对于客户所主张的无效宣告理由，确定其中哪些属于《专利法实施细则》第 69 条第 2 款规定的法定的无效宣告理由；对客户提供的证据，初步对其合法性、真实性及其与该专利的关联性作出判断，以确定哪些证据有可能被采信。

3. 无效宣告理由的确定和证据的选择

正确选择无效宣告理由和正确选用支持该理由的证据能体现出专利代理师的能力和水平，是考试的重要考核内容。

4. 对该专利无效宣告请求前景作出判断，向客户给出咨询意见

在作出上述分析后，对该专利无效宣告请求前景作出判断，并根据此判断向客户给出必要的咨询意见，该咨询意见通常包括：对无效宣告请求时可采用的理由、证据和无效宣告请求的范围作出分析

说明；说明未采用客户所主张的某些无效宣告理由和提供的某些证据的原因；对该专利无效宣告请求前景的分析；根据前景分析向客户提出必要的建议。

5. 撰写无效宣告请求书

根据上述分析结果，为无效宣告请求人撰写无效宣告请求书，其应当符合格式要求，必要的内容不得有遗漏，尤其是对无效宣告理由的具体论述应当符合规范。

二、应试过程中为体现应试思路在各环节需要做的具体工作

下面针对应试过程中五个环节具体说明应试思路。

（一）理解专利文件中各权利要求所要求保护的主题

首先，需要认真阅读试题中所给出的专利文件，理解各个权利要求所要求保护的主题，以便针对这些主题选择合适的无效宣告理由以及支持相应理由的证据。具体来说，应当弄清下述五个问题。

（1）阅读理解专利文件，确定各权利要求由其技术特征所限定的技术方案的含义、每个技术特征在该发明创造中的作用以及各权利要求之间的区别，其中对于权利要求中个别表述欠清楚的技术特征通过说明书来理解其确切的含义。

（2）对于独立权利要求，根据说明书进一步明确其相对于背景技术中的现有技术（尤其是最接近的现有技术）解决了什么技术问题，采取了哪些技术措施（确定相对于最接近的现有技术的区别技术特征），产生了哪些技术效果。

（3）对于从属权利要求，理解其附加技术特征起何种作用，为该发明创造带来了什么技术效果。

（4）如专利有优先权要求，且试题中还给出了在先优先权文本的情况，需要确定哪些权利要求可以享有优先权，哪些不能享有优先权，以便针对每项权利要求确定其现有技术的时间界限。例如，2011年专利代理实务科目的试卷有关无效宣告请求实务的试题中，拟提出无效宣告请求的专利的权利要求1可以享有优先权，权利要求2至4不能享有优先权（享有部分优先权）。同样，如果对比文件为有优先权要求的中国专利申请文件或专利文件，且试题中也给出其在先优先权文本的话，则用该对比文件作为抵触申请来否定新颖性时，需要核实该对比文件中用作对比的技术方案可否享有优先权。当然，对于上述有优先权要求，但没有给出优先权文本，则应根据试题说明及相关信息来确定优先权是否成立，例如，试题说明明确不需要质疑优先权不成立，则应认可优先权的成立。

（5）专利文件是否存在可以作为无效宣告理由的明显实质性缺陷，例如，2011年和2015年专利代理实务科目试卷有关无效宣告请求实务的试题的考点中，就包含了需要考生发现部分从属权利要求存在未以说明书为依据或者存在未清楚限定专利要求保护范围的缺陷。

（二）对请求人所提供的材料进行研究

其次，主要针对客户的委托意见（试题中多半以委托函的方式给出，也有可能在题面说明中给出）以及所针对的事实和所提供的证据进行分析研究。

1. 研究客户的委托意见

如果客户在委托函中提出了无效宣告理由，则首先应当分析这些理由是否属于《专利法实施细则》第69条第2款规定的范围。若其中包含有明显不属于《专利法实施细则》第69条第2款规定范围的理由，则应当将这些理由排除。

2. 针对无效宣告理由涉及的事实和提供的证据进行分析研究

对于属于《专利法实施细则》第69条第2款规定范围的无效宣告理由，分为不需要证据支持和需要证据支持两种情况来考虑。

对于不需要证据支持的法定无效宣告理由，通常针对专利文件中写明的事实进行分析，判断从该事实能否得出该专利确实存在相应无效宣告理由所涉及的不符合《专利法实施细则》规定的缺陷。

对于需要证据支持的法定无效宣告理由（如不具备新颖性、创造性），应当分析客户所提出的所有证据的合法性、真实性以及与上述待证事实的关联性。

（1）首先考虑客户提供的证据可否被采信，即核对客户提出的所有证据的合法性和真实性，例如需要公证或认证的证据应当符合公证程序、对外文证据所使用的部分应当提交中文译文等。

（2）将客户提供的对比文件或者使用公开等证据按照其公开的日期与该专利的申请日的关系加以分类，以便确定各对比文件和使用公开等证据与所针对的专利的相关程度，进而确定在无效宣告请求中采用哪些对比文件或使用公开等证据，以及应当如何采用这些证据。

（3）在上述工作的基础上，对于那些与该专利新颖性和创造性的判断相关的现有技术和与该专利新颖性判断相关的申请在先、公布或公告在后的中国专利申请文件或专利文件，具体分析这些证据所披露的内容，确定其是否披露了该专利各个权利要求中相应的技术特征。具体来说，应当考虑下述四个方面。

① 每项现有技术或者申请在先、公布或公告在后的中国专利申请文件或专利文件分别披露了该专利独立权利要求中的哪些技术特征？

② 每项现有技术或者申请在先、公布或公告在后的中国专利申请文件或专利文件对各从属权利要求分别披露了哪些技术特征？

③ 每项现有技术所披露的技术特征（尤其是独立权利要求中的区别技术特征和从属权利要求中的附加技术特征）在各项现有技术中所起的作用是什么？

④ 在这些现有技术中，对于该专利的每一项独立权利要求，分别确定以哪一项现有技术作为最接近的现有技术。

经过上述分析，为无效宣告理由和证据的选择以及无效宣告请求书的撰写做好准备。

（三）无效宣告理由的确定和证据的选择

再次，在上述工作的基础上，分析确定无效宣告理由，并选择相应的证据。

1. 排除明显不属于法定理由的无效宣告理由

对于委托函中客户提出的无效宣告理由，首先应当从其中排除那些不属于《专利法实施细则》第69条第2款所规定的无效宣告理由。例如，多项独立权利要求之间不符合《专利法》第31条第1款有关单一性的规定，独立权利要求未相对于最接近的现有技术划清前序部分和特征部分的界限而不符合《专利法实施细则》第24条第1款的规定，从属权利要求引用部分不符合《专利法实施细则》第25条第2款的规定，依赖遗传资源完成的发明创造但没有提供遗传资源来源披露登记表而不符合《专利法》第26条第5款的规定等。

2. 对需要证据支持的法定无效宣告理由进行分析

对于需要证据支持的法定无效宣告理由，应当根据前面的分析选择可用作支持该法定无效宣告理由的证据，在此基础上分析这些证据是否足以使该专利宣告全部无效或部分无效。

（1）根据前面的分析，选择可用作支持该法定无效宣告理由的证据。首先，应当舍弃那些从公开日来看与该专利不相关联的证据。

舍弃那些既不属于该专利的现有技术，又不是该专利申请在先公布或公告在后的中国专利申请文件或专利文件，也不是与该专利同日申请且公告在后的中国专利文件的证据。例如1994年无效实务试题中的申请日前申请、申请日后公开的法国专利申请文件就属于这类应当舍弃的证据。

舍弃不会导致该专利重复授权的对比文件。如1996年无效实务试题中两篇技术内容明显与该专利相差较远的对比文件以及2015年的无效实务试题中的一篇在涉案专利的申请日前提出申请且在该涉案专利的申请日当天公告，但未记载涉案专利任一项权利要求技术方案的中国专利文件就是属于这类应当舍弃的证据。

仅仅将那些能够否定该专利新颖性的对比文件，或者能与其他现有技术或公知常识结合起来否定该专利创造性的对比文件，或者能证明该专利重复授权的对比文件，作为支持无效宣告理由的证据，例如：1994年无效实务试题中仅选用一篇申请日前公开的美国专利说明书作为否定该涉案专利部分权利要求新颖性的证据；1996年无效实务试题仅选用一篇申请日前申请、申请日后授权公告的实用新型专利说明书作为否定该涉案专利部分权利要求新颖性的证据；2015年专利代理实务科目试卷的无效实务试题仅选用另两篇构成现有技术的对比文件作为否定该涉案专利部分权利要求不具备新颖性和创造性的证据；但是，在2011年的无效实务试题中不仅应当将支持该专利的权利要求1和权利要求2不具备新颖性和创造性的两篇对比文件（附件2和附件3）作为证据，由于还需要证明权利要求2不能享有优先权，还应当将该专利（附件1）和其优先权文件（附件4）也作为证据。

（2）分析这些证据是否足以使该专利宣告全部无效或部分无效。多半以该专利不具备《专利法》第22条第2款规定的新颖性和第3款规定的创造性为无效宣告理由。

需要提请注意的是，对于同一权利要求若有多种单独对比或组合方式否定新颖性或创造性时，均应当考虑，但是应当从其中选择最容易说明其确实存在相应无效宣告理由的证据或者组合方式作为论述的重点。此外，证据与理由的选择应当相适应，即证据能够充分支持所选择的无效宣告理由。

3. 对其他不需要证据的法定无效宣告理由进行分析

对于不需要证据的法定无效宣告理由，根据前面对专利文件是否确实存在相应无效宣告理由所涉及的不符合专利法及其实施细则的缺陷的分析，确定以此作为提出无效宣告理由有无成功的可能。

有时同一事实可以选用不同条款的理由，例如，既可以用独立权利要求缺少必要技术特征作为无效宣告理由，又可以用该权利要求未清楚限定要求专利保护范围作为无效宣告理由，还可以用权利要求未以说明书为依据作为无效宣告理由，这时，应当从其中选择最容易理解且确实存在实质缺陷的理由或者论述最容易的理由作为首选理由。

4. 确定无效宣告理由及所需要的证据

通过前面分析，排除那些不属于《专利法实施细则》第69条第2款规定范围的理由以及那些根本不可能取得成功的理由，将其他有可能取得无效宣告请求成功的理由确定为无效宣告理由。对于存在多个有可能取得成功的无效宣告理由时，应当从其中选择最有说服力、请求无效成功可能性最大的理由，作为无效宣告理由的重点。

（四）对无效宣告请求的前景作出正确判断，向客户给出咨询意见

最后，需要对无效宣告请求的前景作出判断，并根据判断结果给出咨询意见。咨询意见除起始语段和结束语段外，主要涉及如下三方面的内容。

1. 对客户所提供的证据说明其适用范围

提出无效宣告请求时可以用于支持无效宣告理由的证据主要有三类：构成涉案专利的现有技术；申请在先、公布或公告在后的中国专利申请文件或专利文件；相同申请日且公告在后的中国专利文件。在咨询意见中对客户提供的证据进行分类，并分别说明这些证据的适用范围。

若客户所提供的证据在提出无效宣告请求时未被采用的，应当告知客户，并具体说明未采用的理由。例如，1994年的无效实务试题中未采用法国专利申请文件，应当在咨询意见中明确告知客户：该法国专利申请文件的公开日在该专利的申请日之后，不是该专利的现有技术，也不满足构成抵触申请的必要条件之一（向中国提出的专利申请），由此可知，该文件既不能作为判断该专利申请不具备新颖性的证据，也不能作为判断该专利申请不具备创造性的证据，因此无效宣告请求书中未采用这一证据；2015年的无效实务试题中未采用申请在先、公告在后的中国专利文件，应当在咨询意见中告知客户该对比文件只能用于判断涉案专利是否具备新颖性，但其未披露涉案专利中任何一项权利要求的技术方案，因此无效宣告请求书中未采用这一证据。

2. 针对涉案专利（主要是权利要求书）说明其存在可以作为无效宣告理由提出的实质性缺陷

这部分应当以相关规定为依据具体分析说明涉案专利（主要是各项权利要求）所存在的与各个无效宣告理由相应的实质性缺陷。

若同一权利要求可以提出多个无效宣告理由，均应在咨询意见中写明，但以最有可能被宣告无效的理由为主；对于同一权利要求以其不具备新颖性或创造性为无效宣告理由时，若有多种单独对比方式或多种结合对比方式，均应作出具体说明，但应注意突出最易被宣告无效的单独对比或结合对比方式。

如果试题中未要求撰写无效宣告请求书，则这部分是应试得分重点；如果试题中要求撰写无效宣告请求书，则这部分内容已体现在无效宣告请求书中，在咨询意见中可以省去这部分内容。

此外，若客户所主张的无效宣告理由未被采用的，应当告知客户，并具体说明为何未作为无效宣告理由提出。❶

3. 对后续工作的建议

若通过对无效宣告请求前景的分析得知难以宣告全部无效时，应当向客户作出说明，并应当给出建议。即在咨询意见中还应当向客户提出补充有关证据或进行补充检索的建议，例如，对于公开使用的证据尚未构成完整的证明体系或者缺少需要的证明文件或其他材料的，应当要求请求人尽快补充，以便在提出无效宣告请求之日起一个月内向国家知识产权局补交；对于证据明显不足的，建议客户对现有技术进行补充检索或调研，以在允许的法定期限内补交。例如，1996 年无效实务试题以及 2015 年和 2016 年专利代理实务科目试卷中无效实务试题的考点之一为所提证据难以宣告该专利全部无效（2015 年和 2016 年试题），甚至有可能会维持专利权全部有效（1996 年试题），应当建议客户及时进行补充检索，若检索到更有力的证据，在提出无效宣告请求之日起一个月内提交，若检索不到更有力的证据，应当考虑与专利权人谋求和解。当然，对于侵权反诉案件，还应当结合侵权案的实际情况给出建议等。还有一种形式，即如 2018 年专利代理实务试题无效部分还要求在撰写无效宣告请求书的基础上，需要考虑专利权人的应对方式，实际上是从专利权人的角度来考虑如何选择最佳的权利要求书修改方式，以尽可能将对方的产品仍然涵盖在权利要求保护范围之内。

咨询意见除包括上述三方面外，如果请求人在委托函中还对程序问题或其他实体问题提出咨询，则在咨询意见中逐一作出解答。例如欧洲专利局有关异议（相当于我国的无效程序）的试题可作为考生备考的参考。在欧洲专利局 1993 年和 2007 年异议试题的咨询意见中就涉及程序问题或其他实体问题，例如，涉及专利局的审批程序错误或者审批期间增加新的从属权利要求是否属于无效宣告理由，在允许增加无效宣告理由和补充证据的期限之后可否扩大无效宣告请求的范围，合议组可否依职权扩大审查的范围，合议组个别成员与案件有利害关系可否请求回避，不参加口头审理的后果，商业成功可否作为创造性判断依据等。由此可知，考生在备考时还应当十分熟悉有关无效程序在程序方面和实体方面的基本知识。

（五）无效宣告请求书的撰写

根据前述分析，完成无效宣告请求书正文（无效宣告请求书专用表格所附的无效宣告请求书正文）的撰写内容，需要注意相关的撰写要求和格式要求。

1. 无效宣告请求书正文的内容

（1）起始语段。作为首段，其包括无效宣告请求的对象、提出无效宣告请求的法律依据、无效宣告理由和无效宣告请求的范围。

（2）根据所提事实和证据具体阐述无效宣告理由。这部分是无效宣告请求书正文的核心部分。

首先，若有证据，可以先编号列出所有证据，提供必要信息，如专利文献应给出国别代码、文献类别、文献号、公开日期等。

其次，对拟提出无效宣告请求的专利文件的内容作出简要说明，若针对权利要求提出无效宣告理由的，可以列出独立权利要求的内容（在考试中为节约时间，可以仅简单指出其要求保护的主题）。

最后，以这些证据为依据，具体论述这些证据所证明的事实，在此基础上针对授权的权利要求书和/或说明书的内容进行分析，阐明所主张的无效宣告理由。

若有多个理由，最好编号分节来阐述。每一个理由都需要明确针对的对象（权利要求），所采用的证据，并进行具体分析。例如，对于不符合新颖性、创造性的分析，最好将独立权利要求与从属权利要求分开加以说明；对于创造性，应严格按照《专利审查指南 2023》规定的"三步法"来进行，其具

---

❶ 试题中可能出现客户在委托函中主张无效宣告理由的情况，若有此内容，多半会包含有不属于法定无效宣告理由的主张，因此对于该得分点，最好在这部分先明确告知客户其不属于法定的无效宣告理由。

体论述思路类似于答复审查意见通知书时对创造性的说理分析，只不过在无效宣告请求书中的分析是为了得出不具备创造性的结论，而在答复审查意见通知书的意见陈述书中的分析是为了得出具备创造性的结论。常见无效宣告理由的论述规范，将在下面作进一步说明。

（3）结尾语段。在该段中总结陈述被请求宣告无效的专利存在哪些不符合《专利法》及其实施细则相应条款（无效宣告理由所涉及条款）的规定，并根据请求宣告无效的范围，明确是请求宣告专利权全部无效，还是部分无效。

2. 无效宣告请求书正文撰写注意事项

无效宣告请求书正文撰写时，应当注意满足下述要求。

（1）认定事实清楚、有理有据、逻辑清晰；应当避免强词夺理，避免仅仅提出请求无效的主张而没有针对性，或者罗列有关证据而没有具体分析说理。

（2）应当条理清楚、主次分明、词语规范（注意不要出现专利用语的概念错误）；对于比较有把握的无效宣告理由作为主要无效宣告理由，应当首先进行说明，对于次要的、不作为主要无效宣告理由，则在其后说明。

（3）应当将《专利法》及其实施细则中有关的项、款、条作为独立的无效宣告理由提出。

（4）具体论述无效宣告理由时应当依据《专利法》及其实施细则和《专利审查指南2023》的规定进行分析。

（5）应当针对专利文件进行准确、具体的分析，具体论述无效宣告理由。

（6）对于同一权利要求若存在多个无效宣告理由的，都应当在无效宣告请求书中作出说明。

（7）在结合证据论述不具备新颖性、创造性的理由时，应当指明其最接近的对比文件，并且应当指明其对比方式（单独对比还是结合对比），如果是结合对比，还应当指明具体结合方式；在具体分析时指出对比文件所披露的具体内容时，应当具体指明在对比文件中何处披露（具体说明对比文件的使用部分）。

（8）对于同一权利要求若存在多种单独对比或组合方式否定新颖性或创造性时，都应当在请求书中作出说明。

（9）在论述权利要求不具备新颖性时，在指出对比文件披露了权利要求的技术方案后，还必须指出该权利要求技术方案与对比文件公开方案在技术领域、要解决的技术问题、技术效果三方面实质相同，才能得出该权利要求不具备新颖性的结论；在论述权利要求不具备创造性时，在指出权利要求相对于对比文件的结合不具有突出的实质性特点（对发明专利）或实质性特点（对实用新型专利）就可直接得出其不具备创造性的结论。

（10）对于一项权利要求，若选用现有技术证据来否定其新颖性后，最好还指出该权利要求相对于该现有技术证据至少不具备创造性。

（11）在针对某权利要求具体论述无效宣告理由时，如果权利要求包括多个并列的技术方案，必要时应当针对各个技术方案分别加以说明。

（12）针对某权利要求论述无效宣告理由时应当针对由该权利要求各个技术特征所限定的技术方案进行分析，例如，使发明产生预料不到的技术效果的技术特征或者体现克服技术偏见的技术特征仅记载在说明书中，而没有记载在权利要求中，则在以不具备创造性为理由提出无效宣告请求时就不应当考虑这些技术特征。

三、常见无效宣告理由的论述规范

下面重点介绍在无效宣告请求中如何论述专利权利要求不符合专利授权条件的常见条款，包括不具备新颖性、不具备创造性、权利要求书未以说明书为依据、独立权利要求缺少必要技术特征、说明书未充分公开发明或实用新型等。

1. 关于不具备新颖性的论述规范

首先，需要指出权利要求的主题（先针对独立权利要求），必要时明确其技术领域、解决的技术问题、预期的技术效果。

其次，陈述对比文件披露的技术内容（应当指出在对比文件的具体位置，即出处），重点论述对比文件中的技术特征与权利要求中的技术特征的对应关系（通常称为"特征对比"），尤其对于对比文件中所采用的术语与权利要求中不同，但实际上是相同的技术特征，应当采用类似于"对比文件中披露的×××相当于权利要求1中的×××"来体现。

再次，在特征对比的基础上，得出权利要求的技术方案与对比文件披露的技术方案实质上相同。根据两者属于相同（或实质相同）的技术领域，技术方案实质相同，解决相同（或实质相同）的技术问题，可获得相同（或实质相同）的技术效果，得出"权利要求相对于该对比文件不具备新颖性、不符合《专利法》第22条第2款的规定"的结论。

需要说明的是，如果证据为构成抵触申请的对比文件，还应当在指出对比文件披露了该权利要求的技术方案之前，具体说明此对比文件为该专利申请日（有优先权的，指优先权日）前提出申请、申请日以后公布或公告的中国专利申请文件或专利文件；在进行特征对比及说明两者技术领域、技术方案、解决的技术问题和技术效果相同或实质相同之后，指出其构成了该权利要求的抵触申请，再得出其不符合《专利法》第22条第2款规定的结论。

在对独立权利要求进行分析时，应根据《专利审查指南2023》关于单独对比原则进行，如果确定影响新颖性的对比文件有多篇，则应当逐篇分别予以说明，即在论述权利要求相对于某篇对比文件不具备新颖性时，一方面不要提及任何其他对比文件，另一方面注意引用对比文件中的技术内容应属于一个技术方案，以避免将不同对比文件组合或将不同技术方案的组合来评述权利要求不具备新颖性的错误。

最后，如果认为从属权利要求也不具备新颖性，则通常先表明这些权利要求是从属权利要求，是对独立权利要求的进一步限定，应指出在该同一篇对比文件的同一个技术方案中也公开了从属权利要求的附加技术特征（并注明在对比文件中的具体位置）。最后得出该从属权利要求不具备新颖性的结论，可采用如下类似描述"权利要求2至4是对独立权利要求1作进一步限定的从属权利要求，由于其附加技术特征也在该同一篇对比文件中披露，因此在权利要求1相对于该对比文件不具备新颖性的基础上，权利要求2至4相对于该对比文件也不具备新颖性，不符合《专利法》第22条第2款的规定"。

2. 关于不具备创造性的论述规范

在撰写无效宣告请求书正文的考试中，关于权利要求不具备创造性的无效宣告理由通常是考试重点。在论述其不具有突出的实质性特点（对于发明专利）或实质性特点（对于实用新型专利）时应当严格按照"三步法"来进行，具体要求如下。

（1）指明被评价权利要求要求保护的主题。

（2）明确指出哪一篇对比文件是最接近的现有技术，有时还要简单分析一下其是最接近的现有技术的理由。

（3）指出最接近的现有技术披露的技术方案（针对其中一个技术方案而言，而不是不同技术方案的组合），如果对技术方案的描述还不能清楚表明其技术领域、解决的技术问题、达到的技术效果时，还应对这些方面进行说明。

（4）将对比文件披露的技术方案与权利要求的技术方案进行比较，得出权利要求与最接近的现有技术的区别所在（即区别技术特征）。

（5）通过分析上述区别技术特征的功能、作用和达到的效果，以确定发明相对于最接近的现有技术实际解决的技术问题。

需要说明的是，应当基于上述认定的区别技术特征所能达到的技术效果、作用或功能来确定发明实际解决的技术问题，而这种技术效果应当是本领域技术人员能够从申请文件中所记载的内容得知。对于所确定的技术问题，如果说明书中已有记载，则采用说明书中的方式来说明，如果没有明确记载则通过所基于的技术效果、作用或功能所能够明确推导出来的技术问题，进行合理的说明（作为考试，后者更侧重通过一般常识，甚至生活常识即能确定）。

（6）确定发明实际解决的技术问题后，接下来分析现有技术存在技术启示。通常可以通过三种方式之一来分析存在技术启示：其一，如果在另一篇对比文件中披露了该区别技术特征，并且所起作用相同，则得出存在技术启示的结论；其二，如果在最接近的现有技术对比文件的其他部分中披露了该区别技术特征，并且所起作用相同，则得出存在技术启示的结论；其三，如果所述区别技术特征是本领域的公知常识，即本领域解决该实际解决的技术问题的惯用手段，则得出存在技术启示的结论。无论采用上述哪一种方式说明存在技术启示，都应当具体说明理由，不能仅给出断言，也就是说，在论述区别技术特征被对比文件披露时，必须提到其所起的作用与在该发明中所起作用相同，才能得出存在技术启示的结论，对于公知常识，只有在区别技术特征属于基本常识如极简单的生活常识的情况，才可以认定属于公知常识，否则应尽可能在对比文件中找到披露的证据，如果确实认定为公知常识，则应当进行充分的说理和分析。

（7）在确定存在技术启示的情况下，指出权利要求是显而易见的，不具有突出的实质性特点（对发明专利）或实质性特点（对实用新型专利）的结论。需要提请注意的是，此处对于发明而言，关键词"突出的实质性特点"必须写出来，而且不能漏掉"突出的"字样。相反，对于实用新型而言，只能写"实质性特点"，不要误写为"突出的实质性特点"。

（8）在指出该权利要求不具有"突出的实质性特点"（发明）或"实质性特点"（实用新型）后，通常就可以直接得出"该权利要求不具备《专利法》第22条第3款有关创造性规定"的结论。尤其需要提请注意的是，不能仅仅以发明或实用新型没有获得预料不到的技术效果，来否定权利要求的创造性。

（9）关于独立权利要求不具备创造性论述完后，如果从属权利要求也不具备创造性，则可以在论述独立权利要求不具有创造性的基础上作进一步论述。例如，其附加技术特征在对比文件中被披露（需要指明在对比文件中的具体位置），并且其作用相同，或者属于本领域解决相同技术问题的惯用手段（公知常识），因而在其引用的权利要求不具备创造性的基础上，该从属权利要求也不具备创造性，不符合《专利法》第22条第3款的规定。

此外，如果前面的权利要求不具备新颖性，而从属权利要求不具备创造性，则论述从属权利要求不具备创造性时也应基本按上述第（1）点至第（8）点的思路进行论述，但对于前面论述已写明的内容则可以不再重复。

（10）如果存在不同组合来否定权利要求的创造性，则应当分别加以论述。当然，从考试的角度来看，通常不会出现太多的不同组合来否定权利要求的创造性。

3. 关于权利要求未以说明书为依据的意见陈述规范

在论述权利要求未以说明书为依据时，按下述方式和格式撰写。

首先，明确权利要求的主题及请求保护的范围，指明发明要解决的技术问题。

其次，重点分析权利要求未以说明书为依据的理由所涉及的技术特征所涵盖的范围。例如，指出概括不当的技术特征或者不恰当地使用了功能性限定的技术特征的范围。

再次，结合案件具体情况，由说明书中所公开的内容具体地说明属于《专利审查指南2023》中所写明的哪一种权利要求得不到说明书支持的情况：①根据说明书写明的要解决的技术问题及其对权利要求中涉及未以说明书为依据的技术特征的要求，分析权利要求中该技术特征所涵盖的范围存在不能解决技术问题的内容；或者②根据说明书中的具体实施方式说明发明的关键是利用了某一具体技术特征的某种技术效果，而采用上位概括或者并列选择方式的权利要求包括了申请人推测而其技术效果难以事先评价的内容等。

例如，对于权利要求中对某技术特征采用了上位概念，而说明书给出少数几个下位概念的实施方式或实施例，此时需要具体说明发明利用了这些下位概念的哪些特性来解决技术问题的，而该上位概念概括所包含的所有方式并不都具有该特性，因而权利要求中所采用的上位概括包含了不能解决发明所要解决的技术问题或者不能得到相同技术效果的范围。又如，对于不恰当的功能性限定的技术特征，则具体分析权利要求中所限定的功能是以说明书实施方式或实施例记载的特定方式完成的，本领域技术人员不能明了此功能还可以采用说明书中未提到的其他替代方式来完成，或者有理由怀疑该功能性限定所包含的一种或几种特定方式不能解决发明要解决的技术问题并达到相同的技术效果等。

最后，在上述分析基础上说明权利要求得不到说明书的支持，从而得出不符合《专利法》第26条第4款有关权利要求以说明书为依据规定的结论。

需要提请注意的是，作为无效宣告程序，必须针对权利要求书实质上未得到说明书支持而说明其未以说明书为依据，不能仅仅以权利要求的技术方案没有在说明书中有相应的文字记载这种表述上的不一致为由而得出权利要求书未以说明书为依据的结论；此外，在分析和说明时不能仅仅以具体实施方式部分的内容来评价权利要求未以说明书为依据，而应当表明全面考虑了说明书的所有内容。

4. 关于独立权利要求缺乏必要技术特征的论述规范

论述独立权利要求缺乏必要技术特征，关键是判断独立权利要求是否记载了为解决所述技术问题的全部必要技术特征。首先，应当依据说明书记载的内容具体指明发明或实用新型所要解决的技术问题；其次，结合说明书的背景技术，尤其是说明书具体实施方式部分记载的相关内容具体分析该发明或实用新型为解决所述技术问题所必需的所有技术特征，在此基础上进一步指出独立权利要求缺乏哪些必要技术特征，并说明缺乏这些技术特征而无法解决所述技术问题的理由；最后，得出独立权利要求缺乏必要技术特征，不符合《专利法实施细则》第23条第2款的规定的结论（明确结论，给出法律依据）。

其中需要注意的是，所解决的技术问题是指说明书发明内容部分明确记载或者虽未明确记载但能直接、毫无疑义得出的所要解决的技术问题，并非根据现有技术而重新确定的技术问题（不是创造性判断"三步法"中所确定的发明或者实用新型实际解决的技术问题），也不是本领域技术人员重新认定的技术问题（不是考生根据申请文件的内容来认定的技术问题），也不是技术方案客观解决而说明书发明内容部分未明确写明的技术问题。

5. 关于权利要求未清楚限定要求专利保护范围的论述规范

论述权利要求未清楚限定要求专利保护的范围时，一般应包括如下三方面内容。

（1）明确指出权利要求中存在不清楚的内容。

（2）具体分析上述内容为何导致权利要求未清楚限定专利要求保护的范围，即根据权利要求不清楚的具体情形，以《专利审查指南2023》第二部分第二章第3.2.2节中的相应规定为依据，具体说明该权利要求未清楚地限定要求专利保护的范围。

其中，权利要求未清楚地限定要求专利保护的范围可能由于各种不同原因造成，例如，从属权利要求中进一步限定的技术特征未直接或间接出现在其引用的权利要求中、权利要求中的文字表述相互矛盾、权利要求中所采用的术语含义不明确、权利要求中出现"尤其是""最好是""必要时"等会使权利要求限定出不同保护范围的词语、从属权利要求引用关系错误等。但权利要求不清楚的具体情形难以举全，在论述时需要根据不同情形分别采取对应的说明方式。

（3）明确得出所述权利要求不符合《专利法》第26条第4款关于权利要求未清楚限定专利要求保护的范围规定的结论。

此外，对于以权利要求不符合《专利法》第26条第4款有关"清楚、简要地限定要求专利保护范围"的规定作为无效宣告理由时，需要特别注意以下三点。

（1）权利要求未简要地限定要求专利保护的范围通常不影响权利要求保护范围的确定，属于权利要求所存在的非实质性缺陷，因此，通常不以"权利要求未简要地限定要求专利保护的范围"作为无效宣告理由。

（2）权利要求未清楚限定要求专利保护的范围分为实质不清楚和形式不清楚。其中，对于文字表述不清、文字表达错误等，只要其不影响权利要求保护范围的确定，则不应当据此以权利要求不清楚作为无效宣告理由。在考试时，需要确定所述不清楚是否导致权利要求保护范围的不清楚，以确定是否作为无效宣告理由。

（3）如果独立权利要求或者从属权利要求中已记载相关特征，但对其中的部分技术特征未限定清楚，则属于权利要求未清楚限定要求专利保护范围的情形。需要说明的是，对于从属权利要求来说，由于缺乏必要技术特征仅针对独立权利要求而言的，因而不能认定为缺乏必要技术特征，在这种情形下只能以其不符合《专利法》第26条第4款有关"清楚限定要求专利保护范围"的规定作为无效宣告理由。

6. 关于说明书公开不充分的论述规范

在无效程序中，为论述说明书公开不充分，往往需要联系对应的权利要求加以说明。其原因在于：如果说明书中未充分公开的技术内容与权利要求书中要求保护的主题无关，则以此为理由提出的无效宣告请求不能得到国家知识产权局的支持，由此可知无效宣告请求书中不结合权利要求来论述发明创造公开不充分不可能取得成功。基于此，对于无效宣告程序中的说明书未充分公开的无效宣告理由，通常可以按下述方式论述。

首先，明确所针对的权利要求，简单提及所要求保护的主题，即概述权利要求的技术方案及所解决的技术问题。

其次，针对该技术方案所要解决的技术问题，指出说明书缺少哪些内容，或哪些内容没有清楚描述。

再次，分析缺少该部分内容将导致本领域的技术人员无法实现所要求保护的技术方案，在此处应当结合案情具体说明原因。

最后，根据法律依据给出明确的结论，例如，"由上述分析可知，权利要求×的技术方案在说明书中没有充分公开，而不符合《专利法》第26条第3款的规定。因此，权利要求×应当被宣告无效"。

第二章 典型无效宣告请求真题及解析

下面通过两套涉及无效宣告请求的真题来讲解其答题思路和具体的应试方式。

第一节 2015年全国专利代理实务试题及解析（无效宣告请求部分）

试题说明

客户A公司遭遇B公司提出的专利侵权诉讼，拟对B公司的实用新型专利（下称"涉案专利"）提出无效宣告请求，同时A公司自行研发了相关技术。为此，A公司向你所在的代理机构提供了涉案专利和三份对比文件。现委托你所在的专利代理机构办理相关事务。

请你根据客户提供的涉案专利和对比文件为客户撰写咨询意见，要求说明可提出无效宣告请求的范围、理由和证据，其中无效宣告请求理由要根据专利法以及实施细则的有关条、款、项逐一阐述；如果基于你所撰写的咨询意见提出无效宣告请求，请你分析在提出本次无效宣告请求之后进一步的工作建议，例如是否需要补充证据等，如果需要，说明理由以及应当符合的要求。

涉案专利

(19) 中华人民共和国国家知识产权局

（12）实用新型专利

(45) 授权公告日 2015.02.11

(21) 申请号 201425634028.X

(22) 申请日 2014.03.23

(73) 专利权人 B公司

（其余著录项目略）

权 利 要 求 书

1. 一种卡箍，包括第一本体（1），第二本体（2）和紧固装置（3），所述紧固装置（3）包括螺栓（32），其特征在于：所述第一本体（1）的一端与第二本体（2）的一端铰接，第一本体（1）的另一端与第二本体（2）的另一端通过螺栓（32）连接。

2. 根据权利要求1所述的卡箍，其特征在于：所述紧固装置（3）包括与所述第一本体（1）铰接的连接板（31），所述连接板（31）的一端开设有插槽（321），另一端面上有螺纹孔，所述第二本体（2）上具有可插入插槽（321）的固定部（4），所述固定部（4）上开有螺纹孔（41），所述螺栓（32）穿过螺纹孔将第一本体（1）和第二本体（2）连接。

3. 根据权利要求2所述的卡箍，其特征在于：所述第一本体（1）和第二本体（2）上设置有预定位装置（5），其包括位于第一本体（1）上的卡钩（51）和位于第二本体（2）上的环形钩件（522），所述环形钩件用于与所述卡钩（51）连接。

4. 根据权利要求1至3任一项所述的卡箍，其特征在于：所述环形钩件（522）是弹性钩件，最好是环形橡胶圈。

说 明 书

新型卡箍

本实用新型涉及一种卡紧装置，更具体地说，涉及一种新型卡箍。

目前，卡箍连接技术已广泛应用于液体、气体管道的连接。卡箍连接在管道的接口处，起到连接、紧固的作用。

现有技术中的卡箍，如图1所示，包括两个半圆形夹环、螺栓和螺母，两夹环的槽口相对拼接形成一个圆形通道；夹环本体的两端分别形成凸耳，凸耳处预留穿孔，用于穿过螺栓后旋紧螺母固定连接。这种卡箍属于分体式结构，零件繁多，容易丢失，并且安装时两个夹环不易对准，增加了安装的难度。

为了克服传统卡箍的技术缺陷，本实用新型的目的在于提供一种新型卡箍，其包括第一本体，第二本体和紧固装置，紧固装置包括螺栓，第一本体的一端与第二本体的一端铰接，另一端通过螺栓与第二本体的另一端连接，从而实现对管道的夹紧，降低安装工作量和安装成本；

进一步地，所述紧固装置的一端与第一本体铰接，从而进一步减少零件的数量；

更进一步地，在所述卡箍的第一本体和第二本体上设置预定位装置，以便预先定位，方便安装。

图1为现有分体式卡箍的结构示意图；

图2为本实用新型第一实施例的卡箍结构示意图；

图3为本实用新型第二实施例的卡箍结构示意图；

图4为本实用新型第二实施例的卡箍的局部放大示意图。

如图2所示，本实用新型第一实施例的新型卡箍包括第一本体1和第二本体2，第一本体1的一端与第二本体2的一端通过两个销轴和一个连接板铰接，另一端与紧固装置3铰接。第二本体2的另一端具有固定部4，其上开有螺纹孔41；紧固装置3包括与第一本体1铰接的连接板31，连接板31的端面开设有螺纹孔，另一端开设有贯通的插槽321，用于插入固定部4。螺栓32通过连接板31上的螺纹孔与第二本体2螺纹连接，螺栓32的自由端套装有调节手柄33。

在工作过程中，当需要闭合卡箍的时候，将第二本体2向第一本体1靠拢，使第二本体2上的固定部4插入连接板31的插槽321，再施力于调节手柄33使其旋转，调节手柄33带动螺栓32穿过连接板31上的螺纹孔以及固定部4上的螺纹孔41，并拧紧，完成卡箍的闭合过程。

图 3 至图 4 示出了本实用新型的第二实施例，在第一实施例的基础上，在第一本体 1 和第二本体 2 上设有能够使二者在靠拢时预先配合的预定位装置 5。预定位装置 5 包括位于第一本体 1 上的卡钩 51，位于第二本体 2 上的固定板 521，以及连接在固定板 521 上的环形弹性钩件 522，例如环形橡胶圈。工作中，当第一本体 1 和第二本体 2 靠拢闭合时，先将环形橡胶圈钩在卡钩 51 上，利用环形橡胶圈的弹力将第二本体 2 的固定部 4 与第一本体 1 的相应端部拉近，完成预定位，然后通过调节手柄 33 旋转螺栓 32 夹紧第一本体 1 和第二本体 2。为了避免预定位的操作影响螺栓 32 对准螺纹孔 41，第一本体 1 和第二本体 2 的预定位连接不能是刚性的，而是弹性的，这样，环形橡胶圈的弹性能在螺栓 32 对准螺纹孔 41 的过程中，协助调整二者之间的相对位置，方便二者的对准。实践中，也可以使用其他的弹性钩件，例如环形弹簧挂钩，来代替环形橡胶圈实现与卡钩 51 的接合。

涉案专利附图

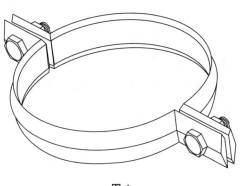

图 1

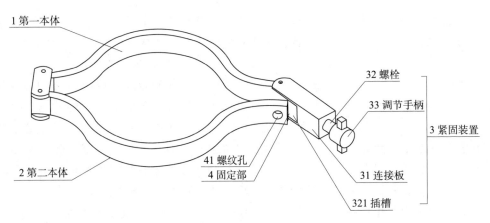

图 2

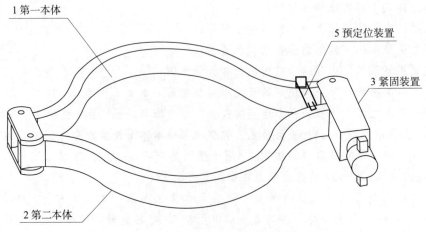

图 3

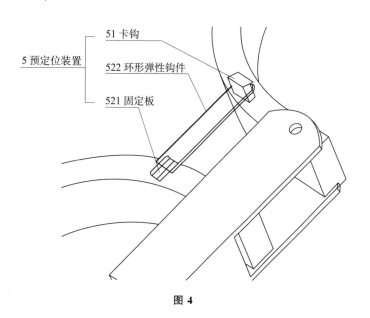

51 卡钩

5 预定位装置

522 环形弹性钩件

521 固定板

图 4

对比文件1

(19) 中华人民共和国国家知识产权局

(12) 实用新型专利

(45) 授权公告日　2011.08.06

(21) 申请号　201020156782.1
(22) 申请日　2010.12.25
(73) 专利权人　李××

（其余著录项目略）

说　明　书

管道连接卡箍

本实用新型涉及一种管道连接卡箍。

排水系统的管道都很长，如果发生破损或者泄漏，维修很麻烦，不可能为一点破损就整体换管。本实用新型提供一种抱式卡箍，能够实现换管对接。

图1为本实用新型的卡箍结构示意图。

如图1所示，一种管道连接卡箍，包括：第一箍套1和第二箍套2，第一箍套1和第二箍套2均呈半圆形，在第一箍套1和第二箍套2的两侧设有连接机构，连接机构分为预连接端和固定连接端。预连接端是在第一箍套上设置挂轴11，在第二箍套的对应端设置与挂轴11对应的轴套21；固定连接端是在第一箍套1和第二箍套2的各自的另一端设置连接耳，连接耳上设有供连接螺栓穿过的通孔。

使用时，首先将卡箍预连接端的挂轴11套入轴套21，然后将固定连接端通过螺栓拧紧。

本实用新型改变以往两侧均采用螺栓的方式，而是采用一边挂轴的方式进行枢轴连接，这样减少连接时间，同时在固定连接端紧扣的时候，预连接端不会被打开，保证连接的安全性。

第二篇

对比文件 1 附图

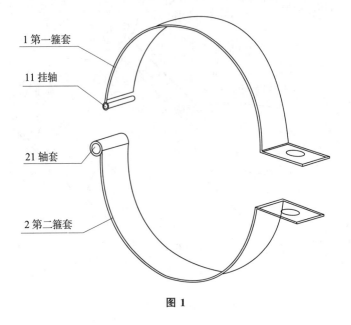

图 1

对比文件 2

（19）中华人民共和国国家知识产权局

（12）实用新型专利

（45）授权公告日 2013.10.09

（21）申请号 201220191962.5
（22）申请日 2012.09.10
（73）专利权人 王××

（其余著录项目略）

说 明 书

卡箍组件

本实用新型涉及一种卡箍组件。

传统的卡箍结构一般由上半部、下半部、螺栓、螺母等多个松散零件组成，这样的结构在安装过程中比较烦琐，且受安装空间限制，比较容易发生零件掉落的情况，导致工作延误。为此本实用新型提供一种新型卡箍组件。

图 1 为本实用新型的卡箍组件的结构示意图；

图 2 为 U 形连接杆的结构示意图。

如图 1 至图 2 所示，本实用新型的卡箍组件包括：卡箍本体 1、U 形连接杆 2、销轴 3、螺栓 4。卡箍本体 1 由塑料材料注塑一次成型，其具有两个连接端，一端与 U 形连接杆 2 的开口端铰接，另一端开设有贯穿的螺纹孔，用于与旋过 U 形连接杆 2 的封闭端的螺栓 4 螺纹连接。

本实用新型的卡箍组件，结构简单紧凑，无过多松散零件，安装时能够有效地降低零件掉落的概率。

对比文件 2 附图

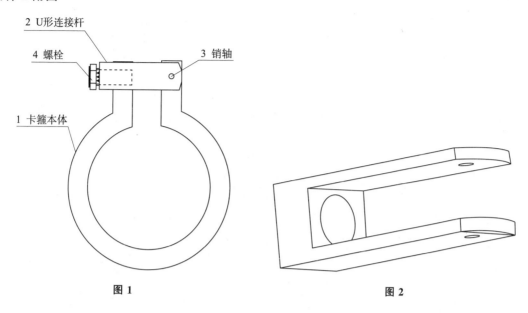

2 U形连接杆

4 螺栓　　　　　　　　　3 销轴

1 卡箍本体

图 1　　　　　　　　　　　　　　图 2

对比文件 3

(19) 中华人民共和国国家知识产权局

(12) 实用新型专利

(45) 授权公告日　2014.03.23

(21) 申请号　201320123456.7

(22) 申请日　2013.09.04

(73) 专利权人　B公司

（其余著录项目略）

说　明　书

塑料卡箍

本实用新型涉及一种适用于将软管紧固连接在硬管上的塑料卡箍。

软管与硬管的连接通常被用作输送液体或气体。为了防止连接后的软管在工作中脱落，往往在其连接处使用卡箍加以固定。本实用新型提供了一种结构简单合理、拆装过程方便快捷的塑料卡箍。

图 1 为本实用新型的塑料卡箍结构示意图；

图 2 为本实用新型中箍体的结构示意图。

如图 1 至图 2 所示，本实用新型的塑料卡箍，包括箍体 1 和紧迫螺栓 2，所述箍体 1 包括抱紧段 11、一体成型于所述抱紧段两端的迫近段 12 和拉紧段 13，所述抱紧段 11 呈弧形薄带状，所述迫近段 12 上开有圆孔 14，所述拉紧段 13 上设置有安装孔 15，内设内螺纹。安装前，紧迫螺栓 2 可以旋在安装孔 15 上，避免用户容易遗失零件的情况。需要安装时，首先从安装孔 15 上旋下紧迫螺栓 2，弯曲抱紧段 11 使其形成圆环形，然后将紧迫螺栓 2 穿过迫近段 12 上的圆孔 14，再旋转拧入拉紧段 13 上的安装孔 15，即可实现软管和硬管的快速紧固，操作简便高效。

对比文件 3 附图

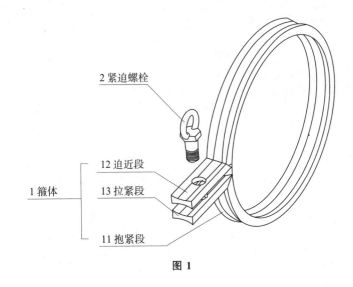

图 1

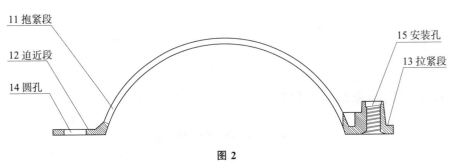

图 2

试题解析

一、重视试题说明

试题说明中要求考生根据客户提供的涉案专利和对比文件 1 至 3 为客户撰写咨询意见，对咨询意见的内容提出两方面具体要求：其一，说明可提出无效宣告请求的范围、理由和证据，其中无效宣告请求理由要根据专利法以及实施细则的有关条、款、项逐一阐述；其二，如果基于所撰写的咨询意见提出无效宣告请求，分析在提出本次无效宣告请求之后进一步的工作建议，例如是否需要补充证据等，如果需要，说明理由以及应当符合的要求。

该题以向客户提供咨询意见的形式来考查专利代理师针对一项专利提出无效宣告请求的能力。与撰写无效宣告请求书的方式相比，不仅其撰写格式与无效宣告请求书不同，更重要的是其涉及的考核内容比无效宣告请求书涉及的内容多，例如：客户所提供的一份证据未被采用的理由在无效宣告请求书中并不体现，而在咨询意见中就要具体说明为何不采用这份证据；当目前所提供的证据尚不能使所有的权利要求被宣告无效时，还应当给出提出无效宣告请求之后进一步的工作建议，主要给出补充证据等方面的建议。

二、答题思路

试题中共给出四份素材，包括涉案专利和作为证据的对比文件 1 至 3。

针对这种要求考生作为请求方专利代理师的无效试题，通常应当按照下述应试思路来答题：阅读理解专利文件；理解和分析客户提供的证据；根据分析结果选择使用的证据、确定无效宣告请求的理由和请求宣告无效的范围；根据分析结果向客户给出咨询意见。下面按照上述应试思路的四个步骤作出具体说明。

（一）阅读理解专利文件

作为请求方的专利代理师，在阅读理解专利文件时需要进行下述两个方面的工作：理解涉案专利各项权利要求的技术方案和分析涉案专利各项权利要求是否存在无需证据就可作为无效宣告理由的实质性缺陷。

1. 理解涉案专利各项权利要求的技术方案

针对涉案专利，需要找出其中存在的可以被作为无效宣告理由的缺陷，重点关注涉及新颖性和创造性、权利要求是否以说明书为依据、权利要求是否清楚限定专利保护范围、独立权利要求是否缺少必要技术特征等实质性缺陷，这就需要理解其各项权利要求的技术方案。

为理解涉案专利各项权利要求所要求保护的主题，首先需要结合附图理解涉案专利的技术内容。

图1所示现有技术的卡箍为分体式结构，零件繁多，容易丢失，并且安装时两个夹环不易对准，增加了安装的难度。本实用新型就是针对现有技术的上述缺陷作出的改进。

结合图2能够较直观地理解本实用新型第一实施例的卡箍。其包括第一本体1和第二本体2，第一本体1的一端与第二本体2的一端通过两个销轴和一个连接板铰接，另一端与紧固装置3铰接。第二本体2的另一端具有固定部4，其上开有螺纹孔41；紧固装置3包括与第一本体1铰接的连接板31，连接板31的端面开设有螺纹孔，另一端开设有贯通的插槽321，用于插入固定部4。螺栓32通过连接板31上的螺纹孔与第二本体2螺纹连接，螺栓32的自由端套装有调节手柄33。

在安装过程中，需要闭合卡箍时，将第二本体2向第一本体1靠拢，使第二本体2上的固定部4插入连接板31的插槽321，再调节手柄33使其旋转，调节手柄33带动螺栓32穿过连接板31上的螺纹孔以及固定部4上的螺纹孔41，并拧紧，完成卡箍的闭合过程。

结合图3至图4来理解本实用新型的第二实施例的卡箍。该卡箍在第一实施例的基础上作出了进一步改进：在第一本体1和第二本体2上设有能够使二者在靠拢时预先配合的预定位装置5。预定位装置5包括位于第一本体1上的卡钩51、位于第二本体2上的固定板521以及连接在固定板521上的环形弹性钩件522（例如环形橡胶圈）。安装过程中，当第一本体1和第二本体2靠拢闭合时，先将连接在固定板上的环形橡胶圈钩在卡钩51上，利用环形橡胶圈的弹力将第二本体2的固定部4与第一本体1的相应端部拉近，完成预定位，然后通过调节手柄33旋转螺栓32夹紧第一本体1和第二本体2。

对于该实施例，说明书中还特别指出，为了避免预定位的操作影响螺栓32对准螺纹孔41，第一本体1和第二本体2的预定位连接不能是刚性的，而是弹性的，因而环形橡胶圈的弹性能在螺栓32对准螺纹孔41的过程中，协助调整两者之间的相对位置，方便两者的对准。实践中，也可以使用其他的弹性钩件，例如环形弹簧挂钩，来代替环形橡胶圈实现与卡钩51的接合。

在理解了涉案专利的具体技术内容后，进一步理解各项权利要求所要求保护的主题。该涉案专利的权利要求书中共有四项权利要求。

独立权利要求1要求保护一种由第一本体、第二本体和紧固装置组成的卡箍，紧固装置包括螺栓，第一本体的一端与第二本体的一端铰接，两者的另一端通过紧固装置的螺栓连接。该卡箍相对于现有技术中的卡箍减少了独立的零件数量且更方便安装。

权利要求2限定权利要求1的卡箍中的紧固装置包括与第一本体铰接的连接板及其具体结构，即图2所示第一实施例的结构，进一步减少了独立零件数量和进一步方便安装。

权利要求3进一步限定权利要求2的卡箍还包括由位于第一本体上的卡钩和位于第二本体上的环形钩件构成的预定位装置。

权利要求4进一步限定权利要求1至3中任一项权利要求的卡箍中的环形钩件是弹性钩件，最好是环形橡胶圈；两者相当于图3和图4所示第二实施例。

第二篇

2. 分析涉案专利各项权利要求是否存在无需证据就可作为无效宣告理由的实质性缺陷

理解专利文件的同时，针对涉案专利文件本身分析其各项权利要求是否存在着一些不需要证据（即不涉及对比文件1至3）即可认定的属于法定的无效宣告理由的实质性缺陷。这些实质性缺陷包括该权利要求所要求保护的主题不属于专利保护客体，不具备实用性，未清楚限定要求专利保护的范围，未以说明书为依据，独立权利要求缺少解决技术问题的必要技术特征等。对于不影响保护范围的形式缺陷，例如从属权利要求中的引用部分不符合规定，由于其不属于法定的无效宣告理由，则不必考虑。

通过分析可知，权利要求1至4要求保护一种卡箍，属于可授予专利权的保护客体，且具备实用性，说明书已充分公开发明创造性。

对于权利要求1和2，也不存在不需要证据的其他可作为无效宣告理由的实质性缺陷。

对于权利要求3，其中限定的预定位装置由位于第一本体上的卡钩和位于第二本体上的环形钩件构成。而在其说明书中明确写明，为避免预定位的操作影响螺栓对准螺纹孔，第一本体和第二本体的预定位连接不能是刚性的，而是弹性的，以便环形橡胶圈的弹性能在螺栓对准螺纹孔的过程中，协助调整二者之间的相对位置，方便二者的对准。实践中，也可以使用其他的弹性钩件，例如环形弹簧挂钩，来代替环形橡胶圈实现与卡钩51的接合。由于权利要求3中仅限定为环形钩件，而未限定为弹性钩件，也就是说其包括了刚性钩件的情形，因而未得到说明书的支持，即权利要求3未以说明书为依据，不符合《专利法》第26条第4款的规定。

权利要求4引用了权利要求1至3，其在限定部分的附加技术特征对环形钩件作出进一步限定，而该环形钩件仅出现在该权利要求4引用的权利要求3中，而未出现在其引用的权利要求1和2中，因此权利要求4引用权利要求1或权利要求2的技术方案未清楚限定要求专利保护的范围，不符合《专利法》第26条第4款有关权利要求应当清楚限定要求专利保护范围的规定；此外，权利要求4限定部分中出现用"最好是"连接上位概念和下位概念的文字表述，导致同一项权利要求限定出两个不同的保护范围，使该权利要求引用权利要求1至3中任一项权利要求的三个技术技术方案的保护范围不清楚；由此可知，权利要求4不符合《专利法》第26条第4款有关权利要求应当清楚限定要求专利保护范围的规定。

但是，对于权利要求3和权利要求4这两项权利要求存在的不符合《专利法》第26条第4款规定的缺陷，专利权人可以在无效宣告程序中通过修改专利文件（权利要求书）予以消除。

（二）理解和分析客户提供的证据

客户提供的证据为三篇对比文件，这三篇对比文件作为涉案专利的无效证据需要分析它们与该涉案专利的相关性，在此基础上分析这三篇对比文件能否使各项权利要求不具备新颖性和/或创造性。

1. 客户提供的证据与涉案专利的相关性分析

第一题考查考生针对一项专利提出无效宣告请求的能力中包括判断客户所提供的证据能否作为无效宣告请求的证据。为此首先需要判断客户所提供的证据（三篇对比文件）与该涉案专利的相关性，以确定这些证据的适用范围。

从历年试题来看，对于提供的素材基本上涉及的是专利文献的（但不排除今后考试中会涉及非专利文献），通常给出相关的著录项目（主要涉及申请日、公开日、申请人等），无关的著录项目则省略。这些相关的著录项目可能涉及考点，尤其涉及对比文件是否构成相关专利的现有技术、是否构成抵触申请、重复授权、能否享有优先权等。

在本年的试题中，涉案专利和对比文件1至3均给出了相关的日期，因此作为考生，应当意识到相关日期多半会涉及考点（考生在考试时由于紧张等因素往往容易直接关注实体内容而忽略这些考点，可能导致丢失不少分数和浪费考试时间）。具体来说，在时间上，需要判断客户提供的对比文件是否构成涉案专利的现有技术或者是否属于申请在先、公开（公告）在后的中国专利申请文件或者专利文件。

涉案专利的申请日为2014年3月23日，未要求优先权，专利权人为B公司。

对比文件1是中国实用新型专利，授权公告日为2011年8月6日，对比文件2是中国实用新型专利，授权公告日为2013年10月9日，均早于涉案专利的申请日，因此这两篇对比文件均构成涉案专利的现有技术，可以用作评价涉案专利各项权利要求是否具备新颖性和创造性的对比文件，因而在后面将通过具体理解这两篇对比文件公开的内容来判断是否能使哪几项权利要求不具备新颖性和/或创造性。

对比文件3是中国实用新型专利，申请日为2013年9月4日，授权公告日为2014年3月23日，专利权人为B公司，因此其是一篇由涉案专利的专利权人于涉案专利的申请日前提出申请，并于涉案专利的申请日当天授权公告的中国实用新型专利文件，按照现行《专利法》的规定，这篇对比文件可以用于评价涉案专利各项权利要求是否具备新颖性，但不能用来评价涉案专利是否具备创造性，即判断其是否构成涉案专利各项权利要求的抵触申请，为此需要理解对比文件3所公开的内容以判断其是否与涉案专利中的权利要求构成同样的发明或实用新型。

2. 理解三篇对比文件所公开的内容

对比文件1公开了一种管道连接卡箍。如其图1所示的卡箍结构示意图，包括：第一箍套1和第二箍套2，在第一箍套1和第二箍套2的两侧设有连接机构，连接机构分为预连接端和固定连接端。预连接端是在第一箍套上设置挂轴11，在第二箍套的对应端设置与挂轴11对应的轴套21；固定连接端是在第一箍套1和第二箍套2的各自的另一端设置连接耳，连接耳上设有供连接螺栓穿过的通孔。使用时，首先将卡箍预连接端的挂轴11套入轴套21，然后将固定连接端通过螺栓拧紧。

对比文件2公开了一种卡箍组件，由塑料材料注塑一次成型的卡箍本体1、其具有两个连接端，一端与U形连接杆2的开口端铰接，另一端开设有贯穿的螺纹孔，用于与旋过U形连接杆2的封闭端的螺栓4螺纹连接。

对比文件3公开了一种适用于将软管紧固连接在硬管上的塑料卡箍，其包括箍体1和紧迫螺栓2，所述箍体1包括抱紧段11、一体成型于所述抱紧段两端的迫近段12和拉紧段13，所述抱紧段11呈弧形薄带状，所述迫近段12上开有圆孔14，所述拉紧段13上设置有安装孔15，内设内螺纹。安装前，紧迫螺栓2可以旋在安装孔15上，避免用户容易遗失零件的情况。需要安装时，首先从安装孔15上旋下紧迫螺栓2，弯曲抱紧段11使其形成圆环形，然后将紧迫螺栓2穿过迫近段12上的圆孔14，再旋转拧入拉紧段13上的安装孔15，即可实现软管和硬管的快速紧固，操作简便高效。

3. 分析涉案专利的权利要求存在的不具备新颖性和创造性的缺陷

通常来说，这部分内容涉及权利要求存在不具备新颖性和/或创造性的缺陷，是试题的主要考点和得分点，因此应当作为重点进行分析。

首先需要明确的是，对于权利要求存在不清楚或者未以说明书为依据的缺陷，通常仍然需要考虑其是否符合新颖性和/或创造性的规定。但对于不属于专利保护客体、不具备实用性等缺陷的权利要求，通常不需要再考虑其是否存在不具备新颖性和创造性的缺陷（如2013年试题中权利要求书草稿中的权利要求6属于不授予专利权的客体，因而不必再考虑其新颖性和创造性）。

（1）关于权利要求1的新颖性

权利要求1要求保护的卡箍，包括第一本体，第二本体和紧固装置，紧固装置包括螺栓，第一本体的一端与第二本体的一端铰接，第一本体的另一端与第二本体的另一端通过螺栓连接。

对比文件1公开的管道连接卡箍，其中包括第一箍套和第二箍套（分别相当于本实用新型专利的第一本体和第二本体），预连接端是在第一箍套上设置挂轴，在第二箍套的对应端设置与挂轴对应的轴套（相当于本实用新型两本体之间的铰接）；固定连接端是在第一箍套和第二箍套的各自的另一端设置连接耳，连接耳上设有供连接螺栓穿过的通孔（构成了相当于本实用新型专利的螺栓连接）。由此可见，对比文件1公开了权利要求1的技术方案，因而权利要求1相对于对比文件1不具备新颖性。

在对比文件2公开的卡箍组件中，其卡箍本体由塑料材料一次注塑成型，并不包括相当于本实用新型专利中相铰接的第一本体和第二本体，故其未披露权利要求1的技术方案，因此对比文件2的公开不能否定权利要求1的新颖性。

对比文件3公开的塑料卡箍的箍体包括抱紧段、一体成型于所述抱紧段两端的迫近段和拉紧段，可知对比文件3公开的塑料卡箍也不包括相当于本实用新型专利中相铰接的第一本体和第二本体，因而对比文件3未披露权利要求1的技术方案，未构成涉案专利权利要求1的抵触申请，不能否定权利要求1的新颖性。

（2）关于权利要求2至4的新颖性

权利要求2至4这三项权利要求对权利要求1要求保护的卡箍从结构上作了进一步限定，由于对比文件2、对比文件3分别不能否定权利要求1的新颖性，因而这两篇对比文件中的任一篇也不能否定权利要求2至4的新颖性。

由前面理解对比文件1公开的内容可知，对比文件1并未公开涉案专利权利要求2至4中有关连接板和预定位装置的附加技术特征，因此其未披露权利要求2至4中任一项权利要求的技术方案，因此对比文件1也不能否定权利要求2至4中任一项权利要求的新颖性。

（3）关于权利要求2至4的创造性

由于对比文件3不能用于评价涉案专利各项权利要求是否具备创造性，后面仅需要分析权利要求2至4相对于对比文件1和2是否具备创造性。

权利要求2从属于权利要求1，对权利要求1作了进一步限定，具体限定为紧固装置包括与第一本体铰接的连接板，连接板的一端开设有插槽，另一端面上有螺纹孔，第二本体上具有可插入插槽的固定部，固定部上开有螺纹孔，所述螺栓穿过螺纹孔将第一本体和第二本体连接。

很明显，对比文件1的紧固方式不同于权利要求2附加技术特征所限定的紧固装置。对比文件1公开了权利要求1的全部技术特征，但未披露权利要求2限定部分的技术特征，从而权利要求2相对于对比文件1所解决的技术问题是进一步减少单独的零件数量和进一步方便安装。

对比文件2公开的卡箍组件，其中卡箍本体具有两个连接端，一端与U形连接杆（相当于本实用新型专利的连接板）的开口端铰接（相当于本实用新型专利的连接板与第一本体铰接），另一端开设有贯穿的螺纹孔（相当于本实用新型专利的螺纹孔），用于与旋过U形连接杆的封闭端的螺栓螺纹连接。可见对比文件2的这种紧固方式与权利要求2限定的紧固装置相同，工作方式也相同。因而，在对比文件1的基础上，本领域技术人员能够将对比文件2的紧固方式结合到对比文件1公开的卡箍中以获得权利要求2的技术方案。权利要求2相对于对比文件1和对比文件2的结合不具备创造性。

权利要求3对权利要求2作了进一步限定，其限定了由第一本体上的卡钩和第二本体上的环形钩件构成的预定位装置。对比文件1和对比文件2中均没有公开任何结构的预定位装置，而且该技术特征也不是本领域技术人员用于将卡箍的两个本体进行预定位的惯用手段，即其不属于本领域的公知常识，因此对比文件1、对比文件2及其本领域公知常识的结合都不能影响权利要求3的创造性。

权利要求4引用了权利要求1至3中的任一项权利要求，其进一步限定环形钩件是弹性钩件。如前所述，权利要求4引用权利要求1或2的技术方案存在不清楚的缺陷，通常不必考虑其是否具备创造性，就本案来说，由于对比文件1和对比文件2均没有公开弹性钩件，因此即使考虑其是否具备创造性，对比文件1和对比文件2也不能否定其创造性。但权利要求4引用权利要求3的技术方案是清楚的，其对权利要求3从结构上作了进一步限定，因此在权利要求3相对于对比文件1和对比文件2具备创造性时，权利要求4引用权利要求3也就具备创造性。

也就是说，对于权利要求3和权利要求4除了存在前面所提到的不需要证据支持的缺陷，不能对其提出不具备新颖性和创造性的缺陷。

（三）确定无效宣告的理由、证据和范围

下面从证据的选用、无效宣告理由的确定和无效宣告请求的范围三个方面分别作出说明。

1. 证据的选用

由上述分析结果可知，对比文件3是一件在涉案专利申请日授权公告的中国实用新型专利，其不能与其他现有技术结合起来评价涉案专利各项权利要求的创造性，只可以用于评价涉案专利各项权利要求的新颖性，但由于其未构成涉案专利权利要求1至4中任一项权利要求的抵触申请，因而不能否定权利要求1至4中任一项权利要求的新颖性，因此在本次无效宣告请求中，应当不作为无效宣告请求的证据提交。

正如前面分析所述，对比文件1可以否定权利要求1的新颖性，对比文件1与对比文件2结合可以否定权利要求 2 的创造性，因此在无效宣告请求中应当将对比文件 1 和 2 作为无效宣告请求的证据提交。

2. 无效宣告理由的确定

正如前面所述，本无效宣告请求的无效宣告理由为：

权利要求 1 相对于对比文件 1 不具备《专利法》第 22 条第 2 款规定的新颖性；

权利要求 2 相对于对比文件 1 和对比文件 2 不具备《专利法》第 22 条第 3 款规定的创造性；

权利要求 3 不符合《专利法》第 26 条第 4 款有关权利要求以说明书为依据的规定；

权利要求 4 不符合《专利法》第 26 条第 4 款有关权利要求清楚限定要求专利保护范围的规定。

3. 无效宣告请求的范围

根据前面所确定的无效宣告理由，本无效宣告请求中可以请求权利要求 1 至 4 这四项权利要求全部无效。

但正如前面结合对比文件所作分析可知，目前客户提供的证据尚不能否定权利要求 3 和 4 的新颖性和创造性。此外，对于权利要求 3 和权利要求 4 这两项权利要求所存在的不符合《专利法》第 26 条第 4 款规定的缺陷，专利权人可以在无效宣告程序中通过修改专利文件（对权利要求 3 和权利要求 4 作如下修改：将权利要求 4 限定部分拆成两个技术方案，将限定部分有关弹性钩件的内容并入权利要求 3 的限定部分，并将进一步限定成环形橡胶圈保留在原权利要求 4 中，且将其引用部分改为仅引用权利要求 3）予以消除。即根据目前所掌握的证据无法实现宣告权利要求 4 引用权利要求 3 的技术方案无效。

（四）撰写咨询意见

在对涉案专利文件、对比文件作出分析对比的基础上选取证据和确定无效宣告理由后，就可根据上述分析撰写提交给客户的咨询意见。

在撰写咨询意见时，注意按试题的要求，在指出涉案专利存在不符合《专利法》及其实施细则的具体规定时需要针对事实具体分析无效宣告理由，这是得分的重点部分，但其中结合权利要求不具备新颖性和/或创造性的论述更是重点。由于涉案专利的缺陷并不太多，这部分可以按权利要求顺序来撰写，这也有利于阅卷者判卷。

需要说明的是，客户提供的三件证据并未全部选用，因此在具体分析无效宣告理由前应当具体说明这三件证据的适用范围，在此基础上说明本次无效宣告请求中未采用对比文件 3 作为证据的理由。当然，如果三件证据均被选用，在作出具体分析之前最好也对三件证据的适用范围作出说明。

此外，在分析指出涉案专利存在不符合《专利法》及其实施细则规定之后应当按试题要求向客户说明本次无效宣告请求的范围、理由和证据，并对以目前证据提出无效宣告请求的前景作出分析，在此基础上向客户给出有关无效宣告请求提出之后进一步工作的建议。

具体说来，给客户的咨询意见除起始部分和结尾部分外包括下述几个部分：证据的适用范围和证据的选用，分析各项权利要求相对于选用的证据是否具备新颖性和/或创造性，分析各项权利要求存在的无需证据支持的法定无效宣告理由，对涉案专利提出无效宣告请求的初步打算和前景分析，后续工作的建议。

参考答案

基于上述分析，给出下述参考答案。

尊敬的客户：

我方根据贵方提供的涉案专利以及对比文件 1 至对比文件 3，提出如下咨询意见。

1. 关于证据的使用

对比文件 1 和对比文件 2 的公开日均早于涉案专利的申请日，构成了涉案专利的现有技术，可以用于评价本专利的新颖性和创造性。

对比文件 3 属于涉案专利的专利权人于涉案专利的申请日前提出申请、并于涉案专利的申请日当天公开的中国实用新型专利文件，不能与其他现有技术结合起来否定涉案专利各项权利要求的创造性，只可用于评价涉案专利各项权利要求是否具备新颖性。但对比文件3公开的卡箍箍体是一体成型的，没有公开涉案专利权利要求1中的卡箍的第一本体和第二本体铰接的技术方案，因而未构成权利要求1的抵触申请，不能否定权利要求1的新颖性；进而对比文件3也未构成从属权利要求2至4中任一项权利要求的抵触申请，也不能否定从属权利要求2至4中任一项权利要求的新颖性。鉴于此，建议针对涉案专利提出无效宣告请求时放弃使用对比文件3。

2. 关于新颖性和/或创造性

（1）权利要求1相对于对比文件1不具备《专利法》第22条第2款规定的新颖性。

权利要求1要求保护一种卡箍，对比文件1公开了一种管道连接卡箍，并具体公开了包括第一箍套和第二箍套（分别相当于涉案专利权利要求1中的第一本体和第二本体），第一箍套上设置挂轴，在第二箍套的对应端设置与挂轴对应的轴套，两者进行枢轴连接（相当于权利要求1中两本体之间的铰接）；在第一箍套和第二箍套各自的另一端设置了开有供连接螺栓穿过的通孔的连接耳（构成了相当于权利要求1中第一本体和第二本体在另一端通过螺栓连接）。可见，对比文件1公开了一端采用挂轴的方式进行枢轴连接、另一端通过螺栓连接的卡箍，即公开了权利要求1的技术方案的全部技术特征，且两者的技术领域、技术方案、解决的技术问题和预期获得的技术效果相同，因此权利要求1不具备新颖性，不符合《专利法》第22条第2款的规定。

（2）权利要求2相对于对比文件1结合对比文件2不具备《专利法》第22条第3款规定的创造性。

权利要求2是权利要求1的从属权利要求，针对紧固装置作了进一步限定。基于前述对比文件1公开的技术内容，权利要求2未被对比文件1公开的技术特征为："所述紧固装置（3）包括与所述第一本体（1）铰接的连接板（31），所述连接板（31）的一端开设有插槽（321），另一端面上有螺纹孔，所述第二本体（2）上具有可插入插槽（321）的固定部（4），所述固定部（4）上开有螺纹孔（41），所述螺栓（32）穿过螺纹孔将第一本体（1）和第二本体（2）连接。"该技术特征使从属权利要求2相对于对比文件1实际解决的技术问题是如何进一步减少紧固装置的零件的数量和减少安装的难度。

对比文件2公开的卡箍组件包括卡箍本体、U形连接杆、销轴、螺栓。卡箍本体由塑料材料注塑一次成型，其具有两个连接端，一端与U形连接杆（相当于涉案专利的连接板）的开口端铰接（相当于涉案专利的连接板与第一本体铰接），另一端开设有贯穿的螺纹孔，用于与穿过U形连接杆的封闭端的螺栓螺纹连接。对比文件2公开了通过铰接的U形连接杆来实现紧固的方式，可见对比文件2的这种紧固方式与权利要求2限定的紧固装置相同，工作方式也相同，可以得知其在对比文件2中所起的作用也是为了减少零件的数量和便于安装。可见，对比文件2给出了将上述区别特征应用于对比文件1以解决其技术问题的启示，因此，在对比文件1的基础上结合对比文件2获得权利要求2的技术方案，对本领域的技术人员来说是显而易见的，权利要求2不具有实质性特点和进步，不具备创造性，不符合《专利法》第22条第3款的规定。

（3）现有的证据对比文件1和对比文件2不能否定权利要求3和权利要求4的创造性。❶

由于对比文件1和对比文件2中均未披露权利要求3和权利要求4限定部分的技术特征：由位于第一本体上的卡钩和位于第二本体上的环形钩件（弹性环形钩件）构成的预定位装置，且这种结构的预定位装置也不是本领域技术人员用于将卡箍的两个本体进行预定位的惯用手段，因此客户提供的对比文件1和对比文件2以及本领域的公知常识不能否定权利要求3和权利要求4的创造性。

3. 关于其他无需证据支持的无效宣告理由

（1）权利要求3未以说明书为依据，不符合《专利法》第26条第4款的规定。

权利要求3对权利要求2作了进一步限定，该卡箍包括由位于第一本体上的卡钩和位于第二本体上

---

❶ 《2015年全国专利代理人资格考试试题解析》专利代理实务试卷第一题给出的有关咨询意见的范文中，仅在后续工作意见中提及"目前所掌握的证据无法请求宣告权利要求4引用权利要求3的技术方案无效"，而没有在前面给出具体分析，作为咨询意见，本书认为有必要适当分析对比文件1和对比文件2不能否定权利要求3和权利要求4的创造性。

的环形钩件构成的预定位装置。涉案专利的说明书最后一段记载了"预定位装置 5 包括位于第一本体 1 上的卡钩 51，位于第二本体 2 上的固定板 521，以及连接在固定板 521 上的环形弹性钩件 522，例如环形橡胶圈"，"为了避免预定位的操作影响螺栓 32 对准螺纹孔 41，第一本体 1 和第二本体 2 的预定位连接不能是刚性的，而是弹性的，这样，环形橡胶圈的弹性能在螺栓 32 对准螺纹孔 41 的过程中，协助调整二者之间的相对位置，方便二者的对准"，而权利要求 3 中记载的是"预定位装置（5），包括位于第一本体（1）上的卡钩（51）和位于第二本体（2）上的环形钩件（522）"，致使权利要求 3 的技术方案包括环形钩件不是弹性的情况，这种情况在说明书中没有记载，而且也会影响螺栓对准螺纹孔，使得相应的技术问题无法解决，因此权利要求 3 未以说明书为依据。由上述分析可知，权利要求 3 不符合《专利法》第 26 条第 4 款有关权利要求书应当以说明书为依据的规定。❶

（2）权利要求 4 引用权利要求 1 或权利要求 2 的技术方案不清楚，不符合《专利法》第 26 条第 4 款的规定。

权利要求 4 的附加技术特征进一步限定了环形钩件的结构，但是在其引用的权利要求 1 或 2 中均没有记载"环形钩件"，因此权利要求 4 引用权利要求 1 或 2 的技术方案缺乏引用基础，造成保护范围不清楚，不符合《专利法》第 26 条第 4 款的规定。

（3）权利要求 4 限定部分限定出两个不同的保护范围，也导致权利要求 4 未清楚限定要求专利保护的范围。

权利要求 4 限定部分出现用"最好是"连接着上位概念（环形弹性钩件）和下位概念（环形橡胶圈）的文字表述，导致权利要求中限定出两个不同的保护范围，造成权利要求 4 未清楚限定要求专利保护的范围，不符合《专利法》第 26 条第 4 款的规定。

4. 对涉案专利提出无效宣告请求的初步打算及前景分析❷

可以提出的无效宣告理由如下：权利要求 1 相对于对比文件 1 不具备《专利法》第 22 条第 2 款规定的新颖性；权利要求 2 相对于对比文件 1 和对比文件 2 不具备《专利法》第 22 条第 3 款规定的创造性；权利要求 3 未以说明书为依据，不符合《专利法》第 26 条第 4 款的规定；权利要求 4 未清楚限定要求专利保护的范围，不符合《专利法》第 26 条第 4 款的规定。因此可以提出宣告涉案专利全部无效的请求。

但是，专利权人在无效程序中可以对专利文件作如下修改，删去权利要求 1、2、3 以及权利要求 4 引用权利要求 1 和 2 的技术方案，并将权利要求 4 引用权利要求 3 的技术方案中所包含的两个方案分拆成两项权利要求，即将其中对环形钩件作进一步限定的上位概念"环形弹性钩件"并入从属权利要求 3 中，将其改写成修改后的独立权利要求 1；将其下位概念"环形橡胶圈"作为附加特征，写成一项引用修改后的独立权利要求 1 的从属权利要求 2，就能消除原权利要求 3 和原权利要求 4 不符合《专利法》第 26 条第 4 款规定的缺陷。因此按照目前的证据仅能达到宣告该涉案专利部分无效的目的。

此外，由于涉案专利已被 B 公司提出专利侵权诉讼，为了在无效宣告期间能中止专利侵权诉讼的审理，则应当在答辩期间向国家知识产权局提出无效宣告请求。❸

5. 后续工作的建议

根据前述分析，就目前所掌握的证据，权利要求 4 引用权利要求 3 的技术方案不能被宣告无效。对于请求人，在提出无效宣告请求之日起一个月内可以增加无效宣告请求理由以及补充证据。因此，建议在提出无效宣告请求之后作进一步检索，重点检索披露了权利要求 3 和权利要求 4 限定部分中有关预定位装置具体结构的对比文件，以期在提出无效宣告请求之后的一个月内补充证据，并结合

---

❶ 还有一种观点认为此处指出其未清楚限定要求专利保护的范围更为合适。由于不支持和不清楚这两方面要求都属于《专利法》第 26 条第 4 款规定的内容，如果在答案中同时指出两方面的缺陷，应该也不会失分。

❷ 《2015 年全国专利代理人资格考试试题解析》专利代理实务试卷第一题有关咨询意见的范文中没有这一部分内容，但是考虑到根据前面分析应当请求宣告全部权利要求无效，则根据试题要求需要写明后续工作建议涉及补充证据的内容，这样就需要给出无效宣告请求的前景分析，故本参考答案中增加了这一部分内容。

❸ 考虑到试题说明中写明是对侵权诉讼的反诉，因此建议加上这一句话更好。

补充的证据增加相应的权利要求不具备新颖性或创造性的无效宣告理由，以便达到宣告该涉案专利全部无效的目的。当然，如果贵公司所生产的产品中没有预定位装置，则也可以不再进行补充检索。

以上意见供贵公司参考，并尽快给出指示，以便在该专利侵权诉讼程序答复起诉书的期限内针对该涉案专利向国家知识产权局提出无效宣告请求。

第二节　2011 年专利代理实务试题及解析（无效宣告请求部分）

试题说明

客户 A 公司委托你所在代理机构就 B 公司的一项实用新型专利（附件 1）提出无效宣告请求，同时提供了两份专利文献（附件 2 和附件 3），以及欲无效的实用新型专利的优先权文件译文（附件 4）。请你根据上述材料为客户撰写一份无效宣告请求书，具体要求如下：

（1）明确无效宣告请求的范围，以《专利法》及其实施细则中的有关条、款、项作为独立的无效宣告理由提出，并结合给出的材料具体说明；

（2）避免仅提出无效的主张而缺乏有针对性的事实和证据，或者仅罗列有关证据而没有具体分析说理。阐述无效宣告理由时应当有理有据，避免强词夺理。

附件 1（欲宣告无效的专利）

（19）中华人民共和国国家知识产权局

（12）实用新型专利

（45）授权公告日　2011.03.22

（21）申请号　201020123456.7
（22）申请日　2010.09.23
（30）优先权数据
　　10/111，222　　2010.01.25　　US
（73）专利权人　B 公司

（其余著录项目略）

权　利　要　求　书

1. 一种即配式饮料瓶盖，包括顶壁（1）和侧壁（2），侧壁（2）下部具有与瓶口外螺纹配合的内螺纹（3），其特征在于，侧壁（2）内侧在内螺纹（3）上方具有环状凸缘（4），隔挡片（5）固定于环状凸缘（4）上，所述顶壁（1）、侧壁（2）和隔挡片（5）共同形成容纳调味材料的容置腔室（6）。

2. 如权利要求 1 所述的即配式饮料瓶盖，其特征在于，所述隔挡片（5）为一层热压在环状凸缘（4）上的气密性薄膜。

3. 如权利要求 1 或 2 所述的即配式饮料瓶盖，其特征在于，所述瓶盖带有一个用于刺破隔挡片（5）的尖刺部（7），所述尖刺部（7）位于顶壁（1）内侧且向隔挡片（5）的方向延伸。

4. 如权利要求 1 至 3 中任意一项所述的即配式饮料瓶盖，其特征在于，所述顶壁（1）具有弹性易于变形，常态下，尖刺部（7）与隔挡片（5）不接触，按压顶壁（1）时，尖刺部（7）向隔挡片（5）方向运动并刺破隔挡片（5）。

说 明 书

即配式饮料瓶盖❶

[01] 本实用新型涉及一种内部容纳有调味材料的饮料瓶盖。

[02] 市售的各种加味饮料（如茶饮料、果味饮料等）多通过在纯净水中加入调味材料制成。为保证饮料品质、延长保存时间，加味饮料中大都使用各种添加剂，不利于人体健康。

[03] 针对加味饮料存在的上述问题，本实用新型提出一种即配式饮料瓶盖。所述饮料瓶盖内部盛装有调味材料（如茶粉、果珍粉等），该瓶盖与盛装矿泉水或纯净水的瓶身配合，构成完整的饮料瓶。饮用时将瓶盖内的调味材料释放到瓶身内与水混合，即可即时配制成加味饮料。由于调味材料与水在饮用前处于隔离状态，因此无须使用添加剂。

[04] 图1是本实用新型的立体分解图；

[05] 图2是本实用新型在常态下的组合剖视图；

[06] 图3是本实用新型在使用状态下的组合剖视图。

[07] 如图1至图3所示，即配式饮料瓶盖具有顶壁1和侧壁2，侧壁2下部具有与瓶口外螺纹配合的内螺纹3，侧壁2内侧在内螺纹3上方具有环状凸缘4，隔挡片5固定于环状凸缘4上，隔挡片5优选为一层热压在环状凸缘4上的气密性薄膜。顶壁1、侧壁2和隔挡片5围合成密闭的容置腔室6，容置腔室6内放置调味材料。上述结构即构成完整的即配式饮料瓶盖，该瓶盖可以与盛装矿泉水或纯净水的瓶身相配合使用。直接拧开瓶盖，可以饮用瓶中所装矿泉水或纯净水；撕除或破坏隔挡片5，则可即时配制成加味饮料饮用。

[08] 为了能够方便、卫生地破坏隔挡片5，本实用新型进一步提出一种改进的方案。顶壁1由易于变形的弹性材料制成，尖刺部7位于顶壁1内侧且向隔挡片5的方向延伸。如图2所示，常态下尖刺部7与隔挡片5不接触，从而使隔挡片5保持完整和密封。如图3所示，饮用加味饮料时，按压顶壁1，顶壁1向隔挡片5方向变形，尖刺部7刺破隔挡片5，调味材料进入瓶中与水混合，形成所需口味的饮料。采用弹性顶壁配合尖刺部的结构，使得本实用新型瓶盖的使用更加方便、卫生。

附件1（欲宣告无效的专利的附图）

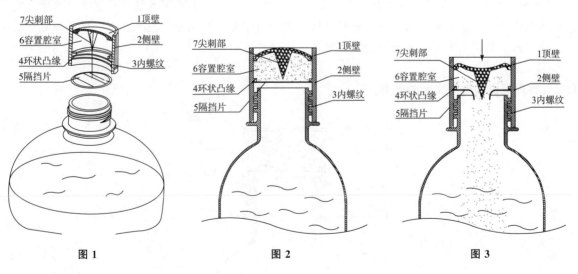

图1　　　　　　　　图2　　　　　　　　图3

---

❶ 附件1至附件4涉及的说明书文字以及附件5文字每个段落前的编号是编者为描述方便所加，原试题无段落编号。考生在考试时，如引用，建议采用第几行的方式描述。

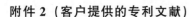

附件 2（客户提供的专利文献）

（19）中华人民共和国国家知识产权局

（12）实用新型专利

（45）授权公告日 2010.08.06

（21）申请号 200920345678.9
（22）申请日 2009.12.25
（73）专利权人 张××

（其余著录项目略）

说 明 书

茶叶填充瓶盖

[01] 本实用新型涉及一种内部盛装有茶叶的瓶盖。

[02] 用冷水泡制而成的茶是一种健康饮品，冷泡的方式不会破坏茶叶里的有益物质。目前制作冷泡茶的方式，通常是将茶袋或茶叶投入水杯或矿泉水瓶内进行浸泡。然而茶叶携带起来不方便，特别是在外出时，不便于制作冷泡茶。

[03] 本实用新型提出一种茶叶填充瓶盖，在现有瓶盖的基础上，在瓶盖内部增加一个容纳茶叶的填充腔。该瓶盖与矿泉水瓶相配合一同出售，解决了茶叶不易携带的问题。

[04] 图 1 是本实用新型的剖面图。

[05] 如图 1 所示，本实用新型的瓶盖整体为圆柱形，其上端封闭形成盖顶部 1，圆柱形侧壁 2 的下部具有与瓶口外螺纹配合的内螺纹 3，内螺纹 3 上方设有与侧壁 2 一体形成的环状凸缘 4，透水性滤网 5（滤纸或滤布）固定于环状凸缘 4 上。盖顶部 1、侧壁 2 和滤网 5 围合的空间形成茶叶填充腔 6。

[06] 瓶口处设有封膜 7 用于密封瓶身内的水。饮用时打开瓶盖并除去瓶口封膜 7，然后再盖上瓶盖，将水瓶倒置或横置，瓶中的水透过滤网 5 进入茶叶填充腔 6 中充分浸泡茶叶，一段时间后制成冷泡茶。由于滤网 5 的阻隔作用，茶叶不会进入瓶身，方便饮用。

附件 2（客户提供的专利文献的附图）

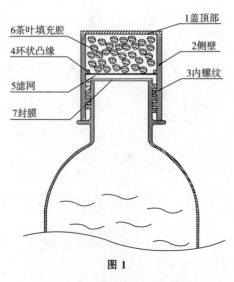

图 1

第二篇

附件3（客户提供的专利文献）

（19）中华人民共和国国家知识产权局

（12）实用新型专利

（45）授权公告日　2008.01.02

（21）申请号　200720123456.7
（22）申请日　2007.07.05
（73）专利权人　李××

（其余著录项目略）

说　明　书

饮料瓶盖

[01] 本实用新型公开了一种内部盛装有调味材料的瓶盖结构。该瓶盖与盛装矿泉水或纯净水的瓶身配合，构成完整的饮料瓶。饮用时可将瓶盖内的调味材料释放到瓶身内与水混合，从而即时配制成加味饮料。

[02] 图1是本实用新型的剖视图。

[03] 如图1所示，本实用新型的瓶盖具有顶壁1和侧壁2，侧壁2具有与瓶口外螺纹配合的内螺纹3，顶壁1内侧固定连接一个管状储存器4，该管状储存器4的下端由气密性封膜5密封，所述气密性封膜5优选为塑料薄膜，通过常规的热压方式固定在管状储存器4的下缘。顶壁1、管状储存器4和封膜5围合的空间形成密闭的容置腔室6，容置腔室6内放置有调味材料。如图1所示，将瓶盖旋转连接在瓶身上时，瓶口部分进入侧壁2与管状储存器4之间的环状空间内。

[04] 想饮用加味饮料时，打开瓶盖撕除或者破坏封膜5，然后再盖上瓶盖，容置腔室6中的调味材料进入瓶中，与水混合形成所需口味的饮料。

附件3（客户提供的专利文献的附图）

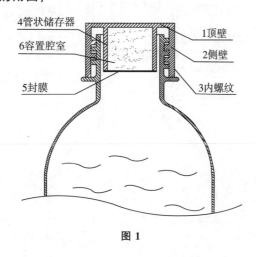

4管状储存器　　1顶壁
6容置腔室　　2侧壁
5封膜　　3内螺纹

图1

附件 4［欲宣告无效的专利（附件 1）的优先权文件译文］

<h1 style="text-align:center">权 利 要 求 书</h1>

1. 一种即配式饮料瓶盖，包括顶壁（1）和侧壁（2），侧壁（2）下部具有与瓶口外螺纹配合的内螺纹（3），其特征在于，侧壁（2）内侧在内螺纹（3）上方具有环状凸缘（4），隔挡片（5）固定于环状凸缘（4）上，所述顶壁（1）、侧壁（2）和隔挡片（5）共同形成容纳调味材料的容置腔室（6）。

<h1 style="text-align:center">说 明 书</h1>

<h3 style="text-align:center">即配式饮料瓶盖</h3>

［01］加味饮料中大都使用添加剂，不利于人体健康。

［02］针对上述问题，发明人提出一种即配式饮料瓶盖。所述饮料瓶盖内部盛装有调味材料，该瓶盖与盛装有矿泉水或纯净水的瓶身配合，构成完整的饮料瓶。饮用时将瓶盖内的调味材料释放到瓶身内与水混合，从而即时配制成加味饮料。由于调味材料与水在饮用前处于隔离状态，因此无须使用添加剂。

［03］图 1 是本发明的剖视图。

［04］如图 1 所示，即配式饮料瓶盖具有顶壁 1 和侧壁 2，侧壁 2 下部具有与瓶口外螺纹配合的内螺纹 3，侧壁 2 内侧在内螺纹 3 上方具有环状凸缘 4，隔挡片 5 通过粘接的方式固定于环状凸缘 4 上，隔挡片 5 由易溶于水且对人体安全的材料制成。顶壁 1、侧壁 2 和隔挡片 5 共同形成容置腔室 6，容置腔室 6 内放置有固体调味材料。

［05］瓶口处设置密封薄膜 7 用于密封瓶身内的水，即配式饮料瓶盖旋转连接在瓶身上。饮用时，首先打开瓶盖，除去瓶口的密封薄膜 7，然后再盖上瓶盖摇晃瓶身，隔挡片 5 溶解于水，容置腔室 6 内的调味材料进入瓶身。

附件 4［欲宣告无效的专利（附件 1）的优先权文件的附图］

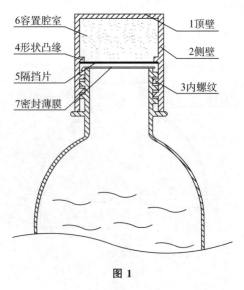

图 1

试题解析

无效实务题可以按以下步骤进行：阅读理解专利文件，尤其是权利要求书的保护范围的界定；阅读拟用于无效宣告请求的证据如现有技术；分析专利文件是否存在不需要证据的无效宣告理由；分析专利文件是否存在采用证据的无效宣告理由，这是考试的重点；在上述工作的基础上，完成无效宣告请求书的撰写。

一、阅读理解专利文件

阅读理解专利文件时，首先结合说明书的内容，重点理解权利要求书中各权利要求所要求保护的技术方案。欲无效的专利文件涉及即配式饮料瓶盖，其中的独立权利要求1要求保护一种即配式饮料瓶盖。为了不添加添加剂，而将调味材料与水通过瓶盖的设计隔挡片而处于隔离状态。

权利要求2对独立权利要求1作进一步限定，即对隔挡片进一步限定为热压在环状凸缘上的气密性薄膜。

权利要求3对权利要求1和2作进一步限定，即瓶盖带有一个位于顶壁内侧且向隔挡片的方向延伸的用于刺破隔挡片的尖刺部。

权利要求4对权利要求1至3作进一步限定，即限定顶壁具有弹性易于变形。

二、理解客户提供的证据并进行初步分析

（一）判断本专利的优先权是否成立

由于试题中的客户提供了欲无效的实用新型专利的优先权文件译文（附件4），这表明试题要考查考生对优先权的概念掌握程度。

附件2的申请日（2009年12月25日）早于附件1的优先权日（2010年1月25日），其授权公告日（2010年8月6日）在附件1的优先权日（2010年1月25日）和申请日（2010年9月23日）之间。

因此，为了确定附件2能否构成附件1的现有技术，需要核实本专利的优先权是否成立。核实优先权应当从期限和主题两方面考虑。

首先，本专利的申请日为2010年9月23日，其要求的优先权日为2010年1月25日，显然在12个月内，因此从期限来看满足享有优先权的条件；

其次，本专利的权利要求1的技术方案与优先权文件附件4的权利要求1和说明书第［04］段的记载完全一致，因此，权利要求1可以享有优先权。❶ 权利要求2至4的技术方案均未记载在附件4中，因此，权利要求2至4不能享有优先权。

（二）对客户提供的附件2和3进行初步分析

根据试题给出的信息，考生不应当怀疑附件2和3作为证据的真实性和合法性。而根据上述对本专利的优先权是否成立的判断结论，可以确定，附件2构成权利要求1的抵触申请，仅能用来评价其新颖性，不用于评价其创造性；附件2构成权利要求2至4的现有技术，可以用来评价其新颖性和创造性。

附件3的授权公告日为2008年1月2日早于本专利的优先权日，附件3都构成附件1本专利权利要求1至4的现有技术，可以用于评价权利要求1至4的新颖性和创造性。然后具体理解附件2和附件

---

❶　虽然从文字形式上记载来看，本专利的权利要求1与优先权文件中相同，但根据其实体内容来看，本专利所述"隔挡片"起到分隔腔室和分隔水的作用，不能由溶于水的材料构成，而优先权文件中的所谓隔挡片是水溶性的，不能起到隔离水的作用，隔离水是由于瓶口处设置密封薄膜，因此权利要求1的技术方案与优先权文件中记载的技术方案在本质上存在区别，因此认为其不能享有优先权更妥。

3 公开的技术内容，并与本专利的权利要求 1 至 4 进行比较。

三、对无效宣告理由、证据和事实进行具体分析

首先，可以考虑是否存在不需要证据的无效宣告理由。虽然从实务考试的角度来看，涉及新颖性和创造性的考点是最重要的，但往往会同时设计一些附带的考点。因此，考生也不应忽略。下面将权利要求可能存在的无需证据的无效宣告理由进行梳理。

（1）根据本专利说明书第［08］段记载的内容可知，为了方便、卫生地破坏隔挡片，在顶壁内侧设置尖刺部。要使得尖刺部在常态下与隔挡片不接触，而在需要饮用时能刺破隔挡片，顶壁必须由易变形的弹性材料制成，从而使得按压顶壁时，顶壁能够向下变形带动尖刺部向下运动刺破隔挡片。权利要求 3 中限定了尖刺部的安装位置，但未限定顶壁具有弹性易于变形，因而涵盖了顶壁不能变形这种无法实现发明目的的情形。这种概括的范围得不到说明书的支持，不符合《专利法》第 26 条第 4 款的规定。

（2）从属权利要求 4 引用权利要求 1 至 3，但从属权利要求 4 中的"尖刺部"在权利要求 1 和 2 中并无记载，导致缺乏引用的基础。因此，从属权利要求 4 引用权利要求 1 和 2 时的技术方案保护范围不清楚，不符合《专利法》第 26 条第 4 款的规定。

其次，重点分析采用证据的无效宣告理由。作为考试通常不太可能仅仅通过不需要证据即可请求宣告专利全部无效的情况，而考试重点往往主要是新颖性和创造性这两个无效宣告理由。

（1）权利要求 1 请求保护一种即配式饮料瓶盖，附件 2 公开了（参见说明书正文第［05］段，附图 1）一种茶叶填充瓶盖（对应本专利的即配式饮料瓶盖），包括盖顶部 1（对应本专利中的顶壁）和侧壁 2，侧壁 2 下部具有与瓶口外螺纹配合的内螺纹 3，内螺纹 3 上方与侧壁 2 一体地形成环状凸缘 4，透水性滤网 5 固定在环状凸缘 4 上，盖顶部 1、侧壁 2 和滤网 5 共同形成茶叶填充腔 6（对应本专利中的容置腔室）。附件 2 中的"透水性滤网"起到将茶叶阻隔在茶叶填充腔内的作用，是本专利权利要求 1 所述"隔挡片"的下位概念。❶ 由此可见，附件 2 公开了权利要求 1 的全部技术特征，两者属于相同的技术领域，解决相同的技术问题并具有相同的预期效果。因此，权利要求 1 相对于附件 2 不具备《专利法》第 22 条第 2 款规定的新颖性。

（2）从属权利要求 2 的附加技术特征进一步限定了："所述隔挡片（5）为一层热压在环状凸缘（4）上的气密性薄膜"。附件 2 公开了透水性滤网 5（隔挡片的下位概念）固定于环状凸缘 4，即，附件 2 已经公开了权利要求 2 中限定的隔挡片的安装位置。将本专利权利要求 2 所要求保护的技术方案与附件 2 公开的技术内容相比，区别仅在于附件 2 未公开隔挡片为气密性薄膜材质和隔挡片热压固定在环状凸缘上。由上述区别技术特征可知，权利要求 2 相对于附件 2 所要解决的技术问题是如何提高容置腔室的密封性以及如何固定隔挡片。

附件 3 公开了（参见说明书正文第 5 行至第 10 行，附图 1）一种饮料瓶盖，包括放置调味材料的容置腔室 6，该容置腔室 6 的下端由气密性封膜 5（对应本专利中的气密性隔挡片）封闭，所述气密性封膜 5 优选为塑料薄膜，通过热压的方式固定在管状储存器 4 的下缘。由此可见，附件 3 公开了上述区别技术特征，且上述区别技术特征在附件 3 中所起的作用与其在本专利中所起的作用相同，都是用于形成密闭的容置腔室。

附件 2、附件 3 与本专利属于相同的技术领域，对本领域技术人员而言，为解决容置腔室的密封问

---

❶ 附件 2 的瓶盖中，由盖顶部、侧壁和滤网共同形成茶叶填充腔。但所述的"透水性滤网"起到将茶叶阻隔在茶叶填充腔内的作用，但并不能阻隔水进入填充腔的作用（其通过瓶口处设置密封薄膜来隔离水溶液），而本专利权利要求 1 所述"隔挡片"起到分隔腔室和分隔水的作用，两者的作用显然是不同的，因此直接认定"透水性滤网"是本专利权利要求 1 所述"隔挡片"的下位概念值得商榷。

根据前述分析，认为权利要求 1 不能享有优先权更妥的情况下，附件 2 和 3 构成本专利的现有技术，权利要求 1 的隔挡片的设计，其相对于对比文件 2 的透水性滤网和密封薄膜而言是位置简单变换，因而不具有创造性。

题，在附件 3 的启示下，容易想到采用附件 3 中公开的气密性封膜替代附件 2 的滤网从而得到权利要求 1 的技术方案。因此，权利要求 2 相对于附件 2 和附件 3 的结合不具备创造性，不符合《专利法》第 22 条第 3 款的规定。

四、无效宣告理由的确定

通过上面的分析，针对权利要求 1 可以采用附件 2 为基础以不具备新颖性作为无效宣告理由；对于权利要求 2 和 3 可以采用附件 2 和 3 相结合以不具备创造性作为无效宣告理由；对于权利要求 4 引用权利要求 1 和 2 的技术方案，可以采用不符合《专利法》第 26 条第 4 款关于清楚的规定作为无效宣告理由。

但对于权利要求 4 引用权利要求 3 不存在不清楚的缺陷，而且采用附件 2 和 3 也不能影响其新颖性和创造性，因此对该技术方案不能提出无效。因此，只能请求本专利的部分权利要求无效，而不是全部无效。

五、无效宣告请求书正文的撰写

试题要求撰写无效宣告请求书，因此应当按照无效宣告请求书正文的撰写格式和规范完成正文的撰写。

正文应当包括下述部分：

（1）起始语段，明确提出无效宣告请求的对象，例如可以写成"根据《专利法》第 45 条及《专利法实施细则》第 69 条的规定，本请求人现对专利号为 201020123456.7、名称为'即配式饮料瓶盖'的实用新型专利提出无效宣告请求"。如果具体的法律条款记得不清楚，可以简单写成"根据专利法及其实施细则的相关规定，针对专利号为 201020123456.7、名称为'即配式饮料瓶盖'的实用新型专利提出无效宣告请求"。

（2）明确无效宣告请求的理由和法律依据，以及无效宣告请求的范围，由于是部分无效还应明确具体指出哪些权利要求应当无效。例如，可以写成："本请求人以该专利的权利要求 1 不符合《专利法》第 22 条第 2 款规定的新颖性，权利要求 2 不符合《专利法》第 22 条第 3 款规定的创造性，权利要求 3 不符合《专利法》第 26 条第 4 款规定的权利要求应当以说明书为依据，以及权利要求 4 当引用权利要求 1 和 2 时不符合《专利法》第 26 条第 4 款关于权利要求应当清楚的规定为理由，请求宣告该专利部分无效。"

（3）明确所使用的证据，即附件 2 至 4。这里需要对证据进行编号（可直接采用试题给出的编号，即附件 2、3 或 4），并且给出必要的著录项目信息，对专利文献类证据来说，至少包括专利文献号（如公开号或授权公告号，但由于今年试题没有给出这种信息，因此只能采用专利号来表述）、公开日期（即公开日或授权公告日），涉及抵触申请的还应标明其申请日。结合试题来说，可以表述如下：

"附件 2：中国实用新型专利说明书 ZL200920345678.9，授权公告日为 2010 年 8 月 6 日，申请日为 2009 年 12 月 25 日

"附件 3：中国实用新型专利说明书 ZL200720123456.7，授权公告日为 2008 年 1 月 2 日

"附件 4：ZL201020123456.7 实用新型专利的优先权文件的中文译文。"

（4）具体阐述无效宣告请求的理由，这是请求书正文的核心部分。其中大致思路如下：对于权利要求 1 不具备新颖性的论述中，首先需要明确其优先权成立，再论述附件 2 可以构成抵触申请的理由，再详细论述其附件 2 中公开权利要求 1 的技术方案，最后给出结论；对于权利要求 2 不具备创造性的论述中，首先需要明确其优先权不成立，表明附件 2 和附件 3 均构成其现有技术，再按照"三步法"的方式论述其不具备实质性特点和进步，得出不具备创造性的结论；至于权利要求 3 不能得到说明书的支持，以及权利要求 4 不清楚的论述按照规范进行即可。

其中，对于不同的无效宣告理由，采用编号和/或分段予以区分。相关无效宣告理由的论述需要严格按照论述规范进行，具体可以参见本部分第一章中的相关内容。

（5）最后是结尾语段。简要总结一下无效宣告请求的范围以及是全部无效还是部分无效。结合试题，例如可以写成"综上所述，本请求人请求宣告专利号为 201020123456.7 的实用新型专利部分无效，即权利要求 1 至 3 以及引用权利要求 1 和 2 时的权利要求 4 应当无效"。

最后形成的正文参见后面的参考答案。

参考答案

国家知识产权局❶：

本请求人根据《专利法》第 45 条及《专利法实施细则》第 69 条的规定，针对专利号为 201020123456.7、名称为"即配式饮料瓶盖"的实用新型专利提出无效宣告请求。该专利的授权公告日为 2011 年 3 月 22 日，申请日为 2010 年 9 月 23 日。

（一）

本请求人以该专利的权利要求 1 不符合《专利法》第 22 条第 2 款规定的新颖性，权利要求 2 不符合《专利法》第 22 条第 3 款规定的创造性，权利要求 3 不符合《专利法》第 26 条第 4 款规定的权利要求应当以说明书为依据，以及权利要求 4 当引用权利要求 1 和 2 时不符合《专利法》第 26 条第 4 款关于权利要求应当清楚的规定为理由，请求宣告该专利部分无效。

（二）

本请求人以下述对比文件作为该专利不具备《专利法》第 22 条第 2 款规定的新颖性和第 3 款规定的创造性的证据：

附件 2：中国实用新型专利说明书 ZL200920345678.9，❷授权公告日为 2010 年 8 月 6 日，申请日为 2009 年 12 月 25 日❸

附件 3：中国实用新型专利说明书 ZL200720123456.7，授权公告日为 2008 年 1 月 2 日，申请日为 2007 年 7 月 5 日

附件 4：ZL201020123456.7 实用新型专利的优先权文件的中文译文

（三）

1. 权利要求 1 相对于附件 2 不具备《专利法》第 22 条第 2 款规定的新颖性

对比该专利和附件 4 可知，该专利权利要求 1 的技术方案已经记载在附件 4 的权利要求 1 中，两者技术领域、所解决的技术问题、技术方案和预期效果均相同，属于相同主题的发明或者实用新型，且该专利的申请日（2010 年 9 月 23 日）距其所要求的优先权日（2010 年 1 月 25 日）在 12 个月之内，因此，权利要求 1 可以享有附件 4 的优先权。

本专利和附件 2 都是向国家知识产权局提出的专利申请，且附件 2 的申请日（2009 年 12 月 25 日）早于本专利的优先权日，其授权公告日晚于本专利的优先权日，可以构成权利要求 1 的抵触申请。

权利要求 1 要求保护一种即配式饮料瓶盖，附件 2 公开了（参见说明书正文第 8 行至第 11 行，附图 1）一种茶叶填充瓶盖（对应本专利的即配式饮料瓶盖），包括盖顶部 1（对应本专利中的顶壁）和侧壁 2，侧壁 2 下部具有与瓶口外螺纹配合的内螺纹 3，内螺纹 3 上方与侧壁 2 一体地形成环状凸缘 4，透水性滤网 5 固定在环状凸缘 4 上，盖顶部 1、侧壁 2 和滤网 5 共同形成茶叶填充腔 6（对应本专利中的容置腔室）。附件 2 中的"透水性滤网"和瓶口处设有的封膜起到将茶叶阻隔在茶叶填充腔内和密封

---

❶ 考试时可以写该抬头，也可以不写。

❷ 由于试题没有给出这种信息，因此只能采用专利号来表述。在实际代理或考试中给出相关专利文献的公开号或授权公告号，建议采用后者即可（注意包括国别代码）。

❸ 由于附件 2 属于本专利的优先权之前申请在后公开的中国专利文献，可能构成抵触申请，因此需要给出申请日和公开日信息。

瓶身内的作用，因此是本专利权利要求1所述"隔挡片"的一种具体表现形式，属于下位概念。由此可见，附件2公开了权利要求1的全部技术特征，两者属于相同的技术领域，解决相同的技术问题并具有相同的预期效果。因此，权利要求1相对于附件2不具备《专利法》第22条第2款规定的新颖性。

2. 权利要求2不具备《专利法》第22条第3款规定的创造性

附件4中没有记载本专利权利要求2至4所要求保护的隔挡片为一层热压在环状凸缘上的气密性薄膜，设有尖刺部等技术内容，因此，本专利权利要求2至4不能享有附件4的优先权，其申请日以实际提交申请的日期为准。附件2和附件3的授权公告日均早于本专利的申请日2010年9月23日，构成权利要求2至4的现有技术。因此，附件2和附件3可以用于评价权利要求2至4的新颖性和创造性。

从属权利要求2的附加技术特征进一步限定了："所述隔挡片（5）为一层热压在环状凸缘（4）上的气密性薄膜。"附件2公开了透水性滤网（隔挡片的下位概念）固定于环状凸缘，即附件2已经公开了权利要求2中限定的隔挡片的安装位置。将本专利权利要求2所要求保护的技术方案与附件2公开的技术内容相比，区别仅在于附件2未公开隔挡片为气密性薄膜材质和隔挡片热压固定在环状凸缘上。由上述区别技术特征可知，权利要求2相对于附件2所要解决的技术问题是如何提高容置腔室的密封性以及如何固定隔挡片。

附件3公开了（参见说明书正文第5行至第10行，附图1）一种饮料瓶盖，包括放置调味材料的容置腔室，该容置腔室的下端由气密性封膜（对应本专利中的气密性隔挡片）封闭，所述气密性封膜优选为塑料薄膜，通过热压的方式固定在管状储存器的下缘。由此可见，附件3公开了上述区别技术特征，且上述区别技术特征在附件3中所起的作用与其在本专利中所起的作用相同，都是用于形成密闭的容置腔室。

附件2、附件3与本专利属于相同的技术领域，为了解决容置腔室的密封问题，在附件3的启示下，本领域技术人员容易想到采用附件3中公开的气密性封膜替代附件2的滤网从而得到权利要求1的技术方案，并获得预期的提高容置腔室的密封性以及固定隔挡片的技术效果。因此，权利要求2相对于附件2和附件3的结合不具备实质性特点和进步，不符合《专利法》第22条第3款关于创造性的规定。

3. 从属权利要求3没有以说明书为依据，不符合《专利法》第26条第4款的规定

根据本专利说明书记载的内容可知，为方便、卫生地破坏隔挡片，在顶壁内侧设置尖刺部。要使得尖刺部在常态下与隔挡片不接触，而在需要饮用时能刺破隔挡片，顶壁必须由易变形的弹性材料制成，从而使得按压顶壁时，顶壁能够向下变形带动尖刺部向下运动刺破隔挡片。

权利要求3中限定了尖刺部的安装位置，但未进一步限定顶壁具有弹性易于变形，权利要求3所要求保护的技术方案涵盖了顶壁不能变形这种无法实现发明目的的情形。因此权利要求3在说明书公开内容的基础上概括了一个较宽的保护范围，得不到说明书的支持，不符合《专利法》第26条第4款的规定。

4. 从属权利要求4引用权利要求1和2时的技术方案不清楚，不符合《专利法》第26条第4款的规定

从属权利要求4引用权利要求1至3，但从属权利要求4中的"尖刺部"在权利要求1和2中并无记载，缺乏引用的基础。因此，从属权利要求4引用权利要求1和2时的技术方案保护范围不清楚，不符合《专利法》第26条第4款的规定。

综上所述，现请求宣告专利号为201020123456.7、名称为"即配式饮料瓶盖"的实用新型专利的权利要求1至3以及引用权利要求1和2时的权利要求4无效。

第五部分
答复无效宣告请求专题

　　答复无效宣告请求书的主要考试形式为：向专利权人给出咨询意见（即分析无效宣告请求书中的无效宣告理由能否成立）和/或针对无效宣告请求撰写意见陈述书，并对专利文件进行修改。

　　2007年、2009年和2012年的无效实务试题都涉及专利权人一方的专利代理实务，其中2007年和2009年的无效实务试题中要求考生针对无效宣告请求书为专利权人撰写意见陈述书，并对专利文件（即权利要求书）进行修改，而在2012年的无效实务试题中仅要求考生向客户给出咨询意见，即分析无效宣告请求书中提出的各个无效宣告理由是否成立，并根据分析结果对权利要求书的修改给出具体建议；此外，2007年和2009年的无效实务试题中还包括与无效宣告程序有关的简答题（2007年涉及无效宣告程序中专利文件修改的相关规定、2009年涉及对出席口头审理的对方专利代理师资格的异议等）。

　　下面介绍针对无效宣告请求书撰写咨询意见和/或意见陈述书的应试思路。❶

第一章　专利权人答复无效宣告请求书试题的应试思路

一、应试总体思路

　　这类试题主要考核应试者针对无效宣告请求书撰写咨询意见和/或意见陈述书的能力，以及对无效宣告程序专利文件修改的相关规定和相关法律知识的掌握情况。对于这类试题的应试，在掌握无效程序中对权利要求的修改原则的基础上，重点是分析无效宣告请求书中各个无效宣告理由能否成立以及在意见陈述书中对无效宣告请求书提出的无效宣告理由进行反驳，尤其是论述修改后的权利要求具备新颖性和创造性的理由。但是，根据历年试题，还可能包括一部分简答题，以考核考生有关无效宣告程序在程序方面和实体方面的基本知识。

　　针对无效宣告请求书撰写咨询意见和/或意见陈述书的应试，可以按照以下由六个环节组成的总体思路进行。

　　1. 理解专利文件中各权利要求所要求保护的主题

　　首先需要正确理解试题中所给出的专利文件，尤其是其权利要求书所要求保护的主题。

　　2. 对无效宣告请求书和所附证据进行初步分析研究

　　全面、准确地理解无效宣告请求书的内容，并对其中所主张的无效宣告理由和所附支持相应无效宣告理由的证据进行初步分析研究：对于无效宣告请求书中提出的无效宣告理由，确定哪些属于《专利法实施细则》第69条第2款规定的范围；对于不需要证据的法定无效宣告理由，明确这些无效宣告理由是针对什么事实提出的，为分析这些无效宣告理由能否成立做好准备；对于需要证据支持的法定无效宣告理由，分析所附证据的合法性、真实性及其与该专利的关联性，为判断这些证据是否支持相

　　❶　本节内容是根据历年专利代理实务科目有关答复无效宣告请求书的无效实务试题的考点以及编者总结归纳而成的应试思路，因此涉及内容比较多，但就一次考试而言，不会涉及所有考点，此外还有可能涉及其他新的考点，因此考生在应试时需要根据试题内容进行适当调整。

应的无效宣告理由做好准备。

3. 根据分析结果确定应对策略，必要时修改专利文件

在对无效宣告请求书中的无效宣告理由及所附证据进行初步分析研究的基础上，针对各个无效宣告理由进行具体分析，以确定这些无效宣告理由能否成立。然后根据分析结果对专利能否被宣告无效的前景作出正确判断以确定应对策略，包括是否修改专利文件，尤其是在该专利有可能被宣告全部无效或者部分无效时，需要进一步考虑如何修改专利的权利要求书来为专利权人争取最有利的结果。

4. 向客户撰写咨询意见

对于试题（如 2012 年的无效实务试题）中要求考生针对无效宣告请求书撰写给客户的咨询意见的情况，在对无效宣告请求书进行分析并确定应对策略后，就着手撰写给客户的咨询意见。在咨询意见中，将对无效宣告请求书各个无效宣告理由的分析结果告知客户；若应对策略中需要修改权利要求书的，还应当在咨询意见中给出如何修改权利要求书的建议。如果试题（如 2007 年和 2009 年的无效实务试题）未提出这方面的要求，则可直接进行下一步撰写意见陈述书的工作。

5. 撰写意见陈述书

对于试题（如 2007 年和 2009 年的无效实务试题）中要求考生针对无效宣告请求书撰写意见陈述书时，在对无效宣告请求书进行分析并确定应对策略后，就着手撰写意见陈述书。若对权利要求书进行了修改，就应当根据修改后的权利要求书来撰写意见陈述书正文。意见陈述书中应当针对所有无效宣告理由和所附证据论述修改后的权利要求书为何不存在这些无效宣告理由所涉及的实质性缺陷，具体反驳意见应当符合规范，以《专利法》及其实施细则和《专利审查指南 2023》为依据。如果试题（如 2012 年的无效实务试题）中仅要求撰写给客户的咨询意见，并未要求考生撰写意见陈述书，就无须再进行这一方面的工作。

6. 对简答题作出解答

对于试题中还给出简答题的情况，应当根据案情和试题的具体要求给出答案。此时，应当区分是需要结合案情作出说明还是一般的基本概念题，例如 2007 年的无效实务试题中的简答题为基本概念题（关于无效宣告程序中对专利文件修改的有关规定），而 2009 年的无效实务试题中的简答题为与案情内容相关的程序方面或实体方面的基本知识。

二、应试过程中为体现应试思路在各环节需要做的具体工作

下面基本按照答题时的各个环节具体说明为体现应试思路所要做的具体工作。

（一）理解专利文件中权利要求

在阅读试题时，考生首先需要认真阅读试题中所给出的专利文件，理解其权利要求书中各个权利要求所要求保护的主题。具体来说，应当弄清下述五个问题。

（1）阅读理解专利文件，认真确定权利要求书中各项权利要求由其技术特征所限定的技术方案的含义、每个技术特征在该发明创造中的作用以及各权利要求之间的区别，其中对于权利要求中个别表述不清楚的技术特征通过说明书来理解其确切的含义。

（2）对于独立权利要求，根据说明书进一步明确其相对于背景技术中的现有技术（尤其是最接近的现有技术）解决了什么技术问题，采取了哪些技术措施（确定相对于最接近的现有技术的区别技术特征），产生了哪些技术效果。

（3）对于从属权利要求，理解其附加技术特征为该发明创造带来了什么技术效果。

（4）如专利有优先权要求，且试题中还给出了在先优先权文本的情况，需要确定哪些权利要求可以享有优先权，哪些不能享有优先权，以便针对每项权利要求确定其现有技术的时间界限。对于上述有优先权要求，但没有给出优先权文本，则应根据试题说明及相关信息来确定优先权是否成立，例如，试题说明明确不需要质疑优先权不成立，则应认可优先权的成立。

（5）结合说明书的具体实施方式分析是否有权利要求书未反映的技术方案，即说明书有无包含可

第二篇

以采用对权利要求进一步限定的方式来修改的可能性（这一方面的工作通常在应对策略为修改专利文件时进行）。

（二）对无效宣告请求书和所附证据进行初步分析研究

1. 对无效宣告请求书的理解

应当通过对无效宣告请求书的阅读弄清下述几个问题。

（1）无效宣告请求书中提出哪几个无效宣告理由，判断这些理由是否属于法定的无效宣告理由。对于不属于法定的无效宣告理由，例如，两项以上独立权利要求之间不具有单一性、独立权利要求未相对于最接近的现有技术划清前序部分和特征部分的界限、从属权利要求引用部分不符合《专利法实施细则》第25条第2款规定的形式要求，依赖遗传资源完成的发明创造但没有提供遗传资源来源披露登记表而不符合《专利法》第26条第5款的规定等，可以要求国家知识产权局不予考虑。

（2）对于属于法定的无效宣告理由，进一步考虑这些无效宣告理由涉及权利要求书还是涉及说明书，对于涉及权利要求书的无效宣告理由，又分别涉及该专利的哪几项权利要求。

（3）对于不需要证据的法定无效宣告理由，其所依据的事实是什么，对于这些无效宣告理由，无效宣告请求书中是否针对所依据的事实进行了具体分析。

（4）对于需要证据支持的法定无效宣告理由，其所依据的证据是什么，对于这些无效宣告理由，无效宣告请求书中是否结合证据具体说明了相应的无效宣告理由。

（5）对于请求人在提出无效宣告请求书之后补交的材料，关注是否包含有提出无效宣告请求之日起1个月后补充的理由和/或证据。

2. 对所附证据进行分析研究

从程序上看，请求人所提交的证据是否超过举证期限，对于超过举证期限证据可以要求国家知识产权局对该证据不予考虑（但对于公知常识性证据或者用于完善证据法定形式的公证文书、原件等证据，仍应当予以考虑）；而对于未超过举证期限的证据需要从几个方面去分析，具体可参见对提出无效宣告请求的相关环节，两者基本相似，不再重复。

3. 对于提出无效宣告请求后增加的无效宣告理由和补充的证据进行判断

当试题中出现请求人在提出无效宣告请求书之后补交的材料，还应当判断补交材料中所增加的无效宣告理由和补充的证据是否需要考虑。

（1）核实一下该补交材料是否在提出无效宣告请求之日起1个月内提交的，例如2007年的无效实务试题中补交的材料就不是在提出无效宣告请求之日起1个月内提交的。

（2）对于在提出无效宣告请求之日起1个月内补交的材料，其中所增加的无效宣告理由只要属于法定的无效宣告理由，并作了具体说明的，就应当予以考虑；至于补充的证据，只要在该期限内已结合该证据具体说明相关的无效宣告理由，则应当予以考虑；否则，应当请求合议组不予考虑。

（3）对于在提出无效宣告请求之日起1个月后增加的无效宣告理由，应当请求国家知识产权局不予考虑，除非该增加的无效宣告理由是针对那些与无效宣告请求书中提出的无效宣告理由明显不相对应的证据进行变更的理由。例如，在2009年的无效实务试题中，请求人在提出无效宣告请求之日起1个月之后增加了两个无效宣告理由，其中一个关于不属于实用新型专利保护客体的无效宣告理由是针对专利权人以删除技术方案方式修改的权利要求增加的，应当请求合议组不予考虑。

（4）对于在提出无效宣告请求之日起1个月后补充的证据（包括在1个月后提交的外文证据的中文译文），通常可以请求合议组不予考虑。除非所提交的证据是技术词典、技术手册和教科书等所属技术领域中的公知常识性证据或者是用于完善证据法定形式的公证书、原件等证据，并在该期限内结合该证据具体说明了相关无效宣告理由；或者是在国家知识产权局指定期限内针对专利权人提交的反证补充的证据，并在该期限内结合该证据具体说明无效宣告理由。例如，在2007年的无效实务试题中，请求人在提出无效宣告请求书之日起1个月后补充的证据为专利申请文件，既不是公知常识性证据，也不是完善证据法定形式的证据，因此应当请求合议组不予考虑。

（三）根据分析结果确定应对策略

根据分析，针对其中应当考虑的无效宣告理由及证据进一步分析这些无效宣告理由是否成立，❶ 在此基础上确定应对策略，必要时对权利要求书进行修改。

1. 分析各个无效宣告理由是否成立

在分析无效宣告理由是否成立时，对于明显不属于法定的无效宣告理由可直接指明其不得作为无效宣告理由；对于在无效宣告请求书中未作具体分析且在自提出无效宣告请求之日起 1 个月内未作补充说明的无效宣告理由可以请求国家知识产权局不予考虑。除此之外，对于属于法定的无效宣告理由必须逐条分析其是否得到无效宣告请求书中所提及事实或所提交的证据的支持。

下面针对不需要证据支持的无效宣告理由和需要证据支持的无效宣告理由分别加以说明。

对于不需要证据的法定无效宣告理由，分析该无效宣告理由是否得到其所提及事实的支持，即针对无效宣告请求书中依据的事实，结合专利文件所记载的具体内容，研究无效宣告请求书中的具体分析是否有道理，是否存在不正确之处，尤其是可否借助《专利审查指南 2023》规定的内容对其进行反驳。

对于这类无效宣告理由，如果需要提供反证的，例如，对于无效宣告请求书中认为未充分公开的内容属于本领域的公知常识，不仅要提交反证证明材料，还应当对有关反证作出具体说明。

对于需要证据支持的法定无效宣告理由，可以按照如下考虑来分析该无效宣告理由是否得到所提供证据的支持。

（1）根据前面对证据进行的初步分析，对于存在不可采信的证据的情况，首先可以考虑主张这些证据不应予以采信，例如：①证据的提交超过了举证期限；②公证证据不符合公证程序；③域外证据未进行公证认证；④证据中明显存在该证据是伪证的疑点；⑤使用公开或以其他方式公开的证据之间明显出现矛盾等。

需要注意的是，对于这类证据不能仅认为不能采信就不予考虑，必要时还应当考虑对方提供了补充证据以证明其可采信时如何争辩。

（2）分析所提交的证据是否适用，若存在不适用的证据可以对此据理力争，例如，2007 年和 2012 年的无效实务试题就包含这种情况。

（3）对于适用的证据，针对其在无效宣告请求书所主张的单独对比或结合对比的方式，将有关对比文件或者使用公开的证据等所披露的内容与专利文件权利要求所要求保护的主题进行分析对比，以确定对方当事人所作分析是否有道理，对于对方当事人所作分析存在的不正确或不妥之处，可考虑如何依据《专利法》及其实施细则和《专利审查指南 2023》的规定作出说明或进行有力的反驳。

2. 根据对无效宣告理由的分析，确定应对策略

根据上述对无效宣告理由是否成立的分析，确定针对无效宣告请求书的应对策略。若认为无效宣告理由全部成立或部分成立的，应当考虑是否修改权利要求书，尤其是要否采用对权利要求进一步限定的方式来修改；若认为无效宣告理由不能成立的，应当依照《专利法》及其实施细则和《专利审查指南 2023》的有关规定仔细分析，为撰写咨询意见和/或意见陈述书做好准备。

（1）对权利要求书的修改

根据历年试题来看，对权利要求书进行修改是无效宣告程序针对无效宣告请求书撰写咨询意见和/或意见陈述书实务试题的一个重要考点。如果认为无效宣告理由成立或部分成立，则应当对专利的权利要求书进行修改，以消除相应缺陷。如果一部分权利要求（例如独立权利要求）相对于请求人提交的证据明显不符合新颖性要求时，建议采用删除权利要求的方式修改，以免在争辩原独立权利要求具备新颖性时无法正确地作出论述。尤其是无效宣告理由成立后将导致原权利要求书中某一项主题的所

---

❶　无论在实际专利代理实务的实践中，还是在应试中，分析无效宣告请求理由是否成立可以对无效宣告请求书及其所附证据的初步分析一起进行，仅仅由于在应试时这方面内容比较重要，为便于考生掌握，将其单独作为一个环节加以说明。

有权利要求被宣告无效的情况，就还需要考虑是否要求采用对权利要求进一步限定的方式修改，例如，2007 年、2009 年和 2012 年专利代理实务科目试卷有关无效实务的试题就属于这种情况。

在应试答题时，需要特别注意的是：对权利要求书的修改既要符合《专利法》第 33 条的规定，又要符合《专利法实施细则》第 73 条的规定（包括《专利审查指南 2023》第四部分第三章中对修改内容和修改方式作出的规定），前者规定了修改申请文件或专利文件的基本原则，即修改的内容不得超出原说明书和权利要求书记载的范围，后者是无效宣告程序中对修改专利文件的特殊要求，有关这方面内容可参见《专利审查指南 2023》第四部分第三章第 4.6 节，在此不再详述。

（2）无效宣告理由不能成立的几种情况

下面根据历年考试或者编者的经验给出几种无效宣告理由不能成立的情况。

① 明显不属于《专利法实施细则》第 69 条第 2 款规定范围的无效宣告理由，可直接指明其不得作为无效宣告理由。例如在 2009 年的无效实务试题中，针对无效宣告请求书中有关专利不符合单一性规定的无效宣告理由，可以明确指出该无效宣告理由不属于《专利法实施细则》第 69 条第 2 款规定的范围，国家知识产权局应当不予考虑；对于未具体说明的无效宣告理由，又如，2009 年的无效实务试题中关于权利要求不能得到说明书支持的无效宣告理由在无效宣告请求书中未进行任何分析且在提出无效宣告请求之日起 1 个月内未作补充说明的，可以请求国家知识产权局不予考虑；对于在提出无效宣告请求之日起 1 个月后增加的理由，且不属于可以增加无效宣告理由的情况，同样可以明确要求国家知识产权局不予考虑，例如 2009 年的无效实务试题中请求人在自请求日起 1 个月后补充的不属于实用新型保护客体的无效宣告理由就属于这种情况。

② 无效宣告请求书中认定某权利要求不具备新颖性，但其所引用的证据披露的内容中并未包含该权利要求的全部技术特征。

③ 无效宣告请求书中认定在某一引用证据中披露了某技术特征，但经分析后认定该引用的证据中并未披露这一技术特征。

④ 无效宣告请求书中认定在某一引用证据中披露了某技术特征，但经分析该技术特征在该引用证据中所起的作用与其在该发明中所起的作用不相同，因而不存在结合的技术启示。

⑤ 无效宣告请求书中以申请日前申请、申请日或申请日后公开的中国专利（申请）文件与现有技术或公知常识相结合来否定某项权利要求的创造性，例如 2007 年和 2012 年专利代理实务科目试卷中无效实务的试题。

⑥ 无效宣告请求书中否定某权利要求的创造性时，认定为等效手段（或简单变换的手段）以及简单叠加的发明创造的理由不正确。

⑦ 无效宣告请求书中，对于具有突出的实质性特点的发明或者具有实质性特点的实用新型，仅以其未产生预料不到的效果来否定创造性。

⑧ 无效宣告请求书中认定为权利要求书未以说明书为依据或者修改超出原申请记载范围的理由不正确。

⑨ 无效宣告请求书中认定独立权利要求缺少必要技术特征，但该技术特征是该发明创造的优选手段，即该发明创造不采用此技术特征仍能解决其技术问题。

（四）咨询意见的撰写

如果试题中要求向专利权人给出咨询意见，在针对无效宣告请求书作出分析并确定应对策略（包括必要时对权利要求书进行修改）后，就进入了应试的另一项重要工作，撰写咨询意见。给专利权人的咨询意见除简单的起始语段和结束语段外，通常包括下述几部分内容。

1. 对无效宣告请求书的证据进行分类，说明其适用范围

通常可以将无效宣告请求书引用的证据分为三类：构成涉案专利的现有技术；申请在先、公布或公告在后的中国专利申请文件或专利文件；相同申请日且公告在后的中国专利文件。构成现有技术的证据，可以用于判断涉案专利权利要求的新颖性和创造性；对于申请在先、公布或公告在后的中国专利申请文件或专利文件，只可用作判断涉案专利权利要求是否具备新颖性的对比文件，不可用作判断涉案专利各项权利要求是否具备创造性的对比文件；对于相同申请日且公告在后的中国专利文件，只可用其权利要求书中权利要求的技术方案判断是否与涉案专利权利要求构成同样的发明或实用新型，不可用其作为判断涉案专利权利要求是否具备新颖性和/或创造性的对比文件。例如，2012 年的无效实务试题中的三份证据中两份构成现有技术，另一份是申请在先、公告在后的中国实用新型专利文件。

当然，如果涉案专利要求优先权或者证据是要求优先权的中国专利申请文件或专利文件，则分类情况就会更复杂一些，例如 2007 年的无效实务试题中有一份对比文件是要求优先权的中国实用新型专利文件，其优先权日早于涉案专利的申请日，其申请日晚于涉案专利的申请日，则该篇专利文件中能享有优先权的内容可以用来判断该专利是否具备新颖性，而不能享有优先权的内容就不能用来判断该专利是否具备新颖性。

若无效宣告请求书中所附证据应当不予采信或者适用范围不合适，最好在这部分明确指出，以便确保取得此考点的分值。

2. 具体分析无效宣告请求书中的各个无效宣告理由是否成立

这一部分是试题的重点，应当逐一分析无效宣告请求书中的各个无效宣告理由是否成立。

分析说明时，应当以《专利法》、《专利法实施细则》和《专利审查指南 2023》的规定为依据具体分析说明涉案专利（主要是各项权利要求）是否存在与各个无效宣告理由相应的实质性缺陷。

若无效宣告请求书中对同一权利要求提出多个无效宣告理由，则应当针对每一个无效宣告理由作出分析，不要因为其中一个无效宣告理由成立就不再分析另一个无效宣告理由。

若无效宣告请求书中对同一权利要求以其不具备新颖性或创造性为无效宣告理由且给出多种单独对比方式或多种结合对比方式，则应当对每一种对比方式均作出无效宣告理由是否成立的分析，不要因为其中一种对比方式的无效宣告理由能够成立，就不再对另一种对比方式作出分析。

需提请注意的是，对于不具备新颖性和创造性的无效宣告理由，应当注意到在论述不具备新颖性和创造性的无效宣告理由能够成立时与不能成立时的规范格式有所不同。例如，在论述不具备新颖性的无效宣告理由不能成立时，只需要指出该权利要求的技术方案未被该对比文件公开就可得出结论，而论述不具备新颖性的无效宣告理由能够成立时仅指出该权利要求的技术方案已被该对比文件公开还不够，还要说明该权利要求的技术方案在技术领域、要解决的技术问题和有益效果与对比文件中公开的内容实质相同；又如，在论述不具备创造性的无效宣告理由不能成立时，不仅应当以"三步法"为基础说明该权利要求的技术方案相对于通知书中写明的对比文件结合方式具有突出的实质性特点（对发明专利）或实质性特点（对实用新型专利），还要说明该权利要求的技术方案相对于现有技术具有显著的进步（对发明专利）或进步（对实用新型专利），才能得出其具备创造性的结论。而在论述不具备创造性的无效宣告理由能成立时，只需要指出其不具有突出的实质性特点（对发明专利）或实质性特点（对实用新型专利）就可得出其不具备创造性的结论。

3. 根据分析结果给出对权利要求书的修改建议

对于无效实务试题中还要求给出修改后的权利要求书的情形，这部分只需要说明对权利要求书如何进行修改即可，无须给出具体的修改后的权利要求书。接着具体说明所作修改符合《专利法》、《专利法实施细则》和《专利审查指南 2023》的有关规定。

此外，应当在咨询意见中说明采取这一修改方式的理由，例如对权利要求书不采用权利要求进一步限定的方式修改就有可能导致该专利或者该专利中的某一要求保护的主题被宣告全部无效，而进行权利要求进一步限定的方式修改后可以争取维持专利权部分有效（前者参见 2007 年的无效实务试题中的情形，后者参见 2009 年的无效实务试题中的情形），或者是为了消除权利要求书中所存在的与无效宣告请求书中无效宣告理由相应的实质性缺陷（参见 2012 年的无效实务试题中的情形）等。

以上对咨询意见中应当包括的三方面主要内容作了简要说明。需要说明的是，应试时咨询意见所包括的内容可以根据试题的要求确定。

（五）意见陈述书的撰写

如果试题中要求为专利权人针对无效宣告请求书撰写意见陈述书，在针对无效宣告请求书作出分析并确定应对策略（包括必要时对权利要求书进行修改）后，就进入了应试的最主要部分，撰写意见陈述书。考生必须十分重视意见陈述书的撰写，应当将前面分析时所涉及的各方面的考点内容体现在所撰写的意见陈述书中，并注意相关的撰写要求和格式要求。

（六）根据试题要求对简答题作出解答

通常在阅读试题时，应当先关注一下工作内容中是否包含有要求考生对简答题解答的内容。对于有这部分工作内容的试题，要区分是考核与具体案情无关的基本知识（如2007年的无效实务试题中的简答题）还是考核与具体案情相关的程序方面或实体方面知识的掌握（如2009年的无效实务试题中的简答题）。对于后者，应当在阅读理解试题时就关注与答题有关的内容，必要时在题面作出相应的标记。

三、答复无效宣告请求书的意见陈述书的要求

意见陈述书应当根据分析结果确定的应对策略陈述意见，意欲维持专利权有效的，应当对无效宣告请求书中所有的无效宣告理由作出答复，论述授权的权利要求书不存在与无效宣告请求书中各无效宣告理由相应的实质性缺陷；意欲维持专利权部分有效的，应当针对修改的权利要求书文本说明修改后的各项权利要求不再存在与无效宣告请求书中相关无效宣告理由相应的实质性缺陷。

1.意见陈述书正文的撰写格式

意见陈述书正文的完整格式，通常应当包括下述几个部分。

（1）起始语段。在这起始段中说明本意见陈述书针对哪一无效宣告请求作出的意见陈述以及专利权人的请求。如果题面给出了无效宣告请求的案件编号，答题时应当明确指出。

（2）修改说明。如果对权利要求书进行了修改，应当首先对修改情况作出说明，即写明进行了哪些修改，并说明所作修改符合《专利法》及其实施细则和《专利审查指南2023》有关规定。❶

（3）针对无效宣告理由陈述意见。这部分是意见陈述书的关键内容，即反驳请求人主张的理由，这一部分的分值占整个试题的绝大部分，因此考生在应试答题时应当将这一部分作为最重要的部分。下面以列举的方式向考生说明这一部分应当写明什么内容。

① 若无效宣告理由中存在不属于法定的无效宣告理由，通常应当指出这些理由不属于法定的无效宣告理由，请求国家知识产权局对此理由不予考虑（关于主张不能享受优先权的无效宣告理由需要视情况分别对待）。

② 若无效宣告请求书中对所提出的某个无效宣告理由未作具体说明，且在自提出无效宣告请求之日起一个月内也未作补充说明的，应当请求国家知识产权局对该无效宣告理由不予考虑。

③ 若无效宣告请求书未针对其所提交的某一证据作出具体说明，且在自提出无效宣告请求之日起一个月内也未作补充说明的，应当请求国家知识产权局对该证据不予考虑。

④ 若补充证据逾期且不属于公知常识性证据和用于完善证据法定形式的公证书、原件等证据，应当请求国家知识产权局不予考虑。

⑤ 对反驳所针对的请求人的法定无效宣告理由涉及的对象（如某权利要求）及依据的证据和事实作出说明。

⑥ 反驳中需要反证的，编号列出所有反证材料，且在意见陈述书中结合所有反证材料作出具体说明。

⑦ 以《专利法》及其实施细则和《专利审查指南2023》的规定为依据分析说明请求人的上述主张为何不能成立，若修改权利要求的，尤其采用对权利要求进一步限定式修改权利要求的，应当针对无效宣告理由具体说明修改后的权利要求为何已消除无效宣告理由所涉及的该专利文件的缺陷。

⑧ 若请求人提出的无效宣告理由涉及多个证据的，在说明该无效宣告理由不能成立时应当对所有证据作出分析。

---

❶ 需要提醒考生的是，通常试题中还要求将修改后的权利要求书在答卷中以单独的部分给出。

⑨ 若请求人提出多个无效宣告理由，应当分节逐条说明请求人主张的无效宣告理由为何不能成立。

值得注意的是，应试与实际专利代理实务有所不同，对于无效宣告请求书及所附证据存在的问题都应当在意见陈述中明确指出，不要像实际专利代理实务那样，将部分意见（例如，请求人所提交的在国外形成的证据需要公证和认证等）留到口头审理时才提出。

（4）结尾语段。在结尾语段中明确指出请求人的哪些无效宣告理由不能成立，请求国家知识产权局维持该专利有效，或在修改的权利要求书的基础上维持该专利有效。

2. 意见陈述书正文撰写的注意事项

针对无效宣告请求书撰写意见陈述书正文时，应当注意下述六点要求。

（1）意见陈述书正文应当词语规范（注意不要出现专利术语的概念错误），有理有据，条理清楚，逻辑清晰；应当避免强词夺理，避免仅仅陈述缺乏针对性的套话。

（2）意欲维持专利权全部有效的，应当对所有无效宣告理由和证据作针对性的反驳，不得有遗漏。为了条理清楚，应当将各个无效宣告理由分节作出具体说明。

（3）意欲维持专利权部分有效的，应当对相关的无效宣告理由和证据作针对性的反驳；修改权利要求书的，应当针对无效宣告理由具体说明修改后的权利要求为何已消除无效宣告理由所涉及的该专利文件的缺陷。

（4）如果存在不可采信的证据，通常应当指出哪些证据不予采信，并说明理由。为防止意见陈述书中所主张的不予采信的证据万一被国家知识产权局采信而造成被动，必要时还应当具体说明，即使该证据被采信也不能支持请求人所主张的无效宣告理由。例如，请求人所提交的证据是在国外形成的证据，但未进行公证认证，虽然可以在意见陈述书中请求国家知识产权局对此证据不予采信，但考虑到这些公证认证材料可以在口头审理终结前补交，因此有必要在意见陈述书中针对该证据万一被采信时说明为什么仍不能支持相应无效宣告理由；又如，请求人在提出无效宣告请求之日起 1 个月后提交的证据是一本图书，例如科普读物，在意见陈述书中可以认为其不属于教科书、技术词典、技术手册等公知常识性证据，请求国家知识产权局不予采信，但是国家知识产权局仍有可能将其视为公知常识性证据而采信，因此意见陈述书中还应当进一步说明，即使将该证据视作公知常识性证据，为什么由其他证据和这一公知常识性证据结合起来仍然不支持相应的无效宣告理由。

（5）对于无效宣告请求书中不属于法定的无效宣告理由，例如，缺乏单一性、权利要求书的修改不符合《专利法实施细则》第 57 条规定、权利要求存在的形式缺陷等，应当在意见陈述书的起始段后或者在修改说明后单独用一节明确指出这一问题。

（6）对于属于法定的无效宣告理由，可按下述方式具体反驳该项无效宣告理由：①针对无效请求人的具体意见所涉及的法律问题，提出对相关法律条款的正确理解；②对相关事实加以认定（包括对证据涉及事实的认定，也包括对专利相关技术内容的认定），如果请求人对相关事实的认定错误，应明确指出，并提出专利权人认为正确的事实认定；③对该案件中所涉及的相关问题结合相关的法律适用进行分析，从而得出该专利符合相关法律规定的结论。

在意见陈述书中针对几种常见的无效宣告理由进行反驳与审查意见通知书的答复基本相同，都是具体论述不存在相应的缺陷或者修改后的权利要求书已消除相应的缺陷。

第二章 典型答复无效宣告请求真题及解析

下面通过两套涉及答复无效宣告请求的真题来讲解其答题思路和具体的应试方式。

第一节 2012 年全国专利代理实务试题及解析（答复无效宣告请求部分）

试题说明

甲公司拥有一项实用新型专利，名称为"一种冷藏箱"，申请号为 201020123456.7。

某请求人针对该专利于 2012 年 10 月 16 日向国家知识产权局提出无效宣告请求，请求宣告该专利权全部无效，提交的证据为对比文件 1 至 3。

甲公司委托某专利代理机构办理无效宣告程序中的有关事务，委托权限包括代为修改权利要求书。该专利代理机构接受委托后指派应试者作为代理师，要求应试者：

（1）具体分析和说明无效宣告请求书中的各项无效宣告理由是否成立。认为无效宣告理由成立的，可以简要回答；认为无效宣告理由不成立的，详细说明事实和依据；认为可以通过修改权利要求使得相应理由不成立的，提出修改建议并简要说明理由。

（2）撰写提交给国家知识产权局的修改后的权利要求书。

无效宣告请求书

根据《专利法》第 45 条及《专利法实施细则》第 69 条的规定，请求宣告专利号为 201020123456.7、名称为"一种冷藏箱"的实用新型专利（以下简称"该专利"）全部无效，所适用的证据为对比文件 1 至 3，具体理由如下所述。

一、权利要求 1 至 4 不符合《专利法》第 22 条第 2 款、第 3 款关于新颖性、创造性的规定

1. 关于权利要求 1

对比文件 1 公开了一种硬质冷藏箱，包括箱本体 1 和盖体 2；箱本体 1 包括内外两层防水尼龙面料层及保温中间层；箱本体 1 的内部形成容纳空间，其上部为开口；用于盖合容纳空间开口的盖体 2 设于箱本体 1 的上方；容纳空间内固定设置有若干个装有蓄冷剂的密封的蓄冷剂包。因此，权利要求 1 不具备新颖性，不符合《专利法》第 22 条第 2 款的规定。

2. 关于权利要求 2

对比文件 1 公开了箱本体 1 和盖体 2 上设有相互配合的连接件 3，而拉链是生活中公知的连接件，因此，权利要求 2 相对于对比文件 1 也不具备新颖性，不符合《专利法》第 22 条第 2 款的规定。

3. 关于权利要求 3

对比文件 2 公开了一种小型冷藏桶，包括桶本体 1 和设于桶本体 1 上方的盖体 2；桶本体 1 和盖体 2 由外向内依序设有防水尼龙面料层、硬质材料层、保温层及防水尼龙面料层；桶本体 1 侧壁的顶部边缘及盖体 2 的边缘设有拉链 3。对比文件 3 公开了冷藏箱，箱本体 1 的容纳空间内固定设置若干个装有蓄冷剂的密封的蓄冷剂包，在盖体 2 的边缘处固定设置有挡片 4。因此，权利要求 3 相对于对比文件 2 和 3 的结合不具备创造性，不符合《专利法》第 22 条第 3 款的规定。

4. 关于权利要求 4

对比文件 2 公开了保温层可以采用泡沫材料，因此，权利要求 4 相对于对比文件 1 和 2 的结合不具备创造性，不符合《专利法》第 22 条第 3 款的规定。

此外，对比文件 2 和 3 公开的内容如上所述，可见，权利要求 4 相对于对比文件 2 和 3 的结合也不具备创造性，不符合《专利法》第 22 条第 3 款的规定。

二、权利要求 3 不符合《专利法》第 26 条第 4 款的规定

权利要求 3 对拉链作出了限定，但并未限定拉链的设置位置及其与其他部件的连接关系，导致权利要求 3 的保护范围不清楚，不符合《专利法》第 26 条第 4 款的规定。

三、权利要求 4 不符合《专利法》第 2 条第 3 款的规定

权利要求 4 的附加技术特征是对产品材料的限定，是对材料本身提出的改进。由此，权利要求 4 的技术方案不属于实用新型专利保护的客体，不符合《专利法》第 2 条第 3 款的规定。

综上所述，请求宣告该专利的权利要求 1 至 4 全部无效。

附件1（无效宣告请求针对的专利）

（19）中华人民共和国国家知识产权局

（12）实用新型专利

（45）授权公告日 2011.01.21

（21）申请号 201020123456.7

（22）申请日 2010.02.23

（73）专利权人 甲公司

（其余著录项目略）

权 利 要 求 书

　　1. 一种硬质冷藏箱，包括箱本体（1）和盖体（2），所述箱本体（1）的内部形成一个上部开口的容纳空间，所述盖体（2）设置于所述箱本体（1）的上方，用于打开、关闭所述容纳空间的开口，其特征在于：所述箱本体（1）包括防水外层（3）、保温中间层（4）及防水内层（5），所述箱本体（1）的容纳空间内固设有若干个装有蓄冷剂的密封的蓄冷剂包（6）。

　　2. 如权利要求1所述的硬质冷藏箱，其特征在于：所述箱本体（1）和所述盖体（2）的连接处设置有拉链（7）。

　　3. 如权利要求1所述的硬质冷藏箱，其特征在于：在所述盖体（2）上设有能盖住所述拉链（7）的挡片（8）。

　　4. 如权利要求1所述的硬质冷藏箱，其特征在于：所述保温中间层（4）为泡沫材料。

说 明 书

一种冷藏箱

　　[01] 本实用新型涉及一种硬质冷藏箱。

　　[02] 人们在外出旅游或参加户外活动时，经常会使用箱子携带一些冷饮料，以达到消暑降温的目的。现有的箱子一般由箱本体和盖于其上的盖体构成，但因为箱本体没有保温设计，同时也没有冷源给饮料保温或降温，所以无法使装在箱本体内的饮料长时间保持低温状态。

　　[03] 本实用新型采用如下技术方案：一种硬质冷藏箱，包括箱本体和盖体，所述箱本体的内部形成一个上部开口的容纳空间，所述盖体设置于箱本体的上方，用于打开、关闭所述容纳空间的开口，其特征在于：所述箱本体包括防水外层、保温中间层及防水内层，所述箱本体的容纳空间内固设有若干个装有蓄冷剂的密封的蓄冷剂包。

　　[04] 本实用新型的箱本体结构为多层复合层，能阻止箱本体内、外的热量交换，为箱内物品保温；箱本体内的蓄冷剂包能够为箱内的物品降温；同时蓄冷剂包固定在箱本体内能防止运输过程中相互碰撞或堆积在一起。此外，箱本体和盖体的连接处设置有拉链或粘扣或磁性件。在盖体上设有能盖住拉链的挡片，以减少箱本体内、外空气的对流，延长箱内物品的冷藏时间。因此，本实用新型的冷藏箱能长时间为所容纳的物品提供低温环境。

　　[05] 图1是本实用新型实施例的立体图，其中挡片被局部剖开；

　　[06] 图2是本实用新型实施例箱本体的俯视剖视图。

[07] 如图1、图2所示，本实施例的冷藏箱由箱本体1、设置在箱本体1上部的盖体2构成。箱本体1为多层复合层结构，其内部形成一个上部开口的容纳空间，用于容纳被冷藏的物品。如图2所示，优选地，箱本体1的外层3和内层5由防水材料制成，中间层4为保温层。若干个蓄冷剂包6固定设置于箱本体1的容纳空间内。蓄冷剂包6为一密封的装有蓄冷剂的包状结构。将冷藏箱放入冰箱充分冰冻后，蓄冷剂包6即可作为冷源长时间给冷藏箱内的物品降温。箱本体1和盖体2的连接处设置有拉链7，通过打开或闭合拉链7，使得盖体2打开或关闭容纳空间的开口。在盖体2上设有能盖住拉链7的挡片8。此外，为了增强箱本体1的保温效果，箱本体1的保温中间层4采用泡沫材料。

说 明 书 附 图

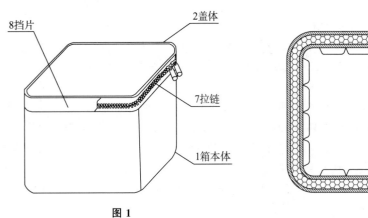

图 1

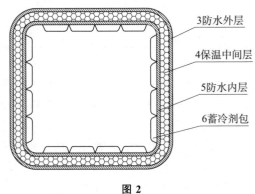

图 2

3防水外层
4保温中间层
5防水内层
6蓄冷剂包

对比文件1

(19) 中华人民共和国国家知识产权局

(12) 实用新型专利

(45) 授权公告日 2010.12.09

(21) 申请号 201020012345.6
(22) 申请日 2010.01.25
(73) 专利权人 甲公司

（其余著录项目略）

权 利 要 求 书

1. 一种硬质冷藏箱，包括箱本体（1）和盖体（2），盖体（2）设置于箱本体（1）的上方，其特征在于：所述的箱本体（1）包括内外两层防水尼龙面料层及保温中间层。

说 明 书

冷藏箱

本实用新型公开了一种硬质冷藏箱。

（背景技术、实用新型内容部分略）

图1是本实用新型冷藏箱盖体打开状态的立体图；

图2是本实用新型冷藏箱盖体关闭状态的立体图。

如图1、图2所示，硬质冷藏箱包括箱本体1和盖体2。箱本体1包括内外两层防水尼龙面料层及保温中间层。箱本体1的内部形成放置物品的容纳空间，容纳空间上部为开口。用于盖合容纳空间开口的盖体2设于箱本体1的上方。箱本体1和盖体2上设有相互配合的连接件3。容纳空间内固定设置有若干个装有蓄冷剂的密封的蓄冷剂包（图中未示出）。

平时须将冷藏箱放置于冰箱内以冷冻蓄冷剂包。使用时打开盖体2，把需要冷藏的物品放置于箱本体1的容纳空间内，然后盖上盖体2，以减少容纳空间内的冷空气散失。本实用新型的冷藏箱特别适用于旅行中对食品、饮料的冷藏。

说 明 书 附 图

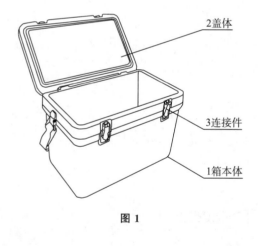

图 1

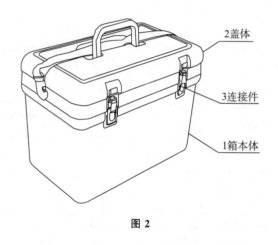

图 2

对比文件2

（19）中华人民共和国国家知识产权局

（12）实用新型专利

（45）授权公告日 2009.12.01

（21）申请号 200920234567.8

（22）申请日 2009.01.20

（其余著录项目略）

说 明 书

小型冷藏桶

本实用新型涉及一种小型冷藏桶。

（背景技术、实用新型内容部分略）

图1是本实用新型小型冷藏桶的立体图。

如图1所示，冷藏桶包括桶本体1和设于桶本体1上方的盖体2。桶本体1和盖体2由外向内依序设有防水尼龙面料层、硬质材料层、保温层及防水尼龙面料层。桶本体1具有一体成型的侧壁和桶底，在侧壁的顶部边缘及盖体2的边缘设有拉链3。为使冷藏桶具有冷藏功能，还需在冷藏桶的桶本体1内放置若干个装有冰块的密封的冰块包（图中未示出），使得冷藏桶能够用于运输和存放饮料、食品等需要低温保存的物品。为仅将冰块包放入冰箱内冷冻而无须将冷藏桶一并放入冰箱，所有冰块包均是直接放置在桶本体1内。此外，保温层可以采用泡沫材料。

平时把所有冰块包都放在冰箱中充分冷冻。使用时拉开拉链3，打开盖体2，把需要冷藏的物品和若干个冰块包放置于桶本体1内，再将盖体2盖合于桶本体1上，并闭合拉链3。

说 明 书 附 图

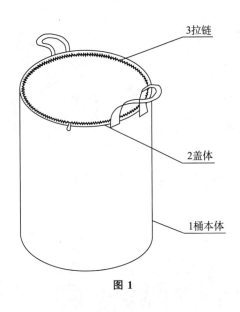

图1

对比文件3

(19) 中华人民共和国国家知识产权局

(12) 实用新型专利说明书

(45) 授权公告日 2008.12.22

(21) 申请号 200820345678.9

(22) 申请日 2008.02.01

（其余著录项目略）

说 明 书

便携式冷藏箱

本实用新型涉及一种便携式冷藏箱。

（背景技术、实用新型内容部分略）

图1是本实用新型冷藏箱盖体打开状态的立体图；

图2是本实用新型冷藏箱盖体关闭状态的立体图。

如图1、图2所示，冷藏箱包括箱本体1和盖体2，盖体2设于箱本体1的上方。箱本体1内形成放置被冷藏物品的容纳空间，容纳空间的上部具有用于取、放物品的开口。盖体2朝向容纳空间的一侧设有与容纳空间的开口相匹配的凸起3。凸起3由弹性材料制成且能紧密插入容纳空间的开口中，使得盖体2牢固盖合在箱本体1上。此外，在盖体2的边缘处固定设置有挡片4，人们可以通过手握挡片4将盖体2向上提起，拔出容纳空间开口中的凸起3，进而将盖体2从箱本体1上打开。在容纳空间内固定设置若干个装有蓄冷剂的密封的蓄冷剂包（图中未示出），以便长时间为冷藏箱内放置的例如饮料、食物等物品降温。

平时须将冷藏箱放置于冰箱内冷冻蓄冷剂包，经充分冷冻后可随时取出使用。

说 明 书 附 图

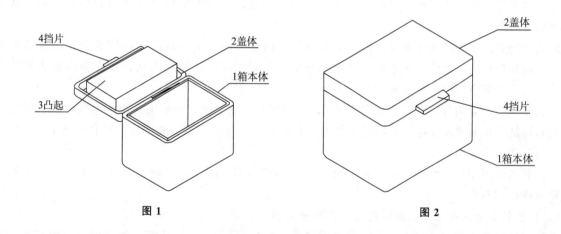

图1 图2

试题解析

一、阅读试题说明

答题前，需要认真阅读试题说明，标出应试者应当完成的工作，以便答题完毕时进行核查，从而避免漏答问题而丢分。无效实务题包括两项工作：分析和说明无效宣告请求书中的各项无效宣告理由是否成立；撰写修改的权利要求书。

该无效实务题涉及某请求人针对甲公司的名称为"一种冷藏箱"、申请号为201020123456.7的实用新型专利提出无效宣告请求，请求宣告该专利权全部无效，提交的证据为对比文件1至3。

试题说明对无效宣告理由是否成立的分析和说明给出了具体要求，即认为无效宣告理由成立的，可以简要回答；认为无效宣告理由不成立的，详细说明事实和依据；认为可以通过修改权利要求使得相应理由不成立的，提出修改建议并简要说明理由。因此，2012年试题的无效实务题与2007年和2009

年试题中的无效实务题不一样,并不要求考生针对请求人提出的无效宣告请求书和所附证据撰写答复无效宣告请求的意见陈述书的正文,而仅仅要求应试者分析无效宣告请求书中各项无效宣告理由是否成立。应试者应当根据试题要求来答题,这一点需要特别注意。

此外,根据试题说明中的要求,如果通过权利要求书的修改使无效宣告请求书中的无效宣告理由不能成立的话,向客户提出修改建议并简要说明作出上述修改的理由。此外,还要求应试者的答案中包括提交给国家知识产权局的修改后的权利要求书。

二、答题思路

可以按以下步骤进行:阅读理解专利文件,尤其是权利要求书中各项权利要求保护范围的界定;阅读无效宣告请求书和所附的证据;分析无效宣告请求书,判断各个无效宣告理由是否成立,并据此确定权利要求书是否修改;在上述工作的基础上,完成对无效宣告理由是否成立的分析和说明的答题内容,并给出修改后的权利要求书。

(一)阅读理解专利文件

阅读专利文件时,需要注意试题中给出的相关信息,包括著录项目信息。考试中,通常会给出有用的著录项目信息,而对答案没有影响的著录项目可能不会列出。在 2012 年的试题中,无效宣告请求所针对的专利(即附件 1)的申请日为 2010 年 2 月 23 日,授权公告日为 2011 年 1 月 21 日,专利权人为甲公司,而省略其他著录项目。这些信息对试题答案都可能产生影响,阅读试题时需要加以注意。

在理解专利文件时,首先结合说明书的内容,重点理解权利要求书中各权利要求所要求保护的技术方案。对于无效宣告请求所针对的专利文件的技术内容,结合附图应该是比较容易理解的,其涉及一种硬质冷藏箱。

独立权利要求 1 的硬质冷藏箱,包括上部开口、内部形成容纳空间的箱本体和设置于所述箱本体上方并与其开口对应的盖体,箱本体包括防水外层、保温中间层及防水内层,且在箱本体的容纳空间内固设有若干个装有蓄冷剂的密封的蓄冷剂包。

权利要求 2 至 4 均分别从属于权利要求 1,其中权利要求 2 进一步限定在箱本体和所述盖体的连接处设置有拉链;权利要求 3 进一步限定盖体上设有能盖住"所述拉链"的挡片;权利要求 4 进一步限定保温中间层为泡沫材料。

在试题的附图中已标出每个附图标记所代表的部件名称,因此结合附图理解上述技术方案的保护范围并不存在困难。

(二)理解无效宣告请求人提供的证据并初步分析

无效宣告请求人提交了三份证据,即对比文件 1 至 3。首先,需要核实这些证据的适用范围:这些证据是否构成拟提出无效宣告请求的专利的现有技术,或者是否为其申请在先、公开在后的中国专利申请文件或专利文件,在此基础上确定这三份证据中哪些可用于评述本专利权利要求的新颖性和/或创造性,哪些仅能用于评述本专利权利要求的新颖性而不能用于评述本专利的创造性;然后,根据情况逐一理解对比文件公开的内容。

1. 判断三份证据能否用于评述本专利权利要求的新颖性和/或创造性

(1)试题中所给出的对比文件 1 的著录项目项数与附件 1 相同,作为考生应当敏锐地感知,其中可能设计有考点。对比文件 1 著录项目中的申请日为 2010 年 1 月 25 日,早于本专利的申请日,授权公告日为 2010 年 12 月 9 日,晚于本专利的申请日,专利权人为甲公司,与本专利的专利权人为同一人。由此可见,对比文件 1 与本专利相比属于申请在先、公开在后的中国专利文件,不属于本专利的现有技术;但是,按照新修改的《专利法》第 22 条第 2 款的规定,同一申请人的在先申请、在后公开的中国专利文件也可以用于评价新颖性,由于对本专利的无效宣告请求适用修改后的《专利法》,因而对比文件 1 也可以用于评价本专利是否具备新颖性。鉴于此,对比文件 1 只能用来评述本专利的新颖性,不能用于评述创造性。

（2）对比文件2和3的授权公告日均早于本专利的申请日，因此构成本专利的现有技术，能够用于评述本专利权利要求的新颖性和创造性。

2. 理解三份证据公开的内容

对比文件1公开了一种硬质冷藏箱，包括箱本体和盖体，箱本体包括内外两层防水尼龙面料层及保温中间层，箱本体的内部形成放置物品的容纳空间，容纳空间上部为开口，盖体设于箱本体的上方。箱本体和盖体上设有相互配合的连接件。容纳空间内固定设置有若干个装有蓄冷剂的密封的蓄冷剂包，平时须将冷藏箱放置于冰箱内以冷冻蓄冷剂包。从附图来看，箱本体和盖体上设有相互配合的连接件是卡扣件。

对比文件2公开了一种小型冷藏桶，包括桶本体和设于桶本体上方的盖体。桶本体和盖体由外向内依序设有防水尼龙面料层、硬质材料层、保温层及防水尼龙面料层，其中保温层可以采用泡沫材料。桶本体在侧壁的顶部边缘及盖体的边缘设有拉链。冷藏桶的桶本体内放置若干个装有冰块的密封冰块包，为了仅将冰块包放入冰箱内冷冻而无需将冷藏桶一并放入冰箱，所有冰块包均是直接放置在桶本体内的。

对比文件3公开了一种便携式冷藏桶，包括箱本体和盖体，盖体设于箱本体的上方。箱本体的容纳空间的上部具有用于取、放物品的开口。盖体朝向容纳空间的一侧设有与容纳空间的开口相匹配的凸起，其由弹性材料制成且能紧密插入容纳空间的开口中。在盖体的边缘处固定设置有挡片，可以通过手握挡片将盖体向上提起而将盖体从箱本体上打开。在容纳空间内固定设置若干个装有蓄冷剂的密封的蓄冷剂包，平时须将冷藏箱放置于冰箱内冷冻蓄冷剂包，经充分冷冻后可随时取出使用。

由于试题涉及对无效宣告理由是否成立的判断，因此关于对比文件与权利要求的对比分析将结合有关无效宣告理由是否成立的分析一起进行。

（三）具体分析各无效宣告理由是否成立

无效宣告请求书中共提出三个方面的无效宣告理由，下面逐条分析各无效宣告理由是否成立。

1. 权利要求1相对于对比文件1是否具备新颖性

在无效宣告请求书的无效宣告理由中，请求人提出权利要求1相对于对比文件1不具备新颖性。由于对比文件1可以用于评述本专利的新颖性，因此需要具体判断权利要求1的技术方案的全部技术特征是否被对比文件1公开。

本专利的权利要求1涉及一种硬质冷藏箱，包括箱本体和盖体，箱本体的内部形成一个上部开口的容纳空间，盖体设置于所述箱本体的上方，用于打开、关闭所述容纳空间的开口，箱本体包括防水外层、保温中间层及防水内层，箱本体的容纳空间内固设有若干个装有蓄冷剂的密封的蓄冷剂包。对比文件1也公开一种硬质冷藏箱，包括箱本体和盖体，箱本体包括内外两层防水尼龙面料层（相当于本专利权利要求1中所述的防水外层和防水内层）及保温中间层，箱本体的内部形成放置物品的容纳空间，容纳空间上部为开口，盖体设于箱本体的上方，其内固定设置有若干个装有蓄冷剂的密封的蓄冷剂包。由此可知，对比文件1公开了权利要求1的全部技术特征，即公开了权利要求1的技术方案，并且两者属于相同的技术领域、解决的技术问题和取得的技术效果也相同，因此权利要求1不具备《专利法》第22条第2款规定的新颖性，即无效宣告请求书中提出的权利要求1相对于对比文件1不具备新颖性的无效宣告理由成立。

2. 权利要求2相对于对比文件1是否具备新颖性

在无效宣告请求书的无效宣告理由中，请求人提出权利要求2相对于对比文件1不具备新颖性。其认为对比文件1公开了箱本体和盖体上设有相互配合的连接件，而拉链是生活中公知的连接件，因此，权利要求2相对于对比文件1不具备新颖性。

本专利的权利要求2是权利要求1的从属权利要求，进一步限定箱本体和所述盖体的连接处设置有拉链。由于对比文件1的文字部分仅提及箱本体和盖体上设有连接件，其附图中示出的连接件为卡扣，而没有明确提及拉链。鉴于拉链属于连接件的下位概念，因此根据《专利审查指南2023》第二部分第三章第3.2.2节的规定，不能以对比文件1公开的设置有连接件的冷藏箱来破坏权利要求2中采用连接件下位概念拉链的冷藏箱的新颖性。在无效宣告请求书中以拉链是生活中公知的连接件来主张权利要求2不具有新颖性，这显然是将公知常识与对比文件1结合来评述权利要求2的新颖性，违反了新颖性评述中的单独对比原则，因此无效宣告请求书中所论述的权利要求2相对于对比文件1不具备新颖性的具体分析是不正确的。

3. 权利要求3相对于对比文件2和3是否具备创造性

在无效宣告请求书的无效宣告理由中，请求人提出权利要求3相对于对比文件2和3的结合不具备创造性。

正如前面所指出的，对比文件2和3是本专利的现有技术，可以用于评述权利要求3是否具备创造性。对比文件2公开了一种小型冷藏桶，包括桶本体和设于桶本体上方的盖体。桶本体和盖体由外向内依序设有防水尼龙面料层、硬质材料层、保温层及防水尼龙面料层，桶本体在侧壁的顶部边缘及盖体的边缘设有拉链。经比较，权利要求3相对于对比文件2存在两个区别技术特征：①对比文件2中的冷源是冰决包，其是直接放置在桶本体中，而权利要求3的技术方案中冷源是固设在箱本体中的若干个装有蓄冷剂的密封的蓄冷剂包；②对比文件2的拉链上并没有设置能盖住它的挡片，而权利要求3限定"在所述盖体上设有能盖住所述拉链的挡片"。

针对第一方面的区别，由于对比文件3公开了其冷藏箱中容纳空间中固定设置若干个装有蓄冷剂的密封的蓄冷剂包，即公开了上述第一方面的区别，且所起的作用是完全相同的，因此基于第一方面的区别不能作为权利要求3具备创造性的依据。

针对第二方面的区别，无效宣告请求人认为对比文件3的冷藏箱的盖体的边缘处固定设置有挡片，因而与对比文件2结合影响权利要求3的创造性。但是分析对比文件3可以得知，其中的"挡片"所具有的结构仅是为了使人们能够手握住挡片而将盖体向上提起而可以打开盖体，并不能起到本专利权利要求3中用于盖住拉链以减少箱本体内外空气的对流而达到延长箱内物品的冷藏时间的作用。因此，对比文件3中虽然采用了与本专利权利要求3中的"挡片"相同的词语，但其具体结构和所起作用与本专利权利要求3中的"挡片"完全不同，因此对比文件3中未给出将其中所公开的"挡片"应用于对比文件2中的冷藏箱中来得到权利要求3技术方案的结合启示，不能得出权利要求3相对于对比文件2和3不具备创造性的结论。也就是说，由于无效宣告请求书中对事实的认定存在错误，因而其所主张的权利要求3相对于对比文件2和3不具备创造性的无效宣告理由也不能成立。❶

4. 权利要求4相对于对比文件1和2是否具备创造性

在无效宣告请求书的无效宣告理由中，请求人提出权利要求4相对于对比文件1和2的结合，或者相对于对比文件2和3的结合不具备创造性。

权利要求4也是权利要求1的从属权利要求，进一步限定箱本体的保温中间层为泡沫材料。

对于第一种对比文件的结合方式，即对比文件1和2的结合，由于对比文件1是一件在本专利申请日前申请、申请日后公开的中国实用新型专利文件，不能用于评述本专利的创造性，显然该无效宣告理由是不能成立的。

对于第二种对比文件的结合方式，即对比文件2和3的结合，由于对比文件2中的冷藏桶不仅公开了权利要求1中除蓄冷剂包固设在箱本体的容纳空间外的所有技术特征，还公开了权利要求4限定部分的附加技术特征"保温层为泡沫材料"，因而对比文件2与权利要求4的区别仅在于蓄冷剂包放置在箱本体或桶本体容纳空间的方式不同：对比文件2中冰块包（即权利要求1中蓄冷剂包的下位概念）是放置在桶本体的容纳空间内，而不是像权利要求4技术方案那样固设在箱本体的容纳空间内。而在对比文件3公开的冷藏箱中，蓄冷剂包是固定设置在箱本体的容纳空间中，这种固定设置的方式在对比文件3和权利要求4中所起到的作用相同，因此本领域的技术人员在面对着对比文件2公开的冷藏桶和对比文件3公开的冷藏箱时，很容易地得到如权利要求4的技术方案，即权利要求4相对于对比文件2和

❶ 从应试的角度，在分析无效宣告理由是否成立时，应当按照"三步法"的要求进行分析（即从是否具备实质性特点和进步作出说明），得出其不能成立的结论。

3 不具备实质性特点，因此请求书中所主张的有关权利要求 4 相对于对比文件 2 和 3 不具备创造性、不符合《专利法》第 22 条第 3 款规定的无效宣告理由能够成立。

5. 权利要求 3 是否符合《专利法》第 26 条第 4 款的规定

请求书中指出，权利要求 3 对拉链作出了限定，但并未限定拉链的设置位置及其与其他部件的连接关系，导致权利要求 3 的保护范围不清楚。由于权利要求 1 中并没有出现过"拉链"的这一特征，因而权利要求 3 限定部分对"所述拉链"的限定缺乏引用基础，同时权利要求 3 限定部分仅提及挡片能盖住拉链，并没有限定拉链的设置位置及拉链与权利要求 1 中出现的其他部件的连接关系，因而未清楚地限定其要求专利保护的范围。由此可知，请求书中有关权利要求 3 不符合《专利法》第 26 条第 4 款规定的无效宣告理由能够成立。

6. 权利要求 4 是否符合《专利法》第 2 条第 3 款的规定

请求书中指出，权利要求 4 的附加技术特征是对产品材料的限定，是对材料本身提出的改进，因而不属于实用新型专利保护的客体。在权利要求 4 中，进一步限定所述保温中间层为泡沫材料，而泡沫材料是公知的材料，且由对比文件 2 公开的内容可知，将泡沫材料作为保温层是现有技术，也就是说，权利要求 4 是将已知材料应用于具有形状、构造的产品上，根据《专利审查指南 2023》第一部分第二章第 6.2.2 节的规定，这种将已知材料应用于具有形状、构造的产品上不属于对材料本身提出的改进，符合《专利法》第 2 条第 3 款的规定，因此请求书中有关权利要求 4 不符合《专利法》第 2 条第 3 款规定的无效宣告理由不能成立。

（四）确定对权利要求书的修改

通过上述分析可知，请求书中提出的下述无效宣告理由能够成立：权利要求 1 相对于对比文件 1 不具备新颖性、权利要求 3 未清楚地限定要求专利保护的范围、权利要求 4 相对于对比文件 2 和 3 的结合不具备创造性。因此，针对这些能够成立的无效宣告理由，需要修改权利要求书。修改权利要求书应当注意《专利审查指南 2023》规定的修改原则和修改方式。

由于请求书中针对权利要求 2 提出的无效宣告理由的具体分析不正确，可以在答复请求书的意见陈述书中针对这一点作出说明，主张请求书中有关权利要求 2 的无效宣告理由不能成立，因而在修改权利要求书时可以保留该权利要求 2，即删除权利要求 1，而将权利要求 2 修改为新的独立权利要求，权利要求 3 引用修改后的权利要求 1，成为新的权利要求 2，同时也克服了原权利要求 3 未清楚限定专利保护范围的缺陷。权利要求 4 修改成引用修改后的权利要求 1，成为新的权利要求 3，在新修改的独立权利要求 1 不能被宣告无效的情况下，其也应当予以保留。

但是，需要特别说明的是，通过前面对权利要求 3 相对于对比文件 2 和 3 的结合是否具备创造性的分析后，能够知道权利要求 3 中除去特征"挡片"外的技术方案相对于上述两份对比文件的结合不具备创造性，而权利要求 3 的技术方案中去掉"挡片"这一技术特征正是权利要求 2 要求保护的技术方案，由此显然能够得出权利要求 2 相对于对比文件 2 和 3 的结合不具备创造性的结论。尤其是拉链、粘扣、磁性件和对比文件 1 的附图中示出的连接件的具体方式卡扣是申请日前连接件的惯用手段，因此国家知识产权局也有可能认为本实用新型专利权利要求 2 的技术方案与对比文件 1 附图中示出的以卡扣相连接的冷藏箱的区别仅仅是所属技术领域惯用手段的直接置换。尽管无效宣告请求书中并没有以权利要求 2 相对于对比文件 2 和 3 的结合不具备创造性作为无效宣告理由，在论述权利要求 2 相对于对比文件 2 不具备新颖性的无效宣告理由时也没有以惯用手段的直接置换作为支持该无效宣告理由的依据，因此在无效宣告审查阶段，专利权人可以先不主动删除该权利要求；但是作为专利权人的代理师，应当从专利权人的长远利益出发，尽可能地确保涉案专利权的稳定性，避免增加不必要的无效宣告和诉讼程序，在已知权利要求 2 存在着极有可能被宣告无效的实质性缺陷的情况下，一个合格的专利代理师应当将权利要求 2 存在的上述缺陷告知专利权人，由专利权人来确定是否删除该权利要求更为合适。作为应试，在考虑了上述权利要求 2 极有可能被宣告无效的情况，对权利要求书的修改可按下述方式进行：删去原权利要求 1；将原权利要求 2 和权利要求 3 的附加技术特征补入独立权利要求 1 而得到进

一步限定的新独立权利要求 1；将原权利要求 4 改写成引用新修改的独立权利要求 1 的从属权利要求 2。❶

应试时，在对权利要求书作出修改说明时，需要注意两点：

（1）在建议修改的权利要求书时，应当明确其符合《专利法》及其实施细则和《专利审查指南2023》关于无效宣告程序中的专利文件修改的规定；

（2）关于权利要求书修改的建议和理由，应当与给出的修改后的权利要求书相对应。

（五）拟定对无效宣告请求书的分析和说明

由于试题说明中只要求具体分析和说明无效宣告请求书中的各项无效宣告理由是否成立，并未要求撰写答复无效宣告请求的意见陈述书，因此在对该试题进行解答时不必按照无效宣告请求书的正规格式来撰写，仅需要针对各项无效宣告理由是否成立进行分析和说明。答题时注意下述几点。

（1）要根据无效宣告请求书中提出的各个无效宣告理由，逐一进行说明，不要遗漏任何一条无效宣告理由。此外，还需要对权利要求的如何修改及其考虑因素进行说明。上述对各个无效宣告理由的分析和对权利要求书的修改说明，应分段撰写并给出相应的标题，以方便阅卷人阅读。

（2）对于不能成立的无效宣告理由，应当详细分析并指出无效宣告理由中存在的错误。例如，对权利要求 2 不具备新颖性的无效宣告理由的分析中，既要强调不能将公知常识与对比文件结合来评述新颖性，也要指出不能以上位概念来破坏下位概念的新颖性；对于权利要求 3 不具备创造性的无效宣告理由，应当指出无效宣告请求书中对于对比文件 3 中的"挡片"这一事实认定存在错误。对于不具备创造性的无效宣告理由不能成立的情况下，应当基于"三步法"分析为何具备创造性的理由（这也是考查应试者撰写意见陈述书的能力）。

（3）对于成立的无效宣告理由，试题说明中要求简要说明，因此答题时可以简要分析其成立的理由，例如对于权利要求 3 是否符合《专利法》第 26 条第 4 款，至少应当指明由于权利要求 1 中并没有出现过"拉链"的这一特征，导致缺乏引用基础，同时权利要求 3 没有限定拉链的设置位置以及拉链与引用的权利要求中出现的其他部件的连接关系，因而未清楚限定要求专利保护的范围。由于试题不要求撰写成正式的意见陈述书正文的形式，因此不能基于惯性思维而按意见陈述书正文的形式来答题，因为这样就不会针对成立的无效宣告理由进行简要说明，就会造成丢分。当年实际考试中，有的考生犯了这种错误，因此重视试题说明和答题要求是非常重要的。

在撰写分析时应当指明所涉及的相关规定或法律条款。

基于上述分析和考虑，可以撰写得出相关答案。

参考答案

一、针对无效宣告请求书的分析和说明

1. 权利要求 1 不具备新颖性的无效宣告理由成立

相对于附件 1 拟提出无效宣告请求的实用新型专利（以下简称"本专利"）而言，对比文件 1 属于申请在先、公开在后的中国专利文件，能够用来评述本专利的新颖性。由于本专利权利要求 1 的全部

---

❶ 2009 年和 2012 年的无效实务试题参考答案中给出的处理方式不一致：2009 年的无效实务试题中，仅针对无效宣告请求书中提出的权利要求 5 不具备新颖性的无效宣告理由来修改权利要求 5，保留了权利要求 5 中有新颖性而无创造性的技术方案；而 2012 年有关无效实务试题参考答案中却又主动删去了不具有创造性的权利要求 2。在今后考试中，若再遇到这样的试题情况，可以适当对两种方式进行说明和交代。如果试题中还需要撰写意见陈述书时，如果不能估摸出试题中更倾向于哪一种修改方式，则可以先按 2012 年试题答案中的方式（即从专利权人的长远利益出发主动删去存在较大被宣告无效的可能性的权利要求）修改权利要求书，并在此基础上撰写意见陈述书，然后再给出采用另一种方式修改的权利要求书。

技术特征已经被对比文件1公开，并且两者的技术领域、技术方案、解决的技术问题和取得的技术效果相同，故权利要求1不符合《专利法》第22条第2款关于新颖性的规定，因此该无效宣告理由成立。

2. 权利要求2不具备新颖性的无效宣告理由不成立

首先，本专利权利要求2中的"拉链"是对比文件1中"连接件"的下位概念，由此权利要求2的技术方案与对比文件1实质上不同；其次，新颖性的评述适用单独对比的原则，不能将对比文件1公开的技术方案与公知常识相结合来评述权利要求的新颖性。因此，权利要求2不具备新颖性的无效宣告理由不成立。

3. 权利要求3不具备创造性的无效宣告理由不成立

对比文件2和3的公开日均早于本专利的申请日，属于现有技术，能够用来评述本专利的创造性。

本专利权利要求3相对于对比文件2存在两个区别技术特征❶：①对比文件2中的冷源是冰决包，直接放置在桶本体中，而在权利要求3中冷源是固设在箱本体中的若干个装有蓄冷剂的密封的蓄冷剂包；②对比文件2的拉链上并没有设置能盖住它的挡片，而权利要求3限定"在所述盖体上设有能盖住所述拉链的挡片"。

针对第一方面的区别，由于对比文件3公开了其冷藏箱中容纳空间中固定设置若干个装有蓄冷剂的密封的蓄冷剂包，即公开了上述第一方面的区别，且所起的作用是完全相同的，因此基于第一方面的区别不足以表明权利要求3具备创造性。

针对第二方面的区别，权利要求3中的"挡片"结构能够盖住拉链，从而能够解决"由于拉链闭合处存在箱本体内、外空气的对流而缩短了冷藏箱的冷藏时间"这一技术问题，该挡片起到了阻止空气对流、延长冷藏时间的作用。而对比文件3中所公开的冷藏箱的"挡片"结构所起的作用是为了人们能够手握挡片而将盖体向上提起而可以打开盖体。因此，对比文件3中虽然采用了"挡片"这一字眼，但其结构和作用与本专利中的"挡片"完全不同，因此对比文件3未公开权利要求3中的上述区别技术特征，也未给出在盖体上设置能盖住拉链的挡片以解决上述技术问题的启示。因而，权利要求3相对于对比文件2和3具有实质性特点。

而专利中在盖体上设有能盖住拉链的挡片，减少了箱本体内、外空气的对流，延长箱内物品的冷藏时间，具有有益的技术效果，因而权利要求3具有进步。

综上所述，本专利权利要求3相对于对比文件2和3具有实质性特点和进步，符合《专利法》第22条第3款的规定，即请求书中有关权利要求3不具备创造性的无效宣告理由不成立。

4. 关于权利要求4不具备创造性的无效宣告理由❷

针对请求书中有关权利要求4不具备创造性的两方面无效宣告理由，分别说明如下：

（1）由于本专利申请日早于对比文件1公开日，因此对比文件1不属于现有技术，不能用于评述本专利权利要求4的创造性。所以，请求书中提出的权利要求4相对于对比文件1和2不具备创造性的无效宣告理由不成立。

（2）本专利权利要求4与对比文件2的区别在于：对比文件2中冷源是冰决包，直接放置在桶本体中，而在权利要求3中冷源是固设在箱本体中的若干个装有蓄冷剂的密封的蓄冷剂包。❸上述区别特征已在对比文件3中公开，且该区别特征在对比文件3公开的冷藏箱中所起的作用与其在本专利权利要求4中所起的作用相同，因而对比文件3给出了将上述区别特征应用到对比文件2公开的冷藏桶中以得到权利要求4技术方案的结合启示。因此，关于权利要求4不具备《专利法》第22条第3款有关创造性规定的无效宣告理由成立。

---

❶ 《2012年全国专利代理人资格考试试题解析》给出的答案中，只提到第一方面的区别技术特征是不完整的。从考试的角度来看应当完整写明区别技术特征，再论述每一区别技术特征能否带来创造性。

❷ 注意此处无效宣告理由有两个方面，应当分别作出分析说明，不能遗漏。

❸ 《2012年全国专利代理人资格考试试题解析》给出的答案中，认为权利要求2要求保护的是冷藏箱，而对比文件2涉及的冷藏桶，两者存在区别，但笔者认为两者仅是文字表述的差异，并无实质性区别。

5. 权利要求3不符合《专利法》第26条第4款规定的无效宣告理由成立

本专利权利要求3的附加技术特征对"拉链"作出了进一步限定，但是在该权利要求3所引用的权利要求1的技术方案中未涉及"拉链"这一技术特征。此外，该权利要求3的限定部分既未进一步限定拉链的设置位置，也未限定该拉链与权利要求1中涉及的其他部件的关系，致使权利要求3缺乏引用基础，由此可知权利要求4的技术方案未清楚地限定要求专利保护的范围，即有关权利要求3不符合《专利法》第26条第4款规定的无效宣告理由成立。

6. 权利要求4不符合《专利法》第2条第3款规定的无效宣告理由不成立

本专利权利要求4的附加技术特征是保温中间层为泡沫材料，而泡沫材料是公知的保温材料，且对比文件2中也公开了将泡沫材料作为保温层的技术内容。由此可知，权利要求4是将已知材料应用于具有形状、构造的产品上，不属于对材料本身提出的改进，符合《专利法》第2条第3款有关实用新型保护客体的规定，因此请求书中提出的有关权利要求4不符合《专利法》第2条第3款规定的无效宣告理由不成立。

7. 对如何修改权利要求书的说明

基于前面的分析，权利要求1不具备新颖性，权利要求3未清楚地限定要求专利保护的范围，权利要求4不具备创造性，因此对权利要求书可以按照下述方式修改：删除权利要求1；将权利要求2改写成新的独立权利要求1（由于请求书中并未针对原权利要求2提出不具备创造性的无效宣告理由）；将权利要求3改写成引用新的独立权利要求的从属权利要求2，这样改写后也就克服了原权利要求3所存在的未清楚限定专利保护范围的缺陷；将权利要求4改写成引用新修改的权利要求1或权利要求2的从属权利要求3。

但是需要指出的是，虽然请求书中并没有提及本专利权利要求2不具备创造性的无效宣告理由，但通过将本专利的权利要求2与对比文件2公开的冷藏桶相比，其区别仅在于两者的冷源在箱本体的容纳空间的放置方式不同：对比文件2中的冷源是冰决包，直接"放置在桶本体的容纳空间中"，而权利要求3中冷源是"固设在箱本体容纳空间中"的若干个装有蓄冷剂的密封的蓄冷剂包。上述区别技术特征已在对比文件3中公开，并且该区别技术特征在对比文件3公开的冷藏箱中所起作用与其在本专利权利要求2中所起作用相同，因而对于本领域技术人员来说，对比文件3给出了将上述区别特征用于对比文件2以得到权利要求2技术方案的结合启示，从而得出权利要求2相对于对比文件2和3的结合不具备创造性的结论。此外，拉链、粘扣、磁性件和对比文件1附图中示出的卡扣连接件是申请日前连接件的惯用手段，因而国家知识产权局也有可能认为本实用新型专利权利要求2的技术方案与对比文件1附图中示出的以卡扣相连接的冷藏箱的区别仅仅是所属技术领域惯用手段的直接置换，从而以权利要求2相对于对比文件1不具备新颖性为无效宣告理由得出宣告权利要求2无效的结论。由此可见，本专利权利要求2存在着非常大的被宣告无效的可能，该项权利要求是不稳定的。在无效宣告程序中，通常不必主动删除该权利要求，但为了避免日后针对该权利要求而再次启动无效宣告程序所带来的麻烦，建议专利权人考虑删除权利要求2。

如果专利权人同意删除权利要求2，则权利要求书可按下述方式进行修改：删除授权公告的权利要求1，将授权公告的权利要求2、3的附加技术特征补入独立权利要求1中，❶ 将授权公告的权利要求4修改为引用新独立权利要求1的从属权利要求2。

上述两种修改方式，均属于权利要求的删除式和/或对权利要求进一步限定式修改。修改后的权利要求书既没有超出原说明书和权利要求书记载的范围，又没有扩大原专利的保护范围，并且符合无效宣告程序中专利文件修改的各项规定。

---

❶ 《2012年全国专利代理人资格考试试题解析》给出的答案中，将权利要求2删除，其理由是该项权利要求不稳定；但在无效宣告程序中，专利权人也可以如《2009年全国专利代理人资格考试试题解析》给出的答案那样，先不主动删除该权利要求，而根据无效宣告程序的后续审理来应对。在应试时，为应对国家知识产权局对当年试题可能采用不同的试题答案，建议考生采用上述方式作出解答（即通过附加说明的方式对不删除该项权利要求的修改方式加以说明）。

二、修改后的权利要求书

如果专利权人同意删除原权利要求 2 时，修改后的权利要求书如下：

1. 一种硬质冷藏箱，包括箱本体（1）和盖体（2），所述箱本体（1）的内部形成一个上部开口的容纳空间，所述盖体（2）设置于所述箱本体（1）的上方，用于打开、关闭所述容纳空间的开口，其特征在于：所述箱本体（1）包括防水外层（3）、保温中间层（4）及防水内层（5），所述箱本体（1）的容纳空间内固设有若干个装有蓄冷剂的密封的蓄冷剂包（6），所述箱本体（1）和所述盖体（2）的连接处设置有拉链（7），在所述盖体（2）上设有能盖住所述拉链（7）的挡片（8）。

2. 如权利要求 1 所述的硬质冷藏箱，其特征在于：所述保温中间层（4）为泡沫材料。

如果专利权人表态采用不删除原权利要求 2 的修改方式时，提交给国家知识产权局的修改后的权利要求书如下：

1. 一种硬质冷藏箱，包括箱本体（1）和盖体（2），所述箱本体（1）的内部形成一个上部开口的容纳空间，所述盖体（2）设置于所述箱本体（1）的上方，用于打开、关闭所述容纳空间的开口，其特征在于：所述箱本体（1）包括防水外层（3）、保温中间层（4）及防水内层（5），所述箱本体（1）的容纳空间内固设有若干个装有蓄冷剂的密封的蓄冷剂包（6），所述箱本体（1）和所述盖体（2）的连接处设置有拉链（7）。

2. 如权利要求 1 所述的硬质冷藏箱，其特征在于：在所述盖体（2）上设有能盖住所述拉链（7）的挡片（8）。

3. 如权利要求 1 或 2 所述的硬质冷藏箱，其特征在于：所述保温中间层（4）为泡沫材料。

第二节　2007 年专利代理实务试题及解析（答复无效宣告请求部分）[❶]

试题说明

专利权人张某拥有一项其自行撰写的实用新型专利，名称为"包装体"，专利号为 ZL01234567.8。

某请求人针对该专利于 2007 年 6 月 4 日向国家知识产权局提出无效宣告请求，请求宣告该专利全部无效。请求人在提出无效宣告请求的同时提交了对比文件 1 和 2。

随后，请求人于 2007 年 7 月 12 日提交了补充意见和对比文件 3。

假设应试者所在代理机构在接受专利权人张某委托后，指派应试者具体承办该无效宣告案件。要求应试者：

（1）针对无效宣告请求撰写一份正式提交国家知识产权局的意见陈述书；

（2）修改权利要求书。

---

❶　该题虽然改编于 2007 年试题，但其答案应当根据最新考试适用的法律法规，而不是 2007 年当年所适用的法律法规。

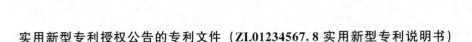

实用新型专利授权公告的专利文件（ZL01234567.8实用新型专利说明书）

(19) 中华人民共和国国家知识产权局

(12) 实用新型专利

(11) 授权公告号　CN 2521234Y

(45) 授权公告日　2002.10.28

(21) 申请号　01234567.8

(22) 申请日　2001.10.11

(73) 专利权人　张××

(其余著录项目略)

权　利　要　求　书

1. 一种用于封装可产生或吸收气体的物质的包装体，其特征在于：所述包装体包括由不透气性材料构成的不透气性外包装层和由透气性材料构成的透气性内包装层，可吸收或产生气体的物质封装在所述透气性内包装层内。

2. 根据权利要求1所述包装体，其特征在于：还包括一个带状部件。

3. 根据权利要求1所述包装体，其特征在于：所述透气性内包装层和不透气性外包装层黏接在一起，所述包装体通过密封口封住，所述带状部件黏接在所述不透气性外包装层的外表面上，所述带状部件与所述不透气性外包装层之间的黏接力大于所述不透气性外包装层与所述透气性内包装层之间的黏接力，当沿着与所述不透气性外包装层外表面成一定角度的方向牵拉所述带状部件时，可使所述不透气性外包装层撕开，使所述透气性内包装层的至少一部分暴露于外。

说　明　书

包装体

技术领域

[001] 本实用新型涉及一种包装体，用于封装可吸收或产生气体的物质。

背景技术

[002] 利用透气性材料制成包装体来封装活性炭、樟脑等可吸收或产生气体的物质，这项技术已经为人们所熟知。然而，这种用透气性材料制成的包装体存在易使其内封装物质的效力在非使用状态下逐渐减退的缺点。

发明内容

[003] 为克服现有包装体的上述缺点，本实用新型提供一种能够有效防止其内封装物质效力减退且使用方便的包装体。该包装体用于封装可产生或吸收气体的物质。

[004] 本实用新型提供一种包装体，包括由不透气性材料构成的不透气性外包装层和由透气性材料构成的透气性内包装层，可吸收或产生气体的物质封装在透气性内包装层内。

[005] 本实用新型另一方面提供一种包装体，包括由不透气性材料构成的不透气性外包装层和由透气性材料构成的透气性内包装层，透气性内包装层和不透气性外包装层黏接在一起，可吸收或产生气体的物质封装在透气性内包装层内。

[006] 上述包装体还包括一个带状部件。

[007] 上述包装体的透气性内包装层和不透气性外包装层黏接在一起，包装体通过密封口封住，带状部件黏接在不透气性外包装层的外表面上，带状部件与不透气性外包装层之间的黏接力大于不透气性外包装层与透气性内包装层之间的黏接力。

附图的简要说明

[008] 图1a是本实用新型包装体第一实施例的剖视图；

[009] 图1b是本实用新型包装体第一实施例的透视图；

[010] 图2是本实用新型包装体第二实施例的剖视图；

[011] 图3是本实用新型包装体第三实施例的剖视图；

[012] 图4是本实用新型包装体长带的透视图；

[013] 图5是包装体自动供给装置的示意图。

具体实施方式

[014] 下面结合附图，详细介绍本实用新型的各实施例。

[015] 图1a和图1b示出了本实用新型包装体的第一实施例。如图1a和图1b所示，包装体1包括由不透气性材料构成的不透气性外包装层2和由透气性材料构成的透气性内包装层3。内包装层3和外包装层2黏接在一起，可吸收或产生气体的物质4封装在透气性内包装层3内，通过密封口5将包装体1封住。一个或多个带状部件6粘接在不透气性外包装层2的外表面上，带状部件6与不透气性外包装层2之间的黏接力大于不透气性外包装层2与透气性内包装层3之间的黏接力。当沿着与不透气性外包装层2外表面成一定角度的方向牵拉带状部件6时，通过施加在其上的拉力使外包装层2和内包装层3脱离粘接在一起的状态，并使外包装层2撕开从而使内包装层3的至少一部分暴露于外。此时，透气性内包装层3内封的物质4便能发挥效力，通过吸收或释放气体而产生脱氧、干燥、除臭或者防蛀、杀菌的效果。作为该实施例的一种变形，也可以将带状部件6设置在不透气性外包装层2和透气性内包装层3之间，此时，带状部件6的两端需要从外包装层2的边缘处穿出。

[016] 图2示出了本实用新型包装体的第二实施例。如图2所示，不透气性外包装层2和透气性内包装层3仅在其周缘部分相粘接，而在其中间彼此分离形成空腔7。带状部件6设于空腔7内并黏接在不透气性外包装层2的内表面上，其两端在外包装层2的边缘处穿出。作为该实施例的一种变形，也可以将带状部件6粘接在不透气性外包装层2的外表面上。

[017] 图3示出了本实用新型包装体的第三实施例。该实施例不同于上述两个实施例，其包装体并非整体上由透气性内包装层和不透气性外包装层构成，而是大部分由单层的不透气材料构成，仅在局部设置有透气性内包装层和不透气性外包装层。当不透气性外包装层被撕开后，将会在包装体上形成透气性窗口。如图3所示，封装物质4的包装层8包括由不透气性材料构成的不透气性部分9和由透气性材料构成的透气性部分10，在透气性部分10上粘有不透气性薄膜11，带状部件6粘接在不透气性薄膜11的外表面上，带状部件6与不透气性薄膜11之间的黏接力大于不透气性薄膜11与透气性部分10之间的黏接力。透气性部分10与不透气性部分9可以整体形成也可以分体形成。两者整体形成时，只需在不透气性材料上局部穿孔即可；两者分体形成时，可以通过将无纺布等透气性材料对接或搭接在不透气性部分9上而实现。

[018] 本实用新型包装体的透气性包装层可以采用纸、无纺布、有孔的塑料或铝箔薄膜等材料制成。如果透气性包装层以纸或无纺布为材料，则优选经过疏水性和/或疏油性处理的纸或无纺布。本实用新型包装体的不透气性包装层可以采用铝箔或铜箔等金属薄膜，或者各种塑料薄膜制成。本实用新型包装体的带状部件可以采用塑料或金属等材料制成。

[019] 本实用新型包装体不仅具有能够有效防止其内封装物质在非使用状态下效力减退的优点，而且使用方便，只需沿与不透气性包装层外表面成一定角度的方向牵拉上述带状部件便可使透气性包装层暴露在外部环境中，从而使包装体内封装的物质发挥效力。本实用新型包装体还特别适用于向生产流水线等应用场所实行连续供给。

第二篇

[020] 为实现连续供给，就需要将本实用新型包装体加工成如图4所示的包装体长带12。该包装体长带12由各小袋包装体1连接而成，小袋包装体1可以为前面各实施例中所述的包装体之一，在各相邻小袋包装体1之间形成连接部13。包装体长带12上所有小袋包装体1的带状部件6彼此相连，形成一条连续的带状部件6。该连续的带状部件6延伸至包装体长带12至少一端之外，形成具有一定长度的空余端头14。该连续的带状部件6应当具有在连续牵拉过程中不会被拉断的抗拉强度。

[021] 本实用新型包装体的具体供给过程包括：将连续带状部件6的空余端头14缠绕在用于牵拉装置上的工序；沿与不透气性包装层外表面成一定角度的方向牵拉连续带状部件6从而使透气性包装层暴露出来的工序；沿连接部13将包装体长带12依次切断成各个小袋包装体1的工序；将各小袋包装体1逐个向规定场所供给的工序。

[022] 图5是一种包装体自动供给系统的示意图。如图5所示，该自动供给系统包括旋转辊组15、牵拉剪切机16和滑槽17。旋转辊组15设置在牵拉剪切机16的斜上方，其包括两个从动旋转辊18、19和一个与驱动装置直接相连的主动旋转辊20。旋转辊组15用于将连续的带状部件6从包装体上剥离下来，从而使透气性包装层暴露在外部环境中。被剥离下来的连续带状部件6被卷绕在主动旋转辊20上。牵拉剪切机16用于将包装体长带12拉入其内并沿各连接部13将包装体长带12切断成多个小袋包装体1。各小袋包装体1将通过滑槽17被依次投放到相应场所。在自动供给系统开始工作之前，需要将连续带状部件6的空余端头14预先缠绕在旋转辊组15上。

[023] 上面结合附图对本实用新型的实施例作了详细说明，但是本实用新型并不限于上述实施例，在本领域普通技术人员所具备的知识范围内，还可以在不脱离本实用新型宗旨的前提下作出各种变化。例如，本实用新型中的带状部件也可以采用绳状等其他可以实现其功能的任何形状。

说 明 书 附 图

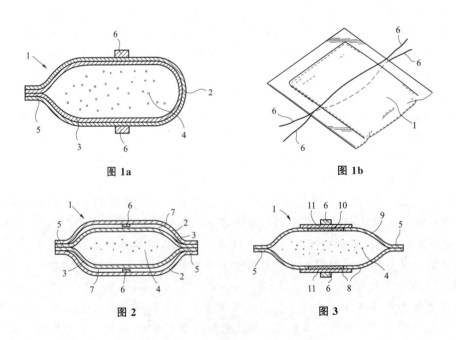

图 1a

图 1b

图 2

图 3

第二篇

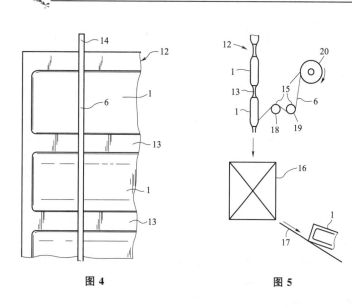

图 4　　　　　　　　　　图 5

专利权无效宣告请求书所附的具体意见陈述

本请求人×××有限公司请求宣告专利号为 ZL01234567.8、名称为"包装体"的实用新型专利全部无效。

本请求人根据《专利法》第 45 条以及《专利法实施细则》第 69 条的规定提出无效宣告请求，认为上述实用新型专利的权利要求 1 至 3 不符合《专利法》第 22 条第 2 款和第 3 款有关新颖性和创造性的规定，权利要求 2、3 不符合《专利法》第 26 条第 4 款❶的规定，请求国家知识产权局宣告该实用新型专利全部无效。本请求人请求宣告该专利权无效的具体理由如下。

（一）

该专利权利要求 1 至 3 不具备新颖性，不符合《专利法》第 22 条第 2 款的规定。

1. 请求人认为该专利的权利要求 1 至 3 相对于对比文件 1 不具备新颖性。

对比文件 1 公开了一种盛装防蛀干燥药物的药袋，由内外包装袋构成。其中在外包装塑料袋内装有一个透气性好的无纺布内包装袋，无纺布内包装袋中盛装颗粒状或粉状防蛀干燥药物，外包装塑料袋口用热封线密封。使用时将外包装塑料袋撕开，将盛有药物的无纺布内包装袋放置于箱子或衣柜内，即可发挥防蛀、防潮、防霉变的作用，且不会污染衣物和书籍。该药袋的优点是：其外包装塑料袋密封后可防止袋内药物挥发失效，延长药物保存期；同时无纺布内包装袋具有良好的透气性，可充分发挥药效，且不会污染衣物、书籍等物品。

该专利的权利要求 1 是：一种用于封装可产生或吸收气体物质的包装体，其特征在于：所述包装体包括由不透气性材料构成的不透气性外包装层和由透气性材料构成的透气性内包装层，可吸收或产生气体的物质封装在透气性内包装层内。

通过对比可以看出，权利要求 1 的技术内容已经完全被对比文件 1 公开了。具体地说，对比文件 1 中的外包装塑料袋即是权利要求 1 的不透气性外包装层，无纺布内袋即为透气性内包装层，防蛀药物即为可吸收或产生气体的物质。可见，权利要求 1 的技术方案与对比文件 1 公开的技术方案完全相同，并且二者实现了完全相同的目的，既能保证在使用时充分发挥药效，又能在不使用时防止药物失效。因此，权利要求 1 相对于对比文件 1 而言不具备新颖性，不符合《专利法》第 22 条第 2 款的规定，不应当被授予专利权。

同理，对比文件 1 公开的内容也完全破坏了权利要求 2、3 的新颖性，权利要求 2、3 也应当被宣告无效。

2. 请求人认为相对于对比文件 2，该专利的权利要求 1 至 3 都不具备新颖性。

对比文件 2 公开的也是包装挥发性物质的包装体，包括其上制有多个凸罩的不透气性塑料硬片和

---

❶　原题为"《专利法实施细则》第 20 条第 1 款"，根据 2009 年 10 月 1 日起施行的《专利法》，该条款的内容已并入《专利法》第 26 条第 4 款中，因此本题作了适应性修改。

平面型不透气性塑料硬片，以及多个由透气性纸片制成的封装有挥发性物质的透气性内袋。在每个凸罩内放置一个透气性内袋，在不透气性塑料硬片的平面部分以及各个透气性内袋上涂敷黏接剂，使不透气性塑料硬片和透气性内袋黏接在平面型不透气性塑料硬片上。

对比看出，对比文件2也已公开了权利要求1的技术方案，同样取得了使用方便又能在使用之前确保挥发性物质不降低功效的效果，因此权利要求1不具备新颖性。

同理，权利要求2、3的技术方案也是现有技术中早已存在的了，也不具备新颖性。

（二）

该专利权利要求1至3不具备创造性，不符合《专利法》第22条第3款的规定。

1. 请求人认为权利要求1至3与对比文件1公开的技术相比不具备创造性。

如上所述，对比文件1已经公开了与权利要求1技术方案完全相同的方案，破坏其新颖性，则对比文件1也当然破坏权利要求1的创造性。

虽然该专利的权利要求2增加了带状部件，权利要求3增加了很多其他具体技术特征，但是，这些特征都是本领域的常规技术，并没有带来什么有益效果，因此权利要求2、3同样不具备创造性，不符合《专利法》第22条第3款的规定。

2. 请求人认为权利要求1至3与对比文件2公开的技术相比不具备创造性。

如上所述，对比文件2公开了外面为不透气性硬片，里面是透气性内袋的方案，使得权利要求1无新颖性，则权利要求1也当然不具备创造性。此外该专利的权利要求2、3虽然增加了带状部件、黏接力等限定，但这些都是本领域技术人员容易想到的，没有带来什么有益效果，根本不具备创造性。

（三）

该专利权利要求2、3保护范围不清楚，不符合《专利法》第26条第4款的规定。

1. 该专利的权利要求2是权利要求1的从属权利要求，其中增加了附加技术特征"带状部件"。但是该带状部件是什么部件以及它与权利要求1中其他部件之间的连接关系如何，仅从其名称上是不得而知的，由此导致该权利要求的保护范围不清楚，不符合《专利法》第26条第4款的规定。

2. 该专利的权利要求3是权利要求1的从属权利要求，其中指出"所述带状部件"如何如何，但权利要求1中根本没有所谓的带状部件，权利要求3中增加的诸多关于带状部件的限定毫无基础，因此权利要求3保护范围也是不清楚的，不符合《专利法》第26条第4款的规定。

综上所述，该专利的权利要求1至3不具备《专利法》第22条第2款、第3款规定的新颖性和创造性，权利要求2、3不符合《专利法》第26条第4款的规定，因此，请求国家知识产权局宣告该实用新型专利全部无效。

请求人×××有限公司
2007 年 6 月 4 日

对比文件1

(19) 中华人民共和国国家知识产权局

(12) 发明专利申请公开说明书

(21) 申请号 01165432.1

(43) 公开日 2002 年 4 月 17 日　　　　　　　　　　**(11) 公开号** CN 1345678A

(22) 申请日 2001.11.7

(30) 优先权

　　(32) 2000.11.8　　**(33)** JP　　**(31)** 276543/2000

(71) 申请人 XYZ 株式会社　　　　　　　　　　（其余著录项目略）

对比文件 1 说明书相关内容

本发明提供一种防蛀干燥药袋。

附图是该防蛀干燥药袋的结构示意图。

如图所示，本发明所述防蛀干燥药袋由内外包装袋构成，其中在外包装塑料袋 1 内装有一个透气性好的无纺布内包装袋 2，在无纺布内包装袋 2 中盛装有颗粒状或粉状防蛀干燥药物 3，外包装塑料袋 1 的袋口有热封线 4，无纺布内包装袋 2 的袋口有热封线 5。

使用时，将外包装塑料袋 1 撕开，将盛有药物的无纺布内包装袋 2 取出，之后将盛有药物 3 的无纺布内包装袋 2 放置于衣柜或箱子内，便可对衣物或书籍起到良好的防虫蛀、防潮、防霉变作用，且不会污染衣物或书籍。本发明与已有技术相比具有如下优点：其外包装塑料袋 1 密封后可防止袋内药物挥发失效，延长药物保存期；其无纺布内包装袋 2 具有良好的透气性，可充分发挥药效，且不会污染存放物品。

对比文件 1 附图

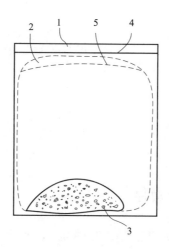

对比文件 2

（19）中华人民共和国国家知识产权局

（12）发明专利申请公开说明书

（21）申请号 97176543.1

（43）公开日 1999 年 1 月 9 日　　　　　　　　　　**（11）公开号** CN 1234567A

（22）申请日 1997.6.25　　　　　　　　　　（其余著录项目略）

对比文件 2 说明书相关内容

本发明涉及一种用于包装挥发性物质的复合包装体。

图 1 是本发明所述复合包装体的透视图。

图 2 是图 1 中 A－A 截面的剖视图。

如图 1 和图 2 所示，本发明所述复合包装体包括其上制有多个凸罩 1 的不透气性塑料硬片 2 和平面型不透气性塑料硬片 3，以及多个由透气性纸片制成的封装有挥发性物质 4 的透气性内袋 5。在每个凸罩 1 内放置一个透气性内袋 5，在不透气性塑料硬片 2 的平面部分以及各个透气性内袋 5 上涂敷黏接剂，使不透气性塑料硬片 2 和透气性内袋 5 粘接在平面型不透气性塑料硬片 3 上。各个凸罩 1 之间的不透气性塑料硬片 2 和 3 上形成有分割线 6。

在使用时，沿分割线 6 取下至少带有一个凸罩 1 的不透气性塑料硬片，再将平面型不透气性塑料硬片 3 从不透气性塑料硬片 2 上撕下，之后便可将带有至少一个透气性内袋 5 的不透气性塑料硬片 2 放在应用场所。由此可见，本发明所述复合包装体具有使用方便的优点，而且在使用之前，可以确保包装体内封装的挥发性物质不会降低功效。

对比文件 2 附图

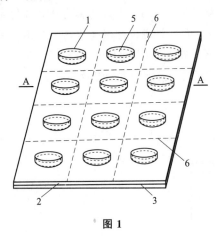

图 1

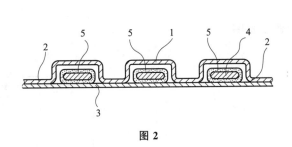

图 2

对比文件 3

(19) 中华人民共和国国家知识产权局

(12) 发明专利申请公开说明书

(21) 申请号 97165432.1

(43) 公开日 1998 年 8 月 19 日

(11) 公开号 CN 1223567A

(22) 申请日 1997.1.29

（其余著录项目略）

对比文件 3 说明书相关内容

本发明涉及一种干燥剂包装体及其供给方法。

图 1 是由透气性材料构成的小袋包装体的剖视图。

图 2 是装有多个图 1 所示小袋包装体的不透气性外包装袋的透视图。

如图 1 所示，用透气性材料制成的小袋包装体 1 内封装有干燥剂 2。将多个如图 1 所示的小袋包装体装入如图 2 所示的不透气性外包装袋 3 中。在将不透气性外包装袋 3 运送到需要供给干燥剂小袋包装体的场所之后，再将封装有干燥剂 2 的小袋包装体 1 从不透气性外包装袋 3 中取出，分别填充到例如食品袋等相应容器中去。

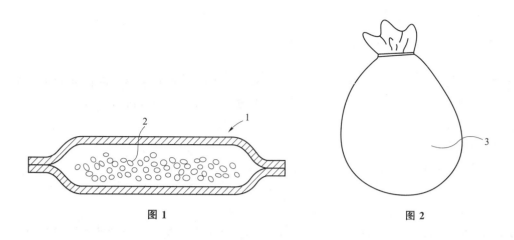

图1   图2

请求人补交对比文件3时所附的书面说明

本请求人于2007年6月4日针对该专利提出了无效宣告请求，并结合所提交的对比文件1、2详细说明了请求宣告无效的理由，现补充提交对比文件3证明该专利权利要求1不具备新颖性。具体理由如下。

对比文件3描述的技术是，用透气性材料制成小袋包装体，其内封装干燥剂，再将多个小袋包装体装入不透气性外包装袋中。在将不透气性外包装袋运送到需要供给干燥剂小袋包装体的场所之后，再将小袋包装体从外包装袋中取出，分别填到例如食品袋等相应容器中去。对比可知，该专利的权利要求1已经完全被对比文件3所公开，所以不具备新颖性。

综上所述，本请求人认为该专利不具备《专利法》第22条第2款规定的新颖性，不应当被授予专利权。请求国家知识产权局宣告该专利全部无效。

试题解析

一、阅读题说明，把握答题要求

通过阅读试题说明，考生可以得出如下几点。

（1）本试题共要求考生完成下述几项工作，其中无效实务题要求完成三项工作，撰写实务题也有可能要求完成三项工作。

对于无效实务题的三项工作为：

①针对无效宣告请求书撰写意见陈述书；

②修改权利要求书；

③简述无效宣告程序中专利文件的修改。

（2）试题说明在答题须知中明确告知考生不必考虑本试卷提供的三份专利文件的真实性问题，均应将其视为真实、公开的专利文件。

（3）无效实务题中明确请求专利无效的专利为实用新型专利，因此在答题时应当按照实用新型专利的要求来考虑，例如创造性的判断标准以及意见陈述书中论述创造性的专利用语的选用等。

（4）无效实务题中写明请求人于2007年6月4日提出无效宣告请求，在2007年7月12日提交补充意见及对比文件3，显然补充提交时间超出了请求人提出无效宣告请求之日起1个月的举证期限，因此需要根据具体案情确定补充意见和证据可否被国家知识产权局考虑。

（5）无效实务题极有可能要对权利要求书进行修改。

（6）无效实务题中第三项工作是一道纯粹的无效基本知识题，与本试题中的案情无关。

二、答题思路

可以按下述步骤进行：阅读理解专利文件，尤其是其中的权利要求书；阅读并初步分析无效宣告请求书及补充意见；结合证据分析无效宣告理由是否成立；确定要否修改权利要求书；撰写意见陈述书；对简答题给出答案。

（一）阅读理解专利文件

该专利文件的权利要求书中只有三项权利要求。

独立权利要求1要求保护一种用于封装可产生或吸收气体的物质的包装体，包括不透气外包装层和封装有可产生或吸收气体的物质的内包装层。

权利要求2和权利要求3分别引用独立权利要求1，在权利要求2中进一步限定该包装体包括一个带状部件，而权利要求3进一步限定外包装层、内包装层以及带状部件之间的连接关系。

（二）阅读并初步分析无效宣告请求书及补充意见

阅读并初步分析无效宣告请求书及补充意见时应当考虑两个问题：

1. 请求人在无效宣告请求书中提出的无效宣告理由是否属于法定的无效宣告理由

请求人在无效宣告请求书中提出的无效宣告理由共有两个：权利要求1至3不具备新颖性和创造性；权利要求2、3未清楚限定专利要求保护的范围。这两个无效宣告理由都属于《专利法实施细则》第69条第2款规定的范围，不能请求国家知识产权局不予考虑。

2. 请求人补充意见和补充证据的时间是否在提出无效宣告请求之日起1个月提出的，所提交的证据是什么类型的证据，国家知识产权局是否应当考虑

由试题说明可知，请求人在2007年6月4日提出无效宣告请求，在2007年7月12日提交补充意见及补充的证据对比文件3，显然该补充意见和补充证据的提交时间超出了请求人提出无效宣告请求之日起1个月内增加理由和补充证据的期限。此外，通过阅读补充证据对比文件3，可知其是一份专利文献，不属于公知常识性证据，也不属于用于完善证据法定形式的公证书、原件的证据，因此应要求国家知识产权局对该补充证据对比文件3不予考虑。

（三）结合证据分析无效宣告理由能否成立

在结合证据分析无效宣告理由时需要分析这些证据可否采信以及适用范围，在此基础上分析各个无效宣告理由能否成立。

1. 初步分析无效宣告请求时所提供的证据是否应当采信及适用范围

对比文件1是一件由他人向中国提出的发明专利申请公开文件，其优先权日早于本专利的申请日、公开日晚于本专利的申请日，因此只能用作否定本专利新颖性的对比文件，不能用作否定本专利创造性的对比文件。

对比文件2属于现有技术，可以用来评价本专利的新颖性和创造性。

正如前面所提出的，对比文件3属于逾期补充提交的证据，应当要求国家知识产权局不予考虑，进而相关补充意见（权利要求1相对于对比文件3不具有新颖性）也不应当考虑。

2. 分析请求人的无效宣告理由是否成立

由无效宣告请求书的具体意见陈述可知，其具体无效宣告理由为：权利要求1至3分别相对于对比文件1不具备新颖性和创造性；权利要求1至3分别相对于对比文件2不具有新颖性和创造性；以及权利要求2和3未清楚限定专利要求保护的范围。现对上述无效宣告理由逐个进行分析，必要时结合证据作出分析。

（1）关于不具备新颖性的无效宣告理由

对比文件1和对比文件2分别披露了原权利要求1的全部技术特征：包装体包括不透气外包装层以及封装可产生或吸收气体的物质的内包装层，因此请求人以对比文件1或对比文件2否定本专利权利要求1新颖性的意见正确。

但是对比文件1和对比文件2均未披露权利要求2限定部分的关于带状部件的技术特征，因此均不

第二篇

能否定权利要求 2 的新颖性；同时，对比文件 1 和对比文件 2 也均没有披露权利要求 3 限定部分的技术特征，因此均不能影响权利要求 3 的新颖性。

（2）关于不具备创造性的无效宣告理由

正如前面所述，对比文件 1 只能用于评价本专利是否具备新颖性，而不能作为评价本专利是否具备创造性的对比文件，因此，请求人以对比文件 1 来否定权利要求 2 和权利要求 3 的创造性的无效宣告理由是不能成立的。

至于对比文件 2，由于其公开的复合包装体，只披露了权利要求 1 的全部技术特征，并没有披露带状部件，这也不属于本领域的公知常识，因此请求人以对比文件 2 来否定权利要求 2 的创造性的无效宣告理由不能成立。同样，对比文件 2 也未披露权利要求 3 的特征部分，带状部件与不透气外包装层的连接方式，这些技术特征也不是本领域的公知常识，因此请求人以对比文件 2 来否定权利要求 3 的创造性的无效宣告理由也不能成立。

（3）关于权利要求未清楚限定专利要求保护的范围的无效宣告理由

由于权利要求 2 和权利要求 3 分别仅引用了权利要求 1，在权利要求 2 中新增加的带状部件未写明与独立权利要求中的技术特征之间的位置或连接关系，而权利要求 3 进一步限定的技术特征中带状部件在权利要求 1 中未出现过，因此以权利要求 2 和权利要求 3 未清楚地限定专利要求的保护范围作为无效宣告理由来否定权利要求 2 和权利要求 3 是成立的。

（四）确定要否修改权利要求书

通过前面对无效宣告理由的分析可知，本专利权利要求 1 不具备新颖性，权利要求 2 和 3 存在未清楚限定要求专利保护范围的缺陷，若不修改权利要求书，则以上述理由即可使本专利全部无效，因此需要进一步考虑如何修改权利要求书来争取部分维持专利权。

根据《专利法实施细则》第 73 条和《专利审查指南 2023》第四部分的有关规定，在无效宣告程序中修改权利要求书时不得将仅记载在说明书中的技术特征补入权利要求中，因此只能在原权利要求书的基础上进行修改。对于本专利来说，有两种修改方式，第一种在删除独立权利要求 1 的基础上，对两个彼此无从属关系的权利要求 2 和权利要求 3 所有附加技术特征合并，这样能够克服相关缺陷，但保护范围就比较窄了。第二种，根据国家知识产权局第 74 号令的相关规定，对权利要求可以采取进一步限定的方式进行修改，以获得相对宽的保护范围，其中在权利要求 2 的基础上，可以增加权利要求 3 中与带状部件相关的特征，以克服原权利要求不具备新颖性的缺陷，同时克服权利要求 2 和权利要求 3 未清楚限定专利要求保护范围的缺陷，而且也符合《专利法》第 22 条第 3 款有关创造性的规定。权利要求 3 的附加技术特征中的"所述包装体通过密封口封住"可以作为新的从属权利要求 2（还有一种观点，权利要求 3 的附加技术特征中的"当沿着与所述不透气性外包装层外表面成一定角度的方向牵拉所述带状部件时，可使所述不透气性外包装层撕开，使所述透气性内包装层的至少一部分暴露于外"也不必修改到权利要求 1 中，但考虑到这是对带状部件相关结构所产生的效果，对保护范围并没有实质性的影响，因此对于该特征增加到或不增加到权利要求 1 中都能够被接受）。

由于采用上述第二种对权利要求进一步限定方式的修改能够获得相对宽的保护范围，修改后的权利要求参见参考答案。❶

（五）根据修改后的权利要求书撰写意见陈述书

在修改权利要求书后，就应当针对修改后的权利要求书撰写意见陈述书。就本试题涉及的案情而言，该意见陈述书应当包括如下几个部分。

1. 起始语段

在起始语段可说明是针对无效宣告请求书和补充意见陈述作出的答复，其中可简要提及请求人在无效宣告请求中提出的主要观点和证据。

---

❶　在修改独立权利要求时，无须根据对比文件 2 划分前序部分和特征部分，因为在无效宣告程序中无须克服这种可影响专利保护范围的形式缺陷。

2. 明确指出请求人提出的无效宣告理由和/或证据中不符合规定的应当不予考虑❶

应当指出补充意见和补交的证据超过允许期限，请求国家知识产权局不予考虑。

3. 对权利要求书的修改说明

说明在删除独立权利要求 1 的基础上，对从属权利要求 2 采用增加权利要求 3 的附加技术特征中的部分特征以进一步限定的方式进行修改，并指出所作修改符合《专利法》及其实施细则和《专利审查指南 2023》的规定。

4. 论述修改后的权利要求书符合无效宣告理由所涉及的《专利法》《专利法实施细则》的相关规定

就本试题而言，首先具体论述修改后的权利要求 1 和 2 已清楚地限定要求专利保护的范围，符合《专利法》第 26 条第 4 款的规定，然后具体论述修改后的权利要求 1 具有新颖性和创造性，符合《专利法》第 22 条第 2 款和第 3 款的规定。

5. 结束语段

明确提出修改后的权利要求书符合《专利法》及其实施细则相关规定，请求人无效宣告理由不能成立，请求国家知识产权局在修改后的权利要求书的基础上维持本专利有效。

（六）完成简答题

该简答题属于无效宣告程序的基本知识题，答题时无需结合本试题的具体内容作出回答。需要考生熟记相关规定，从答题清楚考虑按照《专利法》、《专利法实施细则》以及《专利审查指南 2023》三个层次给出答案，不能遗漏，尤其在说明《专利审查指南 2023》的相关规定时要包括修改原则、修改方式和修改时机三方面的内容。

参考答案

一、修改后的权利要求书

1. 一种用于封装可产生或吸收气体的物质的包装体，其特征在于：所述包装体包括由不透气性材料构成的不透气性外包装层和由透气性材料构成的透气性内包装层，可吸收或产生气体的物质封装在所述透气性内包装层内，所述透气性内包装层和不透气性外包装层粘接在一起，该包装体还包括一个带状部件，所述带状部件粘接在所述不透气性外包装层的外表面上，所述带状部件与所述不透气性外包装层之间的黏接力大于所述不透气性外包装层与所述透气性内包装层之间的黏接力，当沿着与所述不透气性外包装层外表面成一定角度的方向牵拉所述带状部件时，可使所述不透气性外包装层撕开，使所述透气性内包装层的至少一部分暴露于外。

2. 如权利要求 1 所述的用于封装可产生或吸收气体的物质的包装体，其特征在于：所述包装体通过密封口封住。

二、意见陈述书

专利权人接到国家知识产权局转来的请求人×××有限公司于 2007 年 6 月 4 日提交的《专利权无效宣告请求书》及所附对比文件 1 和 2，随后又收到请求人于 2007 年 7 月 12 日提交的补充意见及对比文件 3。❷ 现针对无效请求人所提出的请求宣告本专利权无效的理由和证据进行答辩。具体答辩意见如下。

---

❶ 在《2007 年全国专利代理人资格考试试题解析》中给出的答案范文中，将此放在论述修改后的权利要求符合《专利法》相关规定的理由部分。编者认为，对于这种情况，应当放在起始语段后更为合适。

❷ 起始语段，简单提及无效宣告请求人提起了无效宣告请求，不需要过多笔墨。

（一）

专利权人对权利要求书进行了修改，在将独立权利要求 1 删除的基础上，对从属权利要求 2 和权利要求 3 采用增加权利要求 3 的附加技术特征中的部分特征以进一步限定的方式进行修改。❶ 修改后的独立权利要求 1 和 2 没有超出原说明书和权利要求书记载的范围，也没有扩大原专利的保护范围，符合《专利法》及其实施细则和《专利审查指南 2023》中关于无效宣告程序期间对专利文件进行修改的各项规定。❷ 专利权人请求国家知识产权局在修改后的权利要求书的基础上进行审查。

（二）

经过修改的独立权利要求 1 和 2 符合专利法及其实施细则的各项规定，符合《专利法》第 22 条第 2 款和第 3 款有关新颖性、创造性的规定以及符合《专利法》第 26 条第 4 款有关权利要求清楚限定要求专利保护范围的规定。具体理由如下。

1. 独立权利要求 1 和 2 符合《专利法》第 26 条第 4 款有关权利要求清楚限定要求专利保护范围的规定❸

独立权利要求 1 明确了包装体中还包括带状部件，并清楚地记载了技术方案中所包含的各个部件及其位置连接关系及功能，❹ 因此该权利要求清楚限定要求专利保护的范围，符合《专利法》第 26 条第 4 款的规定。❺ 在此基础上，权利要求 2 进一步限定包装体通过密封口封住，其也不存在不清楚的缺陷。

2. 对比文件 1 不能破坏独立权利要求 1 和 2 的新颖性和创造性❻

首先，申请人提交的对比文件 1 是由他人向国家知识产权局提出的专利申请，其申请日为 2001 年 11 月 7 日，公开日为 2002 年 4 月 17 日，均晚于本专利的申请日，但其优先权日 2000 年 11 月 8 日早于本专利的申请日，因此对比文件 1 只能用于评价本专利的新颖性，而不能用于评价本专利的创造性。❼ 因此请求人认为本专利相对于对比文件 1 不具备创造性的理由不成立。❽

其次，请求人提供的对比文件 1 是由他人向国家知识产权局提出的申请，其中国优先权日早于本专利的申请日，申请日晚于本专利的申请日，因而该对比文件中所记载的能否定专利新颖性的内容只有在能享有优先权的条件下才能适用，鉴于请求人提供的证据中未包含该对比文件 1 的优先权副本，因此请求人提供的证据不足以证明对比文件 1 的有关内容能享有优先权。❾

最后，即使对比文件 1 的优先权成立，权利要求 1 相对于对比文件 1，具备《专利法》第 22 条第 2 款所规定的新颖性。❿ 具体理由如下。

对比文件 1 中记载了包括有外包装塑料袋和透气性内包装袋的防蛀干燥药袋。⓫ 独立权利要求 1 所

---

❶　简单陈述作了何种修改。

❷　指出修改符合相关规定，至少点到没有超出原申请文件记载的范围，且也符合无效宣告程序中的修改规定。

❸　针对无效宣告请求人提出的权利要求 2 和 3 未清楚限定要求专利保护的范围，陈述修改后的权利要求已符合《专利法》第 26 条第 4 款的规定。

❹　指出权利要求是清楚的事实根据，需要有针对性的抓住关键点。

❺　得出结论，明确法律依据。

❻　为了使意见陈述具有条理性和逻辑性，可以根据无效宣告请求人提出的三份证据分别论述其无效宣告理由不成立。

❼　指出对比文件 1 只能用于评价本专利的新颖性，而不能评价创造性。

❽　进而得出以对比文件 1 认为本专利权利要求 1 不具备创造性的无效宣告理由不能成立。

❾　《2007 年全国专利代理人资格考试试题解析》中给出的参考答案中请求核实优先权，但根据实际专利代理实务，其实可以指出请求人举证不足以证明该对比文件能享有优先权。实际专利代理实务中，由于该对比文件不能享有优先权不影响无效宣告理由不能成立的结果，因此可以不指出这一问题，但作为考试最好还是加上这段内容。需要注意的是，实际专利代理实务中，如果能享有优先权会导致某项权利要求被宣告无效，而不能享有优先权时该项权利要求可维持有效，则应当建议客户到国家知识产权局专利局查阅该对比文件的文档，以核实其优先权能否成立，根据核实结果确定应对策略。此外，如果试题中给出了优先权副本，则考生应当对优先权是否成立进行核实。

❿　针对请求人认为对比文件 1 否定本专利新颖性的具体无效宣告理由陈述意见。

⓫　简单提及对比文件 1 涉及的相关内容，包括相关技术主题及相关的技术特征。

述包装体与对比文件1所公开的防蛀干燥药袋相比，存在以下区别：所述包装体还包括有带状部件，透气性内包装层和不透气性外包装层黏接在一起，带状部件与不透气性外包装层之间的黏接力大于不透气性外包装层与透气性内包装层之间的黏接力❶上述内容并没有被对比文件1所披露，由此看出，权利要求1所述包装体不同于对比文件1中公开的防蛀干燥药袋。所以，权利要求1相对于对比文件1具备《专利法》第22条第2款所规定的新颖性❷。

在权利要求1具备新颖性的基础上，从属权利要求2相对于对比文件1也具备新颖性。

3. 对比文件2不能破坏独立权利要求1和2的新颖性和创造性❸

（1）对比文件2记载了包括不透气性塑料硬片和透气性内袋的复合包装体❹。独立权利要求1所述包装体与对比文件2所公开的复合包装体相比，存在以下区别：权利要求1所述包装体还包括有带状部件，透气性内包装层和不透气性外包装层黏接在一起，带状部件与不透气性外包装层之间的黏接力大于不透气性外包装层与透气性内包装层之间的黏接力❺。由此看出，权利要求1所述包装体也不同于对比文件2中所公开的技术方案。所以，权利要求1相对于对比文件2而言具备《专利法》第22条第2款所规定的新颖性❻。

（2）至于创造性，权利要求1所述包装体与对比文件2中所公开的技术方案相比，存在以下区别：权利要求1所述包装体还包括有带状部件，透气性内包装层和不透气性外包装层黏接在一起，带状部件与不透气性外包装层之间的黏接力大于不透气性外包装层与透气性内包装层之间的黏接力。❼这些区别特征的引入不仅可以有效地防止挥发性物质效力减退，通过带状部件还可以很方便地将不透气性外包装层撕开，使包装体内封装的物质发挥效力，解决了包装体使用不便的问题。❽对比文件2中并没有给出任何相关教导或启示，而且区别特征也不是本领域解决上述问题的惯用手段，因此采用这些区别特征解决上述技术问题并非本领域技术人员容易想到的，故权利要求1具有实质性特点❾。

权利要求1所述包装体在有效防止挥发性物质效力减退的前提下，还带来了使用方便的有益技术效果，即只须牵拉带状部件便可使包装体内封装的物质发挥效力，这并非本领域技术人员容易想到的，基于该效果，权利要求1具有进步。❿因此独立权利要求1相对于对比文件2而言具有实质性特点和进步，具备创造性，符合《专利法》第22条第3款的规定。⓫

在权利要求1具备新颖性和创造性的基础上，从属权利要求2相对于对比文件2也具备新颖性和创造性。

---

❶ 指出权利要求1的技术方案与对比文件1公开的技术方案存在的具体区别。

❷ 得出权利要求1相对于对比文件1具备新颖性的结论，并明确法律依据。

❸ 由于对比文件2构成本专利的现有技术，因此需要具体论述权利要求1相对于对比文件2具备新颖性和创造性。

❹ 简单提及对比文件2涉及的相关内容。

❺ 指出权利要求1的技术方案与对比文件2公开的技术方案存在的具体区别。

❻ 得出权利要求1相对于对比文件2具备新颖性的结论，并明确法律依据。

❼ 论述创造性，严格按照"三步法"的步骤进行。但由于是无效宣告程序，因此需要针对对比文件2进行论述，在此就不必指出哪篇对比文件是最接近的现有技术，但还是要明确具体区别特征所在，虽然与论述新颖性时提到的区别有些重复，但最好在这里再次明确指出为妥。

❽ 结合区别特征的作用和产生的效果，阐述权利要求的技术方案实际解决的技术问题。

❾ 由于不存在其他现有技术对比文件，因此需要针对对比文件2本身是否给出技术启示，区别特征是否是公知常识来论述现有技术不存在技术启示，以得出具有实质性特点的结论。需要提醒的是，由于本专利是实用新型专利，一定不要写为"突出的实质性特点"。

❿ 根据权利要求1的技术方案所达到的效果，明确其具有进步，同样针对的是实用新型专利，不要写成"具有显著的进步"。

⓫ 得出具备创造性的结论，明确法律依据。

4. 对比文件 3 不能破坏独立权利要求 1 和 2 的新颖性❶

　　无效宣告请求人是于 2007 年 6 月 4 日提出无效宣告请求的，其又于 2007 年 7 月 12 日提交了补充意见及对比文件 3，已经超出了其提出无效请求之日起 1 个月的期限。❷ 而对比文件 3 是一篇专利文献，并不属于技术词典、技术手册和教科书等本领域的公知常识性证据，也不是用于完善证据法定形式的公证书、原件等证据。❸ 因此，对比文件 3 的提交时间超出了请求人提出无效宣告请求之日起一个月的举证期限，应当对其不予考虑。❹ 因此，请求人提出以对比文件 3 为基础的不具备新颖性的无效理由也就不能成立。❺

　　综上所述，专利权人认为修改后的独立权利要求 1 和 2 符合《专利法》及其实施细则的有关规定，请求人所提出的无效宣告理由均不成立，因此请求依法维持本专利权有效。❻

---

　　❶　该段主要是指出对比文件 3 应当不予考虑而相关无效宣告理由不能成立，但是若将这一段内容移至修改说明部分之前，作为一个单独的部分更好。

　　❷　指出对比文件 3 补交时间逾期的事实。

　　❸　指出对比文件 3 作为证据的性质，为其后请求不予考虑提供依据。

　　❹　得出对比文件 3 应不予考虑的结论。

　　❺　得出相关无效宣告理由不能成立的结论。

　　❻　结尾语段，点出无效宣告请求人提出的无效宣告理由不成立，请求国家知识产权局维持专利权有效即可。

第二篇

参考文献

[1] 中华人民共和国专利法（2000）[M]. 北京：知识产权出版社，2000.

[2] 中华人民共和国专利法（2008）[M]. 北京：知识产权出版社，2009.

[3] 中华人民共和国专利法（2020）[M]. 北京：知识产权出版社，2021.

[4] 中华人民共和国专利法实施细则（2001）[M]. 北京：知识产权出版社，2001.

[5] 中华人民共和国专利法实施细则（2010）[M]. 北京：知识产权出版社，2010.

[6] 中华人民共和国专利法实施细则（2023）[M]. 北京：知识产权出版社，2024.

[7] 国家知识产权局. 专利审查指南 2010 [M]. 北京：知识产权出版社，2010.

[8] 国家知识产权局. 专利审查指南 2023 [M]. 北京：知识产权出版社，2024.

[9] 吴观乐. 专利代理实务 [M]. 3 版. 北京：知识产权出版社，2015.

[10] 欧阳石文，吴观乐. 专利代理实务应试指南及真题精解 [M]. 2 版. 北京：知识产权出版社，2012.

[11] 欧阳石文，吴观乐. 专利代理实务应试指南及真题精解 [M]. 3 版. 北京：知识产权出版社，2015.

[12] 欧阳石文，吴观乐. 专利代理实务应试指南及真题精解 [M]. 4 版. 北京：知识产权出版社，2017.

[13] 欧阳石文，吴观乐. 专利代理实务应试指南及真题精解 [M]. 5 版. 北京：知识产权出版社，2020.

[14] 吴观乐. 发明和实用新型专利申请文件撰写案例剖析 [M]. 2 版. 北京：知识产权出版社，2004.

[15] 韩龙. 专利代理实务讲座教程及历年试题解析 [M]. 北京：国防工业出版社，2015.

[16] 李超. 专利代理实务分册 [M]. 3 版. 北京：知识产权出版社，2016.

[17] 国家知识产权局条法司. 2006 年全国专利代理人资格考试试题解析 [M]. 北京：知识产权出版社，2007.

[18] 国家知识产权局条法司. 2007 年全国专利代理人资格考试试题解析 [M]. 北京：知识产权出版社，2008.

[19] 国家知识产权局条法司. 2008 年全国专利代理人资格考试试题解析 [M]. 北京：知识产权出版社，2009.

[20] 国家知识产权局条法司. 2009 年全国专利代理人资格考试试题解析 [M]. 北京：知识产权出版社，2010.

[21] 国家知识产权局条法司. 2010 年全国专利代理人资格考试试题解析 [M]. 北京：知识产权出版社，2011.

[22] 国家知识产权局条法司. 2011 年全国专利代理人资格考试试题解析 [M]. 北京：知识产权出版社，2012.

[23] 国家知识产权局条法司. 2012 年全国专利代理人资格考试试题解析 [M]. 北京：知识产权出版社，2013.

[24] 国家知识产权局条法司. 2013 年全国专利代理人资格考试试题解析 [M]. 北京：知识产权出版社，2014.

[25] 国家知识产权局条法司. 2014 年全国专利代理人资格考试试题解析 [M]. 北京：知识产权出版社，2015.

[26] 国家知识产权局条法司. 2015 年全国专利代理人资格考试试题解析 [M]. 北京：知识产权出版社，2016.

[27] 中华全国专利代理人协会. 2016 年全国专利代理人资格考试试题解析 [M]. 北京：知识产权出版社，2017.

[28] 中华全国专利代理人协会. 2017 年全国专利代理人资格考试试题解析 [M]. 北京：知识产权出版社，2018.

[29] 国家知识产权局专利代理师考试委员会办公室. 2018 年全国专利代理人资格考试试题解析 [M]. 北京：知识产权出版社，2019.

[30] 国家知识产权局专利代理师考试委员会办公室. 2019 年全国专利代理人资格考试试题解析 [M]. 北京：知识产权出版社，2020.

[31] 知识产权出版社有限责任公司. 专利代理师资格考试指南 [M]. 北京：知识产权出版社，2021.

[32] 知识产权出版社有限责任公司. 专利代理师资格考试指南 [M]. 北京：知识产权出版社，2022.